우크라이나 현대사
1914-2010

인문사회과학총서 72

우크라이나 현대사
1914-2010

허승철

고려대학교출판부
KOREA UNIVERSITY PRESS

이 책은 고려대학교출판부가 조성한
인문사회과학출판기금으로 만들어졌습니다.

들어가며

오랜 기간 우크라이나에 대한 관심을 가지고 어문학과 지역학 공부를 해 온 저자는 2006년 우크라이나 대사관에서 근무하게 되었다. 2006년부터 2008년까지 우크라이나에 근무하면서 현장에서 목격한 정치적 갈등과 지역 대립의 원인이 선뜻 이해되지 않을 때가 많았고, 그때마다 역사 공부를 좀더 깊이 할 필요가 있다고 생각하게 되었다. 현재의 상황이 잘 이해가 되지 않을 때는 과거로 거슬러 올라가는 것이 해답을 찾을 수 있는 가장 좋은 방법이고, 지역학 공부는 역사 공부로부터 시작해야 길을 제대로 찾을 수 있다는 생각도 들었다. 현대에 벌어지고 있는 많은 현상의 원인은 우크라이나인들이 겪은 역사적 경험에 뿌리를 두고 있고, 특히 20세기의 역사는 트라우마처럼 독립 후 우크라이나의 국가 건설 과정에 큰 영향을 미치고 있는 것이 분명했다. 20세기는 소련과 주변 강대국에 의해 타율적으로 우크라이나의 운명이 결정된 시기였고, 우크라이나 국민들에게 역사적으로 가장 힘든 고난의 세기였다. 유년기나 성장 과정에서 겪은 트라우마가 성인이 된 다음에도 영향을 미치듯이 역사의 아픈 기억이 독립 국가를 이룬 현재까지도 부정적인 영향을 끼치고 있는 것이 분명했다. 코자크 시대 이후 그토록 갈망하던 국가 독립을 성취하고도 동·서 대립의 상태를 벗어나지 못하는 것도 우리의 현대사와 크게 다르지 않다고 생각된다. 해방 후 외세에 의한 분단과 좌우 정치 세력의 대립, 한국전쟁이 우리 민족에게 트라우마가 되어 현재에도 끊임없이 고통을 안겨 주고 있는 것을 부정하기는 힘들다. 우크라이나에 체류하는 동안 크림 반도 리바디아 궁전의 얄타회담 장소를 여러 번 방문했다. 얄타회담 당시의 테이블이 그대로 보존된 방 안에 서서, 약소국이나 식민국가의 운명은 당사자의 의사와 관계없이 작은 방에 모인 몇몇 강대국 지도자에 의해 얼마든지 결정될 수 있다는 생각이 들면서 강한 감정이 복받치는 것을 느꼈다. 오늘날 우리 민족이 겪고 있는 민족분단을 비롯한 많은 문제는 구한말 국제정세의 변화에 대한 선조들의 잘못된 대응과 일제 지배의 후유증, 종전 처리 과정에서의 미·소의 편의적 결정, 북한의 무력 통일 시도 등 지난 100년의 역사의 결과물인 것이고, 우크라이나의 현재의 모습도 지난 100년의 근현대사가 잉태시킨 역사적 산물이라고 보는 것이 크게 틀린 시각은 아닐 것이다. 우크라이나와 한국 모두 격동의 20세기 역사가 현재를 살아가는 사람들의 사고와 행태에 강한 영향을 미치고 있고, 현재를 깊이 있게 이해하기 위해서는 역사에 눈을 돌릴 수밖에 없는 것이다.

우크라이나에서는 우리나라에서와 같이 동족 간의 전면전은 없었어도 다양한 외세의 지배로 인해 훨씬 복잡한 구조의 민족상잔과 대립이 진행되었고, 이것이 오늘의 지역적 대립과 분열적 정치문화의 뿌리가 되었다. 또 흐멜니츠키, 마제파, 스코로파드스키, 페틀류라와 같이 국난에 처한 지도자들이 끊임없이 외세를 끌어들인 경험이 유전적 속성이 되어 스스로의 힘으로 국가의 운명을 개척해 나간다는 의지가 부족해 보이는 것도 부정할 수 없는 사실이다. 20세기의 우크라이나의 운명을 결정 지은 외부적 요인은 러시아와 소련의 변화와 흥망이었다. 러시아와 우크라이나를 함께 공부한 저자의 입장에서는 균형적 시각을 가지고 양국의 상호 인식과 관계를 탐구해 보고 싶은 욕구도 있었다. 역사 연구 훈련을 받지 못한 저자의 한계로 인해 부족함이 많은 저술이 나오게 된 것은 분명하지만, 2년의 기간 동안 여러 서적을 읽으면서 나름대로 공부가 되었고, 책을 쓴다는 것이 독자를 위한 서비스가 아니라, 저자의 학문적 부족함을 일깨워 주고 보충해 주는 계기가 된다는 사실을 다시 한 번 깨달았다.

이 책이 다루고 있는 시기는 1914년 제1차 세계대전 발발부터 2010년 대통령 선거까지의 약 100년의 기간이다. 지역적으로는 현재의 우크라이나 영토에 포함된 모든 지역을 다루었다. 소련 시대와 독립 우크라이나 시대라는 상이한 두 시대를 한 권의 책으로 다루는 것은 무리가 있는 것이 사실이고, 서술의 상세성에서도 차이가 난다. 약 75년의 소련 시대와 20년의 독립 이후 시대가 거의 비슷한 분량으로 서술된 것은 독립 우크라이나 시대를 현장감을 가지고 상세히 서술하고, 소련 시대는 멀리서 바라본 원근법적 접근 때문이다. 소련 시대는 주로 2차 자료에 의지하여 교과서적인 기술을 하려고 노력하였고, 독립 이후 시대는 시사적 접근을 하였다. 특히 저자가 우크라이나 현지에서 변화를 관찰한 2006년부터 2010년 기간에 대한 서술은 시사평론적 성격도 가미되었다. 시기별 서술 관점과 방법의 차이는 문체에도 그대로 반영되었다. 이러한 서술 방식은 통상적 역사서와 많이 다르기 때문에 이 책이 순수한 역사 저술로 받아들여지기는 힘들 것으로 생각한다.

국내에는 우크라이나를 러시아와 별도로 연구할 필요가 있는가 하고 우크라이나 연구에 회의적 시각을 보이는 학자들이 있다. 우크라이나어도 러시아어와 철자 몇 개 다른 정도로 인식하는 사람도 많다. 한·러 수교 20년이 지났지만 국내 연구 기반이 아직 공고하게 조성되지 않아서 CIS 지역 전체를 넓은 시각에서 연구할 인재들을 배출하지 못했다. 이는 주류 학문, 비주류 학문으로 인위적으로 담벼락을 세워 나누는 학계 풍토가 원인이라고 본다. 우크라이나를 비롯하여 독립한 지 20년이 넘는 CIS 국가들을 별도의 연구 대상으로 삼아 깊이 있는 연구를 진행해야 할 시점이 되었고, 학문 후속 세대도 적극 양성해야 한다. 다행히 국내 대학에 우크라이나 전공 학과가 설립되고, 우크라이나에 대한 연구서와 논문이 지속적으로 나오고 있는 것은 고무할 만한 일이다. 이 책이 부족하나마 우크라이나의 20세기 역사와 지역학을 공부하는 학생들에게 조금이라도 유용한 자료로 쓰일 수 있다면 저자로서는 큰 보람으로 여길 것이다.

우크라이나어 표기의 경우, 우크라이나어에서 우리말의 'ㄱ'과 'ㅎ' 중간 발음을 가진 'г'는 로마자 'g'로 옮겨 'ㄱ'으로 표기(Грушевський→그루셉스키Grushevskii)하되, 'гривня'나 'гетьман' 등 이미 국제적으로 널리 알려진 용어는 각각 '흐리브나hryvna', '헤트만hetman' 등으로 옮겨 현재 통용되고 있는 표기를 그대로 따랐다.

저자가 하버드대학교 러시아연구소에 근무할 당시 우크라이나사 강의 청강을 허락하여 우크라이나에 대한 눈을 뜨게 해 준, 작고하신 오멜리안 프리차크 교수님께 사은의 마음을 표하며, 공적, 사적으로 많은 도움을 주신 우크라이나연구소 부소장 류보미르 하이다 교수님께 감사드린다. 대사관 근무 당시 많은 도움을 주고, 우크라이나에 대한 지적 탐구욕을 자극해 준 우크라이나의 지인들과 현지 교민들, 한국대사관 직원들에도 감사의 말씀을 전한다. 약 10여 전 우크라이나 학회를 창립해서 우크라이나학 연구를 위해 같이 노력해 온 학회원들께도 감사드린다. 이 책에 실린 사진 자료를 찾아준 고려대 노문과 학생들에게도 고마움을 표하고, 편집 작업을 맡아 수고해 주신 고려대학교출판부에 깊이 감사드린다. 짧은 기간 내 원고를 읽어 주시고, 내용과 표기를 바로잡아 주신 서울대학교 한정숙 교수님께 감사드린다.

대사관 생활을 마치고 학교로 돌아온 2008년 이후, 방학 때마다 우크라이나에 체류하며 주변 정경이 아름다운 조용한 아파트에서 평안하고 은혜롭게 독서와 사색에 집중할 수 있게 해 준 가족들에게도 고마운 마음을 표한다.

2011년 8월
저자

차례

2부 —— 소련 시대의 우크라이나

3부 —— 독립 국가 우크라이나

1부

우크라이나 개황과 20세기까지의 역사

벨라루시
러시아
폴란드
볼린
리브네
체르니고프
수미
지토미르
리비프
키예프
폴타바
하리코프
루한스크
호멜니츠키
테르노폴
이바노
프란코프스크
체르카시
비니치아
키로보그라드
드네프로
페트로프스크
도네츠크
체르노프치
루마니아
미콜라예프
오데사
자포로지아
헤르손
크림
흑해

1장
우크라이나 개황

1.1. 자연환경과 자원

우크라이나는 유럽에서 러시아 다음으로 영토가 큰 나라이다. 국토 면적은 603,700제곱킬로미터로 남한의 6배에 달하고, 영국과 독일을 합친 것보다 조금 더 넓다. 2009년 말 인구는 약 4,600만 명으로 유럽에서 러시아(1억 4천만), 독일(8,200만), 프랑스(6,400만), 영국(6,100만), 이탈리아(5,800만) 다음가는 인구를 보유하고 있다. 국토는 북위 44도20분-52도20분, 동경 22도05분-41도15분에 위치하고 있다. 청진이 북위 41도7분, 블라디보스토크가 43도8분에 위치한 것과 비교하면 우크라이나가 한반도보다 북쪽에 자리한 것을 알 수 있다. 국토의 동서 최장 거리는 1,316킬로미터이고, 남북 최장 거리는 893킬로미터이다. 육지로는 몰도바, 루마니아, 헝가리, 슬로바키아, 폴란드, 벨로루스, 러시아와 국경을 접하고 있고 러시아와의 국경 길이는 1,576킬로미터에 이른다. 바다로는 루마니아, 불가리아, 그루지야, 터키, 러시아와 영해를 접하고 있다. 국토의 대부분이 평야plains와 평원plateau으로 구성되어 있으며, 서쪽의 카르파티아와 크림 반도의 남부 지역이 산악으로 이루어져 있다. 국토의 60%가 경작 가능한 땅으로 남한의 경작지(170만 헥타르)의 17배가 되는 2,900만 헥타르의 농경지를 보유하고 있다. 세계 3대 흑토 지역의 하나이고 산림은 국토의 16%를 차지하고 있다. 기후는 사계절의 구분이 뚜렷하며 키예프의 7월 평균 기온은 20도 내외, 1월 평균 기온은 영하 5-6도 정도이다. 크림 남부 지역은 겨울에도 영상의 기온을 보이는 아열대 기후에 속한다. 연평균 강우량은 북부 지방이 600-700밀리미터 남동 지방은 300밀리미터 정도이다. 국토가 넓은 평원으로 이루어졌음에도 불구하고, 토네이도나 태풍 등의 자연 재해가 거의 없고, 폭우도 드문 편이다. 우크라이나를 관통하는 주요 하천으로는 드니프로Dnipro 강, 산San 강, 부크Bug 강, 도나우 강 등이 있다. 드니프로 강은 카르파티아 산맥에서 발원하여 벨로루스, 러시아를 거쳐 우크라이나 국토를 동서로 양분하며 흐른다. 총 길이 2,290킬로미터로 유럽에서 볼가 강, 도나우 강에 이어 세 번째로 긴 강이며, 우크라이나를 관통하는 길이가 1,095킬로미터에 달한다. 고대 시대부터 흑해와 터키 지역과 러시아 북부, 스칸디나비아 지역을 연결하는 수로로 이용되었으며, 우크라이나를 동서로 나누는 역할을 하며 강 동부 지역은 좌안左岸/Left bank, 강 서부 지역은 우안右岸/Right bank으로 불린다. 시베르스키 도네츠Siberskii Donets 강은 중앙아시아 고지에서 발원하여 러시아를 거쳐 우크라이나 동부 지역인 하리코프, 도네츠크, 루간스크를 관통하여 아조프해 입구에서 돈 강과 합쳐진다. 이 강은 돈바스 공업 지역의 산업 용수를 공급하는 역할을 하고 있다. 드네스트르Dnestr 강은 우크라이나와 폴란드 접경에서 발원하여 흑해로 흘러들어간다. 우크라이나와 몰도바의 국경 역할을 하고 있으며, 몰도바 내의 드네스트르 강 서부 지역인 트랜스드네스트르 지역은 자치 독립을 둘러싼 분쟁으로 인해 현재 분쟁 동결 지역Frozen conflict zone으로 선언되어 있다. 산 강은 카르파티아 산맥의 우크라이나와 폴란드 접경 지역에서 발원하여 비스툴라 강과 합쳐진다. 우크라이나와 폴란드의 국경을 가르며 주요 전쟁에서 방어선으로 자주 이용되었다. 부크 강은 우크라이나-폴란드, 폴란드-벨로루스 국경을 따라 흐르며 비스툴라 강으로 합쳐진다. 부크 강 유역은 제1차 세계대전 때 독일군과 러시아군의 접전 지역이었다. 우크라이나의 행정구역은 24개의 주Oblast와 1개의 자치공화국(크림), 2개의 특별시(키예프, 세바스토폴)로 구성되어 있다. 각 주州와 주도州都는 같은 이름을 가지고 있다. 주지사는 대통령이 임명하지만, 주의회와 시의회, 시장은 자체적으로 선출한다.

우크라이나는 풍부한 지하자원을 보유하고 있다. 우크라이나에는 200여 종의 광물이 매장되어 있고 이 중 95종은 산업 유용 광물이다. 철광석은 세계 채굴량의 10% 정도 생산되며, 망간도 세계 채굴량의 20%가 나오고 있다. 티타늄 매장량은 세계 매장량의 25%에 달하며, 이 외에도 우라늄(세계 매장량 2%), 석탄(세계 채굴량 3%), 구리도 풍부하며 금, 베릴

유럽 주요 국가의 면적과 인구(2009년 7월 기준)

국가	면적(천 제곱킬로미터, 국외 영토 포함)	인구(천 명)
러시아	17,098	140,041
프랑스	643	64,057
우크라이나	603	45,900
스페인	505	40,525
독일	357	82,329
이탈리아	301	58,126
영국	243	61,113
미국	9,826	307,212
한국	99	48,508

륨, 다이아몬드, 카로인 등 희소광물도 다량 매장되어 있다. 우크라이나는 농산물 생산이 세계 6-7위인 농업 대국이다. 전 세계 흑토의 약 25%가 우크라이나 지역에 있으며 유럽에서 가장 넓은 농경지를 보유하고 있다. 평야 지역이 많아 농지 개발을 하면 농경지를 현재의 1.5-2배로 늘리는 것도 어렵지 않다. 2010년 우크라이나의 GDP(구매력 기준)은 는 3,052억 달러(명목 GDP는1,364억 달러)로 GDP 규모는 세계 40위이다. 2008년 3,438억 달러에 달했던 GDP는 경제 위기 여파로 2009년 15% 이상 감소했다. 구매력 기준 1인당 GDP는 약 6,700달러(2010년 기준)이다.

1.2. 우크라이나의 지역 구분

우크라이나는 여러 나라의 지배를 받으며 국경이 자주 변하였기 때문에 정치적, 문화적으로 특성이 다른 여러 지역으로 나눌 수 있다. 우크라이나를 우선 두 지역으로 크게 나눈다면 동부-남부 지역과 서부-중부 지역으로 나눌 수 있다. 동부-남부 지역은 17세기부터 러시아의 지배를 받아 주민들이 러시아어를 많이 사용하며 정치적 성향도 보수적이고 친러시아적이다. 서부-중부 지역은 폴란드-리투아니아와 오스트리아제국의 영향권 아래 오래 있었기 때문에 유럽 지향적이고, 민족주의적인 정치 성향을 보인다. 서부 지역 주민들은 우크라이나어를 주로 사용하고, 중부 지역에서는 우크라이나어와 러시아어가 같이 사용된다. 우크라이나는 지리적으로 서부, 중부, 남부, 동부 네 개 지역으로 나눌 수 있지만 역사적, 문화적 경계선으로 나누면 다음의 9개 지역으로 나눌 수 있다.

1. 트랜스카르파티아
2. 갈리치아
3. 부코비나

4. 볼리니아
5. 우안 지역(키예프 주변 지역)
6. 좌안 지역(체르니기프, 수미, 폴타바, 하리코프)
7. 돈바스
8. 남부 지역(오데사, 미콜라예프, 헤르손, 자포로지아)
9. 크림

먼저 트랜스카르파티아, 갈리치아, 부코비나, 볼리니아는 오스트리아-헝가리 제국에 속했던 지역이다. 산악지대인 트랜스카르파티아는 헝가리, 체코, 폴란드의 영토에 속하기도 하였다. 갈리치아에는 폴란드의 영향이 많이 남아 있다. 이 지역은 종교적으로 로마 가톨릭과 그리스 가톨릭Greek Catholic 지역이다. 볼리니아는 13세기 독자적인 공국으로 출발하였으나 갈리치아와 합병되고 얼마 후 리투아니아-폴란드의 영토가 되었다가 현재는 리브네주, 루츠크주가 되었다. 부코비나는 역사적으로 몰도바와 루마니아에 속했던 기간이 길었지만, 우크라이나인들이 주로 거주하는 북부 부코비나는 1940년 소련의 영토가 되었다. 서부 지역이기는 하지만 종교적으로는 정교회의 영향이 강하다. 역사적으로 우안右岸/Right bank으로 불린 키예프와 인근 서남부 지역은 1793년 폴란드 1차 분할로 러시아령이 되었으나, 폴란드 지주들의 영향이 19세기까지 남아 있었다. 코자크의 주 활동 무대였던 좌안左岸/Left bank 지역은 1830년대부터 러시아 행정구역으로 완전히 편입되어 체르니키프주, 폴타바주, 하리코프주가 되었다. 도네츠크주와 루간스크주로 구성된 돈바스 지역은 19세기 철강공업의 발달과 함께 러시아계 주민들이 많이 유입되었다. 남부 지역은 역사적으로 오랫동안 오스만터키와 크림한국의 영향력 아래 있다가 코자크 이주민들이 영역을 남동부로 확장하면서 코자크와 오스만터키의 접경 지역이 되었고, 종교적으로도 이슬람과 정교회의 경계 지역이 되었다. 역사적으로 타브리아(현 오데사주, 미콜라예프주), 헤르손, 예카테리노슬라프(드네프로페트롭스크주, 자포로지아주) 지역을 포함한다. 고대에 그리스와 흑해 연안국의 식민지였다가 크림한국의 본거지가 된 크림 반도는 크림타타르족이 오래 정착하여 살았으나, 19세기부터 러시아 주민들이 대거 이주하여 왔고 1954년 러시아연방공화국에서 우크라이나공화국에 양도되었다.

우크라이나의 주요 도시로는 키예프, 하리코프, 도네츠크, 드네프로페트롭스크, 오데사, 리비프 등을 꼽을 수 있다. 키예프는 키예프 루스의 발상지로서 약 350만 명이 거주하고 있다. 모스크바처럼 경제적 중심지로서의 비중은 크지 않으며, 정치, 문화의 중심지 역할을 하고 있다. 제2의 도시 하리코프는 지리적으로 러시아와 근접하고 있어 러시아 분위기가 많이 풍기는 도시이다. 17세기 중반 코자크의 변방 요새로 출발하여 19세기에 인구가 많이 유입되었으며, 러시아 혁명 후 1918년부터 1934년까지 수도의 역할을 하였다. 현재 인구는 약 140만 명이며 동부의 공업, 과학, 교육의 중심지 역할을 하고 있다. 1783년 예카테리나 여제의 칙령에 의해 건설되어 1926년까지 예카테리노슬라프Ekaterinoslav로 불린 드네프로페트롭스크는 19세기 말 철강 공업의 발달과 함께 급격히 성장했다. 구소련 최대의 미사일 공장을 비롯하여 군수산업이 발달하였으며 쿠치마 대통령, 티모셴코 총리, 티깁코 등의 정치인을 배출하였다. 돈바스 공업 지역의 중심지인 도네츠크는 우크라이나 최대의 공업도시이다. 돈바스 지역의 풍부한 철강석, 석탄 자원을 이용하여 철강, 중화학 공업이 발달하였으며, 소위 도네츠크 클랜clan이라고 불리는 재벌들은 우크라이나 정치, 경제에 큰 영향력을 행사하고 있다. 2010년 대선에서 승리한 야누코비치도 도네츠크 주지사 출신이다. 오데사는 제정러시아 시대에 모스크바, 상트페테르부르그와 함께 러시아 3대 도시에 들어갔다. 그리스 시대부터 흑해의 무역항으로 성장한 오데사는 프랑스인 총독에 의해 근대도시로 탈바꿈했고, 이탈리아, 그리스 주민들이 많이 거주하며 국제적 상업도시로 번창하였다. 러시아가 남진 정책을 취하며 흑해의 전진기지로 발전했다. 예카테리나 여제는 오데사와 크림을 자신의 혼수 선물이라고 자랑할 정도로 오데사 정복에 자부심을 가졌었다. 리비프는 동부 갈리치아 지방의 수도 역할을 한다. 13세기 갈리치아-볼린Galicia-Volyn공국의 중심지로 출발했으나 15세기부터 폴란드의 지배하에 들어갔다. 폴란드와 오스트리아제국 지배 기간에도 동부보다 우크라이나어와 민족문화를 잘 보존하여 주민들이 주로 우크라이나어를 사용한다. 1918-1919년에는 서부 우크라이나공화국의 수도가 되었고, 1939년 소련에 다시 합병될 때까지 폴란드 관할 지역으로 남아 있으면서 우크라이나 민족주의 운동의 중심지 역할을 하였다. 우크라이나와 폴란드가 공동으로 주최하는 2012년 유럽컵 축구대회의 개최도시로 키예프, 리비프, 도네츠크, 하리코프가 선정된 것도 각 지역의 중심지 역할을 하는 이 도시들의 상징성이 고려된 것으로 볼 수 있다.

1.3. 민족 구성과 종교, 언어 사용

■ 민족 구성과 종교

우크라이나는 100여 개 이상의 소수민족이 거주하는 다민족국가이다. 역사적으로 여러 나라가 우크라이나 영토의 일부를 점령하였고, 제2차 세계대전 종전 이후 우크라이나도 역사적으로 가장 넓은 영토를 갖게 되어 많은 소수민족을 포함하게 되었다. 2001년 인구조사에 의하면 전체 인구 중 우크라이나인은 77.8%, 러시아인 17.3%, 벨로루시인 0.6%, 크림타타르인 0.5%, 불가리아인 0.4%, 헝가리인 0.3%, 루마니아인 0.3%, 폴란드인 0.3%, 유대인 0.2%와 기타 소수민족이 1.8%를 차지하고 있다. 기타 소수민족에는 약 2만-3만 명의 고려인도 포함되어 있다. 해외에 거주하는 우크라이나인은 총 760만 명으로, 러시아에 380만 명, 카자흐스탄에 90만 명, 발트3국에 18만 명, 우즈베키스탄에 15만 명, 키르기스스탄에 10만 명, 폴란드에 15만 명이 살고 있고, 미국에 약 80만 명, 캐나다에 약 110만 명, 남미에도 17만 명이 거주하고 있다.

종교 상황을 보면, 국민의 약 60%가 종교를 가지고 있으며, 전체적으로 정교회 신자가 절대 다수를 차지하지만, 국교는 따로 정해져 있지 않다. 2009년 조사를 보면 종교를 신봉하는 사람 중 51.4%는 정교회, 28.4%는 개신교, 11.3%는 그리스 가톨릭, 3.6%는 이슬람, 2.7%는 로마 가톨릭, 0.8%는 유대교 교인이고, 1.8%는 기타 종교를 가지고 있는 것으로 드러났다. 정교회 신자 중 67.8%는 모스크바 총주교 관할 우크라이나 정교회Ukrainian Orthodox Church of Moscow See에 소속되어 있고, 24%는 키예프 총주교 관할 우크라이나 정교회Ukrainian Orthodox Church of Kiiv See에 소속되어 있으며, 7%는 우크라이나 독립 정교회Ukrainian Autocephalous Orthodox Church에, 나머지 1.2%는 기타 정교회 교구에 속한 것으로 나타났다(Kyiv Post, 2009.2.19, State Committee of Religion 자료 인용).

■언어 사용

우크라이나 헌법 10조에는 우크라이나어가 국가 공식 언어dzerzavna mova/state language로 규정되어 있지만, 우크라이나는 우크라이나어와 러시아어가 같이 사용되는 사실상의 이중언어bilingual 국가이다. 소련 시대 대부분의 기간 동안 러시아어로 교육이 이루어졌기 때문에 교육 받은 엘리트 계층은 러시아어를 주로 사용하였고, 우크라이나어는 농촌 지역에서 많이 쓰였다. 독립 후 우크라이나어가 국가 언어로 선포되고, 정부 업무, 학교 교육, 언론 등에서 우크라이나어가 쓰이면서 우크라이나어는 다시 '상층 언어high variety'로 자리를 잡았다. 특히 학교에서는 우크라이나어가 교육 매개 언어로 확실히 자리를 잡아서, 20-30년 뒤에는 우크라이나어가 주도적 언어가 될 가능성이 크다. 2006년 공식 조사에 의하면 국민 중 52%가 우크라이나어를 제1언어로, 25.7%가 러시아어를 제1언어로 구사하고, 21.5%는 두 언어를 동시에 구사하는 것으로 나타났지만, 국민 80%가 양 언어를 모두 구사하며 필요에 따라 '언어 전환code-switching'을 할 수 있다고 보면 된다. 우크라이나어와 러시아어의 문법적, 어휘적 유사성으로 인해 이중언어 구사자들은 양 언어가 혼합된 '혼합언어mixed language'인 소위 '수르지크surzhyk'를 폭넓게 쓰고 있다. 러시아어는 일상생활과 비즈니스에서 주로 쓰이고, 지역적으로는 동부와 크림 지역에서 많이 쓰인다. 언론 매체별로는 TV와 라디오에서는 우크라이나어가, 신문, 잡지에는 러시아어가 많이 쓰인다(허승철 2009). 러시아어를 제2의 공식어로 인정하려는 정치적 시도가 2004년 이후 친러시아계 정파에 의해 적극적으로 시도되었는데, 2010년 야누코비치가 대통령이 됨으로써 이 문제는 다시 뜨거운 정치적 논쟁의 대상이 될 가능성이 커졌다.

'우크라이나'라는 명칭은 19세기 이후 본격적으로 쓰이게 되었다. 어원은 '변경 지역', '접경 지역'을 뜻하는 '오크라이나okraina'에서 나온 것으로 보이는데, 현대 우크라이나어에서는 '크라이나kraina'라는 단어가 '국가, 나라'라는 뜻으로 쓰인다. 인도유럽어 조어祖語에서 '*krei-'는 '자르다, 절단하다'를 뜻하였고, 이것이 슬라브어의 'krai'가 되며 '끝, 변경, 지방'을 뜻하는 단어가 되었다(Magocsi, p.171). 원래 우크라이나인들은 자신들이 거주하는 땅을 '루스Rus', 자신들을 '루신Rusyn'이라고 불렀다. 트랜스카르파티아 지역에 거주하는 주민들은 아직도 자신들을 루신이라고 부르고 있다. 1187년 〈원초 연대기〉에 키예프와 페레야슬라프 지역을 가리키는 명칭으로 '우크라이나'라는 이름이 최초로 사용되었다. 그러나 이후 이 명칭은 특정한 지역을 지칭하기보다는 변경 지역을 가리키는 일반적 명칭으로 사용되다가, 15세기 폴란드에서 현 우크라이나 지역을 가리키는 용어로 사용하였고, 좁게는 키예프, 브라티슬라브, 체르니기프의 영지 주州를 지칭하는 지역명으로 쓰였다. 18세기 초 표트르 대제가 '러시아'라는 국가명을 채택하자 우크라이나인들은 자신들의 거주 지역을 우크라이나라고 부르기 시작했고, 19세기 민족문화 부흥 운동을 주도한 민족주의자 지식인들이 이 용어를 적극 사용하기 시작했다. 그러나 러시아 사람들은 우크라이나라는 말 대신에 '소小러시아Malna Rossia/Malorossia'라는 명칭을 줄곧 사용했으며, 이 용어는 20세기 들어와서도 우크라이나를 독립된 지역이나 국가로 보지 않는 러시아인들이 비속적 명칭으로 사용했다. 소련 시대에 우크라이나 소비에트연방공화국이 출범하면서 우크라이나는 정식 행정 명칭으로 자리를 잡았고, 역설적으로 우크라이나라는 명칭이 소련 국내와 국제적으로 확고하게 인식되게 되었다. 1990년 독립 후 우크라이나라는 명칭은 정식 국가명이 되었지만, 러시아인들은 국가 앞에 쓰는 'v'(러시아어 в)라는 전치사 대신에, 지역을 나타낼 때 쓰는 'na'(러시아어 на)를 계속 사용하며 우크라이나의 독립을 인정하지 않는 속내를 나타내고 있다.

2장
20세기까지의 우크라이나 역사

2.1. 고대부터 19세기까지의 역사

2.1.1. 키예프 루스 이전의 역사

약 기원전 5천 년 전부터 슬라브 땅에는 농경생활을 하는 정착민이 나타났지만, 역사서에 처음 이름이 나타난 민족은 키메리아족Cimmerians이었다. 호메로스의 《오디세이아》에도 이름이 언급된 키메리아족은 기원전 10세기부터 기원전 7세기까지 오늘날의 우크라이나 땅을 지배하였다. 청동기 유물을 많이 남긴 키메리아족은 중앙아시아에서 온 기마민족으로 여겨지며, 유럽 지역으로 흩어지기 전 철기 도구를 사용하였다. 기원전 750년경 스키타이족Scythians이 키메리아족을 몰아내고 흑해 북부 지역의 주인공이 되었다. 카스피해 동쪽에 근거지를 둔 이들은 페르시아어 계통의 언어를 쓰는 이란계 민족이다. 기원전 7-6세기경 쿠반 지역과 타만 열도로 진출한 스키타이족은 기원전 6-5세기경 드니프로 강 유역에 뿌리를 내린 것으로 보인다. 역사서에 용맹한 전사들로 기록된 스키타이족은 페르시아의 다리우스 왕을 격퇴시킬 정도로 강력한 기마 전투력을 보유하고 있었다. 사회의 하층민들은 농업에 종사하며 지배층에 세금을 바쳤고, 지배 귀족들은 이러한 물질적 풍요를 바탕으로 화려한 금세공 장식들을 남겼다. 느슨한 연합 체제로 구성된 스키타이제국은 남부 우크라이나 지역뿐 아니라, 중앙아시아와 시베리아에까지 그 세력을 떨쳤다. 스키타이족은 서부로 계속 세력을 확장하다가, 기원전 339년 알렉산드로스 대왕의 아버지인 필리포스 2세와의 도나우 강 전투에서 패퇴하며 세력이 꺾이기 시작하였다. 기원전 250년경에 동쪽에서 진군해 온 아시아계 유목민족인 사르마티아족Sarmatians은 스키타이족을 몰아내고 흑해 지역의 새로운 지배자가 되었다. 알란족Alan 또는 안트족Ante으로도 불리는 사르마티아국은 여러 부족의 느슨한 연합체로 구성되었는데 기원전 3세기부터 기원후 3세기 초까지 번성하였다.

아시아계 유목민족이 내륙의 초원지대를 장악하고 있는 동안 흑해와 아조프해 연안과 크림 반도에는 그리스계 식민도시가 번성하였다. 드네스트르Dnestr 강 하구에는 티라스Tiras가, 부크Bug 강 하구에는 올비아Olbia가 형성되었고, 크림 반도 서쪽에는 헤르소네스Chersonesus가 무역도시로 번성하였다. 크림 반도 동쪽에는 테오도시아Theodosia, 케르치 해협 양안에는 보스포르Bospor와 파나고리아Phanagoria가 세워졌다. 이 그리스 식민도시들은 지리적 이점을 이용하여 곡물, 어물, 와인, 금속 장신구들을 그리스 본토와 소아시아 지역과 거래했다.

기원후 3세기부터 9세기까지 여러 부족이 초원 지대의 주인이 되었다. 먼저 발트해 지역으로부터 남하한 게르만족에 속하는 고트족Goths이 사르마티아족을 점령했다. 4세기 후반에는 중앙아시아에서 진출한 훈족Huns이 고트족을 멸망시키고 이탈리아 북부까지 진출했다. 6세기 중엽에는 아바르족Avars과 불가르족Bulgars이 훈족을 몰아내고 새로운 지배자가 되었지만, 1세기를 넘기지 못하고 하자르족Khazars에게 자리를 내어 주게 되었다.

7세기부터 9세기 중반까지 코카서스 지역과 흑해 북부 지역을 장악한 하자르족은 종교적 관용으로 유명했다. 기독교, 유대교, 이슬람이 공존했으며 지배층은 유대교를 신봉했다. 후에 슬라브족에게 기독교와 문자를 전파한 키릴Kiril(콘스탄틴)은 하자르 수도를 방문하여 신학 논쟁을 벌이기도 했다. 하자르족은 지중해와 흑해 지역에 최대 영토를 차지한 비잔틴 제국과 활발히 교역하며 번성하였다. 하자르족의 가장 큰 공헌은 아시아계 유목민이나 아랍의 이슬람 세력으로부터 유럽 지역을 보호한 것이었다. 키예프는 하자르공국의 변방 거점으로 발전해 나갔다.

슬라브라는 이름은 530년 그리스 문헌에 처음으로 나타났다. 이전에는 뉴리안Newrian, 베네티Veneti 등의 이름으로 역사 문헌에 나타났다. 슬라브족의 발상지는 카르파티아 산맥 북쪽과 폴란드 남서부 지역으로 여겨진다. 1-2세기부터 민족 이동이 시작되어 5세기부터 서슬라브족, 남슬라브족, 동슬라브족으로 서서히 분화되기 시작하였다. 이 중 동슬라브족은 북으로 핀란드, 남으로 크림 반도, 동으로 돈 강 유역에 이르는 지역에 거주하게 되었다. 드니프로 강 유역에도 여러 부족이 거주하였는데, 이 중 폴라네족Poliane은 키예프 지역을 근거지로 삼았다. 7세기 중반 이후 하자르족이 이 지역의 지배 세력으로 떠오르며 슬라브 부족들은 하자르족에게 조공을 바치며 보호를 받았다. 9세기 중반 하자르 세력이 약화되자 유럽에서 바이킹이나 노르만으로 불리는 바랴그인Variag/Varangian이 스칸디나비아 지역에서 내려와 지배 세력을 이룬 것으로 전해진다. 당시의 상황을 담은 역사서《지나간 시대의 이야기*Tale of Bygone Years*》에는 862년 동슬라브인들의 초빙을 받은 류리크Ryurik가 형제들과 함께 내려와 노브고로트Novgorod를 통치하기 시작한 것으로 기록되었다.

우크라이나 땅은 유라시아 대륙의 동과 서, 남과 북을 연결하는 교차로에 위치하고 있어서, 고대부터 동방과 기타 지역에서 이동해 온 여러 민족이 번갈아 정복했고, 다양한 민족이 할거했다. 자연 방어선이 없는 지리적 환경으로 인해 한 민족이 터전을 잡고 방어하기가 쉽지가 않아서 주인이 자주 바뀔 수밖에 없었다. 우크라이나는 국명이 말해 주듯 문명의 중심지 역할을 하기보다는 유목민과 이교도pagan 문화, 그리스 문명과 기독교, 이슬람 문화가 서로 접하는 변경 지역으로서 지속적으로 주변 문명의 영향을 받으며 발전해 왔다.

2.1.2. 키예프 루스와 몽골 지배

바이킹족이 동슬라브족의 지배 세력이 되었다는 소위 노르만 이론은 유럽 학자들에 의해 전개되어 학계의 통설이 되었다. 그러나 노르만 이론에 반대하는 많은 소련, 러시아 학자들은 9세기 이전 이 지역에 이미 슬라브 토착민들에 의해 설립된 국가가 있었으며 바랴그는 일시적인 지배 세력이 되었다가 곧 슬라브족에 동화되었다는 이론을 전개한다. 키예프 루스의 건설 과정을 다룬《지나간 시대의 이야기》에 의하면 키Kyi, 시체크Shchek, 호리프Khoriv 삼형제와 리비드Lybid 공주가 키예프를 세운 것으로 되어 있다, 키예프라는 이름은 키가 세운 도시라는 뜻이다. 일부 학자는 키가 키예프에 근거지를 둔 폴라네족의 공후였다고 주장하기도 한다. 류리크가 죽자 그의 뒤를 이은 올레크Oleg는 882년 키예프로 근거지를 옮기고 영토 확장에 나섰다. 올레크는 하자르족을 물리치고 비잔틴제국과 통상을 강화했다. 913년 올레크의 뒤를 이어 공후가 된 이고르Igor는 941년에는 콘스탄티노플을 공격하였으나 큰 피해를 입고 강화 조약을 맺었고, 943년에는 페르시아를 공격하여 몇몇 지역을 식민화하였다. 그는 945년 데레블리예족Derevlians의 반란을 진압하러 나섰다가 포로가 되어 비참한 죽임을 당했다. 이고르가 죽자 어린 스뱌토슬라프Svyatoslav를 대신하여 태후 올가Olga가 섭정에 나섰다. 올가는 남편의 복수를 위한 전쟁을 벌이는 한편, 957년 비잔틴의 수도를 방문하여 세례를 받는다. 올가는

키, 시체크, 호리프 삼형제와 리비드공주 동상

키예프 루스 국민들도 비잔틴정교를 받아들이기를 바랐으나 반대에 부딪치고, 그녀의 로마 가톨릭을 받아들이려는 노력도 무산되었다. 962년 스뱌토슬라프가 왕위에 오르면서 적극적으로 영토 확장에 나섰다. 동쪽으로는 하자르족을 제압하고 카스피해까지 진출하였고, 서쪽으로는 발칸반도로 진출하여 불가리아왕국을 복속시켰다. 비잔틴과의 전쟁에서 패배하고 귀환하는 도중에 페체네크족Pechenegs의 매복에 걸려 전사했다.

스뱌토슬라프의 뒤를 이은 블라디미르 1세(980-1015년)는 복위 기간의 치세로 블라디미르 대공Vladimir the Great으로도 불린다. 그의 치세 중 가장 중요한 것은 기독교(그리스정교)를 국교로 받아들인 것이다. 989년 비잔틴 황제의 여동생 안나Anna와 결혼하고, 그리스정교를 국교로 정했다. 기독교 도입 후 비잔틴을 통한 선진 문화의 수입으로 교육, 법률, 건축, 예술 등에서 큰 발전이 이루어졌으며, 정치적으로는 동슬라브의 모든 부족을 통합하였다. 블라디미르 대공 시대와 뒤를 이은 야로슬라프 현제 시대는 키예프 루스의 '황금 시대'로 불린다. 블라디미르 사후 12형제 간에 치열한 권력 싸움이 생겨 야로슬라프Yaroslav(재위 1036-1054년)는 바로 왕위에 오르지 못하고, 형 므스티슬라프Mstislav와 드니프로 강을 기준으로 루스 공국을 양분하여 통치하다가 므스티슬라프가 죽은 후에야 키예프 루스 전체를 통치하게 된다. 그는 페체네크족을 정복하는 등 군사면에서 공적도 쌓았지만, 문화, 교육에서의 치적으로 인해 '야로슬라프 현제Yaroslav the Wise'로 불린다. 그는 교육 진흥에 많은 노력을 기울여 학교와 도서관을 세우고 구전 법전을 성문화한《루스카야 프라브다*Russkaia pravda*》를 만들었다. 또한 성 소피아 성당을 건축하고, 교회의 주교들을 콘스탄티노플의 재가를 받지 않고 독자적으로 임명하여 키예프 루스 교회의 독립성을 확보하였다. 또한 키예프 루스에 속한 여러 공국의 권력 승계를 장자 상속이 아닌 형제 간 계승으로 결정하였는데, 이는 공후들 사이의 내분을 격화시키고 키예프 루스의 해체를 촉진하는 결과를 가져왔다. 1054년 야로슬라프가 죽자 다섯 아들은 왕위를 놓고 유혈 투쟁을 벌였고, 키예프 루스는 큰 혼란에 빠졌다. 이러한 상황에서 설상가상으로 폴로베츠족Polovitsians과 폴란드인들이 침입해 와서 혼란은 격화되었다. 50년 넘게 지속된 공후들의 투쟁을 종식시키고 새로운 지도자로 나선 것은 야로슬라프의 손자인 블라디미르 모노마흐Vladimir Monomakh(재위 1113-1125년)였다. 그는 성공적 내치로 민심을 안정시키고 외침으로부터 키예프 루스를 보호하였으나, 그의 통치는 오래 가지 못하였다. 그가 죽은 후 공후들 간의 내분은 다시 격화되어 키예프 루스는 해체의 길에 들어서게 된다. 여러 공국이 부상하면서 키예프는 주도적 지위를 잃게 되었다. 유리 돌고루키Yurii Dolgorukii가 세운 수즈달 공국이 동북부의 새로운 강자로 등장하면서 키예프 루스의 해체는 가속화되었다. 그는 1147년에 모스크바를 창건했고 활발하게 영토를 확장해 나갔다. 1155년에는 키예프를 점령하여 키예프 대공이 되었다. 그의 아들 안드레이 보골륩스키 Andrei Bogolyubksii가 블라디미르로 수도를 옮김으로써 이 공국은 블라디미르-수즈달 공국으로 불리게 되었다. 노브고로트 공국도 상업력을 바탕으로 독자적으로 발전해 나갔으며, 베체Veche라고 불리는 민회가 활발하게 활동했다. 이 두 공국 이외에도 갈리치아-볼린Galicia-Volyn공국, 스몰렌스크Smolensk공국, 폴로츠크Polotsk공국, 페레야슬라프Pereyaslav공국, 체르니기프Chernigiv공국, 랴잔Ryazan공국이 세력 다툼을 벌였다.

키예프 루스는 스칸디나비아와 비잔틴을 연결하는 교역로 역할을 하며 번성했다. 그러나 비잔틴의 경제력이 쇠퇴하면서 키예프 루스도 쇠락의 길을 걷게 되었다. 그러나 문화적으로는 비잔틴으로부터 도입한 기독교를 바탕으로 크게 번성했다. 키릴Kiril과 메포디Mefodii는 현재의 체코 지역인 모라비아에 비잔틴 정교회를 전파하기 위해 파견되었다가 글라골Glagolitic 문자라고 불리는 슬라브인들이 쓰는 새로운 문자를 만들었다. 이 문자는 후에 불가리아 지역에서 그리스 문자를 차용한 키릴 문자로 변형되었다. 키예프 루스는 그리스계 건축가들을 초빙하여 비잔틴 양식의 교회 건물을 지었고, 성상화를 중심으로 한 기독교 미술도 발달시켰다.

동슬라브 지역에 처음으로 국가적 형태를 띠고 나타난 키예프 루스는 우크라이나뿐만 아니라, 러시아, 벨로루스의 모태가 되었다. 러시아와 우크라이나 중 누가 키예프 루스의 적자인가를 따지는 논쟁은 소연방 해체 이후 더욱 격화되었다. 키예프가 천 년 가까운 기간 동안 우크라이나인들로 구성된 독립된 국가의 수도의 역할을 하지는 못하였지만, 키예프 루스가 우크라이나의 모태이고, 러시아와 벨로루스는 시차를 두고 차례로 분리해 나간 후계 국가로 보는 것이 타당하다.

현재의 우크라이나 땅 서부에 번성한 갈리치아-볼린 공국도 우크라이나 역사의 한 부분을 이룬다. 12세기 초 형성된 갈리치아-볼린 공국은 다닐로 공후Danylo of Halych(재위 1238-1264년) 시대에 전성기를 맞았다. 서쪽으로부터의 독일 기사단의 침입을 효과적으로 방어하는 한편, 주변 세력들을 규합하여 동쪽에서 진군해 오는 몽골군을 저지하려고 노력하였다. 1255년 한 차례 몽골군을 격퇴하였으나, 1259년 결국 몽골군에 점령되었다. 다닐로 이후 비교적 평온한 시절이 지속되다가 몽골 세력이 약화

키예프 루스의 관문이었던 황금의 문

되자 1378년 폴란드에 병합되었다.

쇠락해 가던 키예프 루스는 1240년 12월 키예프가 칭기즈칸의 손자 바투가 이끄는 몽골군에 함락되면서 멸망하고 말았다. 킵차크한국을 설치하여 약 240년간 동슬라브 지역을 통치한 몽골은 여러 공국으로부터 공물을 징수하고 각 공후들로부터 충성 경쟁을 유발시키는 전형적인 '분할 점령divide and rule' 정책을 폈다. 몽골은 내정에는 깊이 간섭하지 않았으나 몽골 지배는 동슬라브 지역의 이후 발전 과정에 큰 영향을 끼치는 몇 가지 유산을 남겨 놓았다. 키예프 루스 시절의 다원적 국가 연합 체제는 완전히 모습을 감추고 슬라브 지역에는 중앙집권적 동양적 전제주의가 나타나게 되었다. 또한 몽골 지배는 서유럽의 발전 과정에서 슬라브 지역이 완전히 분리되는 결과를 낳았다. 키예프 루스가 몽골 세력의 유럽 진출을 막는 방파제 역할을 하였지만, 유럽의 개인주의나 근대화 과정이 유라시아 동부 지역으로 확산되는 길도 막히게 되었다. 또한 많은 인구가 유라시아 대륙 남부에서 북부로 옮겨감에 따라 키예프는 더 이상 정치, 문화의 중심지 역할을 하지 못하였다. 경제적으로 보면 조공 제도를 통한 가혹한 착취로 인해 이 지역의 경제가 피폐해졌고, 오랜 기간 이러한 영향에서 벗어나지 못하여 유럽에 비해 경제적으로 낙후된 지역으로 남게 되었다.

유라시아 대륙 남동부 지역이 몽골의 지배에 있는 동안 발트해 부근에서는 리투아니아가 새로운 강대국으로 부상했다. 13세기 중반 민다우가스Mendovg/Mindaugas 공후가 리투아니아의 여러 부족을 통일한 후 북방 지역의 공국들을 차례로 복속시켰다. 1362년 세력이 크게 약화된 몽골군을 우크라이나 남부 시니 보디Syni Vody에서 격파한 후 리투아니아 대공국은 발트해에서 드니프로 강에 이르는 넓은 영토를 차지하게 되었다. 같은 시기에 모스크바 공후들은 블라디미르-수즈달 공국을 병합하며 세력을 확장했나. 이 두 신흥 국가가 몽골 세력이 빠져나간 공백을 차지하며 동슬라브 지역의 새로운 맹주로 떠올랐다. 이러한 변화를 거치며 동슬라브족은 러시아, 소러시아Malorossia로 불린 우크라이나, 벨로루스로 분화되었다.

문화적으로 열등하고 기독교를 받아들이지 않은 리투아니아 공국은 키예프 루스 지역에서 정교회를 비롯한 모든 기존 제도를 인정하는 정책을 폈다. 리투아니아 공국 내의 동슬라브들은 자신들을 루스인Rusyn/Ruthenian이라고 부르며 정체성을 형성해 나갔고 후에 우크라이나인과 벨로루스인의 뿌리를 형성했다. 리투아니아와 폴란드 사이에 혼인에 의한 결연 관계가 형성되면서 정교회 신앙과 문화적 자치는 흔들리기 시작하였다. 1385년 혼인에 의한 리투아니아-폴란드 왕조연합dynastic union의 전제 조건으로 폴란드 귀족들이 리투아니아 공국의 가톨릭화를 주장하고, 리투아니아가 이를 받아들임으로써 공국 내 루스인들에게 가톨릭 신앙이 강요되었다. 루스인들은 끈질긴 노력 끝에 1434년에 가서야 정교회 신앙을 다시 인정받았지만, 폴란드와 리투아니아 간의 국가 연합인 루블린Lublin연합이 성립되면서 신앙 문제를 둘러싼 첨예한 갈등은 재연되었다. 1569년 루블린 조약으로 폴란드-리투아니아공국이 탄생하였지만, 문화적으로 뒤떨어져 있던 리투아니아인들은 폴란드의 가톨릭 문화에 빠르게 동화되었고, 이 연합 국가는 사실상 폴란드 주도의 국가가 되었다. 1596년 브레스트 종교회의의 결정으로 정교회의 의례를 준수하되 로마 교황의 권위를 인정하는 브레스트 교회연합Uniate Church이 탄생하였다. 후에 이 연합교회는 그리스 가톨릭Greek Catholic 교회로 불리게 되었다. 폴란드-리투아니아 지배 아래 있던 슬라인들 중 정교회 신봉자들은 박해를 받기 시작하였고, 일부는 모스크바 공국으로 이주하였다. 연합교회 신봉자와 정교회 신봉자 사이의 균열과 갈등은 이후 우크라이나 땅에 지속되는 종교적, 문화적, 정치적 분열의 단초가 되었다.

리투아니아 공국의 영향력 밖에 있었던 우크라이나 남부 내륙 지역과 크림 반도는 킵차크한국에서 분리되어 독자적 세력을 형성하고 있었던 크림타타르가 지배하고 있었다. 이들은 자주 내륙 지역을 습격하여 약탈을 자행하고 주민들을 포획하여 오스만터키의 노예시장에 팔아넘겼다. 크림 타타르의 습격과 유목 집단인 노가이족Nogay의 약탈에 대항하여 주민과 이주자들에 의한 자발적 군사 조직이 생겨났는데 이것이 코자크 전사 집단의 기원이 되었다.

2.1.3. 코자크 시대

'코자크'(우크라이나어 Kozak, 러시아어 Kazak, 영어 Cossack, 터키어 Qazaq)는 터키어로 '자유인', '방랑자' 등을 뜻한다. 원래 이 말은 15세기 드니프로 강 하류 지역에 이주해 온 도망자와 자유농민, 어민들을 지칭하는 말이었다. 우크라이나 남부 드니프로 강 유역은 몽골 지배 기간 동안 인구가 크게 감소하여, 서부나 북부 지역에 비하면 거주민이 아주 적은 미개척지와 같은 땅이 되었다. 농산물 수출국으로 부상한 폴란드의 귀족들이 장원제도를 실시하고 농노제도가 확장되면서 드니프로 강 유역의 초원지대로 이주해 오는 농민들이 늘어났다. 이들 농민들이 코자크 집단에 합류하면서 코자크 세력은 빠르게 커져 갔다. 1552년 드니프로 강 유역 카니프Kaniv

지역 경비대장 출신 비시네베츠키Dmitro Vyshnevetsky(일명 Baida)가 코자크 그룹을 규합하여 자포로지아의 소小호르치차Mala Khorchytsa 섬에 요새를 건설하였다. 드니프로 강 하류에 위치한 호르치차 섬은 방어에 유리할 뿐 아니라, 드니프로 강의 선박 통행을 통제할 수 있는 천혜의 지형을 가지고 있다. 우크라이나 코자크의 본영 역할을 하는 이 요새 겸 집단 거주지는 '자포로지아 시치Zaporozhia Sich'(요새)로 불렸다.

코자크는 지도자 헤트만Hetman(우크라이나어 Otoman)을 직접 선출하고, 중요한 결정은 구성원 모두가 참여하는 라다Rada에서 내려졌다. 평등하고 민주적인 사회를 시향하는 고지크 전통은 이후 우크라이나의 정치, 사회적 전통에 지속적 영향을 미쳤고, 중앙집권적 군주 국가 건설의 길을 밟은 러시아와 정치적 차별성을 이루는 큰 요소가 되었다. 흐멜니츠키가 헤트만이라는 공식 칭호를 받은 첫 지휘관이다. 이전에 헤트만이라는 명칭은 폴란드나 리투아니아 최고위 장교에만 사용되었다. 코자크들은 자신들의 지휘자를 직접 선출하는 권한을 매우 중요하게 생각했고, 이 권리가 코자크 자유의 기초가 된다고 생각했다. 코자크의 중요한 문제는 '장교회의starshina'나 '전체 회의Rada'에서 결정되었다. 헤트만의 권위와 코자크들에 대한 영향력은 일정하지 않아서 헤트만의 성격, 능력, 선출 과정, 지지도 등에 좌우되었다. 헤트만의 권위가 세고 유능할수록 전체 회의의 중요성은 감소되었다. 그러나 전체 회의가 작은 일을 논의하기 위해, 특히 전쟁 중에 소집되는 경우는 헤트만이 전폭적 지지를 받지 못한다는 증거로 받아들여졌다. 자신의 힘과 코자크들의 지지를 확신하는 헤트만은 전체 회의에서 자신이 원하는 사안만 논의되도록 하였고, 전체 회의 밖에서는 전제군주처럼 통치하였다. 헤트만의 권위가 약한 경우에는 장교들과 직접 협상하고, 중요한 결정은 전체 회의에서 논의해야 했다. 이러한 상황에서 소집된 전체 회의는 격식 없이 진행되어 늘 소란스럽고 무질서했다. 코자크들끼리 서로 소리치고, 싸우고, 모자를 땅바닥에 던지고, 자

레핀의 〈술탄에게 편지를 쓰는 코자크〉

신들에게 비굴하게 구는 헤트만은 당장 물러나라고 호통치곤 하였다.

폴란드 장군 코네폴스키Koniepolksy 밑에서 종군하였던 보플랑Beaupland이라는 프랑스인은 다음과 같이 적었다. "코자크들은 제복 말고는 통일된 것이 없었다. 이들은 활력이 넘치고 현명하며, 체격이 뛰어나고, 더위와 추위, 배고픔과 목마름을 잘 견딘다. 전투에서도 인내와 용맹으로 이름을 날리고, 낙천적이며 죽음을 두려워하지 않는다. 그들은 멋진 외모를 가지고 있고, 주의력이 뛰어나고 강하며, 좋은 건강을 타고났다. 웬만해서는 병에 걸리지 않으며 아주 나이가 든 경우가 아니면 병에 걸려 죽는 일이 드물었다. 그들은 대부분의 경우 코자크들의 명예의 전당에서 생을 마친다 — 그것은 전쟁터에서 전사하는 것이다"(Hrushevskyi, pp.242-245).

1569년 루블린 조약으로 자포로지아와 대부분의 우크라이나 스텝 지대가 폴란드왕의 관할령이 되면서 코자크들도 폴란드의 영향을 피할 수 없게 되었다. 폴란드 정부는 통제하기 힘든 코자크들을 효과적으로 다루기 위해 코자크 상층부를 체제 내로 끌어들이는 '흡수cooptation' 정책과 '분할 지배divide and rule' 전략을 폈다. 코자크 중 일부는 폴란드 귀족층으로 흡수되었고, 일부는 폴란드 정부에 정식으로 등록한 '등록 코자크'가 되어 폴란드 사령관의 지휘를 받았지만 그 숫자는 일부에 제한되었다. 16세기 말과 17세기 초 새로 유입된 많은 농민들은 비등록 코자크로 남아 일반 농민과 같은 취급을 받았다. 이러한 코자크의 계급화는 코자크 사회의 분열과 대립을 가져왔고, 종교적 분열과 함께 사회 혼란의 원인이 되었다. 폴란드의 통제와 지방 귀족들의 착취에 대항하여 잦은 봉기가 일어났다. 1590년대에 코신스키Kosynskii, 날리바이코Nalyvaiko, 로보다Loboda 같은 코자크 지도자가 봉기를 일으켰으나 진압되었다. 이러한 코자크 봉기는 고골의 소설〈타라스 불바Taras Bulba〉의 배경이 되기도 하였다. 폴란드 편에 서서 외국과의 전투에 참여한 코자크도 많았다. 1610-1613년 모스크바 공국이 '혼란의 시대Smutnoe vremia/Time of Trobls'에 빠지자 코자크는 폴란드군과 함께 모스크바 공국을 침략하여 많은 전리품을 노획해 오기도 했다. 1613년부터 1620년까지는 '차이카Chaika'라 불리는 배를 타고 흑해로 나가 오스만터키를 공격했다. 또한 현재의 몰도바와 남부 루마니아 지역의 왈라키아Wallachia 공국을 공격하기도 했다. 이 시기에 코자크를 이끈 헤트만은 사가이다치니Petro Sagaidachnii(재위 1614-1622년)였다. 그는 폴란드군과 함께 모스크바와 터키를 상대로 한 전투에 참가하여 승리를 거두었다. 사가이다치니는 군사적 승리 외에도 정교회 육성에 힘을 기울였고 많은 문화적 업적도 남겼다. 그는 코자크의 사령부를 키예프로 옮기고, 키예프 루스 때 설립된 키예프의 동굴수도원Pecherska Lavra을 정교회 신앙의 중심지로 다시 부활시켰다.

새로운 인쇄기가 동굴수도원에 도입되어 베린다Pamva Berynda의 《슬라브어 사전*Leksykon slaveno-rosskii*》(1627년), 스모트리츠키Meletii Smotrytskii의 《슬라브어 문법*Grammatika slovenskaia*》(1619년)이 출간되는 등 문예 부흥도 일어났다. 그러나 폴란드와 코자크 간의 갈등의 원인이 되는 코자크의 사회, 경제적 지위 문제, 외국 원정 등의 문제는 근본적으로 해결되지 않았기 때문에 1630년대가 되면서 갈등은 재연되었다. 폴란드는 1635년 드니프로 강에 코다크Kodak 요새를 만들어 자포로지아 시치를 견제하기 시작하였다. 1637년과 1638년 연이어 봉기가 일어났으나 바로 진압되었다. 이 봉기로 자포로지아 시치는 크게 약화되고 등록 코자크의 사회, 경제적 상황도 악화되었다. 약 10년간의 소강상태가 지난 다음 1648년 코자크 역사상 가장 큰 거사가 일어났다. 보그단 흐멜니츠키 Bogdan Khmelnytsky(1595-1657년)는 수보티프Subotiv의 자신의 영지를 약탈한 폴란드 장교에 대한 복수를 위해 자포로지아 시치의 코자크를 규합하여 봉기를 일으켰다. 흐멜니츠키의 조직력과 지도력에 의해 단기간에 급격히 커진 코자크 세력은 크림타타르군과 연합하여 1948년 조프티 보디Zhovti Vody와 코르순Korsun에서 두 차례 폴란드군을 크게 격파했다. 서쪽으로 진군하여 갈리치아를 점령한 코자크군은 폴란드인과 유대인, 연합교회 신자들을 대량으로 학살했다. 폴란드군도 이에 맞서 우크라이나 농민들을 학살했다. 1649년 1월 흐멜니츠키는 키예프에 입성하여 키예프 대주교와 정교회 신자들의 축복을 받으며 민족해방자로 떠받들어졌다. 크림타타르군이 동맹에서 이탈하고, 폴란드군의 반격이 강화되면서 군사적으로 어려움에 처한 흐멜니츠키는 1649년 8월 폴란드와 즈보리프Zboriv 조약을 체결한다. 이 조약에 의해 4만 명의 코자크를 '등록 코자크'로 인정받고, 폴란드 지배하에 있던 6개 영지 주州palatinate(우크라이나어 voevodstvo) 중 키예프, 체르니기프, 브라티슬라브를 코자크 헤트만이 직접 관할하는 영토로 인정받게 되었다. 흐멜니츠키가 이 세 주와 자포로지아를 폴란드의 간섭 없이 직접 관할함으로써 코자크 자치국가가 탄생하였다. 1651년 폴란드와의 평화는 깨지고 양측은 다시 전쟁을 시작했다. 흐멜니츠키는 오스만터키와 몰도바와 동맹을 맺어 폴란드에 대항하려 하였으나, 전세를 쉽게 역전시키지 못하였다. 1653년 흐멜니츠키는 정교회 형제국인 모스크바공국과 동맹을 요청하게 되었고, 모스크바 대공 Tsar 알렉세이는 사절을 보내 키예프 인근 페레야슬라프Pereyaslav에서 동맹에 대한 합의가 이루어졌다. 페레야슬라프 협약에 대한 평가와 견해는 여러 갈래로 나뉜다. 러시아 학자들은 이 동맹으로 우크라이나가 러시아에 귀속되고, 키예프 루스의 영토가 러시아의 주도하에 다시 재통일된 것으로 보는 반면, 우크라이나 학자들은 이를 단순한 군사동맹으로 보는 경우가 많다. 코자크는 오스만터키, 크림타타르, 러시아 등과 필요에 따라 동맹관계를 맺고 진영을 바꾸는 일이 잦았기 때문에 페레야슬라프 협약도 일시적 군사동맹으로 생각했을 가능성이 크다. 페레야슬라프 협약은 코자크국가가 자치를 인정받는 조건으로 러시아의 보호를 받는 것을 합의한 협약으로 보는 것이 균형적 견해라 할 수 있다. 그러나 논란이 많은 협약의 내용을 떠나서, 양국의 사정은 우크라이나에 불리하게 변화되어 갔다. 러시아는 '혼란의 시대'를 극복하고 강력한 중앙집권적 전제국가를 건설해 가면서 우크라이나 지역에 대한 지배를 강화시켜 나간 반면, 코자크는 1657년 흐멜니츠키의 죽음 이후 자주 헤트만이 교체되며 지도력을 상실하였고, 러시아의 확대되는 영향력과 지배에 제대로 대항하지 못하면서 코자크 자치 국가의 몰락이 시작되었다. 페레야슬라프 협약에 대한 견해가 다양하듯이 흐멜니츠키에 대한 평가 또한 여러 갈래로 나뉜다. 먼저 러시아의 입장에서는 그를 러시아와 우크라이나의 재통일을 가져온 영웅으로 평가하는 것이 당연하다. 폴란드의 입장에서는 흐멜니츠키의 반란이 폴란드를 러시아와의 대립 국면으로 이끌었고, 궁극적으로 폴란드의 몰락을 가져온 원인이 된 것으로 본다. 폴란드 귀족의 토지임대인으로 경제적 이익을 얻다가 대량으로 학살된 유대인들은 흐멜니츠키를 유대인 학살의 주도자로 본다. 우크라이나 내에서도 흐멜니츠키는 오늘날까지 역사가들의 뜨거운 논쟁의 대상이다. 우크라이나가 처한 지정학적 상황과 주변 국가와의 갈등관계에서 흐멜니츠키가 내린 선택은 오늘날 우크라이나가 직면한 어려운 전략적 선택과 매우 유사한 면이 있다고 볼 수 있다. 흐멜니츠키가 지도자로 있는 동안 코자크들은 동부 우크라이나의 광대한 지역에 자신들의 행정 제도를 정착시켰다. 특히 키예프, 브

보그단 흐멜니츠키

라티슬라브, 체르니키프에서는 선출된 도시행정관과 수도원과 교회의 관리자를 제외한 구관리들을 정부 기관에서 몰아내었다. 이 지역 밖에 거주하는 주민들은 자유인이 되어 대부분 코자크가 되었다. 코자크 병사가 되지 않은 사람은 코자크에 세금을 냈다. 코자크들은 세금에서 면제되었지만 군역의 의무를 지었다. 전쟁 기간에 코자크는 가능한 많은 사람을 코자크 병사로 징병하려고 노력했고, 자유민들도 농노가 되지 않기 위해서는 코자크 병사로 등록하는 것이 현명하다고 생각했다.

1657년 흐멜니츠키가 병으로 사망하자 코자크는 더 이상 뛰어난 헤트만 지도자를 배출하지 못하고 몰락의 길로 들어선다. 1657년부터 1686년까지를 역사가들은 코자크 '해체ruina' 시대로 본다. 페레야슬라프 협약 이후 러시아와 폴란드 간에는 전쟁이 벌어지고, 코자크 내부에는 강력한 지도자가 나타나지 않은 상태에서 극심한 내부 혼란이 이어졌다. 폴란드 지배하에서 특권을 누렸던 귀족화된 코자크 상층부와 등록 코자크는 폴란드와의 연대 회복을 원한 반면, 하층 농민층은 러시아의 지배를 선호하였다. 러시아와 폴란드 사이에 전쟁과 정전이 반복되면서 우크라이나의 운명은 두 나라의 전리물처럼 되었다. 1667년 두 나라 사이에 안드루소보Andrusovo 조약이 체결되어 드니프로 강 키예프와 좌안(동쪽 지역)은 러시아의 관할 지역으로, 우안(서쪽 지역)은 폴란드의 지배 구역으로 나뉘었다. 자포로지아는 양국의 공동 관할을 받게 되었고, 남부 지역은 크림타타르 지배하에 남았다. 1686년 러시아와 폴란드 사이에 영구평화를 위한 조약이 협상되자 우크라이나의 분열은 확정적인 것이 되었다. 러시아 지배 지역은 확대되어 키예프와 자포로지아를 포함한 좌안 지역 전체가 러시아의 수중에 들어갔고, 우안 지역은 폴란드의 지배를 받았다. 포돌리아Podolia, 브라티슬라브Bratslav 등 서남부 지역은 오스만터키가 지배했고, 크림 반도를 비롯한 흑해 연안은 크림타타르 지역이 되었다. 러시아와 폴란드 지배 지역의 코자크 헤트만들은 외국을 끌어들여 코자크 자치 회복을 시도하며 자주 반란을 일으켰나. 1665년부터 1676년까지 헤트만이었던 도로셴코Petro Doroshenko는 1668년 오토만 터키와 크림타타르군과 연합하여 좌안을 공격했다. 그러나 이러한 시도는 포돌리아와 브라티슬라브 등 남부 지역을 오스만터키에게 내주는 결과만을 초래했다. 외부 세력과의 연대를 통해 코자크 자치를 회복하려는 시도는 마제파Ivan Mazepa에 의해 반복되었으나, 러시아를 상대로 스웨덴군과 연합하여 싸운 폴타바 전투의 패배로 우크라이나 중부, 동부 지역은 러시아 영토로 편입되게 되었고, 코자크는 결정적인 몰락의 길로 들어섰다. 러시아를 부국강병의 길로 이끌며 발트해로의 출구를 확보하려던 표트르 대제는 북방 지역을 장악하고 있던 스웨덴과 오랜 기간 대북방전쟁(1700-1721년)을 치렀다. 1709년 여름 스웨덴 왕 카를 12세가 러시아 남부로 진격해 오자 헤트만 마제파는 스웨덴과 동맹을 맺고 폴타바에서 러시아군과 대결했으나 크게 패해 오스만터키로 도주하였다. 러시아 역사가들은 원래 러시아의 후원을 받고 동안 지역을 통치하고 있던 마제파가 스웨덴과 손을 잡고 러시아와 전쟁을 치른 것을 배신행위로 본다. 그러나 이러한 시각은 페레야슬라프 협약을 군신관계에 준하는 종속관계로 해석한 입장에 근거한다고 볼 수 있다. 마제파는 표트르 대제에게 보내는 편지에서, 코자크의 권리가 제한되고 스웨덴의 침입으로 인한 존망의 위기 상황에서 자율적 결정에 의해 러

이반 마제파

시아와의 동맹관계를 철회하고 스웨덴과 동맹을 맺는 이유를 설명했다. 마제파의 이러한 논리는 러시아와의 관계를 중세에 널리 퍼져 있던 계약적 동맹 관계로 보았다는 증거이다. 그러나 폴타바 전투의 패배로 대부분의 우크라이나 지역과 코자크는 러시아의 직접 지배하에 들어가게 되었다. 결과적으로 마제파는 우크라이나 지역을 둘러싼 강대국과의 동맹관계 설정에서 국가의 몰락을 재촉하는 잘못된 전략적 선택을 한 셈이 되었다. 주변 강국의 힘에 의존해서 자치와 독립을 꾀하고, 대부분의 경우 몰락하는 국가를 동맹 파트너로 선택하는 우크라이나 지도자들의 오판은 20세기에도 반복된다. 표트르 대제는 마제파의 후임으로 스코로파드스키Ivan Skoropadsky를 헤트만에 임명하였으나 그는 러시아 장교들의 지휘를 받는 꼭두각시 지도자에 지나지 않았다. 표트르 대제는 코자크들을 러시아의 운하와 아조프해의 변방 요새를 건설하는 데 동원하였고, 페르시아와의 전쟁에 출정시켰다. 그는 특히 상트페테르부르그 건설에 우크라이나 지역 주민들을 대규모로 동원하여 노역을 시켰다. 강제노역에 동원된 많은 농민들과 코자크들이 현지에서 사망했다. 스코로파드스키가 사망하자 표트르 대제는 코자크의 자치를 완전히 철폐하기로 했다. 1720년대에는 '소러시아 행정국Little Russia Collegium'이 설치되어 코자크에 대한 직접 통치가 시작되었다. 이 시기에 임시 헤트만으로 선출된 폴루보토크Polubotok는 러시아의 간섭 속에서도 재판제도를 확립하고, 부패 척결을 위해 노력했으나 표트르 대제에 의해 1724년 가을 상트페테르부르그로 소환되어 페트로파블롭스키 요새의 감옥에서 세상을 떠났다. 1734년 안나 여제는 헤트만직 자체를 철폐시켰다. 우크라이나 출신 궁정 가수 올렉시 로주몹스키Oleksii Rozumovsky와 비밀리에 결혼한 엘리자베타 여제는 헤트만직을 부활시키고 1750년 남편 올렉시의 동생 키릴로 로주몹스키Kyrylo Rozumovsky를 헤트만으로 임명함으로써 우크라이나는 일시적으로 자치와 문예 부흥의 시기를 맞기도 했다. 1762년 예카테리나 2세가 즉위하자 코자크의 해체는 가속화되었다. 1764년 헤트만직은 최종적으로 폐지되었고, 중앙에서 파견된 총독이 통치를 담당했다. 또한 러시아령 우크라이나 지역은 세 개의 행정구역으로 나뉘어 러시아 영토에 편입되었다. 1763-1764년의 푸가초프의 난으로 코자크에 대한 불신이 커진 예카테리나 2세는 1775년 자포로지아 시치를 파괴하고 코자크 군사집단을 강제로 해산하였다.

폴란드령 우크라이나에서는 폴란드 귀족들이 돌아와 장원제도를 부활시켰다. 폴란드의 지배와 착취가 강화되면서 농민들의 사회경제적 상황이 악화되었고, 정교회 신앙이 제한되었다. 농민들은 러시아 지배하의 좌안 지역의 정치적, 경제적 자율성을 부러워하게 되었고, 러시아와 헤트만 세력이 폴란드 지배를 벗어나게 해 줄 수 있을 것이라고 믿었다. 이러한 요인들이 복합적으로 작용하여 폴란드령 우크라이나에서는 농민들의 봉기가 연이어 일어났다. 우선 폴란드와 헝가리 접경의 산악 지역에서 소규모로 조직된 의적단과 같은 농민그룹은 오프리시키Opryshky라 불렸다. 그러나 우안의 평원 지역에서는 대규모로 조직된 봉기가 일어났는데, 이러한 봉기에 참가한 코자크와 농민들을 하이다마키Haidamaki라 부른다. 터키어로 하이다마크haidamak는 '강도'나 '도적'을 뜻한다. 하아다마키 봉기 중 1734년, 1750년, 1768년의 봉기가 가장 규모가 컸다. 1733년 폴란드 국왕 아우구스트 2세August II의 사망으로 왕위 계승을 둘러싼 혼란이 발생하자, 러시아는 우안 지역에 군대를 진주시켰다. 러시아군의 도움으로 폴란드 예속을 벗어날 수 있다고 잘못 판단한 일부 코자크가 농민과 연합하여 봉기를 일으켰으나, 러시아군의 도움을 받은 폴란드군에 의해 손쉽게 진압되고 말았다. 1750년에는 자포로지아에서 조직된 반란이 서부 지역으로 옮겨오면서 농민들의 가담으로 세력이 커졌지만 다시 한 번 폴란드군에 의해 진압되고 말았다. 1768년의 하이다마키 봉기는 1772년의 러시아, 프러시아, 오스트리아에 의한 폴란드 1차 분할의 도화선을 제공했다. 1768년 자포로지아에서 코자크 자치와 정교회 신앙 보호를 목적으로 잘리즈냐크Maksym Zaliznyak가 조직한 반란군은 좌안으로 진주하며 폴란드 지주와 가톨릭, 그리스 가톨릭 신자들을 학살했다. 우크라이나의 중부 지역에 위치한 우만Uman에서는 코자크 출신 지역 수비대장 곤타Ivan Gonta가 반란군에 가담하여 유대인들과 폴란드인들을 잔학하게 학살했다. 예카테리나 2세는 포돌리아에 주둔하고 있던 러시아군을 동원하여 반란군을 제압하였다. 잘리즈냐크는 시베리아로 유형되고, 곤타는 폴란드에 넘겨져 반역죄로 공개 처형 당했다. 하이다마키에 대한 평가는 폴란드, 러시아, 우크라이나, 유대인에 따라 다르게 나타난다. 폴란드에서는 하이다마키를 약탈자들로 보고, 이들의 봉기가 폴란드의 몰락을 재촉한 것으로 보는 반면, 러시아와 우크라이나 역사가들은 하이다마키의 잔혹성에 비판적인 입장을 취한다. 그러나 우크라이나 민중은 하이다마키를 폴란드 지배에 대항하여 용감히 일어난 민족적 전사들로 받아들인다. 타라스 셰브첸코는 이러한 시각에서 장편 서사시 〈하이다마키〉를 썼다. 유대인들은 특히 하이다마키의 잔혹한 유대인 학살에 분노를 표하고, 특히 우만은 유대인 학살로 유대 하시디즘Hasidism의 성지가 되었다. 유대인들은 흐멜니츠키 봉기 때의 유대인 학살을 '1차 우크라이나 비극the first Ukrainian catastrophe'라고 부르고 1768년의 학살을 '2차 우크라이나 비극'이라고 부르고 있다. 하이다마키 봉기는 코자크와 농민 자치, 정교회 신앙 보호라는 정치, 종교적 목적은 달성하지 못하고 우크라이나인과 폴란드인, 우크라이나인과 유대인 사이의 깊은 반목의 골을 파놓았다.

3차에 걸친 폴란드의 분할은 우크라이나 땅을 합스부르크제국과 프로이센 및 러시아에 귀속시키는 결과를 가져왔다. 왕권의 약화와 귀족의 독자적 세력 강화로 거의 무정부 상태에 빠진 폴란드를 새로 부상한 전제국가인 러시아, 프러시아, 오스트리아가 분할하기 시작했다. 1772년 1차 폴란드 분할로 갈리치아-루스Galicia-Rus와 벨즈Belz 지역은 오스트리아가 차치하게 되었다. 1793년의 2차 분할의 결과로 러시아는 폴란드의 영지주州palatinate 중 키예프, 브라티슬라브, 포돌리아와 동부 볼리니아를 획득했다. 폴란드를 지도상에서 사라지게 한 1795년의 3차 분할에서는 서부 볼리니아와 첼름Chelm 동부 지역이 러시아령이 되었다. 러시아가 획득한 우크라이나 땅은 러시아의 주州guberniia로 편입되었다. 우안 지역은 키예프주, 볼리니아주, 포돌리야주로 재편되었다. 폴란드 분할 이전 획득한 좌안 지역은 체르니기프주Chernigiv, 폴타바주Poltava, 슬로보다 우크라이나주Slovoda Ukraina, 예카테리노슬라프주Yekaterinoslava로 재편되었다. 서부의 갈리치아, 벨즈, 부코비나는 오스트리아령이 됨으로써 우크라이나의 동서 영토 분할이 확정되었다. 18세기 말의 외세에 의한 우크라이나 영토 분할은 정치, 사회, 문화, 언어 면에서 우크라이나를 두 개의 대립되는 지역으로 나누는 결과를 가져왔고, 현재의 우크라이나가 겪고 있는 정치, 사회 분열의 뿌리가 되었다.

우크라이나는 16세기부터 18세기까지 약 200년가량 지속된 코자크 시대로 인해 다른 나라와는 다른 독특한 역사적, 문화적 경험을 하였다. 유럽이 중세 봉건제도에서 중앙 전제국가로 변천해 가는 이 시기에 상당한 정치적 자율성과 독립성을 가진 공동체를 경영함으로써 러시아와는 상이한 정치문화를 갖게 되었다고 볼 수 있다. 절대군주 없이 자발적으로 형성된 공동체는 구성원들의 경제적 평등을 지향하였고, 민주적인 운영 체제를 갖추었다. 이러한 정치 문화적 전통은 단일 정치 세력에 의해 지배되기보다는 다원적, 지역적, 정치적 세력에 의해 분할 지배되는 오늘날의 우크라이나의 정치문화의 뿌리가 되었다고 볼 수 있다.

저명한 역사학자이자 민속학자인 코스토마로프는 1861년 러시아제국의 수도인 페테르부르크에서 쓴 〈두 러시아 민족Dve russkie narodnosti〉이라는 논문에서 우크라이나와 러시아의 민족성의 차이를 묘사했다. 그에 의하면 우크라이나인은 개인주의 경향이 강하고, 러시아인은 집단주의를 중요시한다. 우크라이나인은 최소한의 통제질서를 가진 자유로운 사회를 만드는 능력이 있는 반면, 러시아인은 한 사상으로 통합된 확고한 집단적 체제를 선호한다. 우크라이나인은 연방제를 선호하는 반면, 러시아인은 절대주의나 왕정을 선호한다. 그는 이어 말하기를 러시아적 요소는 거대하고 창조적 성격을 가지고 있고, 전체주의적 정신, 통일적 의식, 실용적 이성의 지배를 받는다. 러시아인들은 모든 고난 속에서도 살아남을 수 있고, 행동에 나서기에 가장 좋은 시간과 환경을 선택한다. 반면 우크라이나인들은 이러한 특성을 결여하고 있다. 우크라이나인들의 자유롭고 자발적인 정신은 사회적 제도를 파괴하는 방향으로 이끌거나, 모든 방향으로 민족적 노력을 분산시키는 소용돌이 같은 기도를 하게 한다. 두 민족의 이러한 특성에 대한 증거는 역사가 제공해 준다고 코스토마로프는 말하고 있다(Magosch, p.20, Doroshenko, pp.137-139).

비록 짧은 기간이지만 외부 세력의 간섭 없이 독자적으로 국가를 운영하였던 코자크 국가 시대(1648-1711년)는 후에 우크라이나 민족주의 의식의 발전에 큰 영향을 끼쳤다. 이러한 역사적 배경에서 현재의 우크라이나가 키예프 루스와 코자크 국가공동체의 정통성을 이어받은 국가임을 내세우는 것은 당연하다고 볼 수 있다. 그러나 폴란드, 러시아, 오스트리아 등 주변의 국가들이 차례로 유럽의 강국으로 부상하는 상황에서 우크라이나가 민족적 자치를 획득하고 유지하는 것은 불가능한 일이었다. 이런 면에서 코자크 시대는 시대적으로 보아 우크라이나에게 불운의 시대였다. 독자적으로 자치와 독립의 획득이 불가능한 상황에서 외세의 힘을 끌어들여 다른 외세를 막아 보려는 코자크 시대의 잘못된 시도는 후일의 역사에도 여러 번 반복되었다. 또한 흐멜니츠키나 마제파가 선택한 동맹관계가 오히려 코자크 공동체의 몰락을 재촉하는 결과를 가져온 것을 단순히 역사적 불운으로만 볼 것이 아니라, 당시의 국제정치적 역학관계를 잘못 읽은 지도자들의 실책으로 보는 것이 더 타당할 것이다.

2.2. 19세기 초부터 제1차 세계대전까지의 역사

2.2.1. 19세기 초·중반의 우크라이나

'민족주의 시대age of nationalism'로 불린 19세기에 우크라이나는 러시아제국과 오스트리아-헝가리제국으로 양분되어 지배되면서 민족국가를 형성하지 못하였다. 러시아는 중앙집권적 전제국가 체제를 강화해 나가며 소수민족 지역에도 강압적 정책을 펴서 민족운동을 탄압한 반면, 오스트리아-헝가리제국은 유럽의 시민 혁명과 근대화의 영향으로 소수민족 지역의 민족문화 발달에 관용적 정책을 취하였다. 민족의식과 민족문화의 발전은 학술적, 문화적, 정치적 단계를 거치는 것이 통상적이다. 처음에는 지식인과 학자들에 의해 역사적 사실의 탐사, 민속전통의 발굴이 이루어지고, 다음에는 대중을 대상으로 한 민족어 교육, 출판, 연극 등의 문화활동이 활발해진다. 대중들 사이에 민족문화에 대한 자각과 자부심이 확산되면 정치적 지도자나 결사단체의 주도에 의해 민족자결 등의 정치적 목표 달성에 나서게 된다. 19세기 우크라이나에서는 학술적, 문화적 단계의 민족운동은 활발하게 전개되었으나, 러시아와 오스트리아-헝가리라는 거대한 두 제국의 지배에 대항해서 정치적 독립은 달성하기가 어려웠다.

19세기 러시아령 우크라이나는 소러시아Malorossia/Little Russia라고 불렸다. 원래 콘스탄티노플의 정교회 총주교가 키예프 교구를 소小루스 교구, 모스크바 교구를 대大루스 교구로 부른 데서 기원한 소러시아란 명칭은 러시아 사람들이 우크라이나를 비하해서 부르는 명칭이 되었고, 우크라이나를 식민지로 보는 러시아의 시각을 잘 반영한다. 19세기 초 동유럽 지역의 민족주의 운동은 헤르더Johann Herder와 같은 사상가와 미콜라 코스토마로프의 영향을 많이 받았다. 낭만주의적 민족주의 사상가인 헤르더는 다민족 제국에 거주하는 소수민족들의 문화의 중요성을 강조하며, 특히 언어가 민족운동의 근간이 되어야 한다는 점을 역설했다. 그는 우크라이나를 여행한 후 우크라이나를 '새로운 그리스'라고 찬양하며 우크라이나가 그 경계를 흑해 너머로 넓혀 가며 위대한 문화적 국가로 융성할 것이라고 우크라이나의 미래에 대한 희망적 견해를 나타냈다. 우크라이나의 민족운동가들은 지나간 코자크 시대에 대한 동경을 버리지 못하였다. 코자크의 평등적 사상과 코자크 국가의 자치, 코자크의 민속문화 전통을 새로운 민족국가의 근간으로 삼고자 하는 염원은 있었으나, 이미 대부분의 코자크 지도자들이 러시아와 합스부르크제국의 지배계급으로 흡수된 상황이라서 이러한 운동을 이끌 구심점은 사라진 상태였다. 새롭게 민족주의 운동을 이끈 것은 소위 '인텔리겐치아'라고 불리는 지식계급이었다. 단일 문화와 언어에 바탕을 둔 민족국가가 제국을 대신해야 한다는 신념을 가진 이들은 교육, 문화 부문에서 민족주의 운동을 이끌었다. 1800년대 초에 발간된 작자 미상의《루스인들의 역사*History of Rus People*》는 지식인들 사이에 넓게 유포되어 코자크 전통에 바탕을 둔 민족자치국가의 필요성을 확산시켰다.

지식인들 사이의 민족문화 운동을 민중에게 전파하는 데 장애가 된 것은 언어 문제였다. 대부분의 문헌이 러시아 교회슬라브어나 우크라이나 교회슬라브어로 쓰여 있어서 농민들에게 전파될 수 없었다. 농민들은 순수한 우크라이나어 구어vernacular language를 보존해 왔는데, 이 언어는 문어written language의 역할을 하기에는 표준화가 되지 않은 상태였다. 후에 일부 지식인들은 농촌에 내려가 거주하며 농민들의 구어를 배워서 농민 계몽 운동에 나서기도 하였다.

민족시인으로 추앙되는 셰브첸코Taras Shevchenko(1814-1861년)가 나오기 전 여러 작가들이 우크라이나어의 문어화에 기여하였다. 코틀랴렙스키Ivan Kotlyarevsky는 1798년에 비질의 에네이드Aeneid를 코자크 배경으로 개역한〈에네이다Eneida〉를 우크라이나어로 썼고, 1819년 그는〈나탈

성 블라디미르대학(현 키예프국립대학)

카 폴타브카Natalka Poltavka〉를 발표했다. 우크라이나 민요집, 민담집 등이 연이어 출간되었지만, 당시까지만 해도 정통 문학 작품은 러시아어로 쓰이고, 우크라이나어는 지방적이고 가벼운 주제의 작품을 쓰는 데 적당한 언어로 여겨지는 경향이 있었다. 고골은 주요 작품을 러시아어로 썼지만, 《미르고로트*Mirgorod*》에서는 자신의 고향 폴타바의 전설, 민담 등을 향토색 있는 언어로 묘사하여 우크라이나 농촌 풍경과 정서를 러시아 독자들에게 전달했다. 1805년 설립된 하리코프대학은 우크라이나 작가들과 민속학자들의 구심점 역할을 하였다. 저명한 민속학자이며 역사학자인 코스토마로프Mykola Kostomarov(1817-1885년)는 하리코프대학을 졸업한 후 우크라이나 민족의 차별성과 민속에 대한 많은 글을 썼다. 그는 후에 상트페테르부르그 대학 역사학 교수직을 유지하며 우크라이나의 정치, 사회적 민족운동의 멘토 역할을 하였다. 성 블라디미르 대학을 졸업한 쿨리시Pateleimon Kulish는 1845년 〈초르나 라다*Chorna Rada*〉(코자크 총회)라는 역사 소설을 써서 유명해졌다. 우크라이나 민족주의와 문예 부흥에 결정적 역할을 한 것은 타라스 셰브첸코이다. 농노의 아들로 태어나 주인의 배려로 페테르부르크에서 미술을 공부한 그는 〈유랑시인Kobzar〉(1840년), 〈하

미콜라 코스토마로프

이다마키Haidamaki〉 등 많은 시를 통해 우크라이나의 민족의식을 일깨우고, 차르 체제에 대한 저항을 표현했다. 그는 농민들이 사용하는 우크라이나어 구어에 이전 시대 작가들의 문어적 요소를 가미하여 농민과 지식인 모두 읽을 수 있는 새로운 문체를 탄생시켰다. 셰브첸코는 우크라이나 민족주의의 상징으로 떠올랐고, 19세기의 민족문화 부흥을 이끈 대표적 작가가 되었다.

정치, 사회 분야의 민족운동은 여러 결사를 통해 진행되었다. 1845년 키예프에서 젊은 지식인들을 중심으로 '키릴-메포디 형제단Kyrylo-Mefodiiske tovaristvo'이라는 비밀결사가 조직되었다. 농노제 폐지와 슬라브 민중의 연방을 주창한 이들은 대중 계몽과 교육을 준비했다. 코스토마로프는 이 결사의 강령을 작성해 주었다. 키릴-메포디 형제단은 본격적인 활동을 시작해 보지도 못하고 1847년 강제 해산되었고, 주요 멤버들은 투옥되거나 유형에 처해졌다. 알렉산드로스 2세가 즉위하고 농노 해방 실시(1861년) 등 유화적 정책을 시행하자, 비밀 결사를 통한 민족 계몽 운동은 다시 활기를 띠었다. 1834년에 키예프에 설립된 성 블라디미르대학(現 키예프 국립대학)은 1830-1831년의 폴란드 독립 봉기로 폴란드 문화 영향에 경각심을 갖게 된 러시아제국 정부에 의해 러시아어 교육기관으로 설립되었고, 당시의 가장 영향력 있는 민족주의적 학자였던 막시모비치Mykhailo Maksymovych가 총장으로 임명되었다.

키예프대학은 많은 민족주의 학자, 지식인, 사회운동가들을 배출한 우크라이나 민족운동의 산실의 역할을 하였으며, 현재도 고등교육기관으로서의 역할을 넘어 우크라이나의 국가적 상징의 위상을 지니고 있다.

1850년대 후반 볼로디미르 안토노비치Volodymyr Antonovych 주도로 결성된 '그로마다Gromada'(공동체) 운동은 상당 기간 지속되며 민중 계몽에 큰 역할을 하였다. 이들은 전통 우크라이나 농민 복장을 하고 농촌으로 들어가 연극, 출판, 일요학교 등 농민 계몽 운동을 벌였다. 페테르부르크에서는 코스토마로프와 셰브첸코가 그로마다를 결성하여 《오스노바*Osnova*》(근본, 기초라는 뜻)라는 월간지를 간행하기도 하였다.

타라스 셰브첸코

우크라이나의 민족운동과 문예 부흥 운동이 본격화하자 러시아 당국은 우크라이나어 출판물에 대한 제재를 시작하였다. 1863년 내무장관 발루예프Pyotr Valuev는 소위 '발루예프 포고Valuev Edict'를 통해 문학작품을 제외한 우크라이나 간행물에 대한 출간을 중지시키도록 검열당국에 지시했다. 우크라이나 민족운동가들은 체포되어 유형에 처해졌고, 그로마다는 해산되었다. 1870년대에 들어서 볼로디미르 안토노비치와 드라고마노프Mykhailo Dragomanov의 지도하에 그로마다는 활동을 재개했다. 1873년 키예프에 설립된 '러시아 지리학회 남서부 지회the South-Western branch of Russian Geographical Society'는 우크라이나의 민속자료를 적극적으로 수집하기 시작하였고, 러시아어 신문인 《키예프 전보*Kievskii Telegraph*》를 인수하여 우크라이나 관련 기사들을 실었다. 1876년 알렉산드로스 2세는 소위 '엠스 칙령Ems Ukase'을 내려 모든 우크라이나어 출판물의 간행을 중지시켰다. 1870년대 들어서면서 혁명운동가들이 지방과 농촌으로 내려오면서 혁명운동은 많은 지지자를 확보하게 되었다. '민중주의자들Narodniki'은 농민을 계급혁명의 주역으로 보면서 농촌 계몽 활동을 강화하였다.

오스트리아-헝가리 제국 내에서도 민족운동과 문예 부흥 운동은 활기를 띠었다. 오스트리아-헝가리령 우크라이나는 지리적으로는 큰 면적을 차지하지는 않았지만 오스트리아-헝가리제국의 상대적으로 관용적인 소수민족 정책에 힘입어 러시아령 우크라이나보다 문예 부흥 운동이 활발히 전개되었다.

이곳의 문화 운동은 두 가지 면에서 러시아령과 달랐다. 우선 민족운동과 문화 진흥에 주도적 역할을 한 것은 그리스 가톨릭교회와 사제들이었다. 좌안 지역과 달리 인텔리겐치아 그룹이 미미한 상황에서는 사제들이 이러한 역할을 담당할 수밖에 없었다. 또한 그리스 가톨릭교회는 스스로를 '루신Rusyn/Ruthenians'이라 불렀던 우크라이나인들을 순수 가톨릭 신봉자들인 폴란드인과 오스트리아인들과 구별시켜 주는 가장 큰 민족적, 종교적 특성이 되었다. 또한 민족문화 부흥에 큰 역할을 한 것은 제도적 후원을 받은 우크라이나어의 보존과 발전이었다. 1830년대 초등학교의 교육 언어로 폴란드어, 러시아어 등이 고려되었으나, 최종적으로 우크라이나어 구어를 키릴문자로 표기하여 교육 언어로 쓰기로 하면서 표준화가 가속화되었고, 교과서를 비롯한 문헌 출판도 활발히 진행되었다. 1848년 프랑스혁명에 이은 동유럽 지역의 민족주의 운동도 또 다른 공헌을 했다. 갈리치아 지역 폴란드인들이 정치적 자치 실현을 위해 '폴란드 민족회의Polish National Council'를 설치하자, 오스트리아 총독 스타디온Franz Stadion은 정치적 균형을 위해 '루신 최고회의Supreme Ruthenian Council'를 설치하고 이를 후원하였다. 우크라이나 지도자들은 루신인들을 폴란드인이나 러시아인과 구별되는 별도의 소수민족으로 인정할 것과 폴란드인 주거주 지역인 갈리치아 서부와 루신인 지역인 동부 갈리치아를 분리할 것을 오스트리아 황제에게 요청하기도 하였다. 폴란드의 민족주의 운동에 대항하여 오스트리아에 충성을 보였던 루신인들은 유럽의 열강으로 자리 잡은 러시아제국과 러시아 문화에 대한 동경을 보이기 시작했다. 또한 러시아령 우크라이나의 민족운동에 고무되어 이 지역과 연계된 문화 부흥 운동을 시도하게 되었다. 러시아령의 '나르드니키'와 유사한 '나로돕치Narodovtsi'들은 우크라이나어를 문화어로 고양시키고, 이를 바탕으로 한 출판물의 보급에 노력을 쏟았다. 《프라브다*Pravda*》(진리), 《조리아*Zoria*》(여명) 같은 잡지들이 창간되었고, 1880년에 창간된 《행동*Dilo*》 잡지는 갈리치아가 소련에 병합된 1939년까지 출판을 계속했다. 민중 계몽 운동에 가장 큰 역할을 한 것은 1868년 설립된 '계몽회Prosvita Society'였다. 성인들 문자 해독과 교육을 목표로 한 이 운동은 동부 갈리치아 전역에 1,400여 개의 독서클럽을 가질 정도로 번성했다. '계몽회' 전통은 20세기 들어와서도 갈리치아 지역의 가장 중요한 풀뿌리 대중 교육 조직의 역할을 해 나갔다. 1890년대에는 협동조합coopertives 운동이 전개되어 자율적 경제 부흥 운동을 이끌었고, '소킬Sokil'이라는 체육단체와 '시치Sich'라는 자치소방대도 조직되었다. 오스트리아-헝가리령 우크라이나의 문예 부흥 운동에 큰 영향을 미친 두 사람은 작가 이반 프란코Ivan Franko(1856-1916년)와 역사학자 그루셉스키Mykhailo Grushevsky(1866-1934년)이다. 드라고마노프의 민족운동에 영향을 받은 이반 프란코는 산문, 시, 비평 분야에서 뛰어난 작품을 남겼다. 리비프대학의 역사학 주임교수직을 맡은 그루셉스키는 10권으로 된 《우크라이나-루스의 역사*History of Ukraine-Rus*》를 썼다. 1874년에 설립된 리비프대학은 별도의 루신학부를 가지고 갈리치아의 우크라이나 문예 부흥 운동의 중심지가 되었는데, 그루셉스키는 여기서 많은 제자를 길러냈다. 드라고마노프Mykhailo Dragomanov(1841-1895년)는 성 블라디미르대학에서 역사학을 공부하고, 강의를 하였으나 민족운동에 관여한 죄로 당국에 의해 파면당한 후 스위스 제네바로 가서 서유럽에 우크라이나 문제를 알리는 활동을 벌였다. 프루동의 영향을 받아 무정부주의 경향을 보이면서도 민족의 중요성을 강조했다. 그는 "이상과 목표로는 세계주의Cosmopolitanism, 기초와 형태로서는 민족주의"를 주장했다. 그러나 그는 러시아로부터의 완전한 이탈이 아니라 연방 형태를 선호했다. 드라고마노프의 사상은 오스트리아령 우크라이나의 젊은 민족운동가들에게 큰 영향을 미쳤다. 루마니아령 몰다비아에 속해 있다가 오스트리아령에 편입된 부코비나는 우크라이나인들과 루마니아인들이 북부와 남부에 나누어 거주하였는데, 1880년대 이후 민중운동가들의 활발한 활동으로 우크라이나 문화가 자리를 잡았고, 1875년에 설립된 빈니차대학은 이러한 문화 운동의 중심지 역할을 하였다. 19세기 중반에는 활발한 민족 문화 운동의 결과로 이제까지 쓰이던 '루신Rusyn', '루스키russkii'라는 용어 대신 '우크라이나인 ukraintsi'과 '우크라인스키ukrainskii'라는 용어가 민족운동가들 사이에 폭넓게 쓰이기 시작했다. 자신들의 언어를 '우크라이나어Ukrainska mova'라고 부르고, 지역명도 '소러시아Malorossia' 대신 '우크라이나Ukraina'가 자리잡기 시작했다.

2.2.2. 19세기 말의 우크라이나

1890년대부터 제1차 세계대전이 발발한 1914년까지 우크라이나에서는 민족주의 운동과 사회주의 혁명 운동이 동시에 진행되었다. 이전까지 학술적, 문화적 민족주의 운동에 치중했던 지식인들과 사회운동가들이 정치적 민족주의 운동에 나서기는 했지만, 목표를 달성하는 데는 많은 난관이 있었다. 민족운동의 지도적 역할을 해야 할 엘리트 계급은 러시아 체제에 동화되어 있었고, 일반 민중 사이에 민족정체성도 확립되지 않았다. 민족적 상징이라 할 수 있는 우크라이나어는 문어literary language로서의 위상을 확보하지 못하고 있었다. 이러한 발아 단계의 정치적 민족주의 운동은 19세기 후반부터 러시아제국을 휩쓴 사회주의 혁명 운동의 그늘에 가리게 되었다.

1890년대 들어서면서 우크라이나에는 학생들과 지식인들의 정치 결사단체가 나타나기 시작하였다. 1891년 결성된 비밀 민족주의 단체인 '타라스형제단Bratstvo Tarasivtisv/Taras Brotherhood'은 2년 만에 발각되어 강제 해산되었다. 1897년 20여 개의 그로마다 조직을 규합하여 만든 '우크라이나 비정당 민주조직the General Ukrainian Non-Party Democratic Organization'은 출판과 문화 사업에 집중하였다.

우크라이나에 본격적인 정치 정당이 등장한 것은 1900년대에 들어서이다. 종전의 문화적 계몽 운동에 만족하지 못한 젊은 급진주의자들은 러시아의 좌파 정당들의 영향을 받아서 사회 혁명을 앞세운 급진 정당들을 결성하기 시작했다. 1900년 하리코프대학 학생들을 중심으로 '우크라이나 혁명당Revolutionary Ukrainian Party/RUP'이 결성되었다. 이 정당은 사회주의와 민족주의를 동시에 표방하고, 기존의 그로마다 조직을 이용하여 농촌 지역에 영향력을 넓히려고 노력하였다. 그러나 우크라이나 혁명당은 분리주의자들, 무정부주의자들, 마르크스주의자들과 민중주의자들이 혼합되어 활동하였기 때문에 곧 각기 다른 정치 노선에 따라 분열되고 말았다. 제일 먼저 떨어져 나온 것은 소위 '분리주의자samostiiniki'들이었다. 이들은 우크라이나 혁명당이 러시아 좌파 정당들에 경도되는 것에 불만을 품고, 1902년 민족주의 색채가 강한 '우크라이나 민족당National Ukrainian Party/NUP'을 창당했다. 1905년에는 극좌 성향의 '우크라이나 사회민주노동당Ukrainian Social Democratic Labor Party/USDRP'이 창당되었다. 이 정당은 우크라이나의 자치와 지역 의회Seim의 창설을 내세웠다. 같은 해 온건 자유주의 성향의 지식인들은 '우크라이나 민주급진당Ukrainian Democratic Radical Party/UDRP'을 결성하였다(Pipes, p.11). 약 5년 사이 여러 정당이 생겨났지만, 우크라이나 사회혁명가들은 러시아의 혁명 정당의 지부 역할을 할 것인지, 아니면 독자적 민족적 사회주의 운동을 전개할 것인지를 놓고 고민을 하였다. 사회주의 혁명을 우선시한 분파는 1905년 '스필카Spilka'를 결성하여 러시아 사회민주당과 연계하여 혁명 노선을 걸었다. 민족주의 노선 주창자들은 '우크라이나 사회민주노동당Ukrainian Social Democratic Workers' Party'을 창당했다. 여기에는 페틀류라Symon Petlyura와 빈니첸코Volodymyr Vynnychenko 등이 가담했다. 우크라이나 혁명당RUP의 강령이 된 〈독립우크라이나Samostiina Ukraina〉를 쓴 미흐놉스키Mykola Mikhnovskii는 1902년 별도로 '우크라이나 민중당Ukrainian People's Party'을 창설하여 나왔다. 1905년 결성된 '우크라이나 민주급진당Ukrainian Democratic Radica Party'은 체칼렌코Ievgen Chekalenko가 이끌었으나, 명칭과는 다르게 온건한 사회 개혁 노선을 표방하였다. 이 당은 러시아 입헌민주당Russian Constitutional Democratic Party(소위 Kadets)과 연계하여 활동하였으며, 《그로마드스카 둠카*Gromadska dumka*》와 《라다*Rada*》라는 신문을 창간하여 발행하였다.

러·일전쟁 패배의 여파로 발생한 1905년 혁명으로 러시아 내의 정치적 분위기가 크게 변화되었고, 이는 우크라이나에도 바로 영향을 미쳤다. 차르 니콜라이 2세는 민족운동에 대한 정치적 탄압을 완화하고, 민족문화 발전을 제한적으로 허용하는 유화적인 정책을 폈다. 우크라이나어 출판물의 출간을 금지했던 1876년의 엠스 칙령이 철회되어, 우크라이나어 신문들이 키예프와 하리코프 등에서 발간되기 시작하였다. 갈리치아 지역에서 민중계몽을 담당했던 '계몽회'가 러시아령 우크라이나에도 활동하기 시작하였고, 갈리치아에서 우크라이나 민족운동의 정신적 지주 역할을 한 그루셉스키는 1908년 '우크라이나 학술회Ukrainian Scientific Society'를 창설하고 회장에 취임하였다. 1906년 1차 두마Duma 선거에서 민주급진당은 카데츠Kadets 소속으로 출마하여 45석을 확보하였고, 1907년 2차 두마 선거에서는 39석을 확보하였다. 그러나 약 100일 만에 2차 두마가 해산됨으로써 이들은 활동다운 활동을 하지 못하였다. 귀족들에게 유리하게 개정된 3차(1907-1912년)와 4차 두마(1912-1917

이반 프란코

레샤 우크라인카

년)선거에서는 민족주의 성향의 우크라이나 의원들을 거의 배출하지 못하였다. 1908년 민족계열 정당에 대한 탄압이 시작되면서 급진적 정당들의 정치 활동이 중지되고, 체칼렌코를 비롯한 일부 운동가들은 '우크라이나 진보회Society of Ukrainian Progressivists'를 구성하여 문화 계몽 운동에 집중하였다. 1908년 키예프에 설립된 '러시아민족주의자 클럽Club of Russian Nationalists'도 우크라이나 민족주의 운동과 문예 부흥 운동을 저지하는 데 많은 노력을 기울였다. 1900년대 초반 문학에서는 코츄빈스키Mykhailo Kotsyubynsky가 단편소설, 빈니첸코는 심리극, 레샤 우크라인카Lesia Ukrainka는 시와 희곡을 쓰며 문단을 이끌었다. 1910년 내무장관 스톨리핀Pyotr Stolypin은 '계몽회'를 해산시키고, 대학에서의 우크라이나어 강의를 중단시키는 반동 정책을 폈다.

사회 경제적 상황을 보면 1900년에 2,200만 명의 우크라이나인이 러시아령에 거주하였고, 360만 명은 오스트리아령에 거주하는 것으로 집계되었다. 인구의 87%가 농업에 종사하였으며 우크라이나어 사용자의 95%는 농촌 거주민이었다. 1897년 실시된 인구센서스 자료에 따르면 도시인구의 약 30%만 우크라이나인이고, 34%가 러시아인, 27%는 유대인인 것으로 나타났다. 상업 종사 인구는 17.5%만 우크라이나인이었다

(Yekelchyk, pp.56-57). 1896-1905년 사이 약 백만 명의 우크라이나인이 러시아제국의 신개척지인 시베리아, 태평양 연안으로 이주하였다. 우크라이나의 농업 생산은 괄목할 만한 것이어서 제1차 세계대전 직전 러시아제국의 밀 생산의 90%(전 세계 생산량의 20%)가 우크라이나에서 생산되어 '유럽의 빵바구니Breadbasket of Europe'라고 불리게 되었다. 호밀과 당시의 고가 식품인 설탕 재료인 사탕무 생산도 급격히 증가했다. 동부 지역에서는 급격한 산업화가 진행되었다. 돈바스Donbas와 크리보이로크 철강 산업이 급격히 성장하며 러시아 노동자가 대거 유입되었고, 외국 투자도 활발히 이루어졌다. 대표적인 외국 투자가로는 영국 사업가 존 휴즈Welshman John Hughes를 들 수 있는데, 새로 생긴 철강 도시 '유지브카Yuzivka'는 그의 이름을 딴 것이고, 이 도시는 후에 스탈리노로 개명되었다가 현재의 도네츠크가 되었다.

1900년대 초 러시아제국은 유럽에서 문맹률이 가장 높고, 교육에 대한 투자가 가장 낮은 국가로 남아 있었다. 특히 소수민족 지역의 교육 보급은 민족의식을 확산시키고 결과적으로 반제국 운동으로 발전될 것으로 경계하여 신중하게 이루어졌다. 1856년 1,320개의 초등학교에 6만 7천 명의 학생이 재학하였으나 1909년에는 4,700개 초등학교에 46만 명의 학생이 재학하게 되었다. 그래도 우크라이나 전체로 보면 취학 연령 아동의 약 1/3만 학교에 출석하는 셈이었다. 문자 해독률은 18% 미만이었고, 농촌 지역에서의 문맹률은 90%를 넘어섰다.

오스트리아-헝가리령 우크라이나는 우크라이나 인구도 훨씬 적고 지식 계급도 형성되지 않았지만, 19세기 후반에 들어오면서 민족문화 진흥이 활발하게 일어났다. 이러한 배경에는 오스트리아-헝가리 제국의 정치적 특성이 크게 작용했다. 오스트리아는 1860년대부터 의회민주주의를 선택한 덕분에 전제국가인 러시아와 다르게 정치적 자유 요구에 대해 관용적인 태도를 보였다. 다음으로 인구 구성 면에서 제국 내에서 지배민족인 독일계 주민이 차지하는 비율이 크지 않았던 관계로 소수민족 지역에 대한 유화적 지배 정책을 펼쳤다. 19세기 말 폴란드 인구와 우크라이나 인구가 각각 350만 명씩 대등하게 거주한 갈리치아에서는 오히려 폴란드 민족주의와 문화 부흥을 막는 수단으로 우크라이나 민족문화 진흥을 지원하는 상황이 벌어졌다. 그러나 적극적 민족주의 운동을 펴기에는 우크라이나인들의 사회적 구조는 매우 열악했다. 대부분이 농촌, 산악 지역인 갈리치아에 거주하는 우크라이나인의 95%가 농민이었다. 근대적 정치 운동의 중심 역할을 하는 도시는 거의 형성되지 않았고, 지역의 수도 역할을 하는 리비프는 폴란드 문화의 중심지 역할을 하였다. 더딘 산업화의 진행으로 노동자 계급도 형성되지 않아서 사회주의 혁명 운동도 활발하게 전개되지 못하였다. 1890년에 설립된 '루테니아-우크라이나 급진 정당Ruthenian-Ukrainian Radical Party'이 갈리치아 지방에 탄생한 최초의 정당이었다. 1899년에는 민중주의자들의 주도로 '우크라이나 민족민주당Ukrainian National Democratic Party'이 창당되었고, 1896년에 결성된 '루스-우크라이나 크리스천연합Rus-Ukrainian Union of Christians'은 1911년 '크리스천 사회주의당the Christian-social Party'으로 바뀌었다. 1895년 발간된 바친스키Y. Bachynsky의 《우크라이나 이레덴타*Ukraina Irredenta*》는 우크라이나의 독립 필요성을 강조하여 각 정당의 정강과 정치 운동의 논리적 근거를 제공하였다(Boiko, pp.307-308). 러시아령 우크라이나의 사회주의 운동에 영향을 받아 1900년에 창당된 좌파 정당인 '우크라이나 사회민주당Ukrainian Social Democratic Party'은 사회주의 혁명을 정강으로 내세웠다.

서부 우크라이나 지역에서 문화 진흥 운동에서 가장 큰 역할을 한 것은 우크라이나어의 보급과 사용이었다. 쿨리시가 문법을 표준화한 우크라이나어가 초등학교의 교육언어로 채택되면서 1914년에는 우크라이나어로 수업이 이루어진 초등학교의 수가 2,500곳에 이르렀다. 계몽회 활동으로 성인들에게도 우크라이나어가 널리 보급되었다. 1939년 소련에 병합될 때까지 갈리치아 지역에서 보존된 우크라이나어는 독립 후 우크라이나 표준문어 형성에 중요한 요소를 이루게 되었다. 1900년 그리스 가톨릭교회 대주교로 취임한 셉티츠키Andrei Sheptytsky(1865-1944년)는 교회를 중심으로 한 민족 운동의 상징적 존재가 되었다. 서부 우크라이나 지역에서의 민족 운동은 정치적 목적 달성에는 크게 못 미쳤지만 문화, 교육에서 민족적 정체성을 발전시키는 데는 성공하였다. 우크라이나어를 보존, 발전시키고 그때까지 사용하던 '루신'이란 명칭 대신 '우크라이나Ukrainian'를 사용하며 러시아령 우크라이나인들과 연대된 민족의식을 발전시켜 나간 것은 19세기 말-20세기 초 민족 운동의 업적으로 평가할 수 있다.

2부

소련 시대의 우크라이나

3장
제1차 세계대전과 러시아 혁명기의 우크라이나

3.1. 제1차 세계대전 발발과 우크라이나 서부 지역의 전선 이동

1914년 여름 우크라이나를 지배하고 있던 두 제국인 러시아제국과 오스트리아-헝가리제국이 전쟁에 돌입하고, 양 국가가 차례로 붕괴되면서 우크라이나를 비롯한 중·동부 유럽 지역은 거대한 변화의 소용돌이에 빠지게 되었다. 그러나 다른 동유럽 국가보다 가혹한 운명이 우크라이나를 기다리고 있었다. 1914년 7월 28일 오스트리아의 페르디난트 황태자 부부가 세르비아의 사라예보에서 암살당하면서 제1차 세계대전이 시작되었다. 오스트리아-헝가리제국이 세르비아에 선전포고를 하자, 러시아는 세르비아 지원을 선언하였다. 오스트리아-헝가리제국의 동맹인 독일이 러시아와 프랑스에 선전포고를 하면서 영국, 프랑스, 러시아, 이탈리아의 협상국Entente과 독일과 오스트리아-헝가리, 터키, 불가리아의 동맹국Alliance/Central power 세력의 전면전이 시작되었다. 러시아의 니콜라이 2세는 총동원령을 내려 약 1,500만 명을 전쟁에 동원하였다. 제1차 세계대전이 발발한 1914년 우크라이나 서부 지역은 오스트리아-헝가리제국의 관할하에 있었고, 동부 지역은 러시아제국의 지배를 받고 있었기 때문에 우크라이나인들은 전쟁을 벌이는 양 제국에 동원되어 동족에게 총부리를 겨누어야 하는 상황에 처하게 되었다. 1914년 8월 양 제국이 전쟁에 돌입하자 우크라이나 서부 지역은 교전 지역이 되었다. 드니프로 우크라이나로 불리던 동부 지역에서는 차르에 충성하는 많은 젊은이들이 제정 러시아 군대에 징집되어 전선으로 향했고, 이와 반대로 서부 지역에서는 수십만 명의 청년들이 오스트리아군에 입대했다. 러시아군에는 350만 명의 우크라이나인이 징집되었고, 오스트리아군에는 25만 명의 우크라이나 병사가 포함되어 있었다. 우크라이나 지역 중 동부 갈리치아와 부코비나는 바로 교전 지역이 되었다. 8월 초 오스트리아군은 선제공격을 시작하여 러시아 영토로 진입하였으나, 8월 5일부터 시작된 러시아군의 대반격에 밀려 퇴각하였다. 9월 3일 러시아군은 리비프를 점령하였고, 9월 5일 산San 강까지 진출하여 사실상 우크라이나인들이 거주하는 갈리치아와 부코비나 전 지역을 점령하였다. 퇴각하는 오스트리아군은 우크라이나 농민들과 사제들을 처형하거나 체포하여 수용소로 압송했다. 특히 그라즈 인근의 탈레호프Thalerhof 수용소에는 약 3만 명의 우크라이나인들이 수용되어 가혹한 대우를 받았다. 루신Rusyn이라고 호칭되는 이 지역의 우크라이나 농민들은 단순히 명칭 때문에 친러시아 세력으로 오해를 받기도 하였다. 친러시아계뿐 아니라, 우크라이나 민족 세력, 그리스 가톨릭교회와 정교회 신자들도 박해의 대상이 되었다. 러시아군은 두나예츠Dunajec 강까지 진격하여 현재의 폴란드와 슬로바키아 영토에까지 이르렀고, 트랜스카르파티아 지역을 관통하여 헝가리 북부 지역까지 진출하였다. 범슬라브주의를 내세우며 전쟁에 돌입한 러시아는 오스트리아-헝가리제국의 압제에 신음하는 슬라브인들을 해방시킨다는 목표를 일시적으로라도 달성한 것처럼 보였다. 니콜라이 2세는 다시 차르의 제국 품

안에 돌아온 슬라브인들을 돌아보기 위해 1915년 봄 리비프를 직접 방문하기도 했다. 1915년 6월 독일의 지원을 받은 오스트리아군의 대반격으로 러시아군은 퇴각하기 시작하여 세레트Seret 강까지 후퇴했다. 1917년 혁명으로 러시아군이 붕괴되기 전까지 전선은 테르노폴과 루츠크 인근인 세레트 강과 주브루치Zubruch 강 사이에서 교착상태에 빠졌다.

제1차 세계대전의 발발은 우크라이나 민족운동가 사이에 큰 분열을 가져왔다. 전면전에 돌입한 두 제국에 영토가 분할 지배되고 있던 우크라이나의 입장에서는 제1차 세계대전의 전개 방향에 따른 여러 결과를 예상하고 있어야 했다. 철학자이자 역사가인 리핀스키Viacheslav Lypynskii는 전쟁의 결과를 세 방향으로 예측하고, 세 경우 모두 우크라이나에 도움이 되지 않을 것으로 추정했다. 러시아가 승리하는 경우에는 갈리치아 지역까지 제정러시아의 지배가 확대되어 우크라이나 민족 운동이 괴멸될 것이고, 오스트리아가 동부 우크라이나를 점령하는 경우 폴란드 세력이 지배하는 식민지 모델인 소위 '갈리치아 모델Galician model'이 동부 우크라이나까지 확대된다고 보았다. 만일 전쟁에 뚜렷한 승자가 없거나 오스트리아가 발칸 지역을 장악하는 선에서 전쟁이 끝나도 우크라이나의 인적, 물적 손실이 엄청나고, 우크라이나 독립 문제는 강대국의 관심에서 벗어날 것으로 보았다(Wilson 2002, p.119).

전쟁 발발 수일 후인 1914년 8월 3일 오스트리아령인 리비프에서는 우크라이나계 정당지도자들이 모여 '우크라이나 최고회의Holovna Ukrainska Rada'를 설립하고 코스트 레비츠키Kost Levytsky와 미하일로 파블리크Mykhailo Pavlyk를 지도자로 선출하였다. '최고회의'는 오스트리아-헝가리 지지를 선언하고 러시아의 패배가 우크라이나 독립을 촉진시킬 것이라고 선언했다. 이 단체가 우크라이나 독립병단의 구성을 선언하고 자원병을 모집하자 2만 8천 명의 청년들이 모집에 응했다. 강력한 우크라이나 군사조직의 출현을 경계한 폴란드계 지도자들의 견제로 지원자 중

2,500명만을 선별하여 '우크라이나 시치 연대Sich Riflemen Ukrainskii Sichovi Striltsi를 탄생시켰다. 이 연대는 오스트리아군에 소속되어 동부전선에서 러시아군과 전투를 치렀다. 러시아 지배하에 있던 동부 지역에서 리비프로 망명해 온 민족주의자들도 '우크라이나 독립 연맹Soiuz Vyzvolennia Ukrainy/SVU/Union of the Liberation of Ukraine'을 창설하였다. 그러나 이 단체는 활동을 시작해 보기도 전에 러시아군의 공세가 시작되어 비엔나로 근거지를 옮기게 되었다. 이 두 단체는 우크라이나의 독립을 목표로 내세웠지만, 오스트리아 정부의 지원을 받으며 활동을 하였기 때문에 러시아 지배 지역인 동부에 한정하여 독립을 요구하였고, 갈리치아와 부코비나 지역은 자치를 요구하였다. 1915년 5월에는 비엔나에 '우크라이나 통합의회Zahalna Ukrainska Rada'가 구성되었다. 오스트리아는 우크라이나 민족주의 운동이 대러시아 연합전선 형성에 도움이 된다고 판단하고 이들의 활동을 지원하였으나 영토 문제에 관해서는 조심스러운 입장을 취했다. 특히 1916년 독일과 오스트리아가 러시아로부터 뺏은 지역에 새로운 폴란드왕국을 건설할 계획을 공표하면서부터는 갈리치아 문제를 조심스럽게 다루었다. 이러한 상황에서 우크라이나 통합의회는 갈리치아를 폴란드와 우크라이나 영역으로 나누는 방안을 내세웠다.

러시아는 점령 지역에 임시 행정기구를 설치하고, 러시아화 정책을 추진했다. 갈리치아 지역에서는 그리고리 보브린스코이Georgii Bobrinskoi 공작을 행정수반으로 내세웠고, 부코비나 지역에서는 게롭스키 형제(Gerovskii, Aleksei, Georgii)가 주도적 역할을 맡았다. 또한 러시아로 망명했던 볼로디미르 두디케비치Volodymyr Dudykevych, 세메온 반다슈크Semeon Bandasyuk 같은 친러시아주의자들도 갈리치아로 돌아와 러시아화 정책 수행에 앞장을 섰다. 새 정부는 우크라이나어 신문, 잡지의 발행을 중지시키고 학교 언어도 러시아어로 대체하였다. 러시아는 갈리치아 점령을 잃어버린 러시아 영토의 회복으로 선언하고, 우크라이나 민족운동을 철저히 탄압했다. 우크라이나 민족운동가들과 오스트리아인들은 체포되어 러시아로 압송되었다. 1916년 키예프로 돌아온 저명한 역사학자이자, 후에 우크라이나공화국의 초대 대통령이 되는 미하일로 그루셉스키Mykhailo Hrushevsky도 체포되어 러시아로 압송되었다. 종교적으로는 그리스 가톨릭교회를 탄압하고 대신 정교회의 영향력을 확대시키려고 노력하였다. 수백 명의 그리스 가톨릭교회 사제들이 체포되었고 대신 정교회 사제들이 교회예배를 주도했다. 오스트리아군과 함께 피난하기를 거부한 그리스 가톨릭교회 총주교 안드레이 셉티츠키Andrei Sheptytsky도 체포되어 모스크바 인근의 수즈달로 이송되었다. 점령 지역과 러시아 영토 내에서 우크라이나 민족운동에 대한 철저한 탄압은 1915년 전세가 기울면서 다소 완화되었다. 러시아 내에서는 우크라이나 신문의 복간이 허용되었고, 문화단체도 활동을 재개하였다. 러시아 내에서 활동하던 반지하 단체인 '우크라이나 진보 연합Tovarystvo Ukrainskykh Progresystiv/TUP'도 입헌제와 우크라이나 자치 운동을 재개하였다.

제1차 세계대전의 발발로 인한 경제적 피해는 매우 컸다. 교전 지역이 된 갈리치아는 상가 및 주거 건물의 40%가 파괴되었고, 산업 생산도 1/3로 줄어들었다. 부코비나에서는 가축의 수가 급격히 줄어, 말과 돼지는 60%, 양은 47%가 감소했다. 러시아령 우크라이나도 전쟁의 피해가 미쳤다. 1913년 3,381개의 공장이 가동했으나 1915년에는 이 숫자가 2,849개로 줄어들었다. 농촌 지역 거주 인구 중 노동이 가능한 주민 비율은 40%에도 못 미쳤다(Boiko, p.312).

제1차 세계대전의 발발은 우크라이나 민족운동에 불을 당기는 역할을 하였지만, 오스트리아-헝가리와 러시아 두 거대 제국의 전쟁의 포화에 독립운동의 목소리는 묻혀 버리고 말았다. 갈리치아와 부코비나 지역에서 전선이 이동하면서 우크라이나 민족 세력과 친오스트리아 세력, 친러시아 세력은 점령군을 등에 업고 상대 세력을 탄압하는 데 앞장을 서서 동족 간의 적대와 갈등의 깊은 골을 파고 말았다. 외국 세력의 힘을 빌려 자치와 독립을 이루려는 시도와 이 과정에서 우크라이나 동포들을 이적 세력으로 몰아 탄압한 것은 러시아혁명과 내전 기간에도 반복되었고, 제2차 세계대전 때에도 반복되었다.

3.2. 러시아 2월 혁명과 중앙 라다Tsentralna Rada/Central Rada

전선이 교착 상태에 빠진 상태에서 러시아제국의 수도 페트로그라드Petrograd에서 1917년 3월 8월(율리우스력으로 2월 23일), 소위 '2월 혁명'이 일어났다. 제1차 세계대전에서의 엄청난 인적, 물적 손실로 인해 경제가 극도로 악화된 가운데 식량 부족이 민중들의 시위를 촉발시켰다. 시위 진압을 위해 동원된 군대가 노동자들 편에 서고, 3월 12일 '노동자와 병사의 대표 소비에트'가 결성되면서 즉각적인 종전과 제정의 폐지를 요구하고 나섰다. 3월 13일 전선에서 돌아오던 니콜라이 2세가 퇴위하면서 로마노프 왕조는 막을 내렸고, 대신 그리고리 르보프Grigory Lvov를 수반으로 하는 임시정부가 결성되었다. 러시아에는 사실상 임시정부와 '노동자와 병사의 대표 소비에트'의 '이중 권력dual power'의 시대가 시작되었다. 3월 13일 러시아 두마로부터 러시아제정이 종식되었다는 전보를 받은 키예프에서도 혁명이 시작되었다. 키예프의 정부 기관들과 단체들은 임시정부의 '통합사회기관 집행위원회Ispolnitelnii Komitet Soveta Obedinennykh Obshchestvennykh Organizatsii/IKSOOO'를 결성하였다. 급진 좌익 세력은 하리코프(3월15일)와 키예프(3월16일)에 소비에트를 결성하였다. 3월 17일 우크라이나의 정치 단체들을 광범위하게 망라한 '중앙 라다Tsentralna Rada/Central Rada'가 구성되고 3월 27일에는 미하일로 그루셉스키Mykhailo Khrushevskii를 수반으로 선출했다. 중앙 라다에는 우크라이나 진보 연합TPU에서 출발한 사회연방당Socialist-Federalist party의 치칼렌코Evgen

Chykalenko, 도로셴코Dmytro Doroshenko 등의 지도자와 빈니첸코Volodymyr Vynnychenko, 페틀류라Symon Petlyura, 포르시M. Porsh 같은 사회민주당Social-Democrats 지도자들이 참가했다. 수일 뒤에는 코발렙스키Mykola Kovalevsky, 흐리스튜크Pavlo Khrystyuk, 샤포발Mykyta Shapoval 같은 사회혁명당Ukrainian Social Revolutionary party 지도자들도 참가했다. 1900년 설립된 우크라이나 혁명당RUP의 후신인 사회민주당USD은 당시 정치지도자 중 가장 경험 많고 능력이 있는 인물들이 이끌어 나갔다. 사회민주당은 민족주의와 급진적 사회개혁을 표방했다. 사회혁명당USR은 2월 혁명 이후 결성된 신생 정당이었지만 농민층의 광범한 지지를 받고 있었다. 토지국유화와 토지기금Ukrainian Land Fund 설립을 정강 정책으로 내세운 사회혁명당은 사회민주당에 비해 중앙무대에서의 영향력은 크게 뒤졌다(Pipes, pp.55-56). 우크라이나에는 임시정부의 대리인격인 '집행위원회IKSOOO', 좌익 급진세력의 '노동자와 병사의 대표 소비에트'와 '중앙 라다'의 3중 권력 구조가 형성되었지만, 민족주의적인 노선을 바탕으로 광범위한 시민들의 지지를 받으며 급속히 영향력을 확대해 나간 것은 중앙 라다였다. 4월 1일에는 약 10만 명의 키예프 시민이 우크라이나 국기를 흔들며 중앙 라다 지지 행진을 벌였고, 빠르게 해체되어 가는 제정러시아군에서 약 30만 명의 병사가 중앙 라다에 충성 서약을 하였다(Yekelchyk, p.69). 4월 19일 소집된 우크라이나 국민회의Ukrainian National Congress는 러시아연방 내에서의 우크라이나 자치를 요구하는 결의안을 통과시키고 150명의 대표를 선출하여 중앙 라다에 보냈다. 5월 18일에는 군사회의Military Congress가 대표를 선출하여 중앙 라다에 진출시켰고, 농민회의와 노동자회의도 대표를 선출했다. 대의원의 수가 600명에 이르게 된 중앙 라다는 60명의 대의원으로 집행위원회 역할을 하는 '소小라다Malna Rada'를 구성하였다. 이제 지역적으로나 직능적으로 우크라이나를 대표하게 된 중앙 라다는 우크라이나의 의회 역할을 하게 되었다.

중앙 라다 건물

초기에는 소비에트와 임시정부 추종자들도 중앙 라다에 가담하여 활동하였다. 중앙 라다 대의원의 구성을 보면 '노동자, 병사, 농민 소비에트' 소속 대의원이 57%를 차지하였고, 사회주의 계열 정당 소속이 13%였다. 민족적 성향으로는 우크라이나뿐 아니라, 러시아인, 유대인, 폴란드 계열도 포함되었다. 1917년 7월 말의 라다 구성을 보면 822명의 대의원 중 15%를 러시아인, 유대인, 폴란드인 등 소수민족이 차지했고, 소小라다는 54명의 위원 중 18명이 소수민족이었다(Magocsi, p.477). 중앙 라다는 페트로그라드의 임시정부와도 초기에는 협조적인 관계를 유지했다. 중앙 라다는 결성되자마자 임시정부에 대한 지지 성명을 내었고, 임시정부도 중앙 라다를 하위 기관으로 인정했다. 그러나 시간이 지나면서 임시정부와의 관계에서 갈등이 노출되었다. 특히 5월 18일 군사회의가 중앙 라다를 드네프로 우크라이나를 대표하는 공식기관으로 인정하고 우크라이나 출신의 병사로 독자적 우크라이나 부대를 편성하기로 결의하면서 갈등이 표면화되었다. 6월 중순 빈니첸코, 코발렙스키를 대표로 하는 중앙 라다의 대표단은 페트로그라드를 방문하여 러시아연방 내에서의 우크라이나의 자치를 요구하였고, 우크라이나인들이 거주하는 12개 주를 분리할

중앙 라다 회의

것, 우크라이나 문제 담당 코미사르commissar를 임명할 것, 우크라이나군의 독자 편재를 인정할 것 등도 요구했다(Pipes, p.58). 임시정부는 이 문제에 대해서는 새로 구성되는 러시아 제헌의회Constituent Assembly 결성 때까지 아무런 결정을 내릴 수 없다고 답하고 2차 군사회의의 소집 허가도 내주지 않았다. 임시정부의 결정을 무시하고 열린 2차 군사회의가 폐막되면서 6월 23일 중앙 라다는 '1차 우니베르살Universal'을 선언하였다. '우니베르살'은 흐멜니츠키나 마제파 같은 코자크 지도자들의 명령서의 명칭이었다. 1차 우니베르살에서는 러시아 연방 내에서의 우크라이나의 자치를 선언하고, 우크라이나 민중은 자신들의 땅에서의 생활을 스스로 영위해 갈 권리를 갖는다고 언명하였다. 또한 모든 우크라이나 지역 단위와 기관들은 민족적 목표의 달성을 위한 특별세를 납부할 것을 촉구하였다(Magosci pp.473-475). 같은 날 열린 1차 농민의회는 자치 요구에 대한 적극 지지를 선언했다. 연이어 중앙 라다는 내각 역할을 하는 '중앙위원회Generalnii Secretariat'를 구성하고 수반에 빈니첸코를 임명하였다. 중앙 라다의 독자적 움직임에 크게 불안을 느낀 임시정부는 6월 28일 임시정부 수반의 자리에 올라서는 케렌스키Aleksandr Kerensky를 대표로 하는 대표단을 키예프에 파견했다. 때마침 서부전선에서 독일과 오스트리아의 대공세가 시작되자, 임시정부는 중앙 라다의 권위 일부를 인정하고, 일부 주州에 대한 '중앙위원회'의 행정권을 인정하는 타협책을 제시했다. 이러한 합의 내용은 7월 16일에 '2차 우니베르살'로 발표되었다. 2차 우니베르살에는 ① 중앙위원회는 임시정부의 기관이 되고, ② 중앙 라다는 입법기관으로 인정되며, ③ 중앙위원회는 14명이 아닌, 7명의 장관으로 구성되며, 이 중 4명은 소수민족 출신이 맡아야 하며 ④ 중앙위원회는 5개주(키예프, 체르니기프, 폴타바, 포돌리아, 볼리니아)에 대한 행정권을 갖는다는 내용이 포함되었다(Boiko, p.323). 그러나 잡다한 정치 성향의 정당과 그룹의 혼합체인 중앙 라다는 지도력을 제대로 발휘할 수 없었다. 중앙위원회도 이미 무너진 행정조직을 빠르게 다시 재건하지도 못했다. 특히 농민들의 토지분배 요구를 해결하지 못한 라다의 권위는 급속도로 추락하였다. 1917년 전반기 임시정부와의 투쟁과 협상에서 우크라이나 자치 확보라는 목표 아래 단합된 행보를 보였던 정당과 정파들은 임시정부로부터 양보를 얻어낸 시점부터 대립과 내분으로 치달았다. 중앙위원회의 핵심 세력인 사회민주당과 사회혁명당은 주민들의 지지를 확보하는 노력을 기울이지 않았고, 지방과 농촌 지역에서는 소비에트 세력이나, '하이다마크 부대Haidamak detachment'와 같은 자생적 무장단체들이 세력을 키워나갔다. 키예프에서조차 사회민주당과 사회혁명당의 정치기반은 약했다. 8월에 치러진 지방의회duma 선거에서 사회민주당-사회혁명당 연합 세력은 20%의 지지표만 확보하였고, 러시아 사회주의 정당 연합이 37%, 러시아 유권자 연합Russian voters이 15%, 러시아 카데츠Kadets가 9%, 볼셰비키가 6%의 표를 획득하였다(Pipes, p.63). 1917년 9월 우크라이나 사회혁명당은 토지 분배의 지연에 대한 항의로 중앙위원회에의 참가를 거부했다. 가을부터는 농민들이 독자적으로 귀족이나 황실의 토지를 차지하기 시작했다(Yekelchyk, p.70). 1917년 볼셰비키 혁명이 나기 전인 여름과 가을 사이 중

그루셉스키 동상

앙 라다는 토지 분배 문제를 해결하지도 못하였고, 독자적인 군사조직을 갖추는 데도 실패하여 이후 다가오는 위기적 상황에 대처할 만한 기구로 성장하지 못하였다.

3.3. 볼셰비키 혁명과 우크라이나

1917년 11월 7일(율리우스력 10월 25일) 러시아에서 볼셰비키 혁명이 일어나 임시정부를 전복시키자 그 영향은 바로 우크라이나에 미쳤다. 러시아에서와 달리 우크라이나에서의 볼셰비키는 숫자도 적었고 조직력도 아주 약했다. 1917년 8월 사회혁명당원이 30만 명에 이르렀지만 볼셰비키 당원 수는 2만 2천 명에 불과했고, 그 중심 거점도 키예프가 아니라 돈바스의 공업 지역이었다. 중앙 라다에는 단 10명만이 진출해 있었다. 내부적으로는 하리코프파, 카테리노슬라프파(현 자포로지아, 도네츠크 지역), 오데사파가 권력 투쟁을 벌이고 있었다. 혁명 초기 볼셰비키는 중앙 라다를 바로 적대시하지 않았다. 11월 10일 임시정부에 충성하는 키예프 군참모부Kievan Staff와 볼셰비키 적군 부대가 충돌하였을 때는 중앙 라다의 병력 지원을 받아 군참모부를 제압하기도 하였다. 페트로그라드에서 혁명이 발발하자 중앙 라다는 볼셰비키의 무력 사용에 의한 임시정부 전복을 비난하고 우크라이나에서의 유사한 시도 가능성에 대해 경고를 보냈다. 11월 16일(구력 11월 3일) 중앙위원회는 우크라이나 지역의 행정권을 장악한다고 선언했다. 11월 20일 중앙 라다는 '3차 우니베르살'을 발표하여 '우크라이나 민족공화국Ukrainska Narodnia Respublika'의 출범을 선포하고 9개주를 공화국 영토로 선언했다. 9개주는 키예프, 포돌리아, 볼리니아, 체르니키프, 폴타바, 하리코프, 카테리노슬라프, 헤르손, 타브리아(크림 반도 제외)이다. 그러나 공화국의 완전한 독립이 아닌 러시아와의 연방을 선언했다. 3차 우니베르살은 중앙 정부의 붕괴와 무장 혁명의 상황에서 우크라이나 지역에 내전 상황이나 무정부 상황을 방지하기 위해 중앙 라다가 통치 권력을 강화할 것을 선언하였지만, 급진적 좌익 혁명의 열기를 무시할 수는 없었다. 이 문서에는 귀족과 교회 소유 토지의 몰수와 농민들에게의 재분배, 1일 8시간 노동제, 산업국유화, 소수민족의 자치권 인정, 사형제 폐지, 지방 정부 권한의 강화, 전쟁 종식을 위한 조치 강구 등이 포함되어 있었다(Magocsi, pp.479-480, Boiko, p.327). 12월 초까지 중앙 라다와 볼셰비키 정부 사이에 큰 충돌은 일어나지 않았다. 키예프, 예카테리노, 오데사, 니콜라예프 지역 소비에트는 중앙 라다의 권위를 공식으로 인정하였지만, 하리코프 지역 소비에트는 페트로그라드 혁명 정부의 권위만을 인정하고, 중앙 라다를 인정하지 않았다. 시간이 가면서 하리코프는 반反중앙 라다 세력의 중심지가 되었고, 중앙 라다와의 세력 투쟁에서 패배한 볼셰비키들이 정부 전복을 꾀하는 근거지가 되었다(Pipes, p.116). 12월이 되면서 중앙 라다와 볼셰비키의 관계는 급격히 악화되기 시작하였다. 특히 라다가 12월 10일 독립을 선언한 반혁명 세력인 '돈 코자크 공화국Don Cossack Republic'을 인정하자 페트로그라드의 볼셰비키 정부는 강한 불만을 나타냈다. 중앙 라다 정부는 전선에서 귀환하는 코자크 병사들이 우크라이나 영토를 통과하여 돈 코자크 공화국으로 돌아가는 것을 허용하였고, 볼셰비키 정부는 이를 반혁명 세력에 대한 지원으로 간주했다. 또한 중앙위원회에서 군사 문제를 담당한 페틀류라가 전선에서 독자적 우크라이나 부대 편성을 반대하는 볼셰비키 군지휘부의 명령을 따르지 말 것을 병사들에게 지시하자 양측의 관계는 극도로 악화되었다(Pipes, p.118). 12월 17일 중앙 라다에 보낸 최후통첩에서 볼셰비키 정부는 48시간 내에 중앙 라다의 모든 활동을 중지할 것을 요구하였다. 이와 동시에 볼셰비키 세력은 소비에트 회의 소집을 통해 중앙 라다를 장악한다는 계획을 세웠다. 12월 17일 '전 우크라이나 노동자, 병사 및 농민 소비에트 대회'를 소집하였으나, 볼셰비키의 의도를 미리 간파한 중앙 라다는 전국에서 지지자들을 불러 모아 수적으로 이들을 압도해 버렸다. 대회에 참가한 2,500명의 인원 중 볼셰비키는 100여 명에 불과했다. 회의가 페트로그라드의 최후통첩을 거부하기로 결의하자 볼셰비키는 추종 세력과 함께 하리코프로 이동하여, 그곳에서 진행 중이던 돈바스와 크리보이로크 지역 소비에트 대회에 참가하여 대회의 이름을 '제1차 전 우크라이나 노동자, 병사 및 농민 대표 대회'로 변경하였다. 12월 25일에는 하리코프에서 '소비에트 우크라이나 정부Respublika Rad Ukrainy' 창설을 선언하였다. 새 정부는 12명의 장관으로 인민위원회Narodnii Sekretariat를 구성하고 지도자로 스크립니크Mykola Skrypnyk를 선출하였다(Magocsi, p.481). 볼셰비키는 12월에 열린 전 러시아 제헌의회Constitutional Assembly 선거에서도 참패했다. 우크라이나 지역에서 볼셰비키는 10%의 지지를 얻는 데 그친 반면 사회혁명당을 비롯한 다른 우크라이나 정당들은 67.8%를 득표하였다(Yekelchyk, p.70). 하리코프에 기반을 잡은 소비에트 정부는 러시아의 지원을 얻어 무력으로 키예프를 점령하기로 했다. 12월 25일 안토노프-오스벤코Vladimir Antonov-Osveenko의 러시아 소비에트 지원군이 도착하였고, 1월 17일 키예프로의 진격을 시작했다. 중앙 라다에 충성을 서약했던 약 30만 명의 병사는 서부 전선이 붕괴되며 거의 귀향을 하였고, 전쟁

장관 휘하의 하이다마크 키시Haidamak Kish 부대와 코발렙스키가 지휘하는 갈리치아-부코비나 시치 대대Galician-Bukovinian Battalion of Sich Riflemen 정도가 동원 가능한 부대였다. 수적으로는 1만 5천 명의 라다 군대가 8천여 명에 불과한 볼셰비키 군대보다 우위였지만 병사들의 사기는 훨씬 떨어졌다. 특히 볼셰비키 선동 병사의 뛰어난 활약으로 많은 병사들이 볼셰비키 진영으로 이탈해 왔다. 라다 진영의 흐멜니츠키 부대, 폴루보톱스키 Polubotovskii 부대, 타라스 셰브첸코 부대는 부대 전체가 볼셰비키 진영으로 넘어갔다(Pipes, p.125). 볼셰비키는 전쟁 수행과 함께 각 도시에서 중앙 라다에 대한 봉기를 선동하였다. 1918년 1월 29일 러시아 노동자들이 키예프 시내의 무기창Arsenal을 점령하고 봉기를 일으킨 것이 대표적인 예이다. 1월 말 중앙 라다군은 키예프 퇴각을 시작했다. 1월 29일 키예프로 접근해 오는 볼셰비키군을 막기 위해 300명의 학생들이 키예프 북동부 130킬로미터 지점인 크루티Kruty에서 결사 항전하여 전원 전사하였고, 이들은 우크라이나 독립 후 국가적 영웅으로 추앙되고 있다. 키예프 함락에 직면한 중앙 라다는 1월 24일 밤 '4차 우니베르살'을 발표하였다. 이전까지 페트로그라드와의 전면적 관계 단절을 주저했던 중앙 라다는 더 이상 볼셰비키와의 협상의 여지가 없다고 보고 4차 우니베르살에서 완전 독립을 선언하였다. 중앙 라다 수반인 그루솁스키는 '우니베르살'을 '소小라다'에 상정하면서 "평화에 이르는 과정을 완성하고 적들의 침공으로부터 국가를 방어하기 위함"(Vestiuk, p.101)이라고 선언했지만 볼셰비키의 키예프 점령을 막을 수는 없었다. 2월 9일 중앙 라다는 키예프 서쪽 지토미르로 철수하고 키예프는 볼셰비키 수하에 떨어졌다. 무라비예프Mikhail Muraviev가 이끌고 들어온 볼셰비키군은 2천 명에서 5천 명의 시민을 '계급의 적class enemies'으로 몰아 처형하였다(Yekelchyk, p.73).

키예프가 볼셰비키군에 점령되는 바로 그날 브레스트-리토프스크 Brest-Litovsk에서는 종전 협정이 체결되었다. '평화, 토지, 빵'을 슬로건으로 내세우고 10월 혁명을 일으킨 볼셰비키는 1917년 12월부터 동맹국Central Powers과 종전 협상에 들어갔다. 러시아제국의 승계를 자처한 볼셰비키 정부는 제국의 분할을 반대하였고, 종전 협상의 유일한 대표가 되기를 원했다. 그러나 동맹국은 동부 전선에 새로 독립을 선언하거나, 선언할 예정인 여러 정부와 별도의 종전 협정을 체결했다. 우크라이나뿐 아니라 핀란드, 폴란드, 발트3국이 각각 종전 협상단을 브레스트-리토프스크로 파견했다. 볼셰비키의 협상 대표인 트로츠키는 개별 종전 협정에 적극 반대했으나, 3월 1일 우크라이나 영토로 독일군과 오스트리아군이 진군하면서 다급함을 느낀 레닌의 지시에 의해 3월 3일 조약에 서명했다. 종전 협정 체결로 러시아는 우크라이나뿐만 아니라 폴란드, 핀란드, 발트3국 지역과 베사라비아, 코카서스의 일부 지역을 잃게 되었다. 할양된 지역은 러시아제국 영토의 26%에 달하는 광대한 면적이다. 우크라이나 민족공화국은 기존의 9개주 이외에 홀름주Kholm와 민스크와 그로드노 남부 지역과 브레스트-리토프스크시 자체도 영토로 인정을 받게 되었다. 그러나 부속 비밀 협정에는 우크라이나가 드네스트르 강 서부와 동부 갈리치아 지역에 대한 영토적 요구를 포기하고 리비프를 오스트리아와 갈리치아의 경계로 할 것을 서명하였다. 또 다른 문서에 의하면 오스트라이나-헝가리제국은 부코비나와 동부 갈리치아에 별도의 자치왕국을 건설하는 안을 늦어도 7월 말까지 제국 의회가 통과시키기로 동의하였다(Magocsi, p.485). 그러나 더욱 중요한 비밀 협정 조항은 독일과 오스트리아군이 군사적 원조를 하는 대가로 1918년 7월 31일까지 중앙 라다 정부가 백만 톤의 곡물과 6억 개의 달걀을 비롯한 기타 보급 물자를 공급하기로 한 것이다. 이 협정에 의해 3월 1일 45만 병력의 독일군과 오스트리아군이 우크라이나로 진격해 들어왔다. 키예프를 점령한 볼셰비키 적군은 점령 3주 만에 키예프를 내주고 퇴각하였고, 점령군은 4월에는 이미 9개주 전체에서 볼셰비키 적군을 몰아냈다. 볼셰비키군은 군사적으로 월등한 독일군과 오스트리아군의 상대가 되지 않았지만, 키예프 점령 과정에서 보인 잔학성과 약탈로 인해 우크라이나 주민들의 민심을 얻는 데 완전히 실패한 것도 조기 패퇴의 원인이 된다. 또한 볼셰비키 그룹 내부에서의 키예프파와 하리코프파 사이의 내분과 대립이 볼셰비키군의 군사력을 약화시켰고, 이 대립은 이후의 헤트만 정부에 대한 투쟁에도 영향을 미쳤다(Pipes, p.131).

브레스트-리토프스크 조약과 1918년 2월부터 9월 사이 체결된 일련의 평화 협정 합의에 의해 볼셰비키 정부는 우크라이나 민족공화국을 정식으로 승인하고, 우크라이나와 별도의 평화 협정을 체결하며 우크라이나 영토에서 소비에트 군대를 철수하기로 동의하였다. 또한 동맹국은 우크라이나 전쟁 포로를 귀환시키기로 동의하였다(Magocsi, p.485). 소비에트 적군赤軍을 몰아내기 위해 독일군을 불러들인 라다는 일시적으로 목적을 달성하기는 했지만, 우크라이나를 다시 통치하기에는 역부족이었고, 동맹국에 약속한 식량 원조는 이행할 수가 없었다. 4월 28일 제헌 헌법을 논의 중인 중앙 라다 회의장에 독일군이 진입하여 라다를 해산시킴으로써 2월 혁명 이후 약 1년 동안 존속하였던 중앙 라다 정부는 힘없이 붕괴되고 말았다.

중앙 라다의 활동은 '우크라이나의 자치'를 목표로 내세운 전반기(1917년 3월-1918년 1월)와 독립 선언 이후의 후반기(1918년 1월-4월)로 나눌 수 있다. 중앙 라다 정부는 최초로 우크라이나 공화국의 출범을 선언하고, 길지 않은 기간이지만 볼셰비키의 공세로부터 우크라이나를 효과적으로 지켜냈다. 그러나 독립국가가 갖추어야 할 가장 중요한 두 가지 요소인 독자적 군대와 행정조직을 갖추지 못한 것이 정부의 단명을 재촉하였다. 또한 라다 구성 멤버들이 대부분 도시 출신의 상공인, 초급 장교, 젬스트보 관리, 교사, 정부 관리, 부농, 등 소위 '소小부르주아petit bourgeois'였으므로 농민들의 지지를 얻는 데도 실패했다(Subtelny, p.346). 또한 다양한 배경을 가진 지도자 사이의 불협화음도 문제였다. 정부 역할을 한 중앙위원회 내에서의 빈니첸코와 페틀류라의 반목은 대표적인 예이다. 제정러시아의 붕괴 전까지 우크라이나의 지식층은 대부분 러시아계이거나 유대인이었으므로 우크라이나 민족 운동을 시민들에게 효과적으로 전파할 인적 자원이 부족했던 것도 라다 정부 실패의 원인으로 지적된다. 우크라이나가 아직 민족국가 건설nation-building을 할 준비가 되어 있지 않은 상태에서 정부건설state-building이라는 과제를 떠맡은 젊고 경험 없는 지도자들에게는 러시아와 동맹국의 견제와 무력 간섭을 극복하고 민족국가를 건설하는 것은 힘에 부치는 과제였다. 중앙 라다가 출범했을 때 빈니첸코는 38세, 페틀류라는 35세, 사회혁명당 리더인 코발렙스키는 25세, 그루솁스키를 대리해 중앙 라다 업무를 관장한 슈라흐Mykola Shrag는 불과 22세였다(Subtelny,p.354).

3.4. 독일 점령 시기의 헤트만 정부

우크라이나 전역을 장악한 독일군은 처음부터 중앙 라다에 큰 기대를 걸지 않았다. 라다가 발표한 3차 우니베르살에 담긴 토지 개혁을 비롯한 좌파적 사회 개혁 내용을 점령군은 무효화하였다. 특히 라다 정부가 식량 징발을 효과적으로 수행할 능력이 없다는 것을 인식하고 새로운 지도자를 찾기 시작하였다. 4월 초부터 계엄령으로 사실상 통치권을 장악한 독일군은 4월 23일 중앙 라다가 백만 톤의 식량과 6억 개의 달걀 및 기타 물자 징발을 내용으로 하는 경제 협정을 승인한 후 바로 라다를 해체하기로 하였다. 점령군 사령관인 빌헬름 그뢰너Wilhelm Groener는 코자크 가문 출신의 파블로 스코로파드스키Pavlo Skoropadsky를 만나 일련의 조건을 제시하고 새 정부의 수장을 맡을 것을 제안하였다. 제시된 조건은 ① 브레스트-리토프스크 조약을 받아들이고, ② 제헌 의회를 해산하며, ③

우크라이나군의 조직과 내각 구성에 독일의 승인을 받을 것과, ④ 모든 자원과 공업품의 반출 제한을 철폐할 것, ⑤ 대지주의 토지권을 인정할 것, ⑥ 토지를 분할하는 경우 보상을 할 것이었다(Magocsi, p.488). 4월 29일 약 6,500명의 지주가 모인 지주연맹대회에서 스코로파드스키는 코자크 시대의 지도자의 명칭인 헤트만Hetman으로 추대되었다. 같은 날 '우크라이나 민족공화국'을 대신하여 '우크라이나 국가Ukrainska Derzhava'가 선언되었다. 스코로파드스키는 유서 깊은 코자크 가문starosty 출신이다. 그는 18세기 초 스웨덴과 동맹을 맺은 마제파를 대신하여 표트르 대제에 의해 코자크 헤트만에 임명된 이반 스코로파드스키의 후손으로, 할아버지와 아버지도 차르 군대에서 고위직을 맡았었다. 파블로 스코로파드스키는 니콜라이 2세 밑에서 중장까지 진급하였으나, 혁명이 발발하자 자신이 지휘하던 34군단을 우크라이나 군단으로 변형시켜 볼셰비키의 위협으로부터 중앙 라다를 지키는 역할을 담당하였다. 독일 점령군이나 지주들의 입장에서 보면 스코로파드스키는 구시대의 질서를 회복시킬 수 있는 이상적인 인물이었다. 스코로파드스키는 중앙 라다 시대에 시행된 개혁적 사회 정책을 폐지하고 이전의 제도를 다시 도입했다. 파업도 불법화되었고 검열제도도 다시 도입되었다. 혁명 이전의 개인의 재산권과 지주의 토지 권리를 다시 회복시키면서 지주와 자본가층으로부터 지지를 받은 대신, 좌익계 정당과 농민들로부터는 강한 반발을 받았다. 좌익 정당의 지도자들이 내각 참여를 거부하면서 자연히 제정 시대의 관리들과 장교들이 정부의 요직을 차지하게 되었다. 헤트만 정부로부터 백지위임장을 받은 독일군이 강압적 수단을 동원해 곡물과 물자 징발에 나서자 농민들의 불만이 폭발되었다. 5월 8일부터 열린 전 우크라이나 농민대회에서는 정부에 공식 항의를 제기했다. 비밀리에 열린 전 우크라이나 소비에트 대회(5월 12일)와 사회민주노동당대회(5월 15일)에서는 헤트만 정부의 전복과 입헌 우크라이나공화국의 설립을 결의했다(Magocsi, p.400). 헤트만 정부에 반대하는 세력은 '우크라이나 민족 연합Ukrainian National Union'을 조직하여 힘을 모았다. 6월에는 사회혁명당 주도로 약 3만 명이 참가한 시위가 키예프에서 열렸다. 농촌 지역에서의 저항은 더 거세었다. 오타만otaman이나 바치코bat'ko라는 코자크 시대 명칭을 쓰는 지도자를 중심으로 무정부적 농민 저항단체가 자생적으로 생겨나 식량 징발에 나선 독일군과 게릴라식 전투를 벌였다. 키예프 근교 즈베니고로트Zvenygorod와 타라샨카Tarashchanka에서는 중무장한 3-4만 명의 농민이 독일군을 공격하여 6천 명을 살상하기도 하였다(Subtelny, p.358). 7월 30일에는 점령군 사령관 헤르만 폰 아이히호른Hermann von Eichhorn 원수를 암살하였다. 8월 볼셰비키는 대규모 민중 봉기를 기도하였으나 시민들의 지지를 얻지 못해 실패로 끝나고 말았다.

파블로 스코로파드스키

스코로파드스키 정부는 독일군이 세운 정부라는 한계를 안고 출발한 임시정부의 성격이 강했고, 정치, 사회적으로는 보수적이며 과거 회귀적인 정책을 폈지만, 교육, 문화, 외교에서는 몇 가지 주목할 만한 성과를 만들어 냈다. 중앙 라다의 지도자로서 유일하게 헤트만 정부에 참여한 도로셴코Dmytro Doroshenko는 외무장관을 맡아 6월 12일 소비에트 러시아 정부와 종전 협정을 체결하였다. 동맹국을 비롯한 주변 국가와 외교관계 수립에도 노력을 기울여서 키예프에는 11국의 대사관이 설치되기도 하였다. 오스트리아-헝가리제국과는 동부 갈리치아와 홀름 지역의 병합을 놓고 협상을 벌이기도 했다(Subtelny, p.357). 스코로파드스키는 정치적으로 우크라이나 민족주의 운동을 탄압하였지만, 교육 부문에서는 우크라이나화 정책을 폈다. 1918년에만 150개의 우크라이나어 학교가 설립되고 키예프와 카먀네츠-포딜스키에 2개의 대학이 신설되고 폴타바에는 역사-언어 단과대학이 설립되었다. 신설된 대학과 키예프, 하리코프, 오데사 대학에는 우크라이나 언어, 역사, 예술, 법률을 가르치는 학과들이 신설되었다. 1918년 가을에는 예술아카데미Ukrainian Academy of Fine Arts와 국립도서관이 키예프에 설립되었고, 11월 14일에는 과학아카데미Ukrainian Academy of Sciences가 창설되었다. 1917년과 1918년 사이 1,800종의 우크라이나어 서적이 1,600만 권이나 인쇄되었다(Magocsi, p.491).

헤트만 정부에서는 종교적인 변화도 시도되었다. 혁명 이후 우크라이나의 사제들은 자치파autonomist와 독립파autocephalist로 나누어져 있었다. 1918년 1월 전 우크라이나 교회회의가 열렸으나, 키예프로 진군해 오는 볼세비키군 때문에 중간에 해산되었다. 1918년 7월에 열린 2차 회의에는 독립파 사제들의 참여가 봉쇄되고 자치파들만 참석하였다. 이 회의에서는 모스크바 총주교 티콘에게의 복종을 재차 선언하고, 키예프 대주교 흐라포비츠키Antonii Khrapovitskii를 수장으로 하는 우크라이나 자치 대교구Autonomous Orthodox exarchate for Ukraine을 설립하기로 결정하여 스코로파드스키의 승인을 얻었다. 이 회의에서는 예배에서 우크라이나어의 사용이 가능하고, 키예프와 할리치Halych 대주교는 우크라이나 주교들이 자체적으로 선출하며, 자치 대교구가 모스크바 총주교의 승인 아래 사제들의 임명권을 행사하는 것으로 결정되었다(Magocsi, p.491).

1918년 가을 제1차 세계대전에서 동맹국의 패배가 임박하자, 헤트만 정부도 다급해졌다. 외무장관 도로셴코는 협상국 측과 직접 협상을 시작하였다. 10월 스코로파드스키는 새 내각을 구성하며 좌파 정당 인사를 5명 영입했다. 그러나 이러한 제휴는 오래가지 않았다. 11월 14일 스코로파드스키는 러시아 백군 세력과 연합국의 지지를 얻기 위해 전원 제정파 인사들로 구성된 새 내각을 출범시켰고, 백군 정부가 세울 러시아와의 연방안을 내세웠다. 같은 날 우크라이나 반정부 세력인 우크라이나 민족연합Ukrainian National Union은 빈니첸코와 페틀류라 주도하에 프랑스 혁명의 지도부를 모방한 '집정내각Directory/Direktoriia'을 구성하여 반란 정부를 수립했다. 집정내각은 소비에트 러시아 정부 대표와 협상하여 우크라이나 내의 볼셰비키 활동을 인정하는 조건으로 헤트만 정부 전복에 공동 전선을 펴기로 했다. 독일군을 상대로 싸워 온 농민군은 집정내각 휘하로 모여들어 키예프 남서쪽 빌라 체르크바Bila Tserkva에 약 6만 명이 집결했다. 정예 부대인 '시치 저격병 부대Sich Riflemen'와 '회색코트 부대Greycoat Division'가 헤트만 정부를 이탈하여 집정내각에 충성을 맹세하면서 헤트만 정부는 결정적 타격을 입게 되었다. 11월 21일 반란군은 키예프를 포위하고 독일군과 협상을 벌였다. 11월 11일 이미 연합국과 종전 협정을 맺은 독일군은 우크라이나에 더 남아 있을 이유가 없었다. 반란군으로부터 퇴각 통로를 보장받은 독일군은 12월 14일부터 키예프를 철수했고, 12월 19일 반란군이 키예프에 입성하였다. 스코로파드스키는 부상당한 독일군 장교로 위장하여 독일군과 함께 떠났다. 8개월간 지속된 헤트만 정부는 독일군의 지원을 받은 '괴뢰정부'로 폄하되기도 하지만, 교육, 문화 분야에서는 여러 성과를 만들어 냈다. 우크라이나 민족주의 노선을 추진하지는 않았지만, 제정 복고주의자와 러시아를 위해 일했던 관료들로 정부를 구성하여 중앙 라다 정부보다 훨씬 효율적 행정을 펴 나갔다. 이제까지 좌파 정치인들의 전유물이었던 우크라이나 민족국가 건설의 열기가 지주와 보수층에도 퍼져 나가게 되었다. 그러나 독일군에게 강제적 곡물 징발 권한을 위임함으로써 농민들에게는 타도해야할 정부가 되었고, 동맹국의 패배와 함께 헤트만 정부도 역사 속으로 사라지고 말았다.

3.5. 러시아 내전 시기의 우크라이나

독일군이 떠난 우크라이나 땅은 극도의 혼란에 빠졌다. 우크라이나 땅은 볼셰비키 적군, 반혁명 백군, 프랑스군, 폴란드군, 무정부주의자군의 활동 무대가 되었다. 약 1년 사이 키예프의 주인은 다섯 번이나 바뀌었다. 헤트만 정부를 대신하여 키예프의 권력을 잡은 것은 집정내각Directory/Direktoriia이었다. 5인으로 구성된 집정내각의 실질적 리더는 급진 좌파 리더인 빈니첸코와 민족주의 성향의 페틀류라였다. 초기에는 집정내각의 의장을 맡은 빈니첸코가 리더로 나섰다. 정부 수반에는 체힙스키 Volodymyr Chekhivsky가 임명되었다. 집정내각은 '우크라이나 민족공화국 Ukrainian National Republic'을 부활시키고 토지 몰수, 산업 국유화, 노동자에 의한 공장 운영 등 좌파적 개혁 정책을 실시하여 대중적 지지를 받으려고 노력했다. 우크라이나어를 국가 공식 언어로 선언하고 러시아 정교회와 분리된 우크라이나 독립autocephaly교회를 출범시켰다. 3차 우니베르살에서 우크라이나의 독립을 선언한 지 1년이 되는 날인 1919년 1월 22일에는 서부 우크라이나공화국과의 통합을 선언했다. 그러나 이러한 모든 시도는 상징적인 조치에 머물렀고, 우크라이나 상황은 무정부 상태에 가까웠다. 1918년 12월 독일군이 떠나자 오데사를 비롯한 남부 도시에는 6만 명의 프랑스군이 소위 러시아 볼셰비키 혁명의 '무력간섭'을 위해 상륙했다. 지방에서는 수백 명의 자칭 '오타만Otaman'들이 조직한 무정부적 농민 조직들이 농지 확보를 위해 경쟁했다. 이들은 자신들의 목표 달성에 유리하다고 판단되면 수시로 진영을 바꿨다. 우크라이나 전역은 볼셰비키 적군과 반혁명 백군의 내전의 전쟁터가 되었다. 헤트만 정부 전복을 위해 집정내각과 손을 잡았던 볼셰비키는 1918년 12월 중순 북쪽으로부터 다시 키예프를 향하여 진격하여 왔다. 1919년 2월에는 다시 키예프를 장악하고 '우크라이나 소비에트 사회주의공화국Ukrainksa Radianska Socialitychna

Respulika'의 수립을 선언했다. 라콥스키Khristiian Rakovskii가 이끈 볼셰비키 정부는 집정내각 정부의 우크라이나화 정책을 폐기하고 행정, 선전, 교육에서 러시아어만을 사용하도록 했다. 또한 비밀경찰인 체카Cheka를 앞세워 '반혁명분자' 색출에 나섰다. 무장한 러시아 노동자 부대가 농촌 지역을 다니며 곡물을 징발하고, 토지는 몰수하여 집단농장으로 재편하려고 시도했다. 헤트만 정부 전복에 볼셰비키와 협력했던 농민들은 도처에서 농민 폭동을 일으켰다. 이들 중 그리고리프Matvii Grigoriiv는 1만 2천 명의 농민군을 이끌고 헤르손 지역을 장악했고, 전설적인 무정부주의자 마흐노Nestor Makhno는 3만 5천 명에서 5만 명에 이르는 농민군을 이끌고 남부 지역을 장악했다. 1919년 2월부터 8월까지 키예프를 장악한 볼셰비키 정부의 영향력은 도시 지역에 한정되었고, 농촌은 농민 무장 세력이나 약탈자들이 할거하는 무정부 상태에 버금가는 상황에 놓였다. 이러한 치열한 내전의 와중에서 유대인들은 또 다른 희생양이 되었다. 1919년에서 1920년 사이 3만 명에서 5만 명의 유대인이 우크라이나 땅에서 조직적 유대인 학살pogrom에 의해 희생된 것으로 추정된다. 1919년 여름 돈강 지역으로부터 우크라이나로 진격해 들어온 백군 세력이 광범위한 유대인 학살을 자행했다. 볼셰비키 정부 수뇌부와 체카Cheka, 세금 및 곡물 징발 관리 중에 유대인 비율이 높은 것이 백군들에게는 좋은 구실이 되었다. 그러나 유대인 학살에 적극 나선 것은 집정내각 정부 편을 들고 있던 오타만들이다. 유대인 학살의 약 40%가 이들에 의해 자행됨으로써, 페틀류라는 서방 세계에서 유대인 혐오주의자라는 낙인이 찍히게 되었다. 페틀류라는 마르골린Arnold Margolin, 골델만Solomon Goldelman 등 유대인 지도자를 정부 구성에 참여시키는 등 유대인 배려 정책을 폈으나 오타만들의 만행을 통제할 능력은 없었다. 페틀류라는 세메셴코Semeshenko를 비롯한 유대인 학살 주범들을 군사재판에서 회부해 사형에 처하기도 하였지만 유대인 학살은 계속되었다. 우크라이나 소비에트공화국 정부도 소수

민족 우대 정책을 펼치고 있었고, 유대인 담당부까지 설치하고 유대인 학살을 막기 위한 여러 포고령을 발표하였으나, 행정력의 마비로 농촌 지역에서 벌어지는 학살을 막을 수가 없었다(Yekelchyk, p.81). 농촌 지역 중 지토미르Zhytomyr, 체르카시Cherkasy, 리브네Rivne, 파스티프Fastiv, 코레스텐Koresten, 바흐마치Bakhmach 등에서 대량 학살이 일어났고, 1919년 2월 프로스쿠리프Proskuriv 지역에서 오타만 세메셴코에 의해 자행된 학살로 수천 명의 유대인이 희생되었다(Subtelny, pp.363-364).

1919년 2월 키예프가 볼셰비키군에게 점령되자 빈니첸코는 집정내각 수반직을 사임하고 페틀류라가 후임을 맡았다. 페틀류라는 러시아 내전에서 백군을 지원하고 있는 연합국의 지원을 받기 위해 사회주의자들을 배제한 내각을 구성하고, 자신도 사회 민주노동당을 탈당하였다. 그러나 정치적 노선을 떠나 우크라이나 독자적 정부의 생존을 위해 제정러시아를 복구하는 것을 목표로 한 백군White Army과 연합국의 지원을 받는다는 것은 불가능했다. 외부의 지원을 받지 못한 집정내각 정부는 빈니차Vynnitsa, 리브네Rivne, 카마네츠-포딜스키Kamianets-Podilsky로 거점을 옮기며 서쪽으로 계속 후퇴했다. 1919년 6월 연합국으로부터 무기를 공급받은 데니킨이 이끄는 백군이 돈 강 지역에서 우크라이나로 진격해 들어오면서 볼셰비키 정부는 수세에 몰리기 시작했다. 서부 국경까지 밀렸던 페틀류라도 7월부터 갈리치아의 우크라이나 부대의 지원을 받아 키예프로 진격해 왔다. 1919년 8월 볼셰비키 적군은 키예프를 버리고 퇴각하고, 8월 30일과 31일 사이 백군과 페틀류라군이 거의 동시에 키예프에 입성했다. 제정의 복귀를 위해 싸우는 백군은 페틀류라 군대를 '분리독립주의자'로 간주했고, 갈리치아 지원군은 '외국 군대'로 보았다(Yekelchyk, pp.81-82). 백군이 갈리치아 군대의 키예프 철수를 요구하자 이들은 바로 키예프를 떠났다. 연합국의 지원을 받고 있는 백군은 정국의 주도권을 잡고 제정 시대의 제도를 부활시켰다. 우크라이나어의 사용을 금지하고, 농민

페틀류라

빈니첸코

들이 차지한 토지를 지주들에게 돌려주었으며, 민족주의 성향의 지식인들을 체포했다. 백군의 통치 방식에 대한 시민들의 불만이 고조되자 9월 말 집정내각 정부는 백군에 선전포고를 했다. 그러나 때마침 찾아온 발진티푸스로 페틀류라군과 갈리치아군은 70% 이상의 병력을 잃게 되었고, 갈리치아군은 백군과 협상을 하여 11월 6일 데니킨의 백군 휘하에 들어가게 되었다. 페틀류라가 새로 독립한 폴란드와 협정을 맺자 폴란드군이 갈리치아 지방으로 진격해 들어왔다. 볼셰비키 적군의 적극 공세에 백군이 퇴각을 시작하면서 1919년 12월 키예프는 다시 한 번 볼셰비키 수중에 떨어지게 되었다. 세 번째로 키예프를 장악한 볼셰비키는 이전의 실수를 반복하지 않기로 했다. 내전을 통해 각 지역의 민족주의 열기를 백군과의 싸움과 혁명의 확산에 이용할 수 있다는 것을 간파한 레닌의 새로운 민족 정책이 우크라이나에도 적용되었다. 우선 우크라이나어의 사용을 장려하고, 사회혁명당에서 분리되어 나온 '보로트비츠borotvits' 그룹과 연정을 펼쳤다. 농지 문제에서는 국영농장 및 집단농장 제도 시행을 중지하고 농민들에게 농지를 분배하였다. 1920년 봄 약 1,400만 헥타르의 농지가 농민들에게 분배되었다. 1920년 도시의 식량난으로 농촌의 곡물을 다시 강제 징발하면서 농민들이 다시 저항을 하였지만, 내전의 전세는 볼셰비키 적군 쪽으로 완전히 기울었다. 남쪽으로 퇴각한 데니킨의 적군은 1920년 11월까지 크림 반도에 머물렀다(Yekelchyk, p.81).

3.6. 서부 우크라이나의 상황

서부 우크라이나 지역은 제1차 세계대전이 발발하자, 동맹국 군대와 러시아군의 접전 지역이 되었다. 1918년 가을 동맹국의 패색이 짙어지자, 서부 우크라이나에는 분리 독립 운동이 가시화되기 시작하였다. 1918년 10월 16일 오스트리아-헝가리제국의 카를Charles 황제는 붕괴되는 제국을 구하려는 마지막 시도로 각 민족 지역의 자치를 허용하여 제국을 연방국가로 바꾸는 포고령을 발표했다. 그러나 1918년 1월 윌슨 미국 대통령이 제창한 14개항을 바탕으로 한 연합국의 종전 이후 유럽 재편 계획에는 오스트리아-헝가리제국의 분해를 전제로 폴란드의 부활과 제국 내 민족들의 '자치'가 예정되어 있었다. 1918년 10월 18일 갈리치아 민족 운동 지도자인 페트루셰비치Ievgen Petrushevych, 로만추크Iuliian Romanchuk와 러시아에서 귀환한 셉티츠키Andrei Sheptiskii 대주교의 주도로 리비프에서 '우크라이나 민족회의Ukrainska Narodna Rada'가 결성되었다. 이 회의에서는 페트루셰비치를 지도자로 선출하고 오스트리아-헝가리제국 내 우크라이나인이 거주하는 모든 지역을 망라하는 자치국가의 출범을 선포했다. 따라서 갈리치아, 부코비나뿐만 아니라 트랜스카르파티아가 새 국가의 영토로 포함되었다. '민족회의'는 오스트리아-헝가리제국으로부터의 분리 독립을 명시적으로 선언하지는 않았다. 11월 1일에는 갈리치아 총독 후인Karl Huyn에게 행정권을 양도하도록 요구하여 모든 관공서를 접수하였다. 11월 1일 새로운 국가의 출범을 정식으로 선언하고 11월 3일에는 '서부 우크라이나 민족공화국Zakhidno-Ukrainska Narodna Respublika'이라는 국명을 채택했다. 그러나 갈리치아 지역에 거부하는 많은 수의 폴란드인들과 새로 출발한 폴란드 정부는 우크라이나 자치 국가의 출범을 인정할 수 없었다. 독립이 선언된 11월 1일 리비프시에서는 폴란드인과 우크라이나인들 사이에 전투가 벌어졌다. 폴란드군이 본격적으로 진격하면서 새 정부는 11월 21일 리비프에서 철수했고, 테르노폴Ternopil과 스타니슬라비프Stanislaviv로 수도를 옮겼다. 부코비나 지역은 이미 11월 10일 루마니아군에 의해 점령이 되었다. 서부 우크라이나 민족공화국의 영토로 선포된 트랜스카르파티아의 7개 군은 헝가리와 슬로바키아의 영향 아래 있었다. 스타니슬라비프로 퇴각한 신생 정부는 1월 3일 동부의 우크라이나 민족 공화국과의 합병을 의결하고 대표단을 키예프로 보냈다. 1919년 1월 22일 '우크라이나 민족공화국'과 '서부 우크라이나 민족공화국'의 합병이 정식으로 선언되었다.

안드레이 솁티츠키

폴란드와 서부 우크라이나공화국은 무력으로 대치한 상태에서 외교적 투쟁에도 힘을 기울였다. 1919년 1월 파리 강화 조약에서 서부 우크라이나공화국도 대표단을 파견하여 신생 국가를 인정받기 위한 외교적 노력을 펼쳤지만, 파리강화회의의 정식 참가국인 폴란드의 적수가 되지는 못했다. 파리강화회의에 참가한 폴란드 외상 파데렙스키Ignacy Jan Paderewski는 우크라이나 독립국가가 설립되는 것은 독일과 오스트리아의 러시아 서부 지역을 '분할 통치divide and rule' 하려는 시도이고, 우크라이나 독립주의자들은 모두 연합국에 대항하는 볼셰비키라고 선전을 했다. 파리강화회의에서 양측의 입장을 중재하고, 갈리치아 일부 지역을 우크라이나 영토로 인정하려는 시도가 있기도 했지만, 폴란드의 요구대로 갈리치아 문제를 처리하려는 분위기가 우세했다. 1919년 4월, 제1차 세계대전에서 프랑스군 휘하에서 싸운 할러Joshp Haller 장군 휘하의 10만 폴란드군대가 볼셰비키 적군과의 전투를 위해 폴란드에 투입되었다. 그러나 할러 장군의 부대는 소비에트 러시아와 전투를 벌이는 대신 갈리치아로 진격해 들어왔다. 6월의 초르키프Chorkiv 전투 등 우크라이나군의 격렬한 저항이 있기도 했지만 6월 18일 폴란드군은 갈리치아 지역에서 우크라이나군을 완전히 몰아냈다. 서부 우크라이나공화국이 폴란드군에게 쉽게 무릎을 꿇은 것은 우크라이나공화국의 양대 지도자 페틀류라와 페트루셰비치의 반목과 배신행위가 큰 역할을 했다. 폴란드군에 밀려 동쪽으로 후퇴하여 포돌스키까지 퇴각한 페트루셰비치군 일각에서는 페틀류라의 적인 백군과 연합하여 폴란드군을 몰아낸다는 안을 내세우기도 했다. 백군에 의해 서쪽으로 밀려난 페틀류라는 폴란드의 힘을 빌려 볼셰비키 적군과 백군을 몰아낼 생각으로 1920년 4월 바르샤바에서 폴란드와 협정을 맺었다. 이 협정에서 페틀류라는 폴란드의 갈리치아 전 지역과 서부 볼리니아에 대한 폴란드의 관할권을 인정했다. 5월 페틀류라군은 폴란드군과 함께 동부 우크라이나 지역으로 들어와 키예프까지 진격했다. 그러나 볼셰비키군은 반격을 펼쳐 6월 11일 폴란드군을 키예프에서 퇴각시켰고, 바르샤바 근처까지 진격했다. 1920년 10월 폴란드와 소비에트 정부 사이에 강화 협정이 맺어져 전투는 종식되었고, 동부 우크라이나는 소비에트 정권의 지배 아래 들어가게 되었다. 서부 우크라이나와 동부 우크라이나가 각각 폴란드와 소비에트 정권에 점령당한 후 페틀류라는 바르샤바로 망명하였고, 페트루셰비치는 비엔나로 망명하였다.

부코비나 지역는 갈리치아와 다른 운명을 겪었다. 부코비나의 민족주의자들은 1919년 11월 1일 우크라이나 민족회의에 참여하여 부코비나도 신생 서부 우크라이나공화국의 일부임을 선언했다. 11월 4일에는 루마니아 지도자들과 연합하여 루마니아-우크라이나 연합 정부를 만들고 오스트리아 관리들로부터 행정권을 이양 받았다. 새 정부의 지도자들은 부코비나를 양분하여 각각 우크라이나와 루마니아 지역으로 나누기로 합의하였다. 그러나 루마니아와의 합병을 원하던 루마니아계 주민들은 별도의 행동을 취하였다. 10월 27일 플론도르Iancu Flondor를 비롯한 지도자들은 체르놉치에 별도의 민족회의를 만들고 루마니아와의 합병을 추진하였다. 11월 4일 이들의 뜻에 반하여 연합 정부의 수립이 선언되자 플론도르는 루마니아에 군사적 개입을 요청하였고, 11월 10일 루마니아군은 큰 저항 없이 부코비나 지역을 점령하였다. 이곳에 주둔하던 갈리치아 시치 저격 부대Sich Riflemen는 저항을 하지 않고 갈리치아 지역으로 퇴각하였다. 트랜스카라파치아 지역은 우크라이나인과 헝가리인, 슬라브계 원주민인 루신rusyn인들이 주변 국가들과의 다양한 연합이나 복속을 꾀했다. 1919년 10월 루신인들과 우크라이나인들은 민족위원회를 구성했다. 10월 31일 헝가리에 카롤리 공작Count Mihaly Karolii이 이끄는 혁명 정부가 들어서고, 11월 12일 헝가리공화국이 선포되면서 헝가리는 트랜스카르파티아 지역을 자국의 영토로 선언했다. 이러한 새로운 변화에 대해 트랜스카르파티아는 지역별로 다른 움직임을 보였다. 우즈고로드Uzhhorod의 위원회는 헝가리에 남기로 결정하였고, 프레소프Presov의 위원회는 신생 체코슬로바키아로의 귀속을, 시케트 마르마티에이Sighet Marmatiei 지역은 우크라이나로의 귀속을 원하였다. 12월 21일 헝가리 정부는 루테니아 지역Ruthenian Land/Ruska Kraina의 자치를 결정하였다. 루테니아 지역은 내각에 두 명의 각료 자리를 할당받았고 스테판Agoston Stefan이 총독으로 임명되었다. 1919년 3월 무카체보Mukachevo에서는 지역 의회 선거가 열렸다. 그러나 1월 21일 쿠스트 지역에서는 루신인들과 우크라이나인들이 모여 신생 연합 우크라이나공화국Soborna Ukraina과의 합병을 요구하였다. 동부의 후출Hutsul 지역에서는 독립공화국이 선포되기도 하였다. 트랜스카르파티아의 영토적 귀속 문제가 복잡하게 전개되자 미국으로 이민한 이 지역 출신 인사들도 중재 행동에 나섰다. 우그로-루신Ugro-Rusyn이라고 불린 이민그룹의 지도자로 나선 자트코비치Gregory Zatkovych는 처음에는 독립 루신국가Rusinia를 선호했으나 윌슨 대통령과 체코슬로바키아의 초대 대통령이 되는 마사리크를 만난 후 체코슬로바키아와의 합병안을 발표하였다. 이러한 제안을 바탕으로 1918년 12월 체코슬로바키아는 트랜스카르파티아에 병력을 파견하여 점령을 시도하였으나 헝가리계 주민들이 저항에 부딪혔다. 헝가리에 벨라 쿤의 공산 정권이 들어서면서 위협을 느낀 루마니아와 체코슬로바키아는 공동으로 싸워서 헝가리를 트랜스카르파티아에서 몰아냈다. 1919년 5월 8일 우즈고로트에서 열린 루테니아 민족 회의는 미국의 루신 이민자협회의 결정을 받아들여 체코슬로바키아와 합병하기로 결정하였다.

크림 반도는 혁명과 내전 기간 동안 키예프의 행정력이 제대로 미치지 못하는 지역으로 남아 있었다. 제정 시대 이슬람 차별 정책으로 박해를 받은 크림타타르 지도부는 이스탄불로 망명하여 망명조직을 세우고 크림을 독립시킬 기회를 기다리고 있었다. 1917년 2월 혁명이 일어나자 일부 지도자는 망명생활에서 돌아와 지역 지도자들과 함께 이슬람 집행위원회Muslim Executive Committee를 구성하고 크림타타르의 문화적 자치를 요구하고 나섰다. 7월에는 파르카Milli Farka가 이끄는 크림타타르 민족당이 결성되어 제정러시아 내의 연방제를 요구하였다. 시간이 지나면서 자치에서 완전한 독립으로 목표가 확대되고 12월에는 바흐치사라이Bakhchisarai에서 제헌의회Kurultai를 열고 자치정부를 결성하였다. 10월 혁명이 일어나자 볼셰비키군은 바흐치사라이의 제헌의회를 해산시키고 소비에트 정부를 구성하였다. 1918년 5월 우크라이나에 진주한 독일군은 크림 반도에서 리투아니아 타타르 출신의 술케비치Sulkevich를 지도자를 내세우고 1918년 12월까지 이 지역을 장악했다. 독일군이 철수한 다음 카데츠Kadets에 속한 크림Solomon Krym의 친러시아 정부가 1919년 4월까지 잠시 들어섰고, 6월까지는 크림타타르 민족당과 소비에트 크림공화국이 잠시 행정권을 장악했다. 그러나 백군이 이 지역을 장악하면서 데니킨과 그의 후계자인 프란겔Petr Vrangel의 마지막 교두보 역할을 했다. 1920년 10월 백군이 완전히 철수하면서 크림은 다시 소비에트 적군이 들어왔고, 1921년 10월 새로 성립된 러시아 소비에트 연방 사회주의공화국Russian Soviet Federated Socialist Republic 내의 크림 자치 소비에트 사회주의공화국the Crimean Autonomous Soviet Socialist Republic이 되었다(Magocsi, pp.510-511).

제1차 세계대전의 발발과 1917년 러시아 2월 혁명과 내전으로 촉발된 우크라이나의 혁명과 내전은 1917년 3월부터 1920년 10월까지 우크라이나 전역을 극심한 혼란으로 몰아넣었다. 우크라이나 역사에 가장 큰 격변의 시기였던 3년 반의 시기는 크게 보아 ① 중앙 라다 시기(1917년 3월-1918년 4월), ② 헤트만 정부 시기(1918년 4월-1918년 12월, ③ 집정내각 정부, 내전, 볼셰비키 정권 시기(1919년 1월-1920년 10월)로 크게 나눌 수 있다(Magocsi, p. 470). 이 기간 동안 오스트리아, 독일, 폴란드, 볼셰비키 적군과 백군, 프랑스의 무력 간섭 등 외국군대의 무력 침입으로 인한 희생도 컸지만, 다양한 정치 노선과 이념을 실험한 정부의 난립으로 내부적 반목과 갈등으로 인한 피해가 더욱 컸다. 러시아의 내전이 볼셰비키 적군과 반혁명 백군 양 세력의 군사적 대결이었던 것에 비해, 우크라이나에서는 좌파혁명론, 민족주의, 헤트만 체제 등 다양한 정치 노선과 정부 체제가 실험되었다. 러시아와 오스트리아-헝가리제국의 붕괴로 생긴 일시적 힘의 공백 상태에서 진행된 여러 정치적 시도가 우크라이나 독립국가 건설이라는 목표를 이루지 못한 것은 당시의 국제정치적 여건과 내부적 역량으로 보아 당연한 결과라고 볼 수밖에 없다. 러시아 혁명이 완성되고 소비에트 정권이 확고하게 자리를 잡으면서 우크라이나가 다시 모스크바의 지배에 들어간 것은 피할 수 없는 결과였다. 학자들은 1917년에서 1921년까지의 우크라이나 혁명의 공과 과를 여러 관점에서 논의하여 왔다. 마고치는 우크라이나 혁명의 실패의 원인을 다음의 여덟 가지로 요약하고 있다. 첫째, 정치적 경험 부재와 강력한 지도력 부재로 인한 내부 분쟁, 둘째, 서부 우크라이나와 동부 우크라이나 정부의 협조 실패, 셋째, 독일군 등 외국 군대의 지배, 넷째, 적군과 백군의 진공, 다섯째, 연합국의 지원 획득 실패, 여섯째, 토지개혁의 실패와 이에 따른 농민층 지지 획득 실패, 일곱째, 우크라이나 내 다양한 소수민족의 독립국가 건설에 대한 반대, 마지막으로 가장 중요한 원인이 되는 것은 우크라이나 시민들의 민족정체성과 민족국가 건설에 대한 의지 결여이다(Magocsi, p.520). 숍텔니Subtelny는 내부적으로는 인구의 2-3%밖에 차지하지 못하는 인텔리겐치아에게만 우크라이나 민족독립 의식이 형성되어 있었고, 인구 대부분을 차지하는 농민들에게는 혁명 초기에 독립국가에 대한 열망이 없었던 것을 큰 원인으로 꼽는다. 또한 러시아식 교육과 문화에서 성장한 상당수의 인텔리겐치아는 러시아와 모든 것을 단절하고 새로운 국가를 건설하는 데 대한 심리적 장벽도 있었다고 지적한다. 그러나 이러한 내부적 요인보다 훨씬 큰 역할을 한 것은 외부적 환경이다. 서부 우크라이나 독립을 가로막은 가장 큰 세력은 새로 출발한 폴란드였고, 동부 우크라이나에서는 빠르게 권력을 확립한 소비에트 러시아였다(Subtelny, pp.397-399). 고양된 민족의식만 가지고 강력한 외부의 적과 방해요인을 극복하고 독립국가를 건설하는 것은 불가능하였다. 민족의식과 더불어 강력한 리더십과 강력한 군대, 국가 자원을 동원할 수 있는 효율적 행정체계가 필요했지만, 불행하게도 우크라이나는 이 중 어느 하나도 제대로 갖추지 못한 채 외부의 적과 싸워야 했다. 학자들이 상대적으로 간과하고 있는 사실의 하나는 우크라이나의 국가 크기이다. 방대한 지역에 걸쳐 있는 영토를 통치하고 국민적 지지를 끌어내는 것은 작은 나라의 경우보다 훨씬 힘든 일이다. 또한 국가적 자원을 효과적으로 동원할 수 있는 행정체계를 구축하는 것도 이전에 '정부건설state-building' 경험이 없는 나라에서는 시간이 걸리는 힘든 과제이다. 오스트리아-헝가리제국의 붕괴와 러시아의 영토 축소로 핀란드, 발트3국, 체코슬로바키아가 탄생하고, 폴란드가 부활된 것과 비교하여 우크라이나가 독립을 달성하지 못한 것을 아쉬운 일로 받아들일 수 있다. 그러나 혁명기에 근대적 우크라이나 민족의식이 태동하였고, 소련 체제 내에서 영토적으로나 문화적으로 민족 단위의 소비에트 공화국을 유지하며 문화, 교육, 산업에서 현대 국가의 기반을 닦은 것이 1990년 소련의 붕괴와 함께 독립 우크라이나 국가를 출발시키는 바탕이 되었다고 볼 수 있다.

제1차 세계대전의 종전과 동유럽의 변화

제1차 세계대전 종전으로 러시아 제국, 독일 제국, 오스트리아-헝가리 제국, 오토만 제국 등 동맹국에 가담한 네 제국이 해체되고 각각의 제국을 지배한 로마노프Romanovs, 호헨촐렌Hohenzollerns, 합스부르크Habsburg, 오토만Ottomans 왕조가 몰락했다.

베르사유 조약Treaty of Versailles, 생제르맹 조약Saint-Germain-en-Laye, 트리아농 조약Treaty of Trianon에 의해 승전국과 패전국 사이의 영토 변경과 패전국 내의 소수민족에 대한 영토 분할이 이루어졌다. 먼저 독일제국은 베르사유 조약에 의해 라인란트를 연합국에 15년 점령당하고, 포즈난과 서프러시아가 폴란드에 양도되고, 실레지아 상부Upper Silesia는 폴란드와 체코슬로바키아에 할양되었다.

승전국과 오스트리아 사이에 맺어진 생제르맹 조약에 의해 오스트리아-헝가리 제국은 오스트리아, 헝가리, 폴란드, 체코슬로바키아, 유고슬라비아(State of Slovenes, Croats, Serbs)로 분열되고, 트랜실바니아는 헝가리에서 대루마니아Greater Romania로 이양되었다. 부코비나도 이때 대루마니아에 귀속되었다. 승전국과 헝가리 사이에 맺어진 트리아농 조약으로 헝가리는 영토의 72%를 상실하였고 이 영토를 루마니아, 체코슬로바키아, 유고슬라비아가 차지하였다. 1917년 동맹국과 브레스트-리토프스크 조약을 맺고 제1차 세계대전에서 빠져 나온 소련은 1921년 승전국과 리가 조약Treaty of Riga을 맺고 상실된 영토의 일부를 되찾았으나, 서부 지역의 상당 부분이 새로 독립한 폴란드와 핀란드, 라트비아, 리투아니아, 에스토니아에 편입되었고, 베사라비아도 루마니아에 넘어갔다.

4장
1920년대와 1930년대의 우크라이나

4.1. 1920년대의 우크라이나

4.1.1. 전시공산주의와 신경제 경책NEP

제1차 세계대전과 3년간의 내전을 겪으면서 러시아 전역의 경제는 극도로 피폐해졌다. 1913년을 기준으로 볼 때, 1917년의 공업생산은 25%가 줄었고, 1920년에는 80% 이하로 떨어졌다. 1920년의 농업 생산은 전쟁 전의 50%로 떨어졌다. 내전 기간 동안 볼셰비키 정권은 농촌의 식량을 징발하여 적군赤軍과 도시에 공급하는 '전시공산주의War Communism'를 실시했다. 곡물 강제징발 외에 산업국유화, 노동 강제동원, 식량과 생산품 배급제도를 내용으로 하는 전시공산주의는 1919년 봄부터 우크라이나 지역에 실시되었고, 백군이 패퇴한 1920년부터 본격화되었다. 곡물 강제징발은 농민들의 강한 저항을 불러일으켰다. 볼셰비키는 농민 간의 일종의 계급투쟁을 조장하고 부농이 숨긴 농산물을 징발할 목적으로 농민층을 부농kulak, 중농seredniak, 빈농bedniak으로 나누고, '빈농위원회'(러시아어

kombedy, 우크라이나어 komnezamy)를 설치하였다. 빈농위원회 멤버는 농지를 우선으로 배분받고, 세금이 면제되며, 징발한 곡물의 10-25%를 보상으로 지급받았다. 그러나 이러한 조치는 큰 효과를 거두지 못하고, 대부분의 농민들은 자신들이 먹을 식량 경작 이외의 생산 활동을 중단하였다. 1921년에서 1922년 사이 러시아 남부와 우크라이나에는 광범위한 기근이 몰려왔다. 이 기근은 자연재해라기보다 영농 활동 중단으로 인한 인재의 성격이 컸다. 공식 통계에 의하면 우크라이나에서 23만 5천 명이 기근으로 사망한 것으로 조사되었지만, 영아 사망을 포함하여 백만 명 가까이 희생된 것으로 보는 견해도 있다(Yekelcyk, p.87). 소비에트 정권은 기근을 해결하기 위해 서방에 지원을 요청하기에 이르렀고 미국은 대규모 구호물자를 공급했다.

'전시공산주의'의 실패를 인정한 볼셰비키 정권은 '신경제 정책NEP/Novii Ekonomichskii Plan'을 도입했다. 1912년 3월 21일 10차 당대회에서 레닌은 반대파들을 무마하며 신경제 정책 추진을 선언했다. 신경제 정책은 사회주의 경제 체제를 일시 중단하고 시장경제 요소를 도입하여 '자본주의로의 전술적 후퇴'를 하는 것이었다. 정책의 핵심은 곡물의 강제징발 대신 일정량의 세납(후에 현금 세금으로 바뀜) 후, 농민들이 농산물을 시장에 내다 팔 수 있게 하는 것이었다. 빈농은 세금이 완전히 면제되었다. 상공업 분야에서도 시장경제가 도입되었다. 기간산업은 정부 소유로 두고, 중소기업을 민영화하면서 소비재 산업과 서비스 분야가 빠르게 되살아났다. 정부에 의한 원료 배급도 기업 간의 계약으로 대체되었다. 우크라이나에서는 전체 중소기업의 절반에 해당하는 약 5,200개의 공장이 일반에게 위탁경영되었고, 정부는 막대한 임대소득을 올렸다. 상업도 활발하게 되살아나서, 1926년에는 약 10만 개의 상업 단위가 민간에 의해 운영되었다. 신경제 정책에 힘입어 1927년 우크라이나의 경제는 농업, 공업, 상업 모든 분야에서 전쟁 전의 수준으로 회복되었다(Yekelchyk, p.88). 애초

드니프로 댐

에 10년에서 12년 예정으로 실시된 신경제 정책은 1928년부터 시작된 집단화 정책으로 중단되었지만, 전쟁과 내전으로 붕괴 상태에 이른 경제를 회복시키는 데 큰 역할을 했다.

4.1.2. 소비에트 우크라이나의 출범과 모스크바와의 관계

반혁명 세력인 백군을 격퇴하고 연합국의 무력간섭을 성공적으로 물리친 후 소비에트 정권을 확립한 볼셰비키는 고도로 중앙화된 공산당(볼셰비키당)과 적군을 통치력의 근간으로 삼았지만 방대한 지역을 통치하기 위해 각 민족 지역의 소비에트 공화국과 협력 관계를 유지하지 않을 수 없었다. 1922년 소비에트 연방 사회주의공화국이 설립되고 1924년 소비에트 헌법이 제정될 때까지는 모스크바와 각 민족 지역 공화국의 관계가 명확히 설정되지는 않았다. 1919년 소비에트 우크라이나 헌법에는 러시아 소비에트 정부와의 관계가 분명히 명시되지 않았다. 1919년 3월 10일 하리코프에서 열린 '3차 전 우크라이나 소비에트 대회'에서 우크라이나 사회주의소비에트공화국 헌법이 선포되면서 우크라이나 소비에트 공화국이 설립되었다고 볼 수 있다. 대회가 열린 하리코프는 1936년까지 우크라이나의 수도 역할을 했다. 다른 지역에서와 마찬가지로 우크라이나 소비에트 정권의 근간을 이룬 것은 '노동자, 농민, 노동자 대표 소비에트'였다. '노동자, 농민, 노동자 대표 소비에트회의'는 후에 '최고회의Verhovna Rada'로 개칭되어 입법기관의 역할을 담당했다. 최고회의가 회기중이 아닐 때에는 15인으로 구성되는 '최고회의 간부회Presidium'가 상임기관의 역할을 했다. 내각의 역할은 장관들로 구성된 인민위원회Council of People's Commissar, Rada narodnykh komisariv가 담당했고, 후에 장관회의Council of Ministers, Rada ministriv로 명칭이 바뀌었다. 1920년 12월 28일 소비에트 러시아와 소비에트 우크라이나 사이에 협정이 맺어져 군사적, 경제적 연합이 선언되었다. 소비에트 러시아의 레닌, 외무장관 치체린Gergii Chicherin과 우크라이나 수상 겸 외무장관 라콥스키에 의해 체결된 조약에 의해 양국은 국방, 경제, 대외무역, 재정, 노동, 교통, 체신 분야에 공동 장관을 임명하기로 하여, 사실상 모스크바의 연방정부가 관할하였다. 식량, 노동, 재정, 검열, 국내 경제는 연방정부와 우크라이나 공화국이 공동 관할하였고, 농업, 내무, 사법, 교육, 보건, 복지 업무는 우크라이나가 직접 관할했다. 다만 외교 부문에서는 주권을 인정받아 소비에트 우크라이나는 1921년 3월 러시아-폴란드 전쟁의 종전 협정인 리가Riga 조약에 서명하였고, 1922년 2월 외교권을 소비에트 러시아에 넘기기까지 여러 나라와 48개의 조약을 체결하였다. 또한 독일, 이탈리아, 폴란드, 터키 9개국이 등이 소비에트 우크라이나를 외교적으로 승인하였고, 국제연맹으로부터도 사실상의 승인을 받았다.

1922년 12월 러시아, 우크라이나, 벨로루스, 트랜스코카시아 소비에트 공화국을 구성원으로 하는 '소비에트 사회주의공화국 연방Union of Soviet Socialist Republics'이 출범하여 우크라이나 소비에트 공화국은 소연방의 일원으로 출발하게 되었다. 우크라이나의 실질적 통치권은 모든 국가 권력 기관의 구성을 장악한 우크라이나 공산당Communist Party Bolshevik of

Ukraine/CPbU에 있었다. 우크라이나 공화국이 형식적으로는 러시아를 비롯한 다른 세 공화국과 대등한 위치에서 연방을 구성한 것과 대비해서 우크라이나 공산당은 러시아 공산당의 한 지부에 불과했다. 1918년 4,364명에 불과하던 공산당원 수는 1920년 3만 8천 명, 1922년 5만 6천 명으로 급속히 늘어났다. 그러나 당원의 48%는 적군 병사들이었고, 77%가 우크라이나인이 아닌 타민족 출신이었다. 적군 소속 공산당원 중 우크라이나인은 14%에 불과했다(Yekelcyk, p.90). 그러나 공산당이 처음부터 유일 정당으로 출발한 것은 아니었다. 내전이 끝나갈 무렵 우크라이나에는 약 20개의 정당과 정치단체가 활동했다. 이 중 공산당의 명칭을 쓴 정당이 세 개나 되었다. 1918년 5월 2차 공산당 대회에서 볼셰비키가 아닌 사회혁명당 계열의 소위 '보로트비츠Borotvits'들은 우크라이나 공산당과의 연합이 실패하자, 1919년 다른 좌익 세력과 연합하여 '보로트비츠 우크라이나 공산당'을 창당하였다. '보로트비츠Borotvits'란 명칭은 이들이 발행한 신문 '보로트바Borotba'(투쟁)에서 나온 명칭이었다. 농민층을 지지계층으로 하고 우크라이나의 자치를 요구한 보로트비츠는 1919년 1만 5천 명의 당원을 확보하여 당원 수에서는 우크라이나 공산당(1만 6,500명)에 근접했다. 이들은 코민테른에도 별도의 정당으로 가입하려 하였으나 레닌에 의해 거절당하자, 1920년 3월 당을 해체하고 약 4천 명은 우크라이나 공산당CPbU에 가담하였다. 후에 공산당의 우크라이나화에 앞장서는 슘스키Oleksandr Shumskii도 보로트비츠 출신이다. 또 다른 공산주의 정당은 사회민주노동당에서 유래한 또 다른 '우크라이나 공산당UKP/Ukarinian Communist Party'이었다. 당원들은 '우카피스트Ukapist'라고 불렸다. 소비에트 우크라이나의 독립을 주장하였지만 당원 수가 200-300명에 불과해서 볼셰비키 공산당에 큰 위협이 되지는 않았다. 우크라이나 정당 중 가장 오래 활동하였으나 1925년 1월 해체되면서 대부분의 당원들은 '우크라이나 공산당CPbU'에 가담하였다.

볼셰비키 출신들이 장악한 공산당이 소비에트 정권의 핵심이 되었지만, 중앙과 외곽의 관계 즉, 연방 권력과 공화국 권력의 관계는 계속 논란이 되었다. 1922년 스탈린이 당서기장과 민족문제 담당 코미사르Commissar를 맡으면서 새로운 연방의 형태로 각 공화국이 일정 수준의 자치권을 유지하며 러시아 사회주의 소비에트공화국에 들어오는 소위 '자치주의autonomist안'을 추진하였다. 이러한 '중앙주의Centralism'는 각 공화국의 강한 반발을 불러왔다. 우크라이나에서는 라콥스키와 스크립니크Mykola Skrypnyk가 중앙주의에 강하게 반발하였다. 라콥스키는 우크라이나 소비에트공화국의 수반을 맡으면서 앞에 설명한 주권국가에 버금가는 외교권 행사에 큰 역할을 하였다. 그러나 레비드Dmytro Lebid 같은 정치인은 '문화 투쟁론'을 내세우며 분권화에 반대하였다. 그는 도시 프롤레타리아의 '러시아 상위문화'는 농민들의 '낙후된 우크라이나 문화'를 대체하게 된다고 주장하였다. 우크라이나 공산당 내의 지역적 파벌도 각기 다른 입장을 내세웠다. 하리코프-키예프 파벌은 분권화를 지지하였고, 카테리노슬라프-유지브카Katerynoslav-Yuzivka 파벌은 중앙집권화를 지지하였다(Yekelchyk, p.92). 그루지야 볼셰비키당 중앙위원회는 모스크바에 반발하여 전원 사임하였다. 술탄 갈리예프Sultan Galiev 같은 중앙아시아 볼셰비키 지도자도 스탈린의 시도를 '적화 제국주의Red Imperialism'라고 비판했다(Subtelny, p.385). 연방의 형태에 대한 최종적 결정은 레닌이 내렸다. 레닌은 스탈린이 추진하는 중앙집권적 연방제는 '대러시아 국수주의Great Russian Chauvinism'의 발현이라고 비판하고, 민족공화국이 대등한 입장에서 소비에트 연방을 구성하도록 하였다. 레닌은 혁명 전부터 연방제에 대해 부정적인 입장을 취해 왔지만, 소련 정권의 취약한 기반을 고려하여 유화적인 민족 정책으로 선회했다. 내전을 힘들게 종식하고 새로 출발하는 소비에트 정권으로서는 중앙의 권력이 공고화될 때까지 각 민족 공화국의 권한을 인정하는 것이 현실적으로 유리했다. 또한 문화적으로 볼 때 소비에트 국가 건설에 큰 장애가 되는 소수민족의 낙후성과 문맹 등을 퇴치하는 데 러시아어를 매개로 하는 것보다 각 민족의 고유문화와 민족어를 이용하는 것이 효과적이라는 현실적인 고려가 민족 문화를 장려의 배경이 되었다(허승철 1998, pp.217-218).

1922년 12월 러시아, 우크라이나, 벨로루시, 트랜스코카시아 소비에트 공화국은 대등한 입장에서 소연방을 구성하고 연방으로 탈퇴할 권리도 갖게 되었다. 그러나 이러한 외형과는 달리 실질적으로는 모스크바의 통제가 큰 영향을 발휘하는 러시아 주도의 연방이 되고 말았다. 각 공화국의 연방 탈퇴는 공산당의 허락을 받게 되어 있어서 사실상으로 연방 탈퇴는 불가능하게 되었다. 1923년 레닌이 건강 악화로 실질적 지도력을 상실하게 되면서 스탈린의 중앙집권화 방안이 다시 힘을 얻게 되었고, 1924년 제정된 소연방 헌법도 이러한 성격을 그대로 반영하였다. 외교관계, 대외 무역 및 국내 통상, 군사, 자원 관할을 비롯한 경제 정책, 사법, 재정 및 금융, 조세 등은 중앙이 관할하게 되었다(Magosci, p.533).

소연방의 일원으로 출발한 소비에트 우크라이나공화국은 45만 평방킬로미터의 면적에 2,600만 명이 조금 넘는 인구를 갖게 되었다. 내전 때부터 볼셰비키 세력의 거점이 되었던 하리코프가 수도가 되었다. 행정적으로는 12개의 구베르니아Guberniia로 출발하였으나, 1923년 53개의 오크루크Okrug로 바뀌었다가, 1935년 15개의 오블라스트Oblast로 개편되었다. 우크라이나 내에 거주하는 약 500만 명의 소수민족을 위해서는 12개의 민족자치 지역이 할당되었다(Subtelny, p.386). 주권국가에는 훨씬 못 미치는 권한을 가지고 출발한 우크라이나 공화국이었지만, 영토나 행정체계에서뿐만 아니라, 민족적, 언어적, 문화적으로 통합된 민족국가nation로 출발하게 되어 우크라이나 민족국가nation-state 건설에 기초가 확립되었다고 볼 수 있다. 19세기까지 소러시아Little Russia/Malorossia, 남서부 지역the Southwest 등으로 불리던 지역이 이제는 정식으로 '우크라이나'라는 명칭으로 불리게 되면서 민족적 정체성도 본격적으로 형성되는 계기를 맞게 되었다.

4.1.3. 우크라이나화Ukrainizatsiia 정책

■ 정치와 사회

1923년 12차 공산당대회에서는 민족공화국에 '토착화korenizatsiia' 정책을 실시하기로 결정되었다. 토착화 정책의 내용은 우선 민족공화국의 지도부와 행정부서의 인적 구성에 토착민족을 많이 등용하고 민족 문화와 민족어를 장려하는 것이었다. 우크라이나 공산당 제1서기인 크비링Emmanual Kviring과 제2서기인 레비드는 토착화 정책에 반대하는 입장을 취했으나, 1923년 7월 라콥스키의 뒤를 이어 우크라이나 연방공화국 수반으로 임명된 추바르Vlas Chubar는 취임하자마자 8월 1일 공화국 내에서의 우크라이나어 사용을 장려하는 포고령을 발표하였다. 추바르는 우크라이나 출신으로는 최초로 정부 수반에 오른 인물이 되었다. 1925년 크비링을 대신하여 우크라이나 태생 유대인인 카가노비치Lazar Kaganovich가 당서기장으로 임명되면서 우크라이나화 정책은 본격적으로 추진되었다. 먼저 공산당 내에서 우크라이나 출신 당원이 차지하는 비율이 크게 늘어났다. 1924년 당원 중 33%만이 우크라이나인이었으나, 이 비율은 1927년에는 52%, 1933년에는 60%로 늘어났다. 청년 공산당 조직인 콤소몰Komsomol에서도 우크라이나인 비율이 59%(1925년)에서 72%(1933년)로 증가하였다. 정부 관리의 구성에서도 1923년 우크라이나인이 차지하는 비율이 35%에 불과했으나 1927년에는 54%로 늘어났다. 그러나 새로 충원된 우크라이나인들은 고위직보다는 중하위직에 많이 분포하였다. 1920년대 당 중앙위원회의 우크라이나인 비율은 25%를 넘지 않았다. 행정체계도 토착화 정책에 맞게 개편되었다. 정부 초기에 주州의 역할을 담당한 '구베르니아'는 제정 시대의 행정단위였다. 중앙정부는 민족공화국을 거치지 않고 구베르니아의 행정을 직접 통제했다. 그러나 1925년 구베르니아가 철폐되고 '오쿠루크'와 '라이온raion'으로 행정체계가 개편되면서 우크라이나 공화국이 지방 행정을 직접 담당하게 되었다. 토착화 정책은 도시와 농촌의 인구 구성에도 변화를 가져왔다. 혁명과 내전 기간 동안 전쟁의 피해와 식량 부족으로 인해 많은 인구가 도시를 떠나 농촌 지역으로 이주했다. 1914년 560만 명이던 도시 거주 인구는 1920년 420만 명으로 줄어들었으나, 1928년에는 전쟁 전 수준으로 회복되었다. 1920년 전체 인구 중 도시 거주 인구 비율은 15%에 불과했으나, 1939년에는 36.2%로 늘어났다. 도시 인구 중 우크라이나인이 차지하는 비율도 빠르게 늘어났다. 1920년 도시 거주 인구 중 우크라이나인 비율은 32%였으나, 1926년에는 47%로, 1939년에는 58%로 늘어났다. 우크라이나 인구가 크게 늘어난 도시는 키예프와 공업화가 빠르게 진행된 동부 지역 도시들이었다. 1933년 기준으로 하리코프시, 루간스크시, 자포로지아시에서는 우크라이나인 주민 비율이 절반을 넘어섰다. 예전에는 도시로 이주하면 언어적으로 러시아어로 동화되는 것이 당연하였으나, 우크라이나어를 주로 사용하는 우크라이나 농민들이 대거 도시로 이주하면서, 역으로 도시에서의 우크라이나어 확산에 기여를 하였다. 이러한 인구 이동에 맞춰 1925년 정부 업무와 거리 표지판, 포스터 등에 우크라이나어를 사용하는 조치가 시행되었다. 이 시기에 제정 시대부터 사용되어 오던 러시아어로 된 도시 명칭이 우크라이나어나 혁명가의 이름을 딴 명칭으로 바뀌기 시작했다. 카테리노슬라프는 드네프로페트롭스크로, 올렉산드립스크Oleksandrivsk는 자포로지아로, 유지브카Yuzivka는 스탈리노Stalino로, 루간스크는 보로실로프그라드Voroshilovgrad로, 바흐무트Bakhmut는 아르테미스크Artemisk로, 옐리자베트그라드Yelyzavetgrad는 지노빕스크Zinovievsk로 바뀌었다가 후에 키로보그라드Kirovograd로 바뀌었다. 정부 인적 구성에서의 우크라이나화 정책은 해외로 망명한 많은 정치인들과 지식인들을 다시 불러들이는 효과를 가져왔다. 집정내각Directory의 수반을 지낸 빈니첸코는 외무장관직을 제안받고 폴란드에서 잠시 귀국했으나, 다시 유럽으로 돌아갔다. 동부 우크라이나 출신으로 망명에서 귀국한 대표적인 인물로는 예프레모프Sergii Yefremov, 흐리스튜크Pavlo Khrystyuk, 체첼Mykola Chechel, 튜튜니크Yurii Tyutyunnyk 등이 있다. 서부 우크라이나 출신으로는 로진스키Mykhailo Lozynskii, 루드니츠키Stepan Rudnytskii 등이 우크라이나로 돌아왔다(Magosci, pp.541-542). 망명에서 귀국한 인사들은 우크라이나 문예 부흥에도 큰 역할을 했다. 이러한 역할을 한 대표적인 사람은 중앙 라다 정부의 대통령을 맡았던 역사학자 그루셉스키Mykhailo Grushevskii이다. 1924년 귀국한 그는 키예프대학에 역사학부를 만들고 과학아카데미 활동에도 큰 기여를 하였다.

교육 부문에서의 우크라이나화 정책은 눈부신 성과를 거두었다. 소련 정부가 1927년까지 문맹을 없앤다는 목표를 세우고 교육 개혁에 큰 노력을 집중한 것도 한 요인으로 작용하였지만, 1927년부터 1933년까지 우크라이나 교육 장관을 맡은 스크립니크의 노력이 큰 성과를 가져왔다. 1923년 우크라이나 학생이 다수를 차지하는 학교에서는 우크라이나어로 수업이 이루어져야 하고, 소수민족 학생이 집중되어 있는 학교에서는 해당 민족어로 교육을 해야 한다는 포고령이 발표되었다. 또한 주 교육 언어에 관계없이 모든 학생은 우크라이나어와 러시아어 수업을 필수적으로 받게 하였다. 1933년 학생 수는 전쟁 전의 3배로 늘어났다. 또 문맹퇴치를 위해 정규 학교 이외에도 언어교습소가 전국에 걸쳐 설립되었다. 이러한 적극적 노력에 힘입어 1897년 28%에 불과하던 문자해독률은 1926년 64%로 증가하였고, 우크라이나인들의 문자해독률은 42%로 높아졌다. 교육에서 우크라이나어가 차지하는 비중도 매우 커졌다. 1925년 언어교습소의 81%가 우크라이나어로 교육을 진행했다. 1927-1928학년도에는 초등학교의 82%가 우크라이나어를 사용하고, 전체 학생 중 우

스크립니크

슘스키

크라이나어 학교에 다니는 학생 비율은 76%가 되었다. 1929년에는 우크라이나 학생 중 97%가 우크라이나어 학교에 다니게 되었다. 1922년 직업학교profshkola의 1% 미만이 우크라이나어로 교육을 진행하였으나, 이 비율은 1929년에 66%까지 늘어났고, 우크라이나어와 러시아어를 동시에 사용하는 직업학교도 16%가 되었다. 1928년 전문대학이나 종합대학 등 고등교육기관VUZ에 등록한 학생의 57%가 우크라이나 학생이었다. 나머지 20% 정도는 러시아계 학생들이었고, 22%는 유대인 학생이었다. 우크라이나 학생들이 주로 택한 전공은 농업과 교육 분야였고, 러시아 학생들은 행정과 자연과학, 유대인 학생들은 의학과 경제 분야에 많이 분포되었다. 대학에서 우크라이나어로 수업을 받는 학생 비율도 42%로 늘어났다. 대학의 모든 학생들은 우크라이나어, 역사, 문학과 경제지리를 필수과목으로 배우게 되었고, 입학시험과 졸업시험에서 우크라이나어 시험을 치르게 되었다(Magosci, p.543).

공공기관에서 우크라이나어 사용을 강화하는 정책도 구체적 목표치를 설정하여 추진되었다. 1923년 우크라이나 정책이 시작되면서 모든 공무원은 1년 안에 우크라이나어를 습득하도록 하는 포고령이 발표되었다. 현실적으로 실현되기 어려운 목표였지만, 단기간 안에 공공기관에서의 우크라이나어 사용을 확산하겠다는 의지를 보여 준 정책이었다. 앞에 설명한 대로 레비드 등 러시아어를 중요시하는 당 간부들에 의해 이러한 정책에 제동이 걸리기도 하였지만, 카가노비치가 당서기장을 맡은 1925년부터 우크라니아화 정책은 다시 추진되기 시작하였다. 그는 1920년 20% 정도에 불과한 공공기관에서의 우크라이나어 사용 비율을 1927년까지 70%로 높이도록 지시하였다. 1927년 당과 정부기관의 우크라이나인 충원 비율이 50%가 넘으면서 우크라이나어 사용도 빠르게 확산되었다. 1927년 조사에 의하면 39.8%의 공무원이 우크라이나어를 '능숙하게' 구사하고, 31.7%는 '만족할 만한 수준'으로 구사하는 것으로 조사되었다. 그러나 '만족할 만한 수준'이라는 것이 우크라이나어 단어 몇 개 아는 정도에 불과한 것이라고 이러한 통계의 신빙성을 믿지 않는 회의적 시각도 있다. 숫자적으로 보면 1920년대에 눈부실 만한 언어적 우크라이나화가 진행되었지만, 이는 지도부의 지시에 맞게 통계를 달성하는 소비에트식 행정의 결과로 보는 학자들도 많다. 이러한 학자들은 이전까지 러시아어만 배타적으로 쓰이던 행정 영역에서 러시아어와 우크라이나어가 모두 쓰이게 되고, 도시 생활에서도 러시아어-우크라이나어 이중언어 사용 bilingualism이 넓게 확산된 정도로 보고 있다.

우크라이나화 시기에 과학아카데미의 역할도 크게 확대되었다. 헤트만 정부에 의해 창설된 과학아카데미의 부흥에 큰 기여를 한 것은 그루셉스키였다. 그는 혁명 전에 설립된 우크라이나 학술협회Ukrainian Scholarly Society의 역사분과를 과학아카데미 내에 재건하여 이끌고 나갔고, 고고지리학 위원회의 회장을 맡았다. 과학아카데미 초대 원장은 베르나드스키 Volodymy Vernadsky가 맡았지만, 1922년부터 1928년까지 원장을 맡은 저명한 생물학자 립스키Volodymyr Lypskii도 큰 기여를 하였다. 또한 1918년부터 1929년까지 종신 서기를 맡은 언어학자이자 동양학자인 크림스키 Ahatanhel Krymskii와 문학연구가인 부원장 예프레모프Sergii Efremov도 활발한 학술 활동을 펼쳤다. 1924년 과학아카데미는 34명의 정회원과 약 400명의 준회원을 보유하고 있었다. 과학아카데미는 역사-언어학 분과, 물

베르나드스키

보고몰레츠

바실렌코

리-수학 분과, 사회-경제 분과로 구성되었다. 이 중 가장 괄목할 만한 성과를 낸 것은 그루셉스키가 이끈 역사-언어학 분야였다. 특히 우크라이나어 표준화가 크게 진척되어 자연과학 분야 서적들이 우크라이나어로 간행되기 시작하였다. 그루셉스키와 제자들은 몇 종류의 학술지를 창간하여 발행하였다. 사회-경제학 분야에서는 바실렌코Mykola Vasylenko가 우크라이나 법제사에 대한 중요한 저작을 내었고, 보블리Konsantyn Vobly는 경제지리학 분야를 개척했다. 자연과학 분야는 시간이 지나서 세계적 수준의 학자들을 배출했으나, 초기에 활동한 학자로는 수학의 그라베Dmytro Grave, 물리학의 크릴로프Mykola Krylov, 화학의 피사르젭스키Lev Pysarzhevksy와 키스탸콥스키Volodymyr Kistiakovsky 등이 유명했다. 1923년 출간된 학술서는 22종에 불과했으나, 1929년에는 136종으로 늘어났다. 과학아카데미 이외에 각 대학에서도 우크라이나학 발전에 기여를 한 학자들이 많았다. 역사학자 바갈리Dmytro Bagalii와 슬랍첸코Mykhailo Slabchenko는 각각 하리코프와 오데사에 과학아카데미 분원을 만들었다. 과학아카데미가 순수 학문 연구의 중심이 된 데 반해, 1929년 하리코프에 설립된 마르크시즘연구소Institute of Marxism는 공산주의 사상과 공산당 역사 연구에 집중했다(Subtelny, pp.398-399).

■ **문화와 예술**

1920년대는 우크라이나 민족 문화가 꽃을 피운 시기였다. 정치적으로 성취하지 못한 독자적 자치성의 한계를 문화와 예술을 통해 실험하듯이 다양한 예술적 실험과 시도가 이루어졌다. 소비에트 정권의 유연한 예술적 정책과 사회 전반의 우크라이나화 분위기에 힘입어 우크라이나 공산당도 "우크라이나 문화의 독자적 발전과 우크라이나 국민의 창조적 능력의 표현"을 지지한다는 입장을 취했다(Magosci, p.544). 또한 프롤레타리아 혁명에 고무된 젊은 예술가들이 유토피아적 사회 건설의 꿈을 예술로 표현했다. 문학은 새로운 문화, 예술 세계 형성에 주도적 역할을 했다. 농민문학과 프롤레타리아문학을 표방하는 여러 단체가 조직되었다. 1922년 하리코프에서 필리펜코Sergii Pylypenko의 주도로 대중 문학 단체인 '혁명 농민 작가동맹Pluh/Association of Revolutionary Peasant Writers'(1922-1932년)이 창설되었다. 이 단체는 "예술을 민중의 수준으로 끌어내려 모든 사람이 필요로 하고, 이해할 수 있게 만드는 것이 목표"라고 선언했다. 약 200명의 작가가 이 단체에 가입을 하고 수천 명의 작가 지망생들이 창작교습소에서 작가 훈련을 쌓았다. 1923년 블라키트니Vasyl Blakytnii(본명 Vasyl Ellanksii)의 주도에 의해 '프롤레타리아 작가동맹HART/Association of Proletarian Writers'이 결성되었다. 그러나 이 단체는 'Pluh'와는 달리 지나친 대중화로 인해 예술적 수준이 저하되는 것은 경계했다. HART가 1925년 블라키트니의 사망으로 해산되자 이 단체의 멤버들은 흐빌로비Mykola Khvylovii의 주도하에 '프롤레타리아문학 자유아카데미VAPLITE/Free Academy of Proletarian Literature'를 창설했다. 엘리트 문학 서클을 지향한 이 단체에는 극작가 쿨리시Mykola Kulish를 비롯하여, 시인 티치나Pavlo Tychyna와 바잔Mykola Bazhan, 소설가 판치Petro Panch, 야놉스키Yurii Yanovskii, 센첸코Ivan Senchenko 등이 참여했다. 이 단체의 주도자들은 계몽주의적 문학이나 'Pluh'의 대중주의적 문학은 우크라이나의 지방주의 문학으로 전락할 가능성이 크다며, 우크라이나 문학이 문학적, 예술적 탁월성을 지향해야 한다고 주장했다. 이들은 모스크바에의 문화적 종속성을 거부하고 유럽 문학을 모델로 따를 것을 주장했다. 흐빌로비의 이러한 노선은 "모스크바와 거리를 둘 것"(Away from Moscow)이라는 슬로건에도 잘 나타나 있다. VAPLITE의 사상적 노선을 제시한 흐빌로비는 모스크바 당국과 소위 '문학 논쟁'(1925-1927년)으로 불리는 논쟁을 전개해 나갔다(Boiko, p.405). 스탈린은 흐빌로비 노선의 위험성을 경고하는 편지를 우크라이나 공산당 서기장 카가노비치에게 전달하기도 했다. 우크라이나 작가들의 국제주의적 노선을 위험하게 여긴 당국은 1927년 창설한 '전 소련 프롤레타리아 작가동맹All-Union Association of Proletariat Writers'의 우크라이나 지부의 활동을 지원하고 문학 활동에 대한 당의 감시를 강화했다.

이념적 성향을 내세우지 않고 창작 활동을 한 작가들도 많이 나왔다. 시인들 중에는 상징주의 시를 많이 쓴 티치나가 가장 유명했고, 세멘코는 미래주의 계열을 대표했다. 릴스키Maksym Rylsky와 제로프Mykola Zerov은 신고전주의적 시를 써서 발표했다. 필리포스포비치Pavlo Fylypovych, 드라이-흐마라Mykhailo Drai-Khmara, 플루즈니크Evhen Pluzhnyk, 소슈라Volodymyr Sosyura, 바잔, 오스마츠카Teofil Osmachka도 이 시대에 활동한 대표적 시인이다. 소설가로는 흐빌로비, 코신카, 센첸코, 비시냐Ostap Vyshnia, 야놉스키Yurii Yanovsky 등이 유명했다. 흐빌로비는 혁명의 기대와 실망을 작품에 표현했고, 코신카Hriyhorii Kosynka와 피드모길니Valerian Pidmogylny는 대표적인 농민작가로 꼽힌다. 센첸코는 소련 시스템에 순종하는 하인 같은 인물상을 풍자했고, 야놉스키는 농민저항 운동에 나타난 자포로지아 코자크 정신을 묘사했다. 비시냐의 신문 기고 소설이나 풍자문은 큰 대중적 인기를 끌었다. 극작가로는 쿨리시가 가장 유명했다. 모더니즘 스타일을 차용해 소련 사회의 모순을 희비극적으로 묘사했다. 쿨리시의 작품은 뛰어난 연출가 쿠르바스Les Kurbas와 그의 전속극

단인 '베레질Berezil'에 의해 무대에 올려졌고 모스크바와 레닌드라드(페테르부르크)에서도 공연되어 큰 호평을 받았다. 작곡가로는 레부츠키Mykola Revutskii, 랴토신스키Borys Lyatoshynskii가 유명했고, 음악이론가 그린첸코Mykola Grinchenko는 러시아 음악과 구별되는 음악을 창작할 것을 촉구했다. 화가로는 보이추크Mykhailo Boichuk, 페트리츠키Anatolii Petrytskii가 모더니즘적 경향을 추구했다. 영화에서는 도브젠코Oleksandr Dovzhenko가 〈즈베니고라Zvenygora〉(1927년), 〈아르세날Arsenal〉(1929년), 〈토지Zemlia〉(1930년) 등의 작품을 만들어 국제적으로도 인정을 받았다. 〈아르세날〉은 1918년 키예프의 무기공장의 볼셰비키 노동자들의 봉기를 다룬 작품이고, 〈토지〉는 정부의 위탁을 받아 집단농장화를 주제로 다뤘다.

■정교회 문제

헤트만 정부에서 모스크바 총주교 티혼Tikhon의 권위에 복종하는 총주교 대리 교구Exarchate of Ukraine가 만들어지면서 우크라이나 독립정교회autocephalous 운동은 일단 제동이 걸렸었다. 1919년 1월 집정내각Directory 정부는 독립정교회 설립을 지지하였으나, 내전으로 인해 이 또한 제대로 추진이 되지 못하였다. 1920년 5월 '전 우크라이나 정교회의All-Ukrainian Orthodox Church Rada'가 설립되며 우크라이나 독립정교회의 설립을 선언했다. 소비에트 정권은 종교를 불법화하지는 않았지만 정교회의 활동을 극도로 통제하고 있었고, 소비에트 정권과 마찰을 빚고 있는 티혼 총주교의 영향을 감소시킬 목적으로 우크라이나 독립교회의 설립을 지원하고 나섰다. 1921년 11월 '우크라이나 독립정교회Ukrainian Autocephalous Orthodox Church'는 리프킵스키Vasyl Lypkivskii를 대주교로 선출하였다. 그러나 대주교 서품이 정교회 규칙을 따르지 않고, 평신도와 일반 사제에 의해 이루어졌기 때문에 러시아와 그리스 정교회에서는 인정을 받지 못하였다. 독립정교회는 소피아 사원을 비롯한 러시아 정교회 관할의 교회 건물을 접수하고 별도의 교구를 만들어 나가기 시작했다. 1924년에

라자르 카가노비치

는 300만에서 600만 명의 신도와 천여 개의 교구에 30명의 주교와 1,500명의 사제를 가질 정도로 성장했다. 정치인들도 우크라이나화의 일환으로 독립정교회의 성장을 지원했다. 그러나 1922년 모스크바 소비에트 정부는 티혼의 권위에 타격을 가할 목적으로 정교회에서 티혼과 노선을 달리하는 사제들을 중심으로 '개혁교회Renovationist church'를 설립했다. 1923년 개혁교회는 일반적으로 '생명교회Living Church/Zhyva tserkva'로 불리는 '우크라이나 정교회의Ukrainian Orthodox Synodal church'를 설립했다. 따라서 1920년대 우크라이나의 정교회는 티혼파의 러시아 정교회와 우크라이나 독립정교회, '개혁교회'로 갈라지게 되었다. '개혁교회'를 적극 후원하는 소비에트 정권은 독립정교회가 개혁교회와 합병하도록 압력을 넣었고, 1927년에는 리프킵스키 대주교를 경질하였다(Magosci, p.546).

■ **우크라이나화에 대한 우려와 노선 논쟁**

1920년대 추진된 각 민족 지역의 '토착화korenizaitssia' 정책은 각 민족 공화국의 언어와 문화 발달에 큰 기여를 하였고, 토착민족 출신자 주도의 정치, 행정 체계 수립에도 큰 기여를 하였다. 그러나 1920년대 중반 정점에 다른 '토착화' 정책은 1920년대 후반이 되면서 쇠퇴하기 시작했다. 어느 정도까지 토착화와 민족 문화 고양을 허용할 것인가에 대해서는 우크라이나에서도 열띤 논란이 일었다. 1926년 카가노비치는 당 중앙위원회에서 "우크라이나화의 결과에 대해"라는 보고를 하면서, 우크라이나화가 교육, 행정, 당 건설 등에서 큰 효과를 가져왔지만, 흐빌로비와 제로프와 같은 작가가 러시아와의 단절을 꾀한 것과, 신경제 정책의 추진으로 자본주의적 요소가 성장한 것에 대해서는 비판을 했다. 교육에서의 우크라이나화를 주도한 슘스키와 예술 부문의 흐빌로비, 정교회의 리프킵스키 대주교는 중앙집권화가 시작되면서 바로 희생양이 되었다. 1927년 슘스키와 리프킵스키는 경질되었고, 흐빌로비는 1928년부터 문학 활동에만 전념하였다. 스탈린은 슘스키와 흐빌로비의 사상과 노선에 대해 경고하는 편지를 직접 쓰기도 했다. 이후 우크라이나의 문화적 발전을 꾀하는 모든 사상과 운동은 '슘스키즘shumskiism'이라는 낙인이 붙어 비판당했다. 1928년 카가노비치가 우크라이나 당서기장을 물러나고 코쇼르Stanislav Kosior가 모스크바에서 내려오면서 우크라이나화는 공식으로 종지부를 찍게 되었다.

1920년 우크라이나의 사회경제적 여건은 전후 소련이 겪고 있는 여러 어려움을 그대로 반영하였다. 급격한 도시화의 진행으로 많은 부작용이 나타났다. 노동자들은 1일 10시간의 노동에 시달려야 했고, 주택 부족으로 여러 가구가 '공동주택communal'에서 생활하는 것이 일반적이었다. 자본주의 국가에서와 같이 경제적 어려움으로 인한 범죄도 성했고, 거지의 수도 늘어났다. 제1차 세계대전 시작과 함께 선언된 금주령이 1924년 해제되어 보드카가 다시 양산되었으나, 이 조치에는 세수 증가 목적이 숨어 있었다. 농민들의 생활도 쉽게 개선되지 않았다. 농업 생산성이 향상되지 않는 상황에서 농민들은 과도한 세금에 시달렸다. 여성들은 소비에트 정권에서 법적인 평등 지위를 보장받았지만, 가사와 생업 활동을 동시에 영위해야 했다. 대중문화에서는 새로운 장르의 실험이 활발해졌다. 영화가 큰 인기를 끌기 시작했고, 라디오방송에 의한 사회주의 문화 전파도 활발하게 이루어졌다.

4.2. 1930년대의 우크라이나

이 절에서 다루는 기간은 농업 집단화와 공업화가 본격적으로 시작된 1928년부터 독일이 소련을 침공한 1941년까지이다. 레닌 사망 후 처음에는 좌파, 후에는 우파와의 권력 투쟁에서 승리한 스탈린은 1927년 소련의 최고 권력자로서 확고하게 기반을 잡았다. 1928년부터 시작된 농업 집단화와 공업화, 1930년대의 피의 숙청은 소련 사회를 근본적으로 바꾸어 놓았다. 이러한 새로운 사회 변혁에 가장 큰 영향을 받은 것은 우크라이나였다. 경제적으로는 신경제 정책NEP의 자본주의적 실험을 중단하고, 철저한 중앙 통제 계획경제에 의한 공업화와 농업 집단화가 추진되었다. 정치적으로는 각 공화국의 '토착화' 노선 대신 중앙에서 모든 것을 통제하는 소위 '전체주의 체제' 확립이 진행되었다. 이러한 정책을 수행하는 방법으로는 강제적 통제와 복종, 공포 정치가 이용되었으며 반대자는 처형과 숙청, 유형 등으로 제거했다.

4.2.1. 5개년 계획과 공업화

1928년 스탈린은 야심찬 5개년 계획을 수립했다. "자본주의 세계를 따라잡고 추월하기 위해" 중공업 중심의 공업화를 추진하여 전체적 공업 생산을 250% 늘리고, 중공업 생산을 330% 늘린다는 계획을 세웠다. 농업 생산도 집단화를 통해 150% 증가시킨다는 목표를 내걸었다(Subtelny, p.405). 우크라이나는 5개년 계획 추진 거점으로 부상하였다. 1차 5개년 계획 기간 중 건설된 약 1,500개의 공장 중 400개가 우크라이나에 건설되었다. 전체 투자 재원의 약 20%가 우크라이나에 투입되었다. 1927년에 건설을 시작해 1932년에 완공된 유럽 최대의 드니프로 수력발전소를 비롯하여, 하리코프의 트랙터 공장, 자포로지아의 철강 공장 등이 대표적인 공장이다. 우크라이나 내에서 중공업 건설이 집중적으로 이루어진 곳은 도네츠크, 루간스크를 중심으로 한 돈바스 지역과 드네프로페트롭스크-자포로지아-크리보이로크 삼각 지역이다. 드니프로 강을 기준으로 좌안 지역은 안보적 취약성 때문에 공업 시설이 들어서지를 않았다. 우크라이나는 석탄, 철광석, 철강의 주공급지로 부상했다. 1932년 기준으로 소련의 석탄, 철강석, 선철의 70%가 우크라이나에서 생산되었다. 대신 완제품이나 경공업 제품은 다른 지역으로부터 수입되었다. 공업화가 진행되면서 우크라이나의 경제는 중앙에 점점 예속되어 갔다. 1927년 공화국 정부는 우크라이나 산업의 81%를 통제했으나, 1932년에는 38%로 통제율이 줄었다(Yekelcuk, p.105). 스탈린은 1차 5개년 계획 목표가 예정보다 6개월을 앞당겨 1932년 말로 달성되었다고 선언했다. 소련 정부가 발표한 통계는 그 신빙성을 의심받고 있지만, 1차 5개년 기간 동안 전체적으로 공업 생산량이 50% 정도 증가하여 소련은 주요 공업국 반열에 들어서게 되었다. 이 기간 동안 석탄 생산량은 3,500만 톤에서 6,400만 톤으로, 석유 생산량은 1,100만 톤에서 2,100만 톤으로, 철강 생산량은 700만 톤에서 1,200만 톤으로, 선철 생산량 300만 톤에서 600만 톤으로 각각 2배 가까이 늘어났다. 2차 5개년 계획 기간(1933-1937년)에는 산업의 기술적 재편과 교통수송, 집단화를 통한 농업 생산 증대와 산업의 중앙통제 완성에 초점이 맞춰졌다. 그러나 2차 5개년 계획의 중심 거점이 우랄, 시베리아 지역으로 결정되면서 우크라이나에 대한 투자 비율은 상대적으로 낮아졌다. 2차 5개년 계획 기간 동안 건설된 약 4,500개의 공장 중 우크라이나에 건설된 것은 천 개 정도였다. 그러나 도로망과 자동차 등은 크게 늘어났다. 1928년 3,900킬로미터였던 우크라이나의 기간 도로는 1930년 13,700킬로미터로 늘어났다. 자동차는 1만 1천 대(1932년)에서 8만 4천 대(1937년)로 늘어났다. 제2차 세계대전 발발로 3년 남짓 진행된 3차 5개년 계획(1938-1941년)에서는 화학과 기계 공업 육성이 우크라이나 공업화의 목표가 되었다. 1940년 기준으로 우크라이나의 공업 생산 능력은 제1차 세계대전 전에 비해 7배 이상 늘어난 것으로 평가된다. 특히 금속과 기계 생산은 프랑스와 이탈리아를 앞서고 영국 수준에 거의 도달하였다(Yekelchyk, p.106). 중공업 중심의 공업화는 일관되게 추진되었지만 식품이나 경공업 부문의 생산은 거의 늘어나지 않았다. 1차, 2차 5개년 계획 기간(1928-1937년)을 합쳐서 기계 및 금속 생산은 6.1배 증가하였다. 특히 화학비료 생산은 17.7배 증가하였고, 전기 생산은 9.8배, 산업용 목재 생산은 5.2배 증가하였으나, 경공업재 생산은 3.4배밖에 늘어나지 않았으며, 이 중 식품 가공 부문은 1.4배 증가하는 데 그쳤다(Magocsi p.554). 급격한 공업화는 우크라이나 사회에도 큰 변화를 가져왔다. 전통적인 농업 지역이었던 우크라이나는 공업이 주산업으로 부상하였으며, 공업화에 필요한 노동력 수급을 위해 농촌 지역 인구가 대규모로 도시로 이전하여 급격한 도시화가 진행되었다. 1926년 540만 명이던 도시 인구는 1939년 1,100만을 넘어섰다. 또한 러시아인이나 유대인이 다수를 차지하던 도시의 인구 구성도 크게 변화되었다. 1920년 우크라이나인이 전체 도시 인구에서 차지하는 비중은 32%에 불과하였으나, 1939년에는 58%를 차지하게 되었다. 스탈린에 의해 추진된 공업화의 재원은 농업의 희생에 의해 마련된 것이었다. 강제 수집과 집단화를 통해 저가로 공급된 농산물로 도시 지역에 식량을 공급하였고, 외국에 수출하여 산업 설비 수입의 재원을 마련하였다. 따라서 급격한 공업화의 추진은 농촌 지역에는 재앙에 가까운 위기를 불러왔다.

4.2.2. 농업 집단화

공업화와 병행되어 추진된 농업 집단화는 우크라이나 농촌 지역의 상황을 크게 변화시켰다. 강압적인 방법으로 추진되어 많은 인명의 희생을 가져온 집단화 추진 과정은 '제2의 혁명'으로 불리기도 한다. 집단화 추진에는 이념적 요인과 경제적 필요가 같이 작용했다. 소비에트정권 수립 이후, 경작지를 소유한 자영농은 공산주의 건설의 방해 요소로 간주되었다. 식량난과 경제 위기 타결을 위해 신경제 정책 기간 동안 농촌에 허용되었던 농촌의 시장경제 체제를 하루빨리 집단 영농 방식으로 바꿀 필요가 있었다. 또한 공업화를 위한 재원 마련을 위해서는 농산물을 해외에 수출하여 자금을 마련하여야 하고, 이를 위해서는 곡물가를 최대한 낮게 책정할 필요가 있었다. 곡물가는 시장가격의 1/8 정도로 책정되었기 때문에, 농민들은 농산물을 내놓기를 거부했다(Boiko p.391). 내전과 신경제 정책 기간 중에도 집단화가 진행되었지만 농민들의 자발적 참여에 의존하였기 때문에 큰 성과가 없었다. 1927년과 1928년 자발적 참여에 의한 농업 집단화 정책에 호응한 농민은 6%였고, 경작지 면적으로는 4%에 불과했다. 농민들의 땅에 대한 집착으로 인해 강제적 집단화가 어렵다는 것을 인식하고 있는 정부에서는 5개년 계획 시작 초기에는 우크라이나의 집단화 목표를 경지 면적 기준으로 12%로 잡았다가 후에 25%로 상향하였다. 그러나 농민들은 이러한 집단화 정책에 강하게 반발하여, 경작 작물을 바꾸거나 곡물을 숨겨 놓기 시작했다. 스탈린은 강제징발을 시작했고, 1929년 당 중앙위원회는 강압적 농업 집단화 추진을 결정했다. 1930년 말까지 우크라이나 지역 전 농토를 집단화하도록 결정되었다. 집단화 수행을 위해서 도시 지역에서 대규모 강제집행 인력이 파견되었고, '부농富農 척결dekulakization'이란 이름의 계급투쟁 방법이 동원되었다. 1929년 가을 1만 5천 명의 노동자들이 우크라이나 농촌으로 파견되었고, 1930년 1월 약 4만 7천 명이 추가로 투입되었다. 소위 '2만5천명 부대25,000ers'로 불리는 러시아 노동자들이 우크라이나의 농촌 마을에 들어와 부농들을 추방하고 집단 농장의 지도자 역할을 맡았다. '인민의 적'으로 규정되어 계급투쟁의 대상이 된 부농(러시아어 kulak, 우크라이나어 kurkul)은 형식적으로는 노동력을 고용하여 농사를 짓거나 기계화된 영농 장비를 소유하고 있고, 약 4-6헥타르(1헥타르: 3천 평)의 농지를 가지고 있는 농민이었다. 소득으로는 월 300루블(가족 단위 1,500루블) 이상의 수입을 올리는 농민으로 규정되었다. 그러나 당시 도시 노동자 평균 월급이 300-500루블 정도였던 것에 비추어 보면 이 규정이 얼마나 형식적이었는지 알 수 있다. 실제로 누가 부농에 속하는지를 결정하는 것은 비밀경찰, 부락 소비에트 책임자, 당 간부 3인troika이 결정했다. 집단화에 반대하는 사람은 모두 부농으로 몰렸다. 1929년 공식 조사 자료 의하면 약 7만 3천 가구가 부농으로 분류되었지만, 1934년까지 약 20만 가구를 부농으로 규정하여 추방하거나 재산을 몰수하였다. 공식적으로 부농은 세 부류로 분류되었다. 반소비에트 활동가는 처형 또는 투옥되거나, 시베리아와 극동 등지로 추방되었다. 단순히 재산이 많은 부농은 재산을 몰수당하고 추방되었다. 정치적으로 위험성이 없는 사람들은 집단농장에 들어오는 것이 금지되고, 열악한 농지를 받아 농사를 지었다. 우크라이나에만 약 7만 5천 가구가 시베리아 등지로 추방된 것으로 추산된다(Yekelchyk, pp.108-109). 농지뿐만 아니라 가축이나 가금도 집단화의 대상이 되자 농민들은 가축들을 스스로 도축했다. 집단화 과정 초기 약 50%의 가축이 줄어들어 1950년대까지도 육류 생산량이 1930년대 초반 수준에 미치지 못하였다. 이러한 강제적 집단화 과정을 통해 1930년 3월에는 65%의 농가와 70%의 가축이 집단화되었고, 1930년 하반 일시적 정책 중단으로 이 수치가 줄었다가, 1932년에는 70%, 1935년에는 91.3%(경작지 기준으로 98%)의 농가가 집단화되었다. 집단화에 대한 농민들의 반발도 격렬했다. 1930년 전반기에만 우크라이나에서는 강제로 집단화를 추진하는 정부 관리들에 대한 농민들의 공격이 1,500건 이상 있었던 것으로 기록되었다(Boiko, p.392). 집단화에 대한 반발이 커지자, 스탈린은 일시적으로 유화 정책을 취하였다. 1930년 3월 2일《프라브다*Pravda*》지에 발표한〈눈부신 성공〉이라는 기사에서 스탈린은 집단화 강제 시행으로 인한 반발과 부작용의 책임을 지방 관리들에게 돌렸다. 정부의 집단화 고삐가 느슨해지자 농민들은 집단농장이나 국영농장에서 대규모로 이탈하여, 약 16만 명의 농민이 다시 개인영농을 시작하였다. 그러나 정부는 이들에게 토질이 나쁜 땅에서의 영농만을 허용하고, 영농장비를 지급하지 않으면서 높은 세금을 부과하는 등 여러 압박수단을 동원했다. 1939년 9월 공산당 중앙위원회는 집단화에 대한 포고령을 다시 통과시켜, 1931년까지 우크라이나의 농업 집단화 농지 비율을 2배로 늘릴 것을 지시했다. 강제적 수단도 강화되었다. 1931년 중 약 7만 5천 가구가 우크라이나에서 시베리아 지역으로 강제 이주되었다. 1932년에는 국내통행증passport 제도가 시행되어 당국의 허가 없이는 농민들이 자발적으로 이주하는 것이 금지되었다. 이러한 강제적 수단에 힘입어 1932년에는 우크라이나 농민의 70%와 농지의 80%가 집단농장에 들어오게 되었다(Boiko, p.393).

집단화의 형태는 국영농장radhosp(러시아어 sovkhoz)과 집단농장kolhosp(러시아어 kolkhoz)으로 나누어진다. 국영농장은 2천 헥타르 이상의 땅에 자체 영농기계를 보유하고, 농민은 농업 노동력을 제공하는 노동자 역할을 한다. 집단화의 최종 목표인 국영농장 설립에는 많은 투자가 필요한 까닭에, 집단농장이 훨씬 많이 조성되었다. 집단농장에서는 수확물 중 정부 징발량을 제외한 농산물을 노동의 양에 따라 분배하였다. 1932년 말에 소련 전체의 집단농장의 수는 2만 3천 개에 달했다. 1938년 기준으로 79%의 우크라이나 농지가 집단농장에 속했고, 국영농장 보유 농지는 9.3%였다. 국영농장과 집단농장에 영농기계를 공급하기 위해 '기계트랙터센터MTS/Machine and tractor station'가 세워졌다. 각 센터는 30대에서 60대의 트랙터를 보유하고 콤바인과 수송차량도 보유했다. 1930년부터 1940년 사이 우크라이나의 기계트랙터센터는 47곳에서 천 곳 이상으로 늘어났다. 그러나 집단화 과정을 통해 전체 경작 면적은 오히려 줄어들게 되었다. 제정 말기인 1913년 2,470만 헥타르였던 우크라이나의 경작지는 1940년 2,140만 헥타르로 줄어들었다. 생산 작물도 봄밀 생산이 크게 줄어든 대신 겨울밀 생산과 공업용이나 사료용 작물 생산이 늘어났다(Magocsi, p.556). 집단화에 대한 농민들의 저항도 도처에서 일어났다. 1930년 2월에서 4월 사이에만 우크라이나에서 1,716건의 반反소비에트 사건이 일어났고, 무장 폭동도 발생했다. 이 기간 동안 48명의 관리가 집단화에 저항하는 농민들에 의해 살해되었다. 이러한 저항에는 여성들도 대거 참여하여 생존권을 지키려는 여성 가장家長의 저항을 가리키는 소위 '여성저항babski bunty'이라는 말도 생겨났다. 농민들의 저항이 거세지자 모스크바에서는 사태의 책임을 지방 관리들에게 씌우기 위해 공개재판을 진행하기도 했다. 1932년 폴타바주의 드라보베Drabove의 당 책임자와 30여 명의 관리가 체포되어 재판에 회부되었고, 이들은 "부농과 공모하여 사회 혼란을 조성하였다"는 죄목으로 2-3년의 형을 선고받았다(Kostiuk, p.13). 대부분의 농민들은 농사를 포기하고 도시로 이주하거나, 가축들을 스스로 도살하는 방식으로 저항했다. 1차 5개년 기간 동안 가축이 약 50%이상 줄어들었다. 1929년부터 1932년 사이 소는 41.%%, 말 33.3%, 돼지 62.3%, 양 74%가 감소했다(Boiko, p.399). 이때 손실된 가축의 규모가 너무 커서, 제2차 세계대전 이후에나 가축수가 1929년 수준으로 회복될 수 있었다. 그러나 우크라이나 농민들의 가장 큰 희생은 1932년에서 1933년 사이 우크라이나를 휩쓴 대기근Golodomor이였다.

4.2.3. 대기근(1932-1933년)

우크라이나의 대기근은 천재天災라기 보다는 인재人災라고 보는 것이 최근 학계의 정설이다. 1930년 본격적으로 진행된 집단화의 부작용으로 우크라이나의 농업 생산량은 감소했다. 그러나 농업 생산량 감소량은 대기근을 가져올 만큼 심각한 것은 아니었다. 1930년 2,110만 톤이던 곡물 생산량은 1931년 1,830만 톤으로 줄어들었다. 그러나 이 중 30-40%는 관리 잘못으로 인해 추수나 저장 과정에서 상실되었다. 정부의 곡물 징발

할당량은 두 해 연속 770만 톤으로 고정되어 있었다. 우크라이나의 농업 생산량은 전 소련 생산량의 27%에 지나지 않았지만 전체의 38%에 해당하는 목표 징발량이 부과되었다. '부농'을 제거한 집단화의 다음 과제는 중앙에서 할당된 곡물 징발량을 채우기 위해 다시 한 번 농민들을 상대로 전쟁을 벌이는 것이었다. 할당량 자체가 과도한 것임에도 불구하고 중앙에서 파견된 징발 요원들은 강압적인 수단을 동원해 700만 톤을 징발하는 데 성공했다. 그러나 농민들이 겨울을 날 양식과 다음해 파종할 씨앗까지 상당 부분 징발해 버려서 1932년의 작황은 1,420만 톤에 그쳤다. 이러한 흉작에는 1931년의 가뭄, 농민들의 생산 의욕 저하도 한몫을 했다. 정부에서는 목표 징발량을 620만 톤으로 낮추기는 했지만 이것은 현실적으로 도달할 수 없는 목표였다. 그러나 목표량을 채우는 것에만 집중한 관리들은 농민들이 곡물을 빼돌려 숨겨 놓고 있다고 전제하고, 각 농가마다 철저한 수색을 해서 눈에 띄는 대로 곡물을 증발해 갔다. 그 결과 1933년 봄과 여름 사이 수백만 명의 우크라이나 농민이 아사했다. 소련 정부는 1921년 기근 때와 달리 대기근 동안 외국의 원조를 받지 않았을 뿐 아니라 식량 수출을 계속했다.

키예프의 대기근 희생자 추모비

대기근에 대한 가장 큰 의문점과 논란거리는 대기근을 일으킨 스탈린의 동기와 피해 규모이다. 대기근으로 인한 사망자 수에 대해서는 여러 추론과 조사가 있다. 적게는 300만 명에서 많게는 천만 명까지 추산한다. 카플린W. Kaplin은 1933년에만 290만 명이 사망했다고 결론지었다. 쿨치츠키S. Kulchitskii는 사망자 수를 350만 명으로 추산하고, 베르트

N. Werth는 400만-500만, 콩케스트R. Conquest는 500만 명으로 추산한다(Boiko, p.398). 유셴코 정권은 사망자 수를 700만에서 천만 명까지 추산하기도 하였다. 당시 우크라이나의 전체 인구가 3천만 명을 조금 넘었던 점을 고려하면 대기근이 얼마나 큰 재앙이었는지를 알 수 있다. 대기근을 나타내는 우크라이나어는 골로도모르Golodomor이다. 우크라이나어로 'Golod'는 '기근, 굶주림'을 뜻하고, 'mor'는 '죽음, 종결' 등을 뜻한다. 러시아 정부는 대기근이 인위적으로 조성된 재앙이 아니라, 자연적 재해였음을 강조하고 있다. 그 근거로 기근이 우크라이나와 인접한 러시아 쿠반 지역과 돈 강 하류 지역, 카자흐스탄에서도 발생한 사실을 들고 있다. 그러나 우크라이나 측에서는 여러 근거를 대며 대기근이 우크라이나 농촌에 결정적 타격을 주기 위해 스탈린이 인위적으로 조성한 재앙이고, 쿠반과 돈 강 지역도 우크라이나인들이 집중적으로 거주하는 지역이었기 때문에 큰 피해를 보았다고 주장하고 있다. 보이코 같은 학자는 대기근이 인위적으로 조성되었다는 근거로 세 가지 사실을 들고 있다. 첫째, 1932-1933년 사이 가뭄이나 지진 등 특별한 기상이변이나 자연재해가 없었다는 점(소련의 다른 지역의 가뭄은 1931년과 1934년에 발생함), 둘째, 우크라이나 인근 러시아 지역에는 기근이 발생하지 않았고, 셋째, 1932-1933년 사이 우크라이나 도시 지역과 비교하여 농촌 지역의 출생률이 급격히 감소한 것이 그 근거이다. 또한 정부의 여러 정책이 우크라이나 대기근 발생의 원인을 제공했다고 보고 있다. 첫째, 곡물 징발량을 비정상적으로 높게 책정한 정책이다. 과도한 징발로 다음 해 작물 생산량이 급격히 줄고, 이 상태에서도 목표량을 계속 징발하다 보니 식량이 절대적으로 부족하게 되는 연쇄 반응이 일어나게 된 것이다. 둘째, 농민들이 굶어 죽는 가운데도 신속한 공업화를 위해 많은 양의 농산물을 해외에 수출한 것이다. 1931년에 소련이 수입한 기계 장비는 전 세계 교역량의 30%였고, 1932년에는 50%에 달했다. 이러한 외국 장비를 수입하는 재원은

농산물 수출 대금으로 마련했다. 또한 정부는 식량 강제 징발에 반항하는 행위에 대한 여러 처벌 규정을 만들었다. 1932년 12월 국가경제위원회Sovnarkom는 강제 징발에 협조적이지 않은 부락의 상업행위를 중지시키고, 정부 보조를 중단하며 '반혁명' 요소를 제거하는 규정을 만들었다. 다음으로 기근 사태가 발생한 이후에도 중앙의 구호 식량 지급이 전혀 없었다. 1932년 북카프카스, 타타르스탄, 크림, 극동 지역의 작황 증가로 소련 전체로는 식량 생산이 3% 증가하였다. 800만 명 주민의 일주일 구호 식량으로 5만 7천 톤의 곡물이면 충분한데, 이러한 식량 구호가 없어 수백만 명의 농민이 아사하는 결과를 가져온 것이다. 중앙정부는 식량 강제 집행의 방해요소가 되는 지역적 연고주의를 파괴하기 위해 대규모의 인적 물갈이를 하였다. 1932년부터 시작된 지방 지도부 교체로 1933년에는 53%의 집단농장, 국영농장책임자와 70%의 지방당서기, 60%의 부락 지도자가 교체되었다. 정보기관도 반정부 소요와 불만을 억누르기 위해 적극 나섰다. 1933년 우크라이나 NKVD(GPU, KGB의 전신)는 '소련정권의 전복과 독립우크라이나 건설'을 꾀하는 1,208개의 콜호즈 그룹을 적발했다고 발표했다. 또한 식량 징발에 저항하거나 곡물을 숨기는 사람에 대한 가혹한 형사처벌도 병행되었다. 소위 '사회주의 자산 불가침령decree on the inviolability of socialist property'을 만들어 집단농장의 곡물을 훔치거나 숨기는 경우 10년형이나 사형에 처하도록 했다. 1933년 전반기에만 5만 4천 명이 소위 '이삭 다섯 개'라고 불리는 법규(이삭 다섯 개만 훔쳐도 처벌된다는 의미로 붙여진 이름)에 의해 처벌되었고, 수천 명이 총살되었다. 또한 대기근 발생 초기 농민들의 타지역 이주를 금지하기 위해 국내여행증 제도가 도입되었다. 1932년 12월 시행된 국내여행증 발행 대상에서 농민들을 제외시켜서 농민들은 거주 지역을 떠나 타지역으로 이동하는 것이 불가능하게 되었다. 또한 우크라이나 경계에는 특별 경비대가 파견되어 주민들의 이주를 막았고, 거주 지역을 탈출하려던 농민 19만 여 명이 체포되어 다시 농촌으로 이송되었다(Naimark, p.74). 대기근 발생 사실이 외부에 알려지는 것을 막기 위한 조치도 실시되었다. 외국 기자의 우크라이나 지역 여행이 금지되었고, 기근과 관련된 모든 문서가 '비밀서류'로 분류되었다. 우크라이나 대기근 발생 사실은 이후 소련 정권에서도 금기사항으로 취급되다가 1987년에 이르러서야 이에 대한 조사와 연구가 가능하게 되었다(Boiko pp.394-398). 유셴코 정부는 2006년 의회에서 대기근 기념일에 대한 법령을 통과시켜 매년 11월 마지막 넷째 토요일을 대기근 기념일도 지켰으며, 대기근을 '인종학살Genocide'로 국제적으로 인정받기 위해 많은 노력을 기울였다. 유엔에서 대기근을 인종학살로 인정받으려는 시도는 러시아의 반대로 실패하였지만, 2010년 현재 미국, 캐나다, 폴란드 등 15개국 의회가 대기근을 인종학살로 인정하는 결의안을 통과시켰다. 대기근의 발생 원인과 책임에 대한 논란은 우크라이나와 러시아 양국의 첨예한 외교 갈등을 불러일으켰고, 소련 시대의 역사에 대한 양국의 입장 차이를 나타내는 중요한 주제의 하나가 되었다. 스탈린이 대기근을 통해 달성하려한 목적이 무엇이었는가에 대해서는 여러 추측이 있다. 공업화를 위한 재원 조달이라는 경제적 측면만을 본 논리도 있지만, 큰 틀에서 보면 1930년대 초 스탈린이 구상하고 있던 소수민족 억압 정책과 중앙집권화를 위해서는 소련 제2의 민족인 우크라이나를 철저히 복종시키는 것이 무엇보다 중요하였기 때문에 강압적 정책을 사용한 것으로 볼 수 있다. 농민들을 대상으로 한 공포 정치는 3-4년 뒤 시작되는 대숙청의 전조가 되었다고 볼 수 있다.

4.2.4. 우크라이나화 정책의 종결

1927년부터 1932년까지 진행된 1차 5개년 계획과 농업 집단화 시기에 우크라이나화 정책은 크게 후퇴하고 1933년부터는 본격적인 러시아 중심의 중앙집권화 정책이 펼쳐졌다. 이 기간 동안 우크라이나어 보급과 민족 문화 활동이 중단되지는 않았지만, 우크라이나화를 추진해 온 지식인들은 교체되거나 숙청되기 시작했다. 1920년대 우크라이나화 정책의 추진의 중심에 서있던 인물은 스크립니크Mykola Skrypnyk였다. 그는 우크라이나의 독자적 민족 문화 발전을 옹호한 것은 아니지만, 소비에트 러시아에 버금가는 소비에트 우크라이나의 발전은 사회주의 확산을 통한 '세계 혁명'에 이바지할 수 있다고 보았다(Magocsi, p.564). 1928년부터 슘스키에 이어 교육장관commissar of education을 맡은 그는 우크라이나어 보급과 문맹 퇴치에 큰 성과를 거두었다. 제정 말기인 1897년 28%에 불과하던 문자해독률은 1926년 64%로 증가하였고, 1938년 소련 국민의 문자해독률은 98%에 달하는 것으로 공식 발표되었다. 이 숫자는 당시 소련의 모든 통계 수치가 그러하듯이 과장된 것으로 받아들여지기는 하지만, 실제 문자해독률은 80-85% 정도에 이르렀을 것으로 추정된다. 성공적인 문맹 퇴치는 소련 정권의 교육 정책의 가장 큰 성과로 꼽힌다. 학교의 우크라이나화도 큰 진전을 이루어 1932-33년에는 우크라이나 모든 학생의 88%가 우크라이나어로 교육을 받게 되었다. 성인들을 위한 문자습득 학교literacy school도 대부분 우크라이나어로 교육이 진행되었다. 1930년까지 우크라이나에서 간행되는 모든 책의 80%가 우크라이나어로 출판되었고, 1931년에는 신문의 90%가 우크라이나어로 간행되었다. 그러나 우크라이나화를 옹호한 일부 학자들은 비판받거나 강제 추방되었다. 1928년 2월 젊은 경제학자인 볼로부예프Mikhail Volobuev는 공산당 학술지《우크라이나 볼셰비키*Bilshovik Ukrainy*》에 발표한 논문을 통해 차르 시대와 마찬가지로 우크라이나가 러시아에 경제적인 식민지 역할을 하고 있다고 비판했다. 산업 근간이 되는 중공업 시설은 러시아에 집중되어 있고, 우크라이나는 원료 공급지의 역할을 하고 있다는 것이다. 또한 우크라이나는 투자액에 비해 20% 이상 많은 금액을 세금으로 중앙에 내고 있고, 이 재원은 우랄 지역 공장 건설에 쓰이고 있다고 비판했다. 러시아 주변 지역은 경제적으로 독립할 충분한 기반을 가지고 있으므로 러시아의 간섭 없이도 세계 경제에 편입될 수 있다는 논리를 폈다. 볼로부예프의 이러한 견해는 '민족적 이탈주의nationalistic deviation'로 규정되어 비판을 받았고, 그는 시베리아로 추방되었다. 같은 해 민족주의적 정치 노선에 대항하는 사상 연구 기관으로 설립된 우크라이나 마르크시즘-레닌이즘연구소Ukrainian Institute of Marxism-Leninism의 소장인 야보르스키Matviy Yavorsky도 우크라이나 공산당은 토착적 요소에 힘입어 성장한 것으로 기술하고, 사회주의를 향한 독자적 노선을 걸을 것을 독려하는 글을 발표하여 숙청되었다가 1937년 강제수용소에서 처형되었다. 1930년에는 '우크라이나 독립연맹Union for the Liberation of Ukraine'이라는 가상 단체를 조직해서 우크라이나의 독립을 꾀하고, 집단화에 반대하며 스탈린 암살 음모를 꾸몄다는 혐의로 45명의 학자와 작가들이 하리코프에서 체포되었다. 이들의 공개 재판은 라디오로도 중계되어 몇 년 후 전 소련을 휩쓰는 대숙청의 전주곡이 되었다. 이 공개 재판으로 우크라이나 과학아카데미와 우크라이나 독립정교회가 큰 타격을 받았다. 재판에 회부된 사람들 중 14명이 과학아카데미 회원이었고, 부원장 예프레모프는 '우크라이나 독립연맹'의 지도자로 지목되었다. 45명 중 절반은 우크라이나 독립정교회와 관련이 있는 것으로 혐의가 씌워졌다. 우크라이나 독립정교회는 1930년 1월 해체되고 300개 교구는 '우크라이나 정교회Ukrainian Orthodox church'란 이름 아래 재편되었다. 1930년에서 1934년 사이 우크라이나의 34명의 주교 중 2명을 제외하고 나머지 전원이 체포되었다(Magocsi, pp.564-565). 1933년 1월 스탈린은 포스티셰프Pavel Postyshev를 우크라이나 당 제2서기로 파견하여 집단화 정책을 지휘하고, 우크라이나 지식인들을 숙청하는 역할을 맡겼다. 포스티셰프는 문화적 우크라이나화 정책의 상징적 인물인 스크립니크와 흐빌로비 등을 첫 숙청대상으로 삼았다. 그는 스크립니크가 1928년 시도한 우크라이나어 알파벳 개혁과 언어순화 운동이 우크라이나어를 러시아어에서 분리시키고 폴란드어에 접근시키려는 시도였다고 비판했다. 또한 교육부를 파괴적이고 반혁명적인 인물들로 채웠다고 비판했다. 1933년 4월에는 흐빌로비가, 6월에는 스크립니크가 스스로 목숨을 끊었다. 스크립니크의 죽음으로 문화와 교육 분야에서의 우크라이나화는 막을 내리게 되었다. 1928년의 문자 개혁은 취소되었고, 러시아어와 러시아 문화의 중요성이 강조되었다. 우크라이나어를 러시아어에 접근시키고 두 언어의 유사성을 강조하는 노력이 시도되었다. 1938년에는 모든 우크라이나 주민들에게 러시아어를 교육시키는 것을 내용으로 하는 교육법이 통과되었다. 1938년 3월에는 러시아어로 교육을 수행하지 않는 소련의 모든 학교에서 러시아어를 필수과목으로 가르치게 되었다. 1931년에 89%를 차지했던 우크라이나어 신문 비율은 1940년 69%로 떨어졌다(Magocsi, p.571). 우크라이나어 서적 출간율도 79%에서 42%로 감소했다. 또한 우크라이나 과학아카데미의 주요 인물들도 숙청대상이 되었다. 1931년 그루솁스키는 체포되었으나 재판에 회부되지는 않고 모스크바로 이송되어 가택연금 상태로 지내다가 1934년 사망하였다. 역사연구소를 비롯한 과학아카데미의 여러 산하 연구소가 해산되고 많은 학자들이 체포되었다. 특히 사회혁명당 출신과 갈리치아 출신 학자들이 숙청 대상이 되었고, 그루솁스키 제자들도 제거되었다. 개별적으로 활동해 온 여러 문학 연구협회도 모두 해산되고 우크라이나 소비에트작가동맹Association of Soviet Writers of Ukraine만이 활동을 계속하였다. 문학뿐만 아니라 미술, 연극 등 모든 예술 분야 조직은 모스크바의 중앙 동맹의 지부로서 존속되었다. 1934년에는 소비에트 정권 수립 이후 계속 공화국의 수도였던 하리코프 대신 키예프가 수도가 되었다.

4.2.5. 대숙청

1933년을 기점으로 스탈린의 민족 정책은 러시아 중심주의로 확연히 전환되었다고 볼 수 있다. 레닌에 의해 민족자결 정책이 추진된 이후 '러시아 중심 국수주의Russian Great Power chauvinism'가 소비에트 국가 건설에 장애가 되는 것으로 간주되었으나, 이제부터는 '민족적 이탈주의nationalistic deviation'가 사회주의 건설의 적으로 선언되었다. 1933년 대기근에 의한 농민 탄압과 병행하여 당 간부, 지식인, 문화예술인들에 대한 숙청이 대대적으로 시작되었다. 소련 전체적으로 보면 대숙청은 1937년을 기점으로 시작되었지만, 우크라이나에서는 1933년과 1937년 두 번의 대숙청 물결이 있었던 것으로 볼 수 있다. 스탈린이 파견한 포스티셰프는 농업 집단화 성과가 부진한 것에 대한 책임을 물어 525명의 공산당 지역책임자 중 237명을 경질하고, 이들 대부분을 체포하였다. 당 숙정을 내세워 1933년에만 1만 5천 명의 주요 기관 관리를 포함해 10만 명의 당원을 축출했다. 당원에 대한 숙청은 계속되어 1934년부터 1938년 사이 전체 당원의 37%인 16만 8천 명이 당에서 축출되었다.

1937년 소련 전역에 피의 숙청이 시작되면서 우크라이나도 제2의 대숙청이 시작되었다. 1937-1938년 사이 공식적으로 267,579명이 체포되어 122,237명이 처형된 것으로 나타났다. 당 간부에 대한 처형 비율은 더 높았다. 62명의 당 중앙위원 중 55명이 처형되었고, 정치국원 중에서는 한 명을 제외한 10명이 처형되었다. 우크라이나당 제1서기인 코쇼르와 제2서기인 포스티셰프도 처형되었다. 소수민족에 대한 박해와 강제이주도 시작되었다. 농업 집단화 기간 동안 큰 박해를 받은 독일계 농민들은 폴란드인들과 함께 1934년부터 1936년 사이 중앙아시아로 강제 이주되었다. 1938년과 1939년에는 모든 민족자치 구역이 폐지되었다. 조사된 자료에 따르면 당시 독일계 주민과 폴란드계 주민이 인구에서 차지하는 비율은 각각 1.5%와 1.4%에 지나지 않았지만, 대숙청으로 희생된 주민의 비율은 각각 18.9%와 10.2%나 되었다(Yekelcuyk, p.115). 종교인들의 숙청도 철저하게 이루어졌다. 1938년까지 대주교 2명, 주교 26명, 1,150명의 사제가 처형되거나 강제수용소로 보내졌다. 당 간부, 지식인, 종교인뿐만 아니라 일반인들의 희생도 컸지만 정확한 수는 알 수가 없다. 1937-1938년 사이 소련 전체에서 약 50만 명이 처형되고 적게는 300만 명에서 많게는 1,200만 명이 강제노동수용소로 보내진 것으로 추정되고, 이 중 우크라이나인들의 희생은 상대적으로 더욱 컸다(Subtelny, p.421). 숙청된 지도부를 대체해서 스탈린은 우크라이나 공산당 1서기로 흐루시초프Nikita Khrushchev를 파견했다. 흐루시초프는 러시아 태생으로 우크라이나에서 활동을 시작하였으나, 후에 모스크바시 당 간부로 빠르게 출세했다. 흐루시초프는 대규모 숙청으로 공백 상태가 된 우크라이나 지도부를 모스크바에서 데려온 인물들로 채웠다. 후에 소련 외무상이 되는 몰로토프Viacheslav Molotov도 우크라이나에 왔고, 후에 공산당 서기장이 되는 브레즈네프Leonid Breznev도 이때 드네프로페트롭스크에서 당 간부로 성장하기 시작했다. 대숙청 이후 소련 사회를 이끌게 된 새로운 정치지도자들을 '38년 세대38ers'라고 부르기도 한다.

젊은 시절의 흐루시초프

스탈린은 농업 집단화와 대숙청을 통해 우크라이나 사회를 근본적으로 바꾸어 놓았다. 우크라이나 사회의 근간을 이루는 농민을 무력화하고 지식인을 완전히 정리하여 민족운동의 뿌리를 제거했다. 또한 우크라이나화 정책은 대러시아 중심주의로 대체되었다. 스탈린은 1인 통치의 전체주의 체제를 구축하였지만, 1936년 통과된 소위 스탈린헌법에서는 각 지역대표와 민족대표로 구성된 최고회의가 국가 최고 권력기관이고 각 공화국은 연방에서 탈퇴할 권리가 있다는 형식적 규정을 계속 유지했다. 1924년 4개 공화국으로 출발한 소연방은 중앙아시아와 코카서스 지역의 공화국들을 추가해 11개 공화국으로 구성되었다.

4.2.6. 제2차 세계대전 전까지의 서부 우크라이나와 크림 반도

제1차 세계대전 종전으로 체결된 베르사유 조약(1919년 6월)과 러시아-폴란드 전쟁의 강화 조약인 리가 조약(1921년 3월)으로 서부 우크라이나 지역은 부활된 폴란드와 신생 체코슬로바키아, 루마니아에 속하게 되었다. 3개국이 차지하게 된 우크라이나인 거주 영토는 오스트리아-헝가리제국에 속한 지역뿐만 아니라, 제정러시아에 속했던 지역도 포함하게 되었다.

폴란드는 동부 갈리치아와 서부 볼리니아 지역 등 서부 우크라이나 지역의 대부분을 차지하게 되었다. 1931년 인구 조사에는 공식으로 폴란드 내에 거주하는 우크라이나인은 폴란드 전체 인구의 14%를 차지하는 440만 명에 달하는 것으로 나왔다. 폴란드가 차지한 지역은 동부 갈리치아 전체와 서부 갈리치아의 고지대인 렘코Lemko 지역이었다. 또한 소위 북부 지역이라고 불리는 서부 볼리니아, 남부 포들라치아Podlachia, 폴리시아Polissia와 첼름Chelm 지역도 폴란드령이 되었다. 이 지역은 제1차 세계대전 전까지 제정러시아 땅이었다. 동부 갈리치아 지역은 폴란드 내에서 동부 소小폴란드Eastern Little Poland로 불리며 리비프Lwow/Lviv, 스타니슬라비프Stanislaviv, 테르노폴Ternopol/Ternopil주州로 나뉘어졌고, 북부 지역은 루츠크Lusk/Lutsk, 브레스트Brzesc/Brest 루블린Lublin주의 일부가 되었다. 1919년부터 동부 갈리치아는 실질적으로 폴란드의 영역이 되었지만 승전국은 1923년이 되어서야 정식으로 폴란드령으로 인정을 했다. 파리강화회의의 민족 자결 원칙에 희망을 걸고 있던 우크라이나계 주민들은 이러한 결정에 크게 실망을 하고, 1922년 선거도 보이콧하였다.

그러나 서부 볼리니아를 포함한 북부 지역은 민족의식이 거의 형성되지 못하였다.

■ **정치**

파리강화 조약으로 탄생한 폴란드는 헌법에 소수 민족의 권리를 보장한다고 명시하였지만, 민족국가 건설이 시급한 과제였던 폴란드로서는 자국 중심의 민족주의 정서가 강할 수밖에 없었다. 1923년 연합국이 최종적으로 갈리치아의 폴란드 복속을 결정하기 전까지는 우크라이나 자치self-rule에 대한 희망이 남아 있었다. 1918년 11월 출범한 서부 우크라이나 민족공화국이 1919년 7월 폴란드군에 의해 붕괴되었지만 산발적인 무력 저항은 계속되었다. 1921년 코노발레츠Ievhen Konovalets가 조직한 '우크라이나 군사단UVO/Ukrainian Military Organization Ukrainska Viskova Organizatsiia'은 1921년 9월 리비프를 방문한 폴란드 지도자 피우스트스키 원수Josef Piłsudski의 암살을 시도하였으나 실패하였다. 비엔나로 망명한 서부 우크라이나 정부도 배후에서 저항 운동을 주도했다. 갈리치아 지역 우크라이나 주민들은 1922년 총선거를 거부하였다. 대신 북부 지역에 거주하는 주민들은 선거에 참여하여 폴란드 하원Sejm에 20명의 의원을 선출하고, 5명의 상원의원을 선출했다. 그러나 1923년이 되면서 망명 정부의 외교적 노력이나 내부에서의 군사적 저항으로 갈리치아의 폴란드 복속을 막을 수 없는 것이 분명해지면서 우크라이나인들의 정치적 성향은 몇 갈래로 갈라지게 되었다. 정당주의자들은 폴란드 의회에 진출하여 합법적인 틀 안에서 우크라이나의 자치권 획득을 위해 노력하였다. 좌익 계열의 정치인들은 소련 정권의 지원을 받아 정치 활동을 벌이며 우크라이나 소비에트공화국과의 합병을 모색했다. 극우민족주의자들은 무장투쟁을 통한 독립 획득을 꾀했다.

1925년 자유, 민족주의 계열의 군소정당들은 '우크라이나 민족민주연합UNDO/Ukrainska Nationalne Demokrathychne Obiednannia Ukrainian National

Democratic Alliance'을 창설했다. 제1차 세계대전 전 활동한 우크라이나 민족민주당National Democratic party을 계승한 UNDO에는 오스트리아-헝가리제국 시대에 활동했던 주요 정당 정치인과 젊은 정치인들도 새로 가담했다. UNDO는 갈리치아 정치계의 중심 세력으로 부상했다. '계몽회Prosvita Society'와 당시 유력 신문인《딜로*Dilo*》가 UNDO의 활동을 지원했고, 그리스 가톨릭교회 수장인 셉티츠키Andrei Sheptytsky와 '우크라이나 여성연맹Union of Ukrainian Women' 회장인 루드니츠카Milena Rudnytska도 UNDO를 지지했다. 1928년 선거에서 UNDO는 50%의 지지를 획득했다. 이 선거에서 우크라이나 대표 46명이 폴란드 의회에 진출했고, 이 중 10명은 상원의원이 되었다. UNDO는 폴란드인들의 동부 갈리치아 이주와 정착을 반대했고, 우크라이나 학교와 언어에 대한 보호, 그리스 가톨릭교회와 정교회 활동에 대한 보장, 강압적인 테러 진압에 대한 반대 등을 정치적 요구 사항으로 내걸었다. 그러나 1920년대 말 대공황의 여파로 경제 상황이 악화되고, 합법적 정당 활동에 의한 목표 실현이 불가능해지면서, 극우나 좌익 노선 추종자가 많아지게 되었다. 1935년 UNDO는 영향력을 회복하기 위해 폴란드 정부와 협상을 벌여 '정상화Normalizatsia Normalization 타협안'을 얻어 내었다. 타협안의 내용은 의회 상하원에 19석의 고정 의원석을 보장받고, 우크라이나 정치범들의 사면, 협동조합과 은행에 대한 신용 공여 등을 보장받는 것이었다. 또한 의회 지도자 무드리Vasyl Mudry가 하원 부의장에 취임하였다. 그러나 이 타협안에 찬성하는 당원들과 반대하는 당원들 사이의 대립이 일어나며 UNDO는 분열되었고, 이후 급격하게 정치적 영향력을 상실하였다. 같은 해 피우스트스키 원수의 사망으로 우익 정부가 들어서자 이 타협안은 이행되지가 않았다.

좌익계열 정당인 '우크라이나 사회급진당Ukrainska sotislistichna radikalna partiia/Ukrainian Socialist-Radical party'은 사회주의 노선을 걸었지만 마르크시

즘을 추구하지는 않았다. 1923년 공산주의자들은 '서부 우크라이나 공산당KPZU/Komistichna partiia zakhidnoi Ukrainy Communist party of Western Ukraine'을 조직하였다. KPZU는 1924년 폴란드 정부에 의해 불법화되자 지하 활동에 들어갔다. 공산당은 전위조직인 노동자와 농민 연맹을 통해 합법적인 활동을 계속했다. 1928년 총선에서 서부 볼리니아 지역에서는 농민들의 지지를 받아 48%의 표를 얻었고, 동부 갈리치아에서도 13%를 득표했다. 1920년대 중반 이후 소비에트 우크라이나의 적극적 우크라이나화 정책에 크게 고무된 공산당원들은 소비에트 우크라이나와의 합병을 정치적 목표로 내세웠으나, 1928년 집단화가 시작되자 내부적으로 분열이 생겼다. 공산당은 우크라이나 소비에트공화국의 우크라이나화 정책을 지지하는 파벌과 모스크바에 충성하는 파벌 사이의 갈등이 지속되었고, 폴란드 공산당과도 마찰을 빚었다. 1932년 1933년의 대기근을 계기로 소련 정권에 대한 실망이 확산되며 공산당의 영향력도 급격히 쇠퇴했다. 우크라이나화 정책은 비공산계열 정치지도자들의 관심도 크게 끌었다. 제1차 세계대전 전 서부 우크라이나공화국 지도자였고 비엔나의 망명 정부를 이끌고 있던 페트루셰비치도 소련의 도움을 받아 갈리치아 지역의 독립을 쟁취하는 방안을 모색했다. 일부 정치인들은 소비에트 우크라이나로 귀환했으나 대숙청 때 모두 처형되는 운명을 맞았다. 최근 발굴된 자료에 따르면 이 시기에 소련 정부는 계몽회를 비롯하여 사립 학교들, 인류학 박물관, 셰브첸코학술회Shevchenko Scientific Society 등 서부 우크라이나의 여러 정당과 사회단체에 재정지원을 한 것으로 나타났다(Yekelchyk, p.111). 그러나 1938년 스탈린의 명령에 의해 폴란드 공산당과 서부우크라이나 공산당은 공식으로 해체되었다.

1930년대 중반 의회주의를 표방한 UNDO와 공산당이 영향력을 상실하자 극우적 무장투쟁 단체가 대안으로 떠올랐다. 1920년대 초반 요인 암살 등 테러를 주도해 온 우크라이나군사단과 급진 학생단체, 망명민족주의자들이 연합하여 1929년 '우크라이나 민족주의자회OUN/Organizatiia Ukrainskykh Nationalistiv Organizaion of Ukrainian Nationalists'를 조직했다. 이 단체는 우크라이나군사단의 지도자 코노발레츠Yevgen Konovalets가 이끌었고, 사상적으로는 동부 우크라이나에서 이주해 온 돈초프Dmytro Donstov가 주도했다. 그는 당시 독일의 나치즘과 이탈리아의 파시즘을 부상시킨 국가우선주의를 바탕으로 '통합 민족주의integral nationalism'를 주창했다. OUN은 단기간에 많은 추종자들을 확보했다. 1930년 OUN을 해체하기 위해 폴란드 정부가 집중적 가택수색과 추종자 연행에 나서자 오히려 폴란드에 대한 반감으로 OUN 가담자가 급격히 늘어났다. 급진적 학생들과 제대군인들이 OUN에 가담하여 정치인들에 대한 테러에 나섰다. 이들의 테러 대상은 폴란드 요인뿐 아니라 우크라이나인들까지 포함하였다. 1934년에는 폴란드 내무장관을 암살하고, 학생들의 OUN 가담을 막은 교육가 바비Ivan Babii도 살해했다. OUN은 반러시아와 반폴란드 정책을 추구하는 독일의 나치정권의 부상을 지원했다. 1938년 지도자 코노발레츠가 로테르담에서 암살당하자 OUN은 비교적 온건한 OUN-M과 급진적인 OUN-B로 분열되어 내부 투쟁을 벌였다. 친러시아 정당으로는 러시아농민당Russkaia Seliaskaia Partiia과 러시아농업당Russkaia Agrarnaia Pariia이 있었지만 큰 대중적 지지를 받지는 못하였다.

■ **경제**

동부 우크라이나 지역이 토착화 정책을 거쳐 공업화와 농업 집단화에 들어선 것에 비해서, 서부 지역은 사회, 경제적인 변화가 거의 없었다. 주산업은 농업이었고, 목재 산업과 식품 가공업이 미약한 공업을 지탱했다. 제1차 세계대전 전 세계 석유 채굴량의 4%를 차지했던 동부 지역의 석유 채굴량은 전쟁 전의 1/3 수준으로 떨어졌다. 제2차 세계대전 직전인 1939년에도 500만 명이 넘는 인구 중 산업 노동자는 4만 4천 명에 불과했다(Magocsi, p.585). 1929년 미국발 대공황의 영향으로 경제 상황은 더욱 어려워졌다.

서부 우크라이나 지역의 주산업은 농업이었다. 1919년 폴란드 임시 정부가 토지 개혁을 시도하였으나 농민들의 반대에 부딪쳐 무산되었다. 1925년 폴란드 의회는 대규모 농지를 분할하는 법안을 통과시켰다. 새로운 농지제도는 소비에트 우크라이나의 강제적 집단화와는 다르게 자발적 의사에 기초한 것이었다. 그러나 분할된 농지는 우크라이나 농민들에게보다는 새로 이주해 온 폴란드 농민들에게 더 많이 돌아갔다. 1930년까지 폴란드 서부 지역에서 갈리치아로 이주해 온 폴란드 농민은 30만 명에 육박했다. 농지 분배 후에도 절반 가까운 우크라이나 농민들이 5헥타르 미만의 농지를 소유하는 빈농으로 머물렀다. 이렇게 경제 상황이 열악해지자 제2차 세계대전 전까지 약 15만 명의 우크라이나 농민들이 미주와 유럽으로 이주했다. 1924년 미국이 이민법을 강화하자 캐나다, 아르헨티나, 프랑스 등이 이들의 행선지가 되었다. 서부 우크라이나의 경제적 특징의 하나는 협동조합Cooperativs의 발달이다. 제1차 세계대전 전 609개였던 협동조합 수는 꾸준히 늘어나 1939년에는 3,455개에 이르게 되었다. 협동조합은 '우크라이나 협동조합 금고연합Rezervna spilka Ukrainskykh kooperatyviv/Audit Union of Ukrainian Cooperatives'라는 모단체에 소속되었다. 협동조합은 현대적 농사기법 전수와 농기계 보급 등 농업생산성 향상뿐 아니라, 신용 공여 및 유통 등 여러 서비스를 제공했다. 협동조합 중 활동이 두드러진 것은 낙동조합Maslosoiuz이었다. 1939년 20만 농가를 회원으로 두고 있던 이 조합은 갈리치아 전역에 낙농 및 유제품을 공급하였을 뿐 아니라, 체코슬로바키아나 오스트리아로도 수출했다. 농가연합회Spilska Hospodar는 농업기술 전파와 교육을 주로 담당했다. 협동조합연합회Tsentrosoiuz는 소비재, 영농장비, 건자재 등의 도매공급과 농산물의 국내 판매 및 수출을 담당했다. 1921년 설립된 우크라이나 여성단Soiuz Ukrainok도 중요한 조직의 하나였다. 창설 이후 꾸준히 회원을 늘려가 1936년에는 1,200개 지부에 4만 5천 명의 회원을 거느린 큰 조직으로 성장했다. 이 단체는 협동조합 운영, 탁아소 운영과 가내 수공업품의 판매 등을 담당했다(Magocsi, pp.589-593). 협동조합 운동은 단순히 경제 여건 향상에 기여했을 뿐만 아니라, 우크라이나 주민들의 자발적 사회적 조직으로서 큰 역할을 했다고 볼 수 있다.

■ 교육과 종교

폴란드 정부는 서부 우크라이나 지역에서의 학교 확장에 노력을 기울였다. 북부 지역에서는 1912년 천여 개였던 학교의 수가 1938년에는 3,100개로 늘어났다. 동부 갈리치아 지방은 4,030개에서 4,998개로 늘어났다. 학교 교육이 확산되면서 문맹률도 50%(1921년)에서 35%로 감소되었다. 그러나 언어 교육에서는 우크라이나어 학교가 급격히 줄어든 대신, 폴란드어-우크라이나어 이중언어 학교가 늘어났다. 동부 갈리치아에서는 우크라이나어 학교 수가 2,426개(1922년)에서 352개로 줄어들고, 서부 볼리니아 지역은 443곳에서 8곳으로 급격히 감소했다. 이중언어 학교는 갈리치아 지역이 1,635곳(1928년)에서 2,485곳(1938년)으로 늘어났다. 1924년 정부기관에서 우크라이나어의 사용을 금지하는 법안이 통과되며 폴란드어만이 공식 언어의 역할을 했다. 폴란드어-우크라이나어 학교에서도 점차 폴란드어가 지배적 언어로 자리를 잡자, 우크라이나 주민들은 정부의 통제를 받지 않는 사립학교를 설립하여 운영했다. 1881년에 설립된 '우크라이나교육회Ukrainian Pedagogical Society'는 1926년 '조국학교Ridna Shkola Native School Society'로 개칭을 하여 사립학교 운동을 주도해 나갔다. 1937-1938학년도에는 우크라이나 학교의 59%(학생 수로는 40%)가 사립학교로 운영되었다. 1921년에는 지하 대학이 설립되어 약 4년간 운영되었고, 약 1,500명의 학생이 이 대학에 등록되었다. 학생들의 민족의식 고양에 큰 역할을 한 것은 플라스트Plast 스카우트이다. 갈리치아와 트랜스카르파티아에서 활발하게 전개된 스카우트 운동은 1930년에 6천

리비프대학

명의 학생을 회원으로 두게 되었다. 플라스트 스카우트 출신 학생들이 졸업 후 민족주의 단체에 가입하는 일이 많아지자, 1930년 폴란드 정부는 플라스트 스카우트 운동을 불법화하였다. 그러나 지하운동으로 전환된 이 운동은 제2차 세계대전 전까지 계속 지속되었다. 폴란드 정부는 계몽회Prosvita Society의 독서회도 2/3 이상 폐쇄시키고, 리비프 대학의 우크라이나학과도 폐쇄했다.

폴란드 정부는 산악이 많은 서부 우크라이나 지역의 인종적 다양성과 지역적 방언의 차이를 이용하여 '분할 통치'의 정책을 폈다. '우크라이나인'과 '우크라이나어ukrainski'란 근대적 용어 대신 역사적 이름인 '루신Rusyn'(러시아어 Rusitski)이란 이름을 썼다. 또한 소민족 단위로 렘코Lemko, 보이코Boiko, 후출Histul이나 고古루신Starorusyn, 루소필Rusofil 등으로 주민들을 나누어 부르고, 지역적 방언의 차이를 강조했다. 교회 문제는 1925년 폴란드와 바티칸 사이에 '갈리치아 그리스 가톨릭교회 대주교관구Greek Catholic Metropolitanate of Halych'를 인정하는 협약이 체결되어 가톨릭과 그리스 가톨릭교회의 관계가 정립되었다. 그러나 그리스 가톨릭교회 내에서 서구화를 주장하는 사제 그룹과 동방 전통 유지를 주장하는 그룹 사이의 갈등이 벌어졌다. 동방 전통 옹호 사제들은 우크라이나 민족주의의 편에 서서 서방주의자들을 라틴주의자로 비판하였다. 그러나 폴란드 지배하에서 그리스 가톨릭교회는 대주교 셉티츠키의 주도하에 독립성을 잃지 않고 다양한 신학 저널을 발행하고 1928년에는 리비프에 신학원을 설립했다. 그러나 정교회 지역인 북부 지역은 정부의 심한 간섭을 받았다. 제정 말기 러시아화 정책으로 그리스 가톨릭교회에서 정교회로 바뀐 이 지역 교회들을 '재정화再淨化/revindication운동'이란 이름으로 로마 가톨릭으로 전환시켰다. 1929-1930년과 1938년 두 차례에 걸쳐 진행된 이 정책으로 포들라치아와 첼름의 정교회가 큰 타격을 입었다. 1929-1930년 사이 111개 정교회가 폐쇄되었고, 50개가 파괴되었으며, 150개가 가톨릭교회로 전환되었다. 1938년에는 150개의 교회가 파괴되었다(Magocsi, p.596).

■ 루마니아, 체코슬로바키아 지역

제1차 세계대전 종전을 전후로 루마니아의 지배하에 들어가게 된 우크라이나인 거주 영토는 남부 베사라비아Bessarabia와 부코비나Bukovina, 마라마로스Maramaros 세 지역이다. 인구로 보면 베사라비아 지역에 약 46만 명, 부코비나에 약 30만 명, 마라마로스에 1만 7천 명의 우크라이나인이 거주하는 것으로 공식 통계에 나와 있다. 프루트Prut 강과 드네스트르Dnestr 강 사이에 위치한 베사라비아 지역은 1812년 파리강화회의 이후 러시아령이 되었다. 1917년 3월 우크라이나 중앙 라다가 이 지역을 우크라이나령으로 선언하자 이 지역에 거주하는 우크라이나인들은 학교와 계몽회 같은 문화단체 등을 설립하였다. 루마니아계 주민들은 이에 대한 반발로 러시아와 연합한 '몰다비아 민주공화국democratic Moldavian republic'의 설립을 선언하고, 1918년 1월에는 독립을 선언했다. 1918년 루마니아군은 베사라비아를 점령하고 루마니아왕국과의 통합을 선언했다. 1920년 10월 프랑스, 영국, 독일, 이탈리아, 일본은 소위 베사라비아 의정서Bessarabian Protocol를 서명하여 루마니아의 관할권을 국제적으로 인정했다. 베사라비아 지역 거주 우크라이나인들은 제2차 세계대전 전까지 약

120개의 초등학교와 소수의 협동조합 등을 유지했고, 루마니아 의회에 대표를 보냈다. 오스트리아-헝가리제국 시대의 부코비나는 우크라이나인, 루마니아인, 유대인, 오스트리아-독일인, 폴란드인들이 균형적으로 혼재한 다국적 문화 속에 행정적, 문화적 자치를 이루며 살았으나, 루마니아령이 되면서 바로 루마니아화 정책이 시작되었다. 루마니아 학교, 사회기관, 신문들이 바로 세워졌고, 1875년에 설립된 체르놉치대학도 체르놉치 카롤왕King Carol대학으로 개칭되어 루마니아어로 교육이 실시되었다. 교회도 루마니아 독립 정교회의 부코비나-호틴 대주교관구Metropolitanate of Bukovina and Khotyn로 재편되었다. 1918년에서 1928년까지 지속된 계엄령 통치로 부코비나는 철저한 '루마니아화Romanization'를 통과하였다. 1923년에 255개였던 우크라이나어학교가 1927년에는 모두 폐쇄되었고, 우크라이나어는 일주에 몇 시간씩 개별 과목으로 가르쳐졌다. 1928년 '국가농민당National Peasant party'이 집권하면서 부코비나의 우크라이나인들은 1927년에 설립된 '우크라이나 민족당Ukrainian National party'의 대표를 의회에 보낼 수 있었고, 우크라이나 신문도 발행되었다. 그러나 1933년 '자유당Liberal party'이 재집권하면서 해빙 무드는 종결되었고, 1938년 카롤 2세가 왕정을 복고하면서 전제적 정치가 재개되었다. 1932년 부코비나는 행정적으로도 단일 행정구역의 지위를 잃고 다섯 개의 루마니아군에 편입되었다.

체코슬로바키아에 편입된 트랜스카르파티아는 갈리치아나 부코비나보다 훨씬 좋은 여건에 처했다. 폴란드와 루마니아가 먼저 군사적으로 점령한 후 국제적 인정을 받은 갈리치아와 부코비나와 다르게, 트랜스카르파티아는 미국 교민 사회의 결정에 의해 자발적으로 체코슬로바키아령이 되었다. 또한 이 지역의 자치는 1923년 생제르맹 조약Treaty of St. Germain에 의해 보장되었다. 체코슬로바키아 건국의 아버지로 불리는 마사리크Tomas Masaryk는 신생 국가가 슬라브 국가임을 분명히 하고, 루신

Rusyn이라고도 불리는 트랜스카르파티아 주민들에 대한 우호적인 정책을 폈다. 이러한 정책은 이 지역에서의 헝가리의 영향력을 물리치기 위해서도 필요했다. 또한 제2차 세계대전 전까지 체코슬로바키아는 공화정을 유지하며 정치적 안정을 이루었다. 트랜스카르파티아 지역의 공식 명칭은 '소카르프파티아 루스Sub carpathian Rus'가 되었다. 초대 지사로는 미국 교민 사회의 지도자 역할을 하며 이 지역의 체코슬로바키아 귀속 결정을 주도하였던 자트코비치Gregory Zhatkovych가 임명되었다. 그러나 자트코비치는 슬로바키아 지역 안에 거주하는 약 8만 6천 명의 우크라이나인들도 모두 포함하는 단일 행정구역의 창설을 요구했다가 받아들여지지 않자 1921년 초 사임을 했다. 소카르프파티아 루스 주민들은 폭넓은 정치적, 문화적 자유를 누렸다. 행정적으로 체코슬로바키아를 구성하는 4개 주의 하나가 되었고, 주 상·하원을 가지고 있었다. 주지사는 주민의 선거에 의해 선출되었는데, 실질적 권한은 프라하에서 파견된 부지사가 행사했다. 체코슬로바키아 정부가 처음 약속한 완전한 자치를 부여하지 못한 것은 헝가리의 영향력을 의식했기 때문이다. 인구 구성상 헝가리인이 차지하는 비중은 17%에 불과했지만 제1차 세계대전 전까지 헝가리에 속해 있었던 이 지역은 문화적으로 이미 상당히 헝가리에 동화된 상태였다. 체코슬로바키아의 동쪽 끝에 위치한 이 지역은 지형적으로 헝가리 평원에 연결되어 있어 안보적으로도 취약했다. 또한 동북쪽으로는 폴란드와 폴란드령 갈리치아에 연결되어 있었다. 체코슬로바키아는 이런 취약성을 극복하기 위해 루마니아, 유고슬라비아와 3각 동맹을 맺기도 했다. 소카르프파티아 루스 주민들은 친우크라이나계, 친러시아계, 독자적 루신계로 나뉘었다. 모든 사회적, 정치적, 문화적 분위기 이러한 성향으로 나뉘었다. 헝가리 주민들도 문화, 교육에서 자립성을 확보했다. 체코슬로바키아 정부는 교육 부문에 큰 노력을 기울였다. 1920년 475개이던 초등학교는 1938년 809개로 늘어났다. 교육 언어도 다양했다. 러시아어, 우크라이나어, 루신어 등 동슬라브어를 교육 언어로 쓰는 학교는 1920년 321개에서 1938년 469개로 늘어났다. 1938년 체코어 학교가 206개, 마자르어(헝가리어) 학교가 127개, 독일어 학교가 25개, 이디시어Yidish 학교가 7개, 루마니아어 학교가 4개가 될 정도로 모든 소수 민족들이 자민족 언어로 교육을 받을 수 있게 되었다(Magocsi, p.606). 문화적으로는 갈리치아의 영향으로 계몽회Prosvita Society가 활발하게 활동하였고, 친러시아계 단체로는 두흐노비치회Dukhnovych Society가 활동했다. 종교적으로는 그리스 가톨릭교회와 정교회가 대립하였으나, 제2차 세계대전 전까지 정교회의 영향력이 크게 확대되었다. 헝가리계 주민들과 루신 독자노선 추종자들은 그리스 가톨릭교회에 남았으나, 친러시아계 주민들은 정교회로 전향했다.

경제적으로는 이 기간 동안 큰 발전이 없었다. 체코슬로바키아 정부가 수력발전소, 교량, 도로 건설에 투자를 하였지만 공업 기반은 조성되지 못하였다. 공산품은 보헤미아나 모라비아-실레지아 지역에서 반입되고, 목재가 주로 반출되었다. 농업 기반도 빈약해 70% 이상의 농민이 5헥타르 미만의 농지를 경작하는 소농이었다.

■크림 반도

크림 반도는 내전 기간 동안 백군의 마지막 교두보로 남았으나, 1921년 백군이 완전히 패퇴하면서 러시아연방의 크림자치공화국이 되었다. 크림 반도는 타타르 주민들의 거주지였으나 일부가 터키로 이주하고, 슬라브계 주민들이 유입되면서 타타르족은 소수민족이 되었다. 1926년 인구조사에는 71만 명의 지역 주민 중 러시아인이 42.2%, 타타르인이 25.1%, 우크라이나인이 10.8%, 독일인이 6.1%, 유대인이 5.6%를 차지하는 것으로 나타났다. 소비에트 정권 초기 노동자, 농민 소비에트와 흑해함대 병사 소비에트가 권력을 장악했으나, '토착화' 정책이 시작되면서 타타르문화가 크게 발달했다. '크림타타르 민족주의 정당Milli Farka'의 멤버였다가 볼셰비키 당원이 된 이브라기모프Veli Ibragimov가 타타르화Tatarization 정책을 이끌었다. 그는 공산당 중앙위원장과 내각 수반을 동시에 맡아 내전과 기근(1921-1922년)으로 피폐화된 크림의 경제를 부흥시키려 노력하였고, 정치, 문화적으로도 '타타르화' 정책을 추진했다. 1921년 불법화된 크림타타르당의 멤버들을 정부 관리로 등용하였고, 내전 기간 동안 터키로 망명하거나 이주한 타타르 지식인들의 귀환을 도왔다. 또한 러시아계나 우크라이나계 주민들이 크림 반도에 대규모로 유입하는 것을 막기 위해 노력했다. 경제적으로는 농지나 공장을 원 소유주에게 돌려주어 경제 활성화를 시도했다. 문화, 교육면에서도 타타르문화 부흥에 힘썼다. 타타르어로 교육하는 초등학교들을 세우고, 1924년에 심페로폴에 '타브리다 대학Tavrida University'을 설립하였다. 1925년에는 이 대학 내에 타타르어문학을 전문적으로 연구하는 동양학연구소를 세웠다. 또한 타타르어 사범대학을 네 군데 설립하였고, 타타르어 관련 서적들도 정부출판사Crimean State Publishing House에서 출간되었다. 그러나 1928년 집단화가 시작되며 크림 반도도 다른 소수민족 지역과 같은 운명을 걸었다. 1928년 1월 이브라기모프는 수천 명의 유대인을 크림으로 이주시키는 모스크바의 결정에 반대한 것을 이유로 체포되었고 1928년 5월 부르주아 민족주의를 조장한 혐의로 처형되었다. 1928-1929년 부농척결Dekulakization 과정에서 3만 5천-4만 명의 농민이 추방되었고, 1932-1933년 대기근에는 민족에 관계없이 약 10만 명의 주민이 희생된 것으로 추정된다. 지역 지도층도 숙청의 대상에서 벗어나지 못하였다. 문화적 '타타르화' 정책도 1930년대 들어 원점으로 돌아갔다. 타타르어 학술지나 잡지 발행은 금지되었고, 타타르어 신문도 1935년에서 1938년 사이 23개에서 9개로 줄어들었다. 타타르어는 아랍문자 대신 라틴문자로 전환되었다가, 1937년 키릴 문자로 다시 바뀌었다.

크림의 역사

고대 시대의 크림의 이름은 타우리스(Tauris, 후에 Taurica)였다. 그리스 역사가 헤로도토스는 이 지역 사람들이 거대한 황소인 'Taurus'를 이용하여 땅을 간다고 하였고, 크림에 식민 도시를 개척한 그리스 사람들에 의해 이 명칭이 계속 사용되었다. 현재도 우크라이나 남부 지역과 크림을 지칭하는 타브리야Tavriia에 이 명칭이 사용되고 있다. 크림(우크라이나어 Krym, 영어 Crimea)은 몽골 지배 시대 지역 수도였던 Qirim(현 Stary Krym)에서 나왔다. 크림타타르어로 이 명칭은 '나의 언덕'(qir-언덕, im-나의)이란 뜻이다

키예프 루스 이전에 크림은 다른 우크라이나 지역과 마찬가지로 여러 민족들이 거쳐가고 정복했다. 키메리아족, 스키타이족, 그리스인, 고트족, 훈족, 불가르족, 카자르족이 차례로 점령했으며 반도 북부는 아르메니아인들이 거주하기도 했다. 그리스인들은 해안 지역에 여러 식민 도시를 건설했으며, 헤르소네스에는 아직도 그리스 시대의 유적이 남아 있다. 이런 연유로 해안 지역 도시 중에는 그리스 이름을 가진 곳이 많다. 10-11세기에는 키예프 루스의 일부가 되었고, 12세 초 비잔틴 제국과 터키계의 킵차크-쿠만의 영토가 되었다가 몽골의 침입으로 킵차크한국에 속하게 되었다. 1441년 킵차크한국이 티무르에 멸망당하자 하지-기레이는 크림 반도를 근거지로 하는 크림한국을 세웠다. 그의 아들 멩글리-기레이는 오스만터키의 종주권을 인정하고 가신국이 되었다. 15세기부터 18세기말까지 크림한국은 폴란드-리투아니아공국, 러시아와 협력과 적대관계를 번갈아 유지했고, 코자크들과도 자주 전투를 치렀다.

1783년 예카테리나 여제에 의해 점령이 되어 크림은 러시아제국의 영토가 되었다. 1853-1856년의 크림 전쟁 중 발라클라바와 세바스토폴은 주격전지가 되었다. 러시아 혁명과 내전 기간에는 반혁명 백군의 최후의 저항 거점이 되었고, 1921년 10월 18일 러시아소비에트공화국 내의 자치공화국으로 편입되었다. 제2차 세계대전 중에는 크림은 다시 한 번 격전지가 되었다. 1941년 10월부터 1942년 7월까지의 세바스토폴 공방전은 제2차 세계대전 중 가장 치열한 전투 중 하나로 꼽힌다. 1944년 소련군이 크림 반도를 다시 탈환하자 스탈린은 독일군에 협력하였다는 이유로 크림타타르족 전체를 중앙아시아로 강제 이주시켰다. 약 46%의 크림타타르가 중앙아시아에서 기근 등으로 사망한 것으로 추정된다. 크림타타르들은 1967년 복권이 되었고, 고르바초프 시대에 크림 귀환이 허용되었다. 현재까지 약 25만 명의 크림타타르가 크림으로 귀환해 살고 있다. 1945년 2월 리바디야 궁전에서는 얄타회담이 열려 미, 영, 소 간에 제2차 세계대전 종전 후의 유럽의 질서 수립에 대한 합의가 이

루어졌다. 1945년 6월 크림은 자치공화국 지위를 박탈당하고 러시아소비에트연방공화국의 주州/oblast가 된다. 1954년 2월 19일 소련최고회의는 페레야슬라프 조약 300주년을 맞아 크림을 우크라이나에 양도할 것을 선언했다. 1991년 소연방이 붕괴하자 1992년 2월 26일 크림의회는 크림공화국의 독립을 선언하며 크림 문제는 러시아와 우크라이나 사이의 가장 큰 쟁점이 되었다. 1997년 우크라이나와 러시아 사이에 체결된 우호협력 조약에서 크림의 우크라이나 영토 귀속을 공식적으로 인정함으로써 크림 독립 문제는 일단락되었다. 크림은 자치공화국의 지위를 부여받았고 행정수반을 크림의회에서 선출하여 대통령의 인준을 받음으로써 행정적 자율권을 행사하고 있다. 1997년 양국 조약에서 세바스토폴항을 흑해함대의 모항으로 20년간 조차하기로 결정하였으나 야누코비치가 대통령으로 취임한 직후인 2010년 4월 조차 기간을 25년 더 연장하기로 하여 큰 논란이 일어났다.

5장
제2차 세계대전과 우크라이나

5.1. 전쟁 전야

■ 뮌헨 조약과 체코슬로바키아의 분해

나치 독일의 부상과 영토 병합에 처음으로 직접적인 영향을 받은 것은 소카르파티아 루스였다. 1938년 8월 뮌헨 회담에서 영국과 프랑스가 체코슬로바키아의 서부 독일인 거주 지역인 수데텐 지역을 나치 독일의 요구대로 양도하자, 슬로바키아와 소카르파티아 루스는 바로 자치를 요구하였다. 1938년 10월 체코슬로바키아 정부는 두 지역의 자치를 인정하고 슬로바키아의 총독으로는 티소Jodef Tiso를 임명하였고, 소카르파티아 루스의 총독으로는 브로디Andrei Brodii를 임명하였다. 그러나 브로디는 친헝가리 성향 혐의로 2주 만에 체포되었고, 새 총독에 친우크라이나계 인사인 볼로신Avhustyn Voloshyn이 임명되었다. 체코슬로바키아의 분할을 결심한 히틀러는 11월 2일 비엔나 회의에서 소카르파티아 루스의 남부 지역의 헝가리 양도를 결정하였다. 트랜스카르파티아의 2대 도시인 우즈고로트Uzgorod와 무카체보Mukachevo가 헝가리에 속하게 되자, 자치 정부는 동쪽의 쿠스트Khust로 이전하였고 행정구역명을 '카르파티아-우크라이나Karpatska Ukraina/Carptho-Ukraine'로 바꿨다. 새 자치정부는 헝가리와 폴란드의 비정규군 공격을 방어하기 위해 5천 명 규모의 자체 군대인 카르파티아 연대Karpatska Sich Carpathian Sich를 조직했다. 이 군대의 구성원들은 동부 갈리치아에서 온 지원병들이 대부분이었다. 카르파티아 우크라이나는 인구와 영토 면에서 아주 작은 지역이었지만, 우크라이나인들의 오랜 숙원이었던 자치를 이룬 최초의 지역으로서 우크라이나인들에게 많은 희망을 안겨 주었다. 그러나 이러한 희망은 몇 달 가지 못하였다. 1939년 2월 자치의회를 구성한 지 한 달 만에 독일군은 프라하를 점령하였다. 히틀러는 슬로바키아가 헝가리에 병합되거나, 독일 보호하의 자치령이 되는 선택권을 주었고, 슬로바키아는 후자를 택하였다. 카르파티아-우크라이나는 헝가리군이 진입하여 점령하는 것을 묵인하였다. 카르파티아-우크라이나는 제2차 세계대전 종전 때까지 다시 한 번 헝가리에 복속되게 되었다. 이렇게 뮌헨 회담의 결과로 체코슬로바키아가 분해되는 과정에서 트랜스카르파티아의 운명도 히틀러에 의해 결정되었다.

■ 독일군의 폴란드 침공

1939년 8월 23일 소련과 독일은 소위 독소불가침 조약이라고 불리는 몰로토프-리벤트로프 조약을 체결하여 세계를 놀라게 했다. 이 조약은 1억 8천만 마르크의 독일 차관 제공을 포함한 통상협약과 10년간 상호불가침을 내용으로 하고 있고, 비밀 조항으로 산San 강, 비스툴라Vistula 강, 나레프Narev 강을 경계로 하는 폴란드 분할 계획이 들어 있었다. 9월 1일 독일군은 폴란드를 전격 침공하였다. 체코슬로바키아 분할 후 더 이상 영토적 양보가 없을 것을 선언한 영국과 프랑스가 9월 3일 독일에 선전포고를 함으로써 제2차 세계대전이 시작되었다. 그러나 영국과 프랑스의 군사원조를 받지 못한 폴란드는 3주 만에 독일군에 점령되었다. 9월 17일 동부로부터 소련군의 진격이 시작되어 독일군과 약정한 대로 폴란드를 분할 점령하였다. 산San 강과 부크Bug 강 동쪽의 동부 갈리치아, 서부 폴리시아, 서부 볼리니아 등 서부 우크라이나 지역은 소련군의 지배하에 들어가게 되었다. 소련 정부는 10월 22일 점령 지역에 고정후보 명단에 대한 찬반 투표 형식의 선거를 실시하여 서부 우크라이나 의회를 구성하였다. 4일 후 의회는 서부 우크라이나의 소련 병합을 청원하는 결의안을 통과시켰고, 모스크바가 이를 승인하는 형식을 취해 서부 우크라이나는 소비에트우크라이나공화국과 통합되었다. 폴리시아와 브레스트 지역은 소비에트벨로루스공화국에 통합되었다. 1940년 6월 소련은 발트3국을 병합하여, 3개의 소비에트공화국을 소연방에 추가하였다. 같은 달 전쟁 위협을 받은 루마니아는 1920년 이후 점령해 온 베사라비아와 북부 부코비나 지역을 소련에 양도하였다. 소련은 두 지역을 우크라이나에 병합시켰다. 베사라비아 지역 중 루마니아인 거주 지역은 몰도바 자치공화국에 포함시키고, 몰도바 자치공화국은 우크라이나에서 분리되어 연방공화국이 되었다.

1941년 6월 나치 독일의 소련 전면 침공 전까지 약 1년 6개월 기간 동안 소비에트 정부는 새 점령 지역에서 여러 조치를 취하였다. 억압받는 소수민족의 해방자를 자처한 소비에트 정부는 초기에는 주민들의 민심을 얻기 위해 교육과 문화 부문에서 우크라이나화 정책을 취하였다. 동부 갈리치아에서는 기존의 폴란드어-우크라이나어 학교를 우크라이나어 학교로 전환하였다. 1940년 중반에는 6,900개의 학교 중 6천 개가 우크라이나어로 수업을 진행하였다. 중고등학교 교육도 우크라이나어로 진행하였다. 리비프 대학은 저명한 우크라이나 작가의 이름을 따서 이바노-프란코 대학으로 변경되었고, 종전에 10%에 불과했던 우크라이나 학생 수를 크게 늘렸다. 과학아카데미 지부가 신설되어 크리피아케비치 Ivan Krypiakevich 같은 우크라이나학자들이 이를 이끌고 나갔다. 그러나 그리스 가톨릭교회는 크게 약화되었다. 그리스 가톨릭교회가 보유한 토지나 기타 자산에서 나오는 수입을 차단하는 한편, 차별적 세금을 부과하였다. 학교에서의 종교 교육과, 교회 출판물 발간도 중지시켰다. 볼리니아의 정교회의 교구들은 대부분 모스크바 총주교 관할에 들어갔고, 일부는 우크라이나 독립교회에 소속되었다. 모든 정당은 물론 '계몽회'와 '셰브첸코회Shevchenko Scientific Society' 같은 문화단체와 협동조합도 폐쇄되었다. 경제 부문에서는 폴란드인들과 유대인들이 대부분 경영하던 기업과 공장들이 국유화되었다. 폴란드인들이 소유하고 있던 농지도 몰수되어 절반 정도는 집단농장이나 국영농장으로 재편되었고, 나머지는 농민들에게 분배되었다. 그러나 1941년 6월 독일 침공 전까지 형성된 집단농장이 3천 개에 이를 정도로 집단화가 가속화되자 농민들의 반발이 커졌다. 그러나 소비에트 정부에 대한 환상을 결정적으로 깬 것은 대규모 인적 숙청이었다. 1939년 점령 직후 관리, 기업가 등이 체포되어 시베리아 등지로 이송되자 약 2만 명에서 3만 명의 민족주의자나 지식인들이 독일 점령 폴란드 지역으로 탈출했다. 1940년 4월의 대규모 숙청과 1941년 6월 독·소 전쟁 발발로 인한 주요 인사 체포로 약 40만 명의 우크라이나인들과 120만 명의 폴란드인들이 카자흐스탄이나 시베리아로 강제 이주되거나 강제노동수용소로 보내진 것으로 추정된다.

폴란드를 점령한 독일은 '통합정부Generalgouvernement'를 세워 점령 지역을 통치했다. 산 강과 부크 강 서쪽 지역인 렘코Lemko 첼름Chełm, 포들라치아Podlachia 지역에는 약 55만 명의 우크라이나인들이 거주하고 있었다. 동부 갈리치아의 소비에트 정권의 박해를 피해 온 민족주의자들과 우크라이나 민족기구OUN 멤버들은 독일 총독 프랑크Hans Frank의 지원하에 '우크라이나 중앙위원회Ukrainian Central Committee'를 크라코프에 세웠다. 독일 점령군이 이러한 조직을 허락한 것은 폴란드 주민들의 저항 운동을 견제하는 데 유용하다고 보았기 때문이다. '통합정부'는 우크라이나 중앙위원회의 활동을 난민보호, 교육, 보건 등 비정치적 영역으로 제한했다. 쿠비요비치Kubijovyč의 지도 아래 중앙위원회는 800여 개의 학교와 협동조합, 청년 단체들을 각 지역에 세웠다, 또한 크라코프에 출판사를 설립하였다. 독일군이 소련을 침공한 이후에는 중앙위원회의 활동이 동부 갈리치아 지역까지 확대되었다. 독일 점령하에 종교적 활동도 일시적으로나마 부흥되었다. 폴란드 정부에 의해 접수된 40개의 정교회가 부활되었고, 1940년 9월 우크라이나 독립정교회Ukrainian Autocephalous Orthodox church가 설립되었다. 독일 점령 지역에서 우크라이나 민족기구OUN의 활동도 허용되었다. 1938년 코노발레츠가 암살된 이후 이 기구는 심각한 내분을 겪으며 두 기구로 나뉘어졌다. OUN의 초기 멤버들은 온건한 투쟁 노선을 지향하며 멜니크Melnyk를 지도자로 내세웠고, 젊은 멤버들은 혁명적 노선을 주창하며 반데라Bandera를 지도자로 옹립했다. 이 두 그룹은 지도자의 이름을 따서 OUN-M과 OUN-B로 불리게 되었다.

1918년에 오스트리아-헝가리 제국의 붕괴 이후 30년 만에 헝가리 지배하에 들어간 트랜스카르파티아에는 다시 옛 질서가 복귀되었다. 헝가리 정부는 수백 명의 우크라이나 민족주의자를 체포하여 민족운동을 저지시켰고, 헝가리의 박해를 피해 약 3만 명이 동부 갈리치아로 이주했으나, 이들은 얼마 있지 않아 소비에트 정권의 숙청 대상이 되었다. 계몽회 같은 문화단체는 폐쇄되었고, 우크라이나어 출판도 중지되었다. 그러나 제1차 세계대전 이전의 헝가리 식민 정책에 대한 반감이 컸던 것을 감안하여 점진적인 헝가리화Magyazrization 정책을 폈다. 루신 민족의 차별성을 부각시키고 헝가리와의 역사적 연계를 강조하였다. 루신 민족주의자이며 친헝가리 인물인 브로디Andrei Brodii와 헝가리 그리스 가톨릭교회가 이러한 움직임을 이끌었다. 그러나 나치 독일과 동맹을 맺은 헝가리 지배 기간 동안 트랜스카르파티아는 제2차 세계대전의 참화를 피할 수 있었다.

소련의 서부 우크라이나 병합으로 이 지역 주민들은 집단화와 대규모 숙청 등 소련에서 앞서 진행된 사회적 변혁을 경험했지만, 몽골 지배 이후 사실상 처음으로 서부 우크라이나와 동부 우크라이나가 하나의 정치적 단위로 통합되어 소연방 해체 후 출발한 독립 우크라이나의 영토적 발판이 마련되었다.

5.2. 나치의 소련 침공

1941년 6월 22일 나치 독일군은 소련을 전격적으로 침공해 들어왔다. 200개 사단이 투입된 대소련 공격은 레닌드라드 방면과 모스크바 방면, 우크라이나 방면 세 곳이 공격의 주공이었다. 우크라이나를 침공한 남부 방면군South Group은 독일 3개 군軍과 기계화군단 이외에도 루마니아 2개 군단, 슬로바키아, 헝가리 병단으로 구성되어 있었다. 우크라이나와 코카서스의 농업 및 광물 자원, 유전 등을 손에 넣는 것이 히틀러의 목표였다. 독일군의 기습공격 앞에 소련군의 방어선은 힘없이 무너졌다. 6월 30일 리비프가 독일군에 점령되었고, 7월 9일에는 키예프 서부 지역인 지토미르가 함락되었다. 8월에는 키로보그라드 등 키예프 남부와 드네프로페트롭스크, 크리보이로크 등 동부 지역을 점령했다. 9월 19일에는 키예프가 함락되었고, 10월 16일 루마니아군에 의해 오데사가 점령되었다. 10월 25일 하리코프가 점령되면서 우크라이나 전역은 독일군 수중에 떨어지게 되었다. 1941년 6월부터 9월까지의 키예프 공방전에서 61만 명 이상의 소련 병사가 전사하고, 66만 명이 포로가 되었을 정도로 소련군의 희생은 컸다. 1942년 봄 소련군은 공업 지대인 하리코프와 돈바스 지역에 대한 반격을 폈으나 성공하지 못하고 큰 인명 손실만 초래했다. 1942년 7월 독일군은 흑해 함대 기지이며, 요새화된 세바스토폴을 점령하고 7월 22일 보로실로프그라드Voroshilovgrad(현 Lugansk)를 함락함으로써 소련군을 우크라이나에서 완전히 패퇴시켰다. 1941년 말까지 전 전선에서 독일군에게 생포된 360만 명의 소련군 포로 중 130만 명이 우크라이나인 병사였다. 후퇴하는 소련군도 대규모 인명 살상을 자행하였다. 전쟁 초기 정치범들과 3년형 이상을 선고받은 죄수들을 처형했다. 동부 갈리치아와 볼리니아에서만 1만 5천 명에서 4만 명의 죄수가 처형된 것으로 알려졌다. 소련 정부는 380만 명의 우크라이나인 관리, 기술자, 노동자들을 시베리아나 중앙아시아 등 후방 지역으로 이주시켰다. 크림 반도와 동부 지역에 거주하는 약 20만 명의 독일인은 잠재적 위험 요소로 간주되어 중앙아시아로 강제 이주되었다. 우크라이나 소비에트 정부는 바시키르 자치공화국 수도 우파Ufa로 이전하였다. 약 850개의 공장 시설도 후방으로 이전되었다. 후방으로 이전할 수 없는 산업 시설은 소위 '초토화 작전scorched earth'으로 철저하게 파괴되었다. 돈바스의 모든 탄광은 물에 잠겨 파괴되었고, 크리보이로크 지역의 철강 공장의 54개 용광로도 모두 파괴되었다. 자포로지아의 드네프로 수력발전소 폭파로 자포로지아시가 범람해 많은 인명 피해를 가져왔다. 독일군의 점령 작전에 의한 직접적 피해를 입지 않은 키예프도 뒤에 남은 소련 요원들이 주요 건물에 장치해 놓은 지뢰와 폭약을 폭파시킴으로써 대규모 화재가 발생했다.

■ 독일 점령하의 우크라이나

우크라이나를 점령한 독일군은 점령 지역을 '통합정부General gouvernement', '우크라이나제국정부Reichskommissariat Ukraine', '군사 지역Military zone'으로 나누어 관할했다. 산 강 동쪽의 동부갈리치아는 통합정부에 편입되었다. 대부분의 우크라이나 지역은 점령 지역을 관할하는 민간 행정기구인 제국정부가 관할했다. 서부의 리브네Rivne가 임시 행정수도가 되었다. 동부 전선 지역과 크림은 군사 지역이 되었다. 폴란드 지배와 독일의 통합정부 시기에도 지하 조직을 유지한 우크라이나민족기구OUN는 독일군과의 협력을 통해 우크라이나 독립을 꾀한다는 정책을 취했다. 나치 정부는 이러한 현지 조직과의 협력을 고려하지 않았지만, 군부 지도자들은 전쟁 수행에 있어서 반소비에트 조직의 유용성을 간파하고 제한적으로나마 군사적 협력을 하였다. 둘로 나뉜 우크라이나민족기구 중 반데라가 이끄는 OUN-B가 적극적으로 협력에 나섰다. 소련 침공 직전인 1941년 4월 독일군은 약 600명으로 구성된 '우크라이나 민족여단 Legiony Druzhyny Ukrainskykh Nationalistiv'을 편성했다. 이 부대는 Nachtigall과 Roland라는 두 부대로 나눠졌다. Nachtigall 부대는 독일군과 함께 우크라이나 침공에 가담했고, Roland 부대는 베사라비아 지역으로 파견되었다. OUN은 약 1,500명의 '원정그룹pokhini hrupy/expeditionary group'을 구성하여 독일군이 점령한 지역에서 반소비에트 선전선동을 담당했다. 1941년 6월 30일 독일군과 사전 협의 없이 OUN은 리비프에서 우크라이나 독립 정부 설립을 선언했다. 그리스 가톨릭교회 수장인 셉티츠키와 오스트리아 의회주의자인 레비츠키Kost Levitsky 등이 독립선언의 후견인 역할을 했다. 독일 점령정부는 예기치 않았던 독립 선언에 바로 단호하게 대처해서 반데라를 비롯한 OUN-B분파 지도부를 체포해서 강제수용소로 보냈다. Nachtigall과 Roland 부대도 해체되어 정규 독일연대에 편입되어 벨로루스 전선으로 파병되었다. 멜니크가 이끄는 OUN-M 분파는 독일군에 통역병이나 다른 보조요원들을 제공하였고, '원정그룹'을 파견하였다. OUN의 두 분파는 독일 점령 기간에도 첨예하게 대립하여 상대 지도자들의 암살과 테러행위 등을 자행하였다. 독일 보안기관은 테러행위를 주동한 OUN 지도자들을 체포하여 처형하고, '원정그룹'을 해산시킴으로써 OUN의 활동을 철저히 탄압했다.

무장 과격 세력을 해산시킨 후 독일군은 온건 민족주의자들에게 짧은 기간 유화 정책을 폈다. 셉티츠키 대주교와 레비츠키가 주도하는 우크라이나 민족위원회Ukrainian National Council는 서부 지역에서 일시적으로 민족적 이익을 대표하는 역할을 했으나, 1942년 3월 셉티츠키 대주교가 유대인 학살에 대해 강력한 항의를 제기하자 강제로 해산되었다. 이후 크라코프에 본부를 둔 '우크라이나 중앙위원회Ukrainian Central Committee'가 서부 지역과 폴란드의 우크라이나 주민 대표기관 역할을 했다. 쿠비오비치Volodymyr Kubiiovych가 이끄는 중앙위원회는 민족 학교를 부활시키고 계몽회의 문화 활동을 부활시켰다. 크라코프의 지역 총독인 오토 베히터Otto Wächter는 폴란드 민족 세력을 견제할 목적으로 '중앙위원회'의 활동을 지원했다. 군사적으로는 우크라이나인 지원병으로 구성된 '갈리치아 부대Waffen SS Division Galizine'가 조직되었다. 독일군 점령 지역 중 구소련 지역에 구성된 '제국관구Reichskommissariat'도 1941년 여름과 하반기 동안 유화 정책을 폈다. 1941년 6월 22일 히틀러가 이 지역을 볼셰비키 압제로부터 공식 해방된 것으로 선언하자, 일시적으로 문화적, 종교적 민족운동이 일어났다. 짧은 기간 동안 약 100여 개의 신문이 창간되거나 부활되고, 학교에서도 민족적 교육프로그램이 준비되었다. 종교적으로는 그간 금지되었던 독립정교회Autocephalous Orthodox Church가 부활되었다. 시코르스키Polikarp Sikorskii 대주교의 주도하에 제국관구Reichskommissariat 지역에서 부활한 자치정교회는 1942년 전반기에만 여섯 명의 주교를 새로 임명하였다. 독립정교회도 그로마드스키Oleksii Gromadskii 대주교의 주도하에 독자적인 지도체계를 갖춰 나갔다. 갈리치아 지역을 중심으로 활동하던 그리스 가톨릭교회도 중부와 동부 우크라이나 지역으로 진출했다. 농촌 지역에서는 농민들이 집단농장의 토지를 분할해 나눠 갖거나 새로운 협동농장을 만들었다. 1941년 10월에는 키예프에 OUN의 멜니크 분파 주도로 우크라이나 민족위원회Ukrainian National Council가 구성되어 자치정부 구성의 꿈도 키워나갔다. 1941년 여름과 가을의 이러한 자유로운 분위기는 일부 민족주의자들로 하여금 독일 점령군을 볼셰비키 통치로부터의 해방자로 착각하게 만들기에 충분한 여건을 조성했다. 민족주의자들은 1918년 제정러시아 붕괴 이후 헤트만 정부를 앞세운 독일군의 역할에 대한 착각을 다시 한 번 반복했을 뿐 아니라, 앞으로 다가올 혹독한 점령 정책을 전혀 예상하지 못했다.

독일 점령군은 우크라이나에 대한 장기적인 정치적 계획을 가지고 있지 못했다. 점령 정책의 근간을 이룬 것은 나치 정부의 인종 정책이었다. 나치의 인종 정책에 따르면 독일인은 '지배민족master race/Herrenvölker'이고, 슬라브인들은 지배민족을 위해 희생해야 하는 '하위민족subhumans/Untermenschen'에 불과했다. 또한 좋은 환경과 광대한 농경지를 가진 우크라이나는 독일인들의 휴식을 위한 '전원국가Lebensraum'와 농산물 및 자원 공급지의 역할을 해야 했다. 따라서 전쟁 중에 파괴된 주요 도시들은 복구되지 않았고, 키예프 등 대도시의 식량 배급도 중단시켜 도시민들이 대거 농촌 지역으로 이주하게 만들었다. 제국관구의 본부도 키예프가 아닌 서부의 중소도시 리브네Rivne에 설치했다. 점령 지역에 남아 있던 독일인들은 앞으로 건설될 '전원국가'의 지배계급 역할을 할 주민들로 특별한 대우를 받았다. 독일군 진주 전 많은 수의 독일인들이 중앙아시아 지역으로 강제 이주되었지만, 흑해 지역과 동부에는 상당수의 독일인들이 남아 있었다. 소련군이 우크라이나를 탈환하면서 점령 지역에 남아 있던 약 35만 명의 독일인들이 독일군과 함께 후방 지역과 독일로 이동하였지만, 이 중 약 25만 명은 종전 이후 소련군에 의해 다시 러시아의 코미자치공화국과 시베리아 지역으로 강제 이송되었다. 전쟁 중의 이러한 이동으로 인해 18세기 후반부터 형성된 우크라이나 내 독일인 사회와 집단 거주 지역은 거의 해체되었다.

1941년 11월 코크Erich Koch가 우크라이나 제국관구Reichskommissariat의 총독으로 부임해 오면서 점령 지역에서의 본격적인 탄압 정책과 인명 살상이 시작되었다. 코크는 먼저 구성된 지 얼마 되지 않은 우크라이나 민족위원회를 해체하고, 지도자들을 처형하거나 체포했다. 계몽회와 농촌협동조합cooperative도 해체되고, 모든 고등교육기관이 문을 닫았고, 교육은 4학년 과정까지만 진행이 허용되었다. 농촌 지역에서의 수탈과 징발도 가중되었다. 소련의 집단 농장은 이름만 '공동농장communal farms'으로 바뀌어 전쟁에 필요한 식량을 생산하였는데, 생산할당량이 지역에 따라서 집단농장 시절의 두 배에 달했다. 점령 기간 중 독일군은 500만 톤 이상의 곡물을 징발한 것으로 추정된다. 독일 점령군은 전쟁 포로나 파르티잔, 민족운동가들을 대규모로 처형했다. 1941-1945년 사이 동부 전선에서 약 580만 명의 소련군이 독일군의 포로가 되었는데. 이 중 190만 명이 사망하고, 130만 명이 실종된 것으로 추정된다(Magocsi, p.634). 우크라이나를 비롯한 소련 점령 지역에서는 대규모로 노동자를 징발하여 독일과 후방 지역에서 노역에 종사하게 하였다. 이러한 징발 노동자는 '동방노동자Ostarbeiter'로 불렸는데, 소련에서 징발된 280만 명의 동방노동자 중 230만 명이 우크라이나 출신이다. 유셴코 전 대통령 부인인 카테리나 유셴코도 동방노동자로 만나 결혼하여 미국으로 이주한 부모에게서 태어났다.

나치의 인종 정책의 최대 희생자는 유대인이었다. 유대인과 집시는 최하층 민족으로 분류되었다. 민족말살 정책Final Solution에 의해 독일군 점령 지역에 남아 있던 유대인들은 대량 학살을 당하거나 폴란드 등지의 강제수용소로 이송되었다. 유대인 말살을 위해 독일군은 특수 부대Einsatzgruppen를 동원했다. 1941년 7월과 8월에만 갈리치아와 볼리니아에서 약 2만 4천 명의 유대인이 학살되었다. 9월 29일과 30일 사이 키예프 외곽의 바비 야르Babi Yar 계곡에서는 이주 명령을 받고 모인 3만 4천 명의 유대인이 집단으로 총살되었다. 바비 야르는 전쟁이 끝날 때까지 전쟁 포로와 민족주의자들의 집단 처형 장소로 이용되었다. 서부 지역의 유대인들은 아우슈비츠, 트레블링카 등의 강제수용소로 이송되어 가스실에서 처형되는 경우가 많았다. 점령 기간 중 독일군은 우크라이나 내에서 약 85만-90만 명의 유대인을 처형한 것으로 추정된다. 루마니아군

바비 야르 학살지 기념탑

이 1941년 10월 오데사를 점령하였을 때는 약 2만 6천 명의 유대인을 처형하였고, 부코비나와 베사라비아 등 남부 지역에서는 독일군과 루마니아군의 협약에 의해 1941년과 1943년 사이 약 10만 명의 유대인이 트랜스드네스트르 지역의 강제수용소로 이송되었다(Magocsi, p.632). 유대인의 학살과 강제 이송에 많은 우크라이나인들이 강제적으로 동원되었지만 자발적으로 독일군의 보조 역할을 한 우크라이나인의 숫자도 적지 않았다. 유대인 탄압에 대한 지역 주민의 협조는 내전 시기 일부 민족주의자들에 의해 자행된 유대인 탄압과 연관되어 우크라이나를 반유대 정서가 강한 지역으로 인식되게 만들었다. 그러나 이러한 상황에서 유대인들을 숨겨 주고 보호하기 위해 나선 우크라이나 주민들도 많았다. 이스라엘 정부는 제2차 세계대전 중 유대인을 보호한 약 2천 명의 우크라이나인을 '정의로운 신사Righteous Gentiles'로 인정하여 그 공을 기리고 있다. 셉티츠키 대주교는 갈리치아 지역의 그리스 정교회 수도원에 약 150명의 유대인을 숨겨 보호하였다(Yekelchyk, p.139).

점령군의 가혹한 정책은 우크라이나인들의 민심을 이반시켰고, 무장 저항운동을 촉발시켰다. 독일군은 저항운동이 일어난 곳은 집단 책임을 물어 마을 주민 전체를 처형하는 강경책을 써서 주민들의 희생이 컸다. 볼리니아, 체르니기프, 키예프 북부 지역이 이러한 보복 정책으로 많은 주민들이 희생되었다. 무장 저항운동은 조직적인 군사 작전으로까지 발전하기도 하였다. 무장 세력의 주력은 소비에트 적군과 독일군 모두에 저항한 민족주의 계열 조직과 소련군의 파르티잔 부대였다. 민족주의 계열 저항조직은 볼리니아와 폴리시아 지역을 무대로 활동하였다. 1941년 여름 '타라스 불바 보로베츠Taras Bulba-Borovets' 그룹에서 출발한 저항군은 퇴각하는 소련군을 공격하였고, 1942년 3월부터는 독일군을 상대로 전투를 시작하며 이름을 '우크라이나 저항군UPA/Ukrainska povstanska Armiia Ukrainian Insurgent Army'으로 바꾸었다. 이 부대는 처음에는 미처 퇴각하지 못한 소비에트 적군 잔류병들과 전투를 벌였으나, 1941년 말 독일군이 이 부대 소탕에 나서자 독일군을 상대로 한 전투에 돌입했다. 1942년이 말까지 OUN-B그룹과 OUN-M그룹은 '우크라이나 저항군' 이름으로 각각의 전투 부대를 조직했다. OUN-M그룹에는 아제르바이잔인, 우즈벡인, 그루지야인, 타타르인들도 포함되어 있었다. 1943년 11월 OUN-B그룹은 모든 UPA 조직을 통합하고 나흐티갈Nachtigall 장교 출신인 슈케비치 Roman Shukevich(본명 Taras Chuprynka)가 사령관에 올랐다. 명칭도 '우크라이나 국민혁명군Ukrainska Harodna Revolyutsiina Armiia/UNRA'으로 바꾸었다 (Bojko pp.478-479). 1943년 약 4만 명의 병력을 보유한 '저항군UPA'는 독일군만을 상대로 싸운 것이 아니라, 소련 적군과도 전투를 벌였다. 1944년에는 활동 무대를 갈리치아로 확대해 카르파티아 산악 요충 장악을 위해 퇴각하는 독일군을 후방 공격하고, 진군해 오는 소련 정규군과도 전투를 벌였다(Yekelchyk, p,144). 그러나 볼리니아에서 '저항군'은 독일 점령의 같은 피해자인 폴란드인들을 공격하고, 이에 대한 보복으로 폴란드 파르티잔들은 우크라이나인들을 공격하기 시작하면서 상황은 아주 혼미해졌다. 1943-1944년 사이 약 3만 5천 명의 폴란드 인들과 상당수의 우크라이나인들이 볼리니아와 첼름Chelm 지역에서 상호 인종 청소에 의해 희생된 것으로 추정된다. 우크라이나 해방이라는 명분으로 출발한 '우크라이나 저항군'이었지만 이렇게 민족 세력인 아닌 모든 세력을 상대로 투쟁을 벌인 전략의 공과 과에 대해서는 현재까지도 민족주의 진영과 친러시아 진영 사이에서 엇갈린 판단이 내려지고 있다. 소비에트 파르티잔 세력은 1943년 중반까지 눈에 띄는 활동을 하지 않았다. 1942년 6월 20일 우크라이나 공산당은 보로실로프그라드(현 루간스크)에 '우크라이나 파르티잔 본부Ukrainian Staff of the Partisan Movement'를 설치하였다. 1943년 말에는 4만 명 이상의 소비에트 파르티잔이 우크라이나에서 활동한 것으로 전해진다. 파르티잔 세력은 독일군 후방에서 교란 작전을 펼치고, 서부 지역과 카르파티아 지역까지 활동 범위를 확장했지만, '저항군'과의 싸움에 전투력을 소진한 면도 많았다. 파르티잔 세력과 '저항군'의 심한 반목은 그 후유증이 아직도 남아서 최근의 '우크라이나 저항군' 기념행사에서 양측의 노년 퇴역병들이 물리적 충돌을 벌이고는 한다.

5.3. 소련군의 반격

'저항군'과 파르티잔의 군사 활동은 매우 활발하였지만, 정규 독일군에 결정적 타격을 입히기에는 역부족이었다. 1942-1943년 겨울의 스탈린그라드(현 볼고그라드Volgograd). 전투에서 독일군이 패퇴하면서 전세가 결정적으로 역전되었다. 1943년 1월 말 스탈린그라드 전투에 투입된 독일 제6군을 궤멸시키고 서진을 시작한 소련군은 1943년 봄 돈바스 지역을 대부분 탈환하였다. 7월과 8월 쿠르스크Kursk 전투에서 다시 한 번 독일군에 결정적 타격을 입힌 소련군은 가을이 되면서 드니프로 강을 사이에 두고 독일군과 치열한 전투를 벌였다. 11월 6일에는 키예프를 탈환하였고 드니프로 서안西岸으로 진격하기 시작하였다. 1944년 1월과 2월 코르순Korsun 전투를 승기로 잡아 7월에는 동부 갈리치아 지역 대부분을 탈환하였다. 7월 27일에는 소련군이 리비프에 입성하였다. 7월 18일의 브로디Brody 전투에서는 독일군에 편성된 우크라이나인 갈리치아 부대Galician Division가 궤멸되었다. 1944년 10월 트랜스카르파티아 지역을 장악하면서 우크라이나 전 영토를 탈환하게 되었다.

독일군을 패퇴시키고 서부 지역을 장악한 소련군에게 '저항군UPA'이 새로운 적대 세력이 되었다. 1944년 겨울부터 1945년 여름까지 서부 지역 곳곳에서 양측은 군사적 충돌을 벌였다. '저항군'은 친소비에트 협력자들과 관리들을 공격했고, 우크라이나 1군구 사령관인 바투틴Nikolai Batutin 장군에게 치명적인 부상을 입혔다. 1994년 겨울 소비에트 정부는 대규모 군사 작전을 벌여 '저항군'을 소탕했다. 소련 정부 자료에 의하면 이 기간 동안 약 9만 명의 '저항군'을 사살하고, 9만 명 이상을 포로로 잡은 것으로 나와 있다. 이러한 작전으로 '저항군'의 전력과 군사 활동은 현저히 약화되었지만, '저항군' 잔존 세력은 1950년대 초까지 산발적으로 게릴라식 전투를 벌였다.

제2차 세계대전 중 발생한 인적, 물적 손실은 엄청났다. 소련 전체로 보면 약 1,100만 명의 소련군이 전사하고 민간인 사망자도 700만 명에 이르렀다. 우크라이나에서는 410만 명의 민간인이 사망하고, 140만 명의 군인이 전사하거나 전쟁 포로가 되었다. 독일군이 진주할 때 약 390만 명의 인구가 중앙아시아 등 후방 지역으로 이주되었고, 독일군 점령기간 동안 220만 명이 '동방노동자Ostarbeiter'로 독일 본토나 점령 지역으로 징발되었다(Magocsi, p.638). 동서 길이가 1,300킬로미터나 되는 우크라이나 전 지역이 독일군에 점령되었다가 다시 소련군에 의해 탈환되면서, 도시와 농촌의 파괴와 공업시설의 파괴로 인한 손실은 막대했다. 1941년 퇴각하는 소련군은 주거 지역 초토화 작전과 공업시설 이전 작전을 펼쳤다. 우크라이나 내의 544개의 공장이 후방으로 완전히 이주되었다.

1943-1944년 소련군의 반격에 밀려 퇴각하는 독일군도 파괴 작전을 펼쳐 1만 6천 개 이상의 공장이 완전히 또는 부분적으로 파괴되었다. 833개의 광산과 1,300개 트랙터 스테이션, 2만 7,910개의 집단농장이 파괴되었다. 2만 8천 개의 촌락과 714개의 도시가 여러 형태로 피해를 입었고, 약 1,900만 명의 주민이 주택을 잃었다. 수도인 키예프는 도시의 85% 이상이 파괴되었고, 하리코프도 70% 이상의 건물과 주택이 손실되었다(Magocsi, pp.638-639).

우크라이나는 독·소전쟁의 주 교전 지역이 됨으로써 러시아 혁명과 내전이 끝난 지 불과 20여 년 만에 전 국토가 전쟁터로 변하고 큰 피해를 입었다. 그러나 전쟁 상황을 이용해 우크라이나 독립을 이루어보려던 민족주의자들은 다시 한 번 큰 판단착오를 하였다. 헤트만 정부 때와 마찬가지로 나치 독일이 소련의 지배를 종식시키는 해방 세력이 될 수 있다고 잘못 생각한 일부 민족주의자들은 독일군과의 협력에 나섰지만, 독일군은 우크라이나를 단순한 점령 지역 이상으로 생각하지 않았다. 나치의 인종 우월주의 정책으로 유대인뿐 아니라 수많은 주민들이 희생되거나, 노역에 동원되었다. 우크라이나 민족주의자들은 우크라이나의 운명뿐 아니라 주민들의 생존권이 주변 강대국들에 의해 결정된다는 점을 다시 한 번 깨달아야 했다. 제1차 세계대전 종전 결과와 다른 점은, 당시에는 우크라이나를 지배하고 있던 러시아와 오스트리아제국의 충돌로 두 제국이 모두 붕괴되고 볼셰비키 정권이 새로운 지배 세력으로 등장하였지만, 제2차 세계대전에서는 소련이 승리함으로써 소비에트 정권은 훨씬 더 강화된 힘으로 돌아오게 되었다는 것이다. 얄타 체제가 성립함으로써 우크라이나와 동유럽에서 소련에 대항하거나 견제할 세력은 더 이상 존재하지 않았다. 이러한 체제는 1991년 소련 붕괴까지 반세기 가까이 지속되었고, 이 기간 동안 우크라이나는 소련 체제로 동화되는 운명을 피할 수 없었다. 오히려 냉전기간 동안 우크라이나 땅은 더 이상 전쟁의 참화를 겪지 않고 평온한 기간을 보내면서, 민족주의적 자주 독립의 열망도 쇠퇴해 갔다. 세계 2대 강대국으로 부상한 소련이라는 강력한 국가 체제 안에서 자력으로 독립을 이룬다는 희망은 비현실적인 몽상에 불과했고, 소련 체제가 스스로 와해되는 날까지 독립을 미뤄야 했다.

제2차 세계대전으로 우크라이나는 영토, 인구 면에서 크게 확장이 된다. 폴란드 관할하에 있던 서부 지역이 통합되고, 트랜스카르파티아와 부코비나도 우크라이나의 영토가 됨으로써 우크라이나 사회주의공화국이 면적은 1/4(165,300제곱킬로미터)이나 넓어지고 인구도 약 1,100만 명 증가하게 되었다. 이러한 영토 확장으로 1991년 우크라이나가 독립하였을 때는 유럽에서 두 번째로 큰 국가가 되었다. 서부 우크라이나가 통합됨으로써 5세기 이상 여러 국가에 의해 분할 지배된 우크라이나 동서 지역이 하나로 통합되고 역사상 처음으로 우크라이나인이 거주하는 거의 전 지역의 지리적 통합이 이루어졌다. 이러한 영토 변경은 전후 처리를 위한 여러 번의 강대국 회담에서 결정이 되었다. 1943년 11월 열린 테헤란회담에서 미국, 영국, 소련은 종전이 되면 1939-1940년의 소련 국경을 인정하기로 결정하였다. 1945년 2월의 얄타회담에서 스탈린은 교묘한 협상술로 가장 많은 이익을 얻어내는 데 성공했다. 소련군이 진주한 동유럽에 대한 사실상의 지배권을 인정받았을 뿐 아니라, 소련의 영토도 크게 확장하는 데 성공했다. 얄타회담의 중요한 주제는 폴란드의 국경 변경 문제였다. 폴란드의 전체 영토 면적은 보전해 주되, 국경을 서부로 약 200킬로미터 이동시키기로 하였다. 동부 갈리치아, 볼리니아, 폴리시아는 소련에 넘겨주어 우크라이나공화국에 편입시키고, 폴란드는 대신 서쪽으로 오데르-니세 강 동부의 독일 영토를 획득해서 포메라니아, 실레지아, 동프러시아 남부 지역이 폴란드 영토가 되었다. 패전국인 루마니아로부터 북부 부코비나를 다시 빼앗아 체르놉치주를 만들고, 독소불가침 조약으로 획득하여 자치공화국을 만들었던 베사라비아 지역은 몰다비아 연방공화국으로 지위가 격상되어 다시 소련 영토가 되었다. 트랜스카르파티아는 복잡한 절차를 걸쳐 우크라이나에 편입되었다. 원래 1938년 11월과 1939년 3월 두 단계에 걸쳐 헝가리에 강제 편입된 이 땅은 1944년 가을 소련군에 의해 탈환되었다. 체코슬로바키아 망명 정부는 연합국의 도움으로 다시 이 땅을 획득하여 체코슬로바키아령으로 만들었다. 그러나 1944년 11월 25-26일 친소련 세력이 소집한 지역주민 회의에서 '소연방 우크라이나 조국'과 병합할 것을 선언하였다. 체코슬로바키아에 공산정권 들어서자 1945년 6월 29일 의회에서 이 지역을 소련에 양도할 것을 결정함으로써 트랜스카르파티아는 다시 우크라이나공화국 영토가 되었다. 영토 변경으로 인한 인구 교환과 이동도 많았다. 동부 지역에 거주하던 81만 415명의 폴란드인들이 본국으로 이주하였고, 대신 폴란드에 거주하던 48만 2,880명의 우크라이나인들이 우크라이나로 이주해 왔다 (Yekelchyk, p.147). 약 5만 3천 명의 체코인이 볼리니아와 트랜스카르파티아를 떠났고, 대신 약 1만 2천 명의 우크라이나인이 체코에서 이주해 왔다. 카르파티아 지역에 거주하는 약 14만 명의 우크라이나인들과 렘코인 Lemko들이 새로 폴란드의 영토가 된 실레지아 지역과 북부 프러시아 지역으로 이주되었다. 독일과 오스트리아 지역에 징용되어 갔던 '동방노동자'들과 나치 강제수용소 수감자들도 전후 처리의 큰 문제 중 하나였다. 나치 정권 치하에 있던 약 200만 명이 강제적으로 소련으로 귀환되어, 이들 중 상당수가 적군에 부역한 죄로 처형되고, 약 35만 명이 시베리아 등지의 강제수용소로 이송되었다. 약 25만 명은 소련으로 귀환하지 않고 서유럽 지역에 정착하였다가 후에 캐나다나 미국으로 이주하였다(Magocsi, pp.642-643). 우크라이나 서부 지역을 병합한 소련은 주민들의 소요를 억제하기 위해 여러 형태의 강압 수단을 썼다. 우선 우크라이나 민족운동의 중심 역할을 한 교회에 대한 탄압이 이루어졌다. 서부 지역 교회는 1944년 11월 셉티츠키 대주교가 사망하여 영향력 있는 지도자를 잃은 상태였다. 소련 정권은 1946년 3월 종교회의sobor를 소집하여 1596년 브레스트 조약Union of Brest을 무효화시키고 그리스 가톨릭교회를 러시아 정교회와 통합시켰다. 교회의 모든 재산도 모스크바 총주교관구로 넘겼다. 그리스 가톨릭 사제들에 대한 탄압과 회유로 약 3천 명의 사제 중 1,100명은 러시아정교회로 소속을 바꾸었고, 약 1,600명은 투옥되었으며 나머지는 지하로 숨어들었다(Magocsi, p.650). 서부 지역에서 활동하던 많은 수의 독립 정교회 지도자들도 서방으로 망명하였다. 이후 독립정교회는 미국으로 본부를 옮겨 우크라이나가 독립될 때까지 므스티슬라프 총주교Patriarch Mstyslav/Stepan Skrypnyk가 망명교회를 이끌어 갔다. 소련 정권에 항거하는 주민들에 대한 통제와 탄압도 이어졌다. 203,662명의 서부 지역 주민이 시베리아 지역으로 강제 이주되었다(Yekelchyk, p.148). '우크라이나 저항군UPA'은 종전 후에도 소련군과 교전을 계속하였다. 1945-1946년 사이 소탕 작전이 본격화되자 저항군은 우크라이나-폴란드 국경 삼림 지역과 폴란드 지역으로 퇴각하여 산발적 전투를 벌였다. 폴란드 지역의 우크라이나인들이 대규모로 이주해 오며 폴란드와의 인구 맞교환이 시작되자 저항군은 폴란드군에 대한 공격도 시작했다. 1947년 5월 폴란드 국방차관이 저항군의 잠복 공격을 받아 사망하자 폴란드군도 '비스툴라 작전 Vistula Operation/Akcja Wisła'을 전개하여 저항군 소탕에 적극 나섰다. 체코슬로바키아도 소탕 작전을 시작하여 저항군은 소련, 폴란드, 체코슬로바키아 모두를 적으로 하여 투쟁하는 고립무원의 상황에 빠졌다. 1948년에 이르러 저항군의 무장 항쟁은 거의 종결되었고, 일부 민족주의자의 선동과 활동은 1950년대 초반까지 이어졌다. 저항군은 서부 우크라이나 민족주의의 저항 투쟁의 상징으로 남아 있어 현재까지 저항군의 후예를 자처하는 극우 단체들이 활동하고 있다.

6장
1950년대와 1960년대의 우크라이나

6.1. 전후 복구와 흐루시초프 시대

제2차 세계대전 종전 후 우크라이나는 전쟁에 의한 피해로 극심한 경제난을 겪었다. 1945년 공업 생산은 전쟁 전의 26%, 농업 생산은 40% 수준에 머물렀다. 엎친 데 덮친 격으로 1946-1947년 사이 심각한 기근이 발생하여 많은 사망자가 발생하였다. 주민 중 약 백만 명 이상이 영양실조dystrophy 진단을 받을 정도로 식량 부족이 심했다. 유럽이나 일본처럼 미국의 원조를 받지 않고 독자적으로 전후 복구에 나섰고, 집단화와 공업화가 추진된 1920년대 말-1930년대 초와 같은 총동원 체제가 다시 가동되었다. 4차 5개년계획(1946-1950년) 기간 중 중공업 재건에 모든 자원이 동원되었다. 제2차 세계대전으로 파괴된 공업 기반을 복구하기 위해 중공업 재건 작업이 먼저 시작되었고, 경공업이나 소비재 산업은 중공업의 1/4 속도로 성장하였다. 우크라이나 지역의 전후 복구도 공업력 재건에 자원이 집중되었다. 4차 5개년계획 기간 중 소련 전체 예산의 19.3%

가 우크라이나에 투입되었다. 이는 제2차 세계대전 이전 기간 중 평균 자본투입 비율인 15.9%(1929-1941년)보다 훨씬 높은 수치이다(Magocsi, p.644). 산업 생산에 투입할 수 있는 노동력도 전쟁 전에 비해 30% 이상 증가했다. 4차 5개년계획이 끝난 1950년에는 전쟁 전의 공업생산 수준을 회복할 정도로 전후 복구는 성공적으로 이루어졌다. 이러한 총동원 체제와 자본 집중 투입으로 5차 5개년계획 기간(1950-1955년)이 끝난 시점에는 공업 생산이 전쟁 전의 두 배로 늘어나게 되었다. 농업 부문에서는 집단농장과 국영농장을 근간으로 한 집단화 정책을 고수하였다. 전쟁 전 2만 8천여 개였던 집단 농장은 1949년 3만 3천 개로 늘어났고, 국영농장은 1950년 935개였다(Magocsi, p.645). 서부 지역의 영토 확장으로 전체 농경지는 늘어났으나, 비효율적 경영과 잦은 가뭄으로 인해 농업 생산은 계획한 대로 늘지 않았다. 공업 생산과 다르게 5차 5개년계획이 끝난 1955년에도 농업 생산은 전쟁 전 수준을 회복하지 못하였다. 새로 우크라이나 영토가 된 서부 지역에서는 1948년부터 농업 집단화가 시작되어 1951년에 완료되었다. 전체 농지의 약 95%가 집단화되었다. 전통적으로 농업 지역이던 서부 지역의 공업화가 빠른 속도로 이루어졌다. 소련의 기술과 산업화 경험이 큰 도움이 되었다. 자동차 공업과 가스 및 석탄 채굴의 광공업이 집중적으로 발달되었다. 전후 10년간 서부 지역의 공업생산은 약 네 배로 늘어나게 되었다. 농업의 더딘 생산 증가와 함께 급격히 늘어난 인구는 만성적 식량 부족을 초래했고, 이것이 흐루시초프로 하여금 대대적 농업 개혁에 나서게 만들었다. 1939년 3,170만 명이었던 우크라이나 인구는 1959년 인구조사 당시 4,180만 명으로 늘어나 식량 문제가 크게 대두되었다.

정치 권력에도 변화가 있었다. 스탈린의 절대적 신임을 받던 흐루시초프가 1947년 일시적으로 실각하는 일이 벌어졌다. 1946-1947년의 기근 대책 건의가 스탈린의 분노를 산 것이 실각의 원인이었다. 흐루시초프 대신 카가노비치가 실질적 권력자로 잠시 등장했다. 카가노비치는 이념 투쟁 수단으로 '즈다노프 운동Zhdanovshchina'를 전개했다. 이 운동은 전쟁 기간 중 일시적으로 허용된 민족주의적 성향을 탄압하는 구실로 이용되었고, 러시아에서는 예술 분야의 서방 영향 견제의 수단으로 활용되었다. 1947년 말 흐루시초프는 다시 실권을 장악하고 공산당 조직을 강화했다. 1949년에는 전쟁 전 수준인 68만 명의 공산당원을 확보했고, 이 중 약 70%가 우크라이나인이었다. 교육 부문의 복구도 활발하게 이루어졌다. 1945-1950년 사이 3,400개 학교가 신설되었다. 그러나 교육의 내용은 애국주의가 주류를 이루었고, 소련의 주도 민족으로서의 러시아민족의 역할을 강조했다. '소련형 인간Homo Sovieticus' 양성이 교육의 기본 목표가 되었고, 러시아어 교육도 강화되었다. 러시아어로 교육하는 학교에 진학하는 학생 수가 1938-1939년에는 14%에 불과했지만, 1950-1951년에는 17.6%, 1955-1956년에는 25%로 꾸준히 늘어났다(Magocsi, p.647).

국제적으로는 1945년 4월 샌프란시스코 회의에 우크라이나는 자체 대표단을 파견했다. 소련이 유엔에 참여하는 조건으로 세 표의 대표권을 갖는 것으로 양해가 되자 우크라이나는 벨로루스와 함께 국제연합UN 47개국 창립국 중 하나가 되었다. 유엔 회원국으로서 외교 활동을 하기 위해 소규모이지만 독자적 외무성 조직도 갖게 되었다. 첫 유엔 총회에서 우크라이나는 경제사회이사회에 소속이 되어 활동하였고, 1948-1949년에는 안전보장이사회 회원국이 되었다. 1946년 7월 파리평화회의에 정식으로 대표단을 파견하였고, 1947년 2월에는 이탈리아, 루마니아, 헝가리, 불가리아, 핀란드와 평화 협정을 맺었다(Boiko, p.401). 1950년대에는 16개 국제기구에 가입하였고, 60여 개 세계 협약에 가입하였다. 1958년에는 유엔에 상주대표부를 설치하여 활동하기 시작했다. 1949년 흐루시초프가 모스크바로 올라가자 후임에 멜니코프Leonid Melnikov가 당 제1서기로 임명되어 1953년까지 재임했다. 1953년 6월에는 키리첸코Oleksii

Kyrychenko가 당 제1서기로 임명된다. 그는 우크라이나인으로는 처음으로 당 제1서기에 오른 사람이 되었다.

1953년 3월 5일 스탈린이 사망하자 소련은 일시적으로 말렌코프Georgii Malenkov, 몰로토프Viacheslav Molotov, 베리아Lavrentii Beria, 흐루시초프로 구성되는 집단 지배 체제로 운영되었다. 1953년 9월 흐루시초프가 치열한 권력 경쟁 끝에 소련공산당 중앙위원회 제1서기에 취임하여 일인자의 자리에 오르고, 이후 정적들을 차례로 제거하고 권력을 강화하였다. 그는 1957년 6월 당 중앙간부회의 위원들의 사임 요구를 받아 일시적으로 위기에 처하지만, 당 중앙위원회를 통해 반대 세력을 무력화시키고, 이들을 '반당분자'로 규정하고 간부회의에서 추방시킴으로써 정치적 위기를 넘겼다. 1958년에는 불가닌을 제거하고 총리직과 당 제1서기직을 겸직하여 명실상부한 소련의 최고 실력자가 되었다. 흐루시초프는 1956년 2월 공산당 20차 전당대회에서 역사적인 스탈린 비판 연설을 하여 소련 사회에 해빙 무드를 촉발시켰다. 1938-1949년까지 우크라이나의 지도자로 일했던 그는 우크라이나를 자신의 권력 기반으로 생각하고 우크라이나 공산당 조직을 강화하는 한편, 우크라이나에서 자신과 같이 일했던 당 관료들을 모스크바로 불러들여 당과 정부의 요직을 맡겼다. 1954년의 정적들과의 권력 투쟁에도 우크라이나 출신 당료들의 도움을 받았고, 1957년 강경파와의 권력 투쟁에서도 이들의 도움을 받았다. 이에 대한 보답으로 1957년 우크라이나 당 제1서기 키리첸코를 모스크바로 불러들여 당 중앙위원회 정치국원에 임명하고, 후임에는 역시 우크라이나인인 포드고르니(우크라이나어 발음으로는 피드고르니Mykola Pidgorny)를 임명하였다. 포드고르니는 1963년 모스크바로 진출하여 브레즈네프, 코시긴과 함께 3두 체제의 일인이 되었고, 국가원수에 해당하는 최고회의 의장을 맡게 되었다. 1952년 우크라이나 볼셰비키공산당CPbU에서 우크라이나공산당CPU으로 이름을 바꾼 공산당도 1954년 18차 당 대회 이후,

중앙위원회 서기 전원과 8명의 정치국원이 모두 우크라이나인으로 구성되었다. 1958년 당 중앙위원회의 75%, 일반 당원의 60%가 우크라이나인으로 채워졌다.

전후 복구 기간 중 러시아 민족주의가 고양되면서, 민족 문화 발달에 대한 견제가 다시 시작되었다. 러시아민족은 파시스트의 침략을 격퇴한 위대한 민족으로 찬양되었고, 슬라브족의 종주민족으로 부각되었다. 1954년 페레야슬라프 조약 300주년을 맞으면서 러시아와 우크라이나의 역사적 유대와 형제관계가 크게 강조되었다. 1954년 페레야슬라프 조약 300주년을 기념하여 공산당 중앙위원회가 만든 기본 4원칙these에 이러한 태도가 잘 반영되어 있다(Magocsi, p.648, 1954년 1월 12일자 *Pravda*와 *Izvestia* 논설에서 재인용).

1. 러시아, 우크라이나, 벨로루스 민족은 키예프 루스공국을 설립한 고대 러시아민족Drevnerusskii narod에 기원을 두고 있다.
2. 역사적으로 우크라이나인들은 벨로루스 민족과 마찬가지로 러시아 국민과의 통합을 염원해 왔다.
3. 러시아화russification는 진보적 발전 과정progressive act이다.
4. 전 역사 과정을 통해 러시아인은 동슬라브족의 장자 역할을 하였다. 러시아의 큰 위업은 강력한 노동 계급과 그 전위대로서 공산당을 탄생시킨 것이다.

이 선언에는 슬라브족 국가 사이 관계에서의 러시아의 우월적 지위와 동슬라브족의 단일성을 강조하는 메시지가 잘 반영되어 있고, 이러한 모스크바 중심적인 생각은 소연방 붕괴와 우크라이나, 벨로루시 독립국가 출범 후에도 러시아 우익 지식층에 강하게 이어져 오고 있다. 1954년 2월에는 페레야슬라프 조약 300주년 기념으로 크림 반도를 "형제애와 러시아국민의 우크라이나에 대한 신뢰의 표시"(yet another affirmation of the great fraternal love and trust of the Russian people for Ukraine)로 우크라이나공화국에 양도한다고 선언하였다. 우크라이나는 제정러시아 시절부터 유명한 휴양지이며 면적 44,000제곱킬로미터, 인구 26만 8천 명(1959년 인구센서스)에 이르는 크림 반도를 새로운 영토로 갖게 된다. 크림은 원래는 러시아연방공화국 소속 자치공화국이었으나, 1945년 6월 주oblsat로 지위가 격하되었다. 제2차 세계대전 중 독일군이 점령하였으나 1944년 5월 소련군이 다시 탈환하며 원주민이었던 크림타타르인 전원을 중앙아시아와 시베리아 지역으로 강제 이주켜, 크림주에는 러시아인과 우크라이나인들이 많이 이주해 와서 살고 있었다. 우크라이나 독립 후 분리독립 운동과 러시아 복귀 운동이 벌어졌으나, 1996년 자치공화국으로 지위가 격상되어 크림주는 우크라이나에 남게 되었다. 1954년 소연방 해체를 전혀 생각하지 못한 흐루시초프의 일방적 시혜로 우크라이나 영토가 된 크림은 러시아 극우파의 영토 회복 운동의 목표가 되었다. 크림은 앞으로도 우크라이나와 러시아 양국 사이의 분쟁의 핵이 될 가능성이 크다.

1956년 흐루시초프의 스탈린 격하 연설로 촉발된 사회적 변화는 정치, 사회, 문화 분야에 해빙 무드를 가져왔다. 1929-1953년 사이 우크라이나에서는 961,645명이 정치범으로 몰려 추방되거나 처형되었었다. 스탈린 사망 직후인 1953년부터 시작된 정치인 복권 운동으로 1961년까지 290,967명의 정치범이 복권되었다. '우크라이나저항군UPA' 전사나 가족 약 6만 명이 강제추방에서 해금되어 서부 우크라이나로 돌아왔으나, 민족주의 운동 재연을 염려한 당국에 의해 다시 다른 지역으로 재이주되었다. 1920년대 말-30년대 초 우크라이나화 운동Ukrainizatsia를 주도하다 1933년 자살한 스키립니크도 복권되었고, 작가동맹에서는 대숙청 기간 동안 처형된 작가들을 복권시켰다. 1955년 저명한 영화감독 도브젠코Aleksandr Dovzhenko가 쓴 〈사회회주의 리얼리즘의 광의의 해석broader understanding of Socialist realism〉이라는 논문은 문화, 예술 분야의 창작 경계를 확장시키는 신호탄이 되었다. 스탈린 시대의 숙청에서 살아남은 몇 안

알렉산드르 도브젠코

되는 대표적 예술인인 영화감독 도브젠코는 이 논문을 쓰고 나서 1년 뒤 사망하였다(Yekelchyk, p.156).

스탈린 사망 이후 경제 관리 분야에서도 큰 변화가 일어났다. 1953년 우크라이나공화국이 직접 통제하는 기업은 전체의 36%에 불과했으나, 1956년에는 이 비율이 76%로 늘어났다. 이 기간 동안 약 만여 개의 공장, 기업의 감독권이 우크라이나 부처로 이관되었다. 1950년대 우크라이나는 소련 산업 성장의 중심지 역할을 하였다. 1957년 우크라이나의 국민 1인당 철광석 생산량은 세계 1위, 석탄 생산량은 세계 2위, 철강 생산량은 세계 3위에 이를 정도가 되었다(Boiko, p.518). 그러나 생산 제품의 질이나 생산성 등은 서구 국가에 비해서 많이 뒤떨어져서 총동원 체제에 의존한 경제 발전의 한계를 드러냈다. 1956년 12월 당 중앙위원회가 국가경제위원회의 경제통제권 강화를 시도하자 흐루시초프는 이에 대한 반격으로 1957년 2월 경제 관리 체제를 전면적으로 바꿔 각 지역에 경제 통제권을 주는 분권화된 시스템을 도입하였다. 중앙의 관료주의적 통제 체제를 버리고 경제 운영권을 각 지역 정부에 대폭 이양하여 경제적 효율을 높이는 것이 경제 분권화의 목적이었다. 새 제도를 시도하기 위해 경제 행정단위라 할 수 있는 '지역경제위원회'(러시아어 Sovnarkhozy, 우크라이나어 Radnarhospy)를 만들었다. 우크라이나는 처음에 11개, 1960년에는 14개 경제 지역으로 나뉘었다가, 후에 7개 지역으로, 나중에는 3개 경제 지역으로 축소되었다. 새 제도의 시행 결과 1960년에는 97%의 기업이 우크라이나 부처의 관리, 통제를 받게 되었다. 그러나 소위 '경제 분권화'는 여러 부작용을 낳았다. 중앙 부처가 아닌 각 공화국 서기들이 실질적 경제 수장 역할을 맡으면서 각 지역의 경제적 이익 강화를 위한 여러 수단을 강구하게 되었고, 모스크바와 지방 간의 갈등이 심화되었다. 중앙 부처의 관리들이 지역으로 대거 유입해 옴에 따라 지방 토착 관리들과 마찰도 커졌다. 1964년 흐루시초프 실각 후 이 실험은 종지부를 찍고 이전의 중앙관리 체제로 복귀하게 된다.

제2차 세계대전 이후 중공업 위주의 전후 복구 정책에 의해 농업 분야 발달은 더디게 진행되었다. 50년대에 들어서 사탕수수, 사탕무 등 산업 작물과 사료용 작물은 생산이 늘었지만 식량 생산은 제자리에 맴돌았다. 기본적으로 집단적 생산 시스템으로는 농업 생산성을 획기적으로 향상시킬 수 없었고, 보관 운송 시스템이 낙후되어 그나마 생산한 농산물도 폐기되는 양이 많았다. 50년대 말부터 흐루시초프는 야심찬 농업 발전 계획을 시도하였다. 1958년 먼저 기계트랙터단지MTS/Machine and Tractor Station를 폐지하고 영농장비를 집단농장에 배분하였다. 또한 정부의 농산물 구매 가격을 대폭 인상하여 생산을 자극하려고 노력하였다. 곡물가는 7배, 감자는 8배, 소 구입가는 5.5배로 올렸다. 이와 아울러 집단농장의 부채를 탕감해 주고, 각 농장의 자율 경영권을 확대해 주는 한편, 농장 책임자들에 대한 교육과 훈련을 강화했다(Boiko, p.519). 이러한 생산 자극 조치 덕분에 일시적으로라도 농업 생산은 활기를 띠게 되어 1950년대 후반 농업 생산은 연 평균 8%씩 증가하였다. 그러나 새로운 농업 정책을 시도하면서 흐루시초프는 몇 가지 중대한 실책을 저질렀다. 첫째 실책은 1955년 정부령으로 개인이 직접 경작하는 농지 면적을 절반으로 줄인 것이다. 농지를 개인이 경작하는 것은 사회주의 정책에 위반되는 것이었지만, 각 가정의 채소, 과일 공급에 큰 기여를 하고, 개인 텃밭 생산 농산물은 시장에서도 활발히 거래되어 식량 부족 해소에 큰 역할을 하고 있었는데, 이 조치로 생산이 크게 줄게 되었다. 두 번째 실책으로는 1958년 미국 방문에서 미국의 축산업에 자극을 받은 흐루시초프는 옥수수 재배 면적을 대량으로 확대하였다. 우크라이나 농지 중 20%를 옥수수 재배로 전환하는 대신 밀과 호밀 경작 면적을 줄였다. 옥수수는 주로 사료용으로 쓰여서 식량난 해소에 도움이 되지 못하고 오히려 밀 생산의 감소를 가져왔다. 셋째로 흐루시초프가 야심차게 실시한 중앙아시아와 시베리아 지역의 '처녀지Virgin Land' 개간 운동도 실패로 끝나 버렸다. 비옥도가 떨어지는 땅을 개간하여 노동이나 자본 투입에 비해 생산성이 낮았고, 생산되는 농산물의 질도 떨어졌다. 우크라이나에서는 숙련된 농업 노동력을 차출하여 '처녀지' 개간에 투입하였다. 1960년과 1963년의 대규모 가뭄으로 식량 부족이 심각해지자 1963년 사상 처음으로 미국과 캐나다에서 곡물을 수입할 수밖에 없는 상황에 처했다. 이후로도 1965년, 1967년, 1969년의 작황은 아주 저조했다. 흐루시초프는 1961년 10월 22차 당대회에서 1981년까지 공산주의 건설을 이룬다고 선언했지만 대내외 정책의 연속 실패로 실각당하고 만다. 농업 정책 실패와 쿠바 미사일 위기, 중소 분쟁 등으로 그의 정치적 입지는 약화되었고, 측근들에 의한 궁정쿠데타로 1964년 10월 흐루시초프는 권좌에서 밀려나고 말았다.

흐루시초프 시대에 소련은 우주 경쟁에서 미국을 압도하여 자신감을 얻게 되었다. 1957년 10월 4일 최초의 인공위성 스푸트니크Sputnik를 발사하여 소련 과학기술의 수준을 서방 세계에 과시했다. 1961년 4월 12일 유리 가가린Yuri Gagarin이 보스토크Vostok 로켓을 타고 우주궤도 비행에 성공하고, 우크라이나 출신 과학자 코롤레프Sergei Korolev가 대륙간탄도 미사일을 개발하였다. 이러한 우주기술에 대한 자신감을 바탕으로 흐루시초프는 쿠바 미사일 위기를 일으켰으나, 잘 알려진 대로 케네디 대통령의 강력한 반격에 굴복함으로써 결국 이는 그의 몰락을 가져오는 무모한 모험으로 끝나고 말았다.

공업 생산을 뒷받침하기 위해 에너지 자원 개발에도 박차가 가해졌다. 먼저 수력 발전 분야에서는 1956-1972년 사이 드니프로 강을 따라 대규모 저수지 5개(키예프, 카니프, 크레멘추크, 드네프로제르진스키, 카키브카)가 건설되어 수력 발전과 농업에 필요한 물을 공급했다. 천연가스 공급을 위해 리비프 남쪽 다샤바Dashava, 하리코프 동남쪽 셰벨린카Shebelynka 가스전이 개발되었다. 1960년대 말에는 우크라이나 소비량 68%, 전 소련 생산량 30%의 가스를 우크라이나에서 생산하게 되었다. 1970년대 말 석탄, 석유를 사용하는 화력 발전에 주로 의존한 전력 생산을 보충하기 위해 원자력 발전소가 건설되기 시작하였다. 1986년 방사능 유출 사고를 낸 초르노빌Chornobyl(체르노빌) 발전소가 1979년 건설되었고, 이어서 리브네(1979년), 미콜라이프(1982년), 자포로지아에 총 15기의 원전이 건설되었다.

문화, 예술계에도 해빙 무드가 찾아오면서 소련의 많은 작가들이 사회주의리얼리즘의 족쇄에서 벗어난 작품을 썼다. 1950년 후반 파스테르나크Boris Pasternak, 솔제니친Aleksandr Solzhenitsyn, 예브투셴코Evgenii Evtushenko가 복권되거나 석방되었다. 1957년《의사 지바고》가 서방에서 출간되었고, 파스테르나크는 1968년 노벨상 수상자로 결정되었다. 1962년 11월에는 솔제니친의《이반 데니소비치의 하루》가 출간되었다. 1958년 기성 원로작가이자 우크라이나 작가동맹회장인 곤차르Oles Gonchar의《성당*The Cathedral / Sobor*》가 출간되어 큰 반향을 일으켰다. 오래된 코자크 성당의 철거를 막으려는 마을 주민들의 투쟁과 노력을 묘사한 이 작품은 공산주의 체제와 소련 문화 속에서 우크라이나의 과거와 코자크 전통의 보존의 중요성을 강조하였다. 이 작품은 당국에 의해 금서로 지정된 후 더욱 많은 독자를 끌어들였다. 60년대에 들어서면서 소위 '60년대 세대Shestydisiatynyky/the Sixtieth group'라고 불리는 젊은 예술가들이 문화계의 중심 세력으로 나타났다. 이전까지의 사회주의 리얼리즘을 버리고, 자유로운 표현 형식을 찾은 젊은 예술가들은 다양한 창작 방법을 모색했기 때문에 하나의 경향성을 보이지는 않았다. 이러한 문화적 자유와 다양성의 표출은 후에 표현의 자유, 사상적 자유로 연결되어 반체제운동의 분위기를 조성하는 데 기여했다. 시인으로는 시모넨코Vssyl Symonenko, 코스텐코Lina Kostenko, 빈그라놉스키Mykola Vingranovskii, 파블리치코Dmytro Pavlychko, 코로티치Vitalii Korotych, 드라치Ivan Drach가 활발히 작품 활동을 펼쳤고, 소설가로는 튜튜니크Grigori Tyutyunik, 구찰로Ievchen Gutsalo, 드로즈드Volodymyr Drozd 셉추크Valerii Shevchuk가 유명했다. 문학평론가와 사상가인 쥬바Ivan Dzyuba는 지식인 그룹의 대표 역할을 했다. 영화감독으로는 파라드자노프Sergii Paradzhanov가, 연극연출가로는 타뉴크Les Tanyuk가 유명했다. 화가 중에는 고르스카Alla Gorska와 잘리바하Vasyl Zalyvakha가 화단을 대표했다. 사회적 해빙 무드를 틈타 지식인 운동도 시작되었지만 본격적인 반체제운동에는 이르지 못하였다. 지식인 운동은 전후 새로운 교육을 받은 젊은 지식인들이 주도하였다. '창작 청년 클럽the Club of Creative Youth'이 구성되어 활동하였으나 1963년 해산되었다. 키예프대학 본관 앞 셰브첸코 동상 앞은 정치적 집회의 장소로 사용되었다. 당국의 검열을 피하기 위한 소위 '지하출판samvydav'(러시아어 samizdat)도 이때 시작되었다. 1960년대 중반 지하출판이 체제를 비판하는 정치적 저널리즘으로 발전될 기미가 보이자 당국은 적극적 탄압에 나서기 시작했다. 1965년에는 60여 명의 지식인이 지하출판에 관여한 혐의로 체포되었다. 1965년 이반 쥬바는 〈민족간 우호인가 러시아화인가Internationalism or Russification〉라는 소책자에서 민족 동화 정책을 강하게 비판하고, 민족문화의 발달을 옹호한 레닌의 민족 정책으로 돌아갈 것을 촉구했다. 그는 1930년대의 우크라이나화 정책과 작금의 러시아화 정책을 비교하며 동화 정책을 재고할 것을 촉구했다. 대부분의 지식인들은 체제 전복보다는 기존 체제 내에서의 개혁과 자유의 확대를 주장했다. 1965년 지식인들과 작가들은 체포된 반체제인사dissidents 석방을 요구하는 청원서를 작성했고, 1968년 138명의 지식인들은 반체제인사 탄압과 민족 동화 정책에 대한 항의 서한을 브레즈네프에게 보냈다. 60년대 후반에 들어서 매년 5월 민족시인 셰브첸코 서거일의 집회는 정치적 항의 데모로 진행되었다. 1967년에는 당 중앙위원회 건물 앞에서의 항의집회가 조직되었다가 강제 해산되기도 하였다(Yekelchyk, p.166). 서부 지역에서의 지식인 운동은 좀더 급진적 주장을 내세웠다. '우크라이나 노동자청년동맹the Ukrainian Workers and Peasansts Union'은 우크라이나의 독립과 독자적 공산주의 실현을 촉구했다. 1960년대 초 이바노-프란킵스크주에서 비밀리에 결성된 '우크라이나 민족전선Ukrainian National Front'은 '우크라이나 저항군UPA'의 노선을 계승하여 우크라이나의 완전한 독립을 주장했다.

6.2. 1960년대의 우크라이나(1964-1972년)

1964년 10월 흐루시초프가 실각하고 브레즈네프Leonid Breznev와 코시긴Alexei Kosygin이 실권을 장악하였다. 브레즈네프는 당 제1서기를 맡고, 코시긴은 소련정부의 수상을 맡음으로써 당과 정부의 분할 관리 체제가 성립되었다. 브네즈네프는 1965년 당 서기장General Secretary 호칭을 얻었고, 1965년 포드고르니가 국가원수인 간부회의 의장이 되면서 소위 '트로이카Troika'라 불리는 3두 체제가 성립되었다. 3두 체제는 1972년 브레즈네프가 절대 우위를 얻을 때까지 유지되었다. 브레즈네프는 러시아인이기는 하지만, 드네프로페트롭스크에서 태어났다. 그는 모스크바의 당 간부로 승진할 때까지 자신의 민족을 우크라이나인으로 표시할 정도로 우크라이나에 애착을 가졌다. 우크라이나에서 청년 시절을 보내고, 1938년 당 청년조직인 콤소몰에 가담하면서 당 활동을 시작하였고, 공산당에서는 흐루시초프의 후원 아래 급성장하였다. 1931년 두 사람이 처음 만난 이후 흐루시초프는 브레즈네프의 정치적 후원자로 그를 이끌었으나 1964년 브레즈네프에 의해 권좌에서 밀려났다. 브레즈네프는 제2차 세계대전 후 드레프로페트롭스크 당서기를 거쳐, 1950년 몰다비아 당 제1서기, 1955년 카자흐스탄 당 제1서기를 거쳐 모스크바에 진출하였다. 1957년 소위 '반당그룹과의 투쟁'에서 흐루시초프를 지지하였고 1960년 간부회의 의장을 맡았다. 1964년 흐루시초프를 실각시킨 후 이 자리를 미코얀에게 넘기고 당 제1서기를 맡았고, 미코얀은 1965년 포드고르니에게 자신의 자리를 넘기고 은퇴하였다.

우크라이나에는 카리스마적인 새로운 지도자가 나타났다. 포드고르니에 이어 1963년 6월부터 당 제1서기를 맡은 셸레스트Petro Shelest는 1972년까지 우크라이나 지도자로 군림하며 소위 '셸레스트 시대'를 이끌었다. 1908년 하리코프 근교 농촌에서 태어난 그는 1928년 공산당에 가입하고 브레즈네프와 같이 흐루시초프의 후원 아래 정치적으로 성장했으나 그도 역시 흐루시초프 실각에 중요한 역할을 한다. 1935년 마리우폴 금속전문대학을 졸업한 후 1943-1954년 레닌그라드와 키예프 공장 관리자를 역임하고, 1962년 키예프시 당 1서기를 거쳐 우크라이나 당 제1서기가 되었다. 1972년 브레즈네프에 의해 소련 내각 부수상으로 물러난 뒤, 1973년 은퇴하였다.

흐루시초프 실각 이후 소련 지도부는 소위 '안정화stabilization'로 표현되는 보수적 정책으로 회귀하였다. 그러나 흐루시초프의 경제개혁 프로그램을 대신할 새로운 경제 정책을 내세워야 했다. 1962년 리베르만 교수가 하리코프의 한 경제실험구에 대한 분석인 〈계획, 이윤, 보너스〉라는 논문을 발표하면서 경제 전문가들과 학자들의 논의를 촉발시켰다. 코시긴 수상은 소위 '리베르만 방식'으로 불리는 자본주의적 요소를 담은 경제개혁 프로그램을 주도해 나갔다. '리베르만 방식'에서는 원가 계산을 도입하여 이윤을 소득분배의 요소로 채택하고, 계약관계에 의거한 기업 간의 거래를 장려하였다. 코시긴 경제 프로그램의 핵심 목표는 산업 관리와 계획의 효율성을 높이고, 생산 주체에 대한 인센티브를 강화하는 것이었다. 1965년 당 중앙위원회에서 채택된 '소련의 농업 발전을 위한 긴급 조치에 대한 결정On urgent measures for the development of agruculture/USSR'에서는 농업 계획과 생산 관리에 대한 농업부 감독권의 강화, 강제적 곡물 징발의 축소, 농산물 구매 가격 1.5-2배 인상, 농장에 대한 세금 및 부채 감면, 농기구 부품의 저가 공급 등을 통해 농업 생산을 증가시키기로 하였다(Boiko, p.532). 1966년부터 코시긴 개혁 프로그램은 현장에 적용되기 시작했다. 1966년 1분기에 소련 20개 도시의 43개 공장이 시험적으로 새 시스템을 적용했다. 1967년에는 약 1천만 명의 근로자를 고용한 7천 개의 공장과 기업이 원가와 이윤 계산 시스템을 적용했는데, 경공업과 식품공업 분야가 주를 차지했고, 생산 비율로는 소련 전체 산업 생산의 40%를 차지했다. 우크라이나는 1970년에 83%의 기업이 이 방식을 채택했다. 농업 부문에서도 8차 5개년 계획기간인 1965-1970년 사이 우크라이나 집단농장, 국영농장의 40%가 자체 경영 방식을 채택하여, 약 40%의 상업 작물을 생산했다. 코시긴의 개혁 프로그램은 성과를 나타내기 시작하여 1965-1970년 사이 전체 산업 생산은 50% 증가했고, 농업생산도 23% 증가했다. 1960년 국내총생산은 미국의 58% 수준에 머물렀으나, 1970년에는 미국의 67%가 되었다. 소련 경제사에서는 이 기간을 '황금기간Golden period'으로 부른다. 그러나 우크라이나의 경제 상황은 이 기간 동안 획기적으로 나아지지 않았다. 전 기간(1960-1965년)에 비해서 투자는 다소 확대되었지만, 국내 생산, 산업 생산, 노동 생산성은 모두 감소된 것으로 나타났다(Boiko, p.534). 1970년이 지나면서 소위 '리베르만 방식'은 포기되고, 다시 중앙통제 체제가 복원되었다. 코시긴의 경제 프로

페트로 셸레스트

그램은 근본적으로 양립할 수 없는 자본주의적 생산 장려 방식과 중앙계획 및 관리라는 두 시스템을 결합한 것이었다. 또한 1968년 발생한 '프라하의 봄'은 자본주의적 경제 실험의 유익성보다 정치적 통제의 중요성을 부각시켰다.

7장
1970년대와 1980년대의 우크라이나

7.1. 브레즈네프 시대

1972년 브레즈네프가 3두 체제에서 우위를 확보한 후 그가 사망한 1982년까지를 브레즈네프 시대라고 부른다. 이 시기는 정치적으로는 안정기였지만, 경제적으로는 침체기였고 미국과의 관계에서는 데탕트가 지속되었다. 이 시기에 우크라이나 지도부도 교체되어 셸레스트가 물러나고, 셰르비츠키Vyacheslav Shcherbitsky가 당 제1서기가 되어 페레스트로이카 시대까지 우크라이나를 이끌어 나갔다.

브레즈네프 시대에 소련 경제는 장기 침체에 들어가고 공업생산은 둔화되었다. 제2차 세계대전 이후부터 1960년대 말까지 소련의 산업 성장은 노동력 증가, 자본 투자 확대, 서구로부터의 신기술 도입에 힘입어 이루어졌다. 1960년대를 거치며 이러한 자원이 고갈되고 대체 자원을 찾을 수 없게 되면서 경제는 침체에 빠지게 되었다. 서방 국가에서는 노동력 공급 정체를 자본 투자로 대체할 수 있었으나, 소련에는 이러한 여력이 없었다. 또한 폐쇄 경제로 인해 기술 혁신이나 해외로부터의 신기술 도입을 통한 경제 성장 촉진도 이루어지지 않았다. 1950년부터 1970년까지 민간 비농업 부문 노동력과 산업 노동력 증가는 연평균 4.7%에 달했으나, 1970년부터 1980년까지는 각각 1.8%, 1.3%에 불과하였다. 인구 구성에서 젊은층의 감소로 1980년대 전망은 더욱 어두운 상황이었다. 1970년대 중앙통제 경제 정책 수행으로 공화국 지도부 경제 정책에 대한 주도권을 발휘할 수 없었고, 공화국 자체의 자본 축적은 불가능했다. 경제 성장이 둔화되면서 새로운 투자를 위한 자본 축적도 어려워졌다. 국민들의 경제 혜택에 대한 욕구는 계속 커져서 이제까지 경시해 왔던 소비재 생산도 더 이상 무시할 수 없는 상황에 이르렀다. 전후의 경제 개발 과정에서 에너지, 광업, 수자원 분야의 대규모 프로젝트에 자본이 집중되어 경공업 분야는 더욱 취약해져 갔다. 1960년대의 농업 발전 계획 실패로 만성적 식량 부족에 시달렸기 때문에 농업으로부터의 투자 재원 이전도 어려운 상황이었다. 그나마 60년대 말부터 농업 생산성이 서서히 향상된 것이 다행이었다(Krawchenko, p.74).

제9차 5개년 계획기간(1971-1975년) 동안 연평균 6.5-6.6%의 국민소득(소련식 계상) 증가를 목표했으나 결과는 4.6% 증가에 그치고 말았다. 농업생산은 20% 증가를 목표로 했으나, 15% 증가 달성에 머물렀다. 공업생산만이 계획치인 연평균 7.4%에 근접한 7.1%를 달성하였다. 소비재 생산은 연평균 7.3%를 목표했으나 연평균 6.0% 그치고 말았다. 제10차 5개년 계획기간(1976-1980년)에서는 이전 시기보다 훨씬 신중한 목표치를 내세웠으나 이것도 대부분 달성하지 못하였다. 이 기간 동안 총국민생산 증가는 25%(연평균 5%)를 목표했으나 18% 성장하는 데 그치고, 산업생산 증가는 22% 증가에 머물러서, 9차 5개년계획 기간의 42% 증가에 훨씬 못 미쳤다. 농업생산은 이전 기간 생산 증가의 절반 정도인 8% 증가에 머물렀다. 소비재 생산은 이전 시기에 34% 증가했으나, 이 시기에는 19% 증가하였고, 9차 5개년 기간 중 약 29%의 증가를 보인 노동생산성은 12% 증가하였다(Krawchenko, pp.74-75). 1970년대에 우크라이나는 에너지, 금속, 기계 공업의 중심지 역할을 계속 지속해 나갔다. 1980년 산업별 우크라이나의 생산 비중을 보면 석탄은 전 소련 생산량의 27.5%, 철광석은 51.3%, 철강은 36.3%, 기계제품은 52.1%, 디젤 기관차는 95.1%, 설탕은 52.4%를 생산했다(Boiko, p.536). 그러나 일부 산업만 집중적으로 육성함으로써 우크라이나의 전체적 경제 구조는 왜곡된 구조를 보였다. 우크라이나의 소비재 생산은 전체 산업의 29%를 넘지 않았는데, 선진국에서는 이 비율이 50-60%에 이른다. 또한 전력 생산은 전 소련의 2.6%를 담당했지만, 원자력 발전소 생산 전기는 40%에 달했다. 우크라이나에 위치한 원자력 발전소가 생산한 전력의 상당 부분은 동유럽 코메콘COMECON 국가들에 공급되었다. 또한 공업화가 일찍 시작된 우크라이나의 산업 설비는 시간이 갈수록 노후화되어 장비의 노후화율은 1961년에 28%에서 1985년에는 45%로 높아졌다. 1985년 우크라이나의 산업 설비 증가율은 15개 공화국 중 제일 낮았다(Boiko, p.539).

중앙통제 경제는 시간이 갈수록 효율성이 떨어졌다. 우크라이나의 국내 총생산 증가율은 6차 5개년 기간(1961-1965년) 6.9%, 7차 기간(1966-1970년) 6.7%, 8차 기간(1971-1975년) 5.6%, 9차 기간(1976-1980년) 3.4%, 10차 기간(1981-1985년) 3.5%로 시간이 갈수록 떨어졌다. 1960년에서 1985년 사이의 우크라이나의 산업생산성 증가율은 15개 공화국 중 13위에 머물렀다. 1965년에서 1980년 사이 노동성 생산성 증가율은 절반으로 떨어졌다. 같은 기간 동안 농업에 대한 투자는 3배가 늘었으나, 농업 생산은 1.6배 증가에 그치고 말았다(Boiko, p.537). 1960년대와 1970년대를 거쳐 우크라이나의 인적, 물적, 재정 자원은 시베리아와 극동 개발에 동원되었다. 우크라이나는 소련 재정에 기여하는 것보다 10% 정도 적은 예산을 할당받았다. 1980년대 들어서서 우크라이나의 1인당 GNP

는 전 소련 평균 수준 정도였으나 러시아연방이나 벨로루스공화국보다는 낮았다.

경제 부문에서의 왜곡된 생산 구조는 여러 환경, 사회 문제를 야기했다. 공업화와 농업 개발로 인한 우크라이나의 환경 악화는 심각했다. 우크라이나는 환경에 대한 인구 부담이 소련 타지역에 비해 6-7배 높았다. 1980년대에는 연간 천만 톤 정도의 유해 물질이 공기와 하천에 방출되었다. 자연 녹지의 훼손도 심했다. 농경지 확대를 위한 우크라이나 녹지 훼손 비율은 57%에 이르렀고, 스텝 지역은 73%에 달했다. 농지 경작률은 80%에 달했는데, 이것은 미국의 25%, 프랑스의 48%에 비해 훨씬 높은 수치였다(Boiko, p.539). 이 기간 동안 인구 증가율도 정체 상태에 머물렀다. 1970년대 2배 정도 상승했던 인구증가율은 1980년에는 60년대에 비해 4배 감소했다. 공업화에 따른 빠른 도시화 현상으로 농촌인구 비율은 1961년 63.6%에서 1985년 23%로 감소했다. 인구 고령화도 빠르게 진행되었다. 1960년 인구 중 연금생활자 비율이 20% 미만이었으나, 1985년에는 인구의 1/3까지 증가했다. 주택 문제도 심각했다. 1981-1985년 기간 동안 주택 배급 대기자 수는 150만 명이었으나, 1987년에는 이 숫자가 200만 명으로 늘어났다. 보건과 의료 상황도 나아지지 않았다. 1970년에서 1985년 기간 동안 인구 만 명당 의사 수는 27.7명에서 41.4명으로 67% 늘고, 병상 수도 1/3 증가하였으나, 환경 악화와 더불어 의료와 보건에 대한 예산 배정이 줄어들면서(1970년 12.3%, 1985년 9%) 국민 보건 상태가 악화되었다. 인구 천 명당 사망률이 50% 정도 증가하였고(1970년 8.8명, 1985년 12.1명), 인구 증가율은 두 배 이상 감소하였다(Boiko, pp.537-541).

브레즈네프 시대에 소수민족 동화 정책은 큰 걸림돌 없이 진행되었다. 소련 체제가 오랜 기간 안정화되면서 정치적 자치를 위한 운동은 물론이고 민족문화 운동도 쇠퇴해 갔다. 소련 정권은 민족문화가 '개화raztsvet/

flowering 단계', '접근svlizhenie/drawing together 단계', '융합sliianie merging/fusing 단계'를 거친다는 이론을 내세우고, 소련 내 다민족의 융합에 힘을 쏟았다. '소련형 인간Homo Sovieticus'의 양성이 교육의 목표로 내세워지고, 우크라이나에서는 '소련형 우크라이나주의Soviet Ukrainianism'가 공공연히 제창되었다. 즉 인종적으로는 우크라이나인이면서 시민적 정체성은 소련 시민(a Ukrainian and a Soviet citizen)이 이상적인 시민상으로 제시되었다. 민족동화 정책은 외형적으로 성공적으로 진행된 듯 보이나, 교육이 보급될수록 인텔리층이 늘어나고, 민족의식이 확대되는 것을 막을 수는 없었다. 언어동화 면에서 보면, 러시아어 사용자 수와 러시아어 학교 수가 증대되었고, 러시아어 출판물도 많이 늘어났다. 부모가 아동의 학교 교육 언어를 선택할 수 있게 한 1958년의 교육 개혁 이후, 러시아어 학교를 선택하는 아동은 꾸준히 늘어났다. 우크라이나 내에서 우크라이나어 학교에 재학하는 학생 비율은 1960-61년 68.7%, 1970-71년 60.4%, 1976-77년 57.8%로 줄어든 반면, 러시아어 학교에 재학하는 학생 비율은 각각 30.4%, 38.8%, 41.3%로 시간이 감에 따라 늘어났다(Boiko, p.547). 중등교육과 고등교육 이수자도 크게 늘어났다. 1970년 중등교육 이수자 65만 1천 명, 대학생 수가 11만 7천 명이었으나 1980년에 이르러서는 이 숫자가 각각 92만 4천 명, 14만 8천 명으로 증가하였다. 과학을 중시하는 교육 정책에 힘입어 과학 분야 전문 인력도 크게 증가하였다. 1960년 4만 6천 명이던 과학자 수가 1987년에는 21만 3천 명으로 증가하였다. 세계적인 과학자도 많이 배출되었다. 수리물리학 분야 보골류보프M. Bogolyubov, 사이버네틱스 글루시코프V. Glushkov, 핵물리학 란다우L. Landau, 금속용접 파톤B. Paton은 우크라이나가 배출한 대표적인 세계적 과학자이다. 출판에서도 러시아어의 우위가 두드러졌다. 1970년 출간된 8,133종의 책 중 우크라이나어로 출판된 책이 38.2%, 러시아어 출판된 책이 57.6%를 차지하였다. 1975년에는 이 비율이 우크라이나어 30.4%, 러시아어 65.2%

로 변화되었고, 1979년에는 우크라이나어 26.7%, 러시아어 69.6%로 바뀌었다. 문학과 예술 분야에서도 60년대의 실험 정신을 많이 상실했다. 1970년대에 활동한 작가로는 소설 부문에 곤차르(〈성당〉, 〈사이클론〉), 스텔마크M. Stelmak(〈자신에 대한 생각〉, 〈네 개의 여울〉) 등이 유명했고, 시인으로는 드라치I. Drach, 올리니카B. Oliinika, 파블리츠카D. Pavlichka 등이 활동했다. 영화 감독으로는 일렌코Iu. Ilenko, 비코프L. Bikov 등이 유명했다.

공업화, 산업 발달과 함께 일어난 가장 큰 사회적 변화는 도시화의 가속화이다. 1960-70년대 인구 백만 명이 넘는 도시는 키예프뿐이었으나, 1979년에는 하리코프, 드네프로페트롭스크, 오데사, 도네츠크 인구가 백만 명을 넘어섰다. 키예프 인구는 1959년 110만 명에서 1979년 210만 명으로 증가하였다. 도시인구 비율은 1959년 37%에서 1979년 46%로 늘어났다. 산업노동자 비율도 1959년 34%에서 1979년 47%로 늘어나서, 산업노동자 증가와 도시 거주 인구 증가가 거의 같은 비율로 상승함을 보여 준다. 이와 반대로 인구 중 농민이 차지하는 비율은 1959년 53%에서 1979년 37%로 줄어들었다. 도시화는 계속 진행되어 소련 해체 직전인 1989년에는 60%에 이르렀다. 우크라이나어와 러시아어를 같이 사용하는 교육받은 도시민이 우크라이나 인구의 중심을 차지하게 되었다. 1979년의 전 소련 인구 조사 자료에 나타난 언어 상황을 보면 우크라이나인의 83%가 우크라이나어를 제1언어로 여기고, 17%가 러시아어를 제1언어로 여기는 것으로 나타났다. 그러나 전체 인구의 57%가 두 언어를 구사하여서 사실상 이중언어 사용 현상이 널리 퍼진 것으로 파악되었다. 우크라이나어는 농촌 지역과 노년층, 여자들이 많이 사용하고, 러시아어는 소련 시대에 교육을 받은 지식층과 도시 거주인들이 많이 사용했다. 제2차 세계대전 이후 꾸준히 진행되어 온 러시아화 정책과 산업화에 따른 도시화의 증가로 우크라이나인들의 민족어 유지 비율은 계속 하락했다. 우크라이나인들이 우크라이나어를 제1언어로 사용하는 비율은 1959년

87.7%, 1970년 85.7%, 1979년 82.89%로 하락하다가, 소련 해체 직전인 1989년에는 80.7%까지 떨어졌다(허승철 1997, pp.222-224).

1960년대 체제 내에서의 개혁을 요구했던 지식인 운동은 1970년대 중반 이후 반체제운동 성격을 띠기 시작한다. 1975년 유럽의 35개국이 '유럽안보와 협력에 관한 회의CSCE/Conference on Security and Cooperation in Europe'를 개최하고 소위 '헬싱키 선언'을 발표하였다. 헬싱키 선언의 주 내용은 제2차 세계대전 후의 유럽의 국경을 인정하는 대신 인권 존중과 각국 인권 상황에 대한 모니터를 한다는 것이었다. 1976년 5월 헬싱키 선언의 인권헌장the Charter of Human Rights 준수를 위한 헬싱키그룹이 소련 내에서는 처음으로 모스크바에서 결성되었다. 안드레이 사하로프Andrei Sakharov와 물리학자 오를로프Yuri Orlov가 결성을 주도하였다. 모스크바에 이어서 우크라이나, 리투아니아, 그루지야, 아르메니아 공화국에서도 헬싱키그룹이 결성되었다. 1977년에는 체코슬로바키아의 '77그룹'이 결성되고, 폴란드에서도 1979년 헬싱키그룹이 만들어졌다. 1976년 11월 결성된 소위 '우크라이나 헬싱키그룹Ukrainian Helsinki Group'(공식명칭 Ukrainian Group for the Promotion of the Implementation of the Helsinki Accords)은 작가인 루덴코Mykola Rudenko가 리더를 맡았다. 대표적 유대인 운동가인 지셀스Iosif Zisels, 기자 출신으로 '지하출판'을 주도하고 우크라이나 독립 후 대통령선거에 나섰다가 사망한 초르노빌Vyacheslav Chornovil, 호르발Mykola Horbal, 우크라이나 독립 후 국회의장을 역임한 플류치Loenid Plyushch 등이 그룹의 핵심 인물이었다. 헬싱키그룹은 이전의 정치, 민권 운동보다 조직적으로 움직이고, 다른 공화국의 헬싱키 그룹과 연계하여 활동하였다. 스비트리츠나Nadiya Svitlychna는 자유라디오방송Svoboda Radio에서 인권관련 프로그램을 진행하였다. 우크라이나 헬싱키그룹은 〈민권과 민족적 권리civil rights and national rights〉를 발표하고 1980년까지 약 60개의 선언과 청원을 제출하였다. 41명의 멤버 중 27명이 투옥되었고, 리더인 루덴코를 포함한 6명은 국외로 추방당했다. 멤버 중 스투스Vasyl Stus, 티히Olexiy Tykhy 등 네 명은 강제수용소에서 사망하였다. 헬싱키그룹은 공안기관의 탄압으로 1980년대 초 사실상 활동을 중단하였다. 모스크바 헬싱키그룹이 공식으로 해체된 데 반해, 우크라이나 헬싱키그룹은 공식 해체가 없었고, 고르바초프 시대에 부활하여 우크라이나 독립운동에 적극 참여하였다. 정교회는 흐루시초프의 반교회 정책 때문에 60년대 해빙기에도 활동을 부활시키지 못하였고, 그리스 가톨릭교회는 집중적 탄압을 받아 지하로 숨어들어가게 되었다. 1963년 교황 요한 23세는 소련 정부와 교섭해 투옥된 그리스 가톨릭교회 대주교 슬립피Iosyf Slipy을 석방시켜 로마로 데려오기도 하였다. 우크라이나 독립교회도 활동을 사실상 중단했고 우크라이나 내 러시아정교회도 활동을 제한받았다. 1950년대 이후 4천 개의 교구가 폐지되었다가, 1980년대 말에 가서야 차례로 부활되었다.

7.2. 페레스트로이카와 소련의 붕괴(1985-1990년)

1982년 브레즈네프가 사망하고, 안드로포프와 체르넨코가 짧은 기간 당서기장을 맡은 후, 1985년 3월 54세의 고르바초프가 당서기장에 오르게 되었다. 고르바초프는 브레즈네프 시대의 경제, 사회 정체 타파를 최우선 목표로 삼았다. '페레스트로이카'(체제 개혁)와 '글라스노스치'(정보 공개) 및 정치 과정의 민주화를 슬로건으로 내세운 그는 지배 엘리트의 인적 교체와 체제 개혁을 동시에 추구했다. 그러나 민족문제에 대해서 뚜렷한 구상이나 정책 없이 중앙의 통제를 풀고 개혁에 나선 것은 큰 실수였다. 그는 민족문제의 폭발성을 인식하지 못하였다. 결국 체제 개혁이 사회 불안을 가중시키고, 통치기구institutions들이 하나씩 무력화되면서 소련의 지배질서가 무너지고 각 연방공화국들은 자치독립을 요구하게 되었고 이

것이 소련의 붕괴를 가져왔다.

페레스트로이카가 시작된 지 얼마 지나지 않았을 때 우크라이나에서는 현대사의 큰 비극의 하나로 기록되는 체르노빌 원전 사고가 발생했다. 1986년 4월 26일 키예프 북쪽 150킬로미터에 위치한 체르노빌 원자력발전소의 원전 4호기가 실험 중 실수로 폭발하는 사고가 발생했다. 소련 당국은 처음에 사고를 철저히 은폐했다. 그러나 스칸디나비아 지역 국가들이 비정상적으로 높아진 방사능 수치를 보고하면서 원전 사고가 세계에 알려지게 되었다. 키예프에서는 버스들이 징발해 체르노빌 지역의 주민들을 소개하기 시작하였지만 사고는 공표되지 않았다. 5월 2일의 대규모 노동절 퍼레이드는 예정대로 진행되었다. 그러나 사고를 통보받은 당 간부들은 비밀리에 가족들과 자녀들을 남쪽 농촌 지역으로 이주시켰다. 당시 바람의 영향으로 누출된 방사능은 북서쪽 방향으로 이동해 가서 벨로루스와 스칸디나비아 지역에 낙진 피해가 컸고, 우크라이나 지역은 상대적으로 피해가 적었다. 그러나 원전 폭발로 인한 사상자는 4천 명에서 최대 10만 명으로까지 집계되었다. 사고로 인한 직접 피해로 사망한 사람은 4천 명 내외로 추정되지만, 원전 사고 후유증으로 인한 각종 암 환자 증가, 유아 사망률 증가 등을 고려하면 사망자는 10만 명에 달할 수 있다고 국제환경단체인 그린피스Greenpeace는 추정하고 있다. 우크라이나 국민들은 사고를 철저히 은폐하고 국민들이 생명을 경시한 공산당 지도부에 큰 불만을 나타냈다. 모스크바의 통제하에 모든 사후처리가 진행되어 우크라이나 공산당 지도부도 무력감에 휩싸였다. 지식인들은 우크라이나가 모스크바의 식민지의 하나에 불과한 것이 다시 드러났다고 성토했다. 또한 원자력에 대한 불안과 경각심도 고조되어, 독립 후 핵무기의 철폐가 큰 반대에 부딪치지 않고 신속하게 진행되는 결과를 낳았다. 또한 환경문제에 대한 국민들의 경각심이 고조되어 '녹색 세계Zelenii Svit'라는 환경단체가 조직되었고, 이 단체는 1988년 11월 약 만여 명이 모인 시위를 주도

체르노빌 원전

하였다. 체르노빌 원전 사고는 엄청난 인명 희생을 동반한 혁명과 전쟁으로 점철된 20세기 우크라이나 역사의 또 다른 비극이었다. 체르노빌 원전 사고는 글라스노스치의 허구성을 드러내었고, 소련 정권의 인명 경시 태도를 잘 보여 주었다. 사건이 발생하고 2주가 지나서야 사고 지역 반경 30킬로미터 내에 거주하는 10만 명의 주민을 소개시킨 것은 우크라이나 국민들의 큰 원성을 샀고, 이미 환경오염이 빠르게 진행되고 있었던 우크라이나로서는 체르노빌 사고는 국가적 재앙이나 마찬가지였다.

모스크바에서는 체제 개편이 빠르게 진행되고 있었다. 1988년 고르바초프는 공산당서기장 대신 대통령 직을 신설하여 대통령 직에 올랐다. 1988년 6월 19차 당대회Party Congress에서 그는 대대적인 개혁안을 제시하여 이를 통과시켰다. 개혁안의 핵심은 서방 세계의 의회에 해당하는 '인민대표회의Congress of People's Deputies'를 신설하여 이를 공산당을 대체할 기구로 활용한다는 것이었다. 가을부터 정치국과 당 중앙위원회를 대대적으로 재편하여 보수 인사들을 제거하고 개혁 노선 추종자들로 이 자리를 채웠다.

모스크바에서의 개혁은 바로 우크라이나에도 영향을 미쳤다. 1987년 정치범 석방 및 사면 조치로 대표적인 반체제 민주 인사인 초르노빌과 루키아넨코Rukyanenko가 공개적인 활동을 개시했다. 루키아넨코는 우크라이나 헬싱키그룹의 대표로 선출되었다. 1989년 초 작가동맹, 헬싱키그룹, 녹색 세계 등 우크라이나의 민주그룹들은 '루흐Rukh'라는 통합 단체를 결성했다. 작가동맹에서는 드라치Ivan Drach와 파블리츠코Dmytro Pavlychko가 리더로 참여했다. 우크라이나어로 '운동Movement'을 뜻하는 루흐는 발트 공화국에서 반체제 민족주의 단체로 결성된 '인민전선People's Front'을 모델로 한 것이었다. 루흐는 처음부터 자치독립 등의 정치 목표를 내세우지 않고, 언어, 문화, 국가 상징의 부활과 발전에 노력을 집중했다. 루흐에는 서부의 민족주의자들과 중부의 온건파 인사들이 적극 참여하였고 동부 지역 인사들은 거의 참여하지 않았다. 이러한 인적 구성의 제한이 루흐가 후에 전국적 지지 기반을 얻는 정당으로 발전하는 데 큰 제약으로 작용하였다. 루흐는 1990년 1월 겨울 추위 속에서도 키예프와 리비프를 잇은 '인간사슬 연결human chain' 운동을 조직하여 언론의 큰 관심을 끌었지만, 이것도 서부 지역과 중부 지역의 연대를 강조한 효과를 나타내는 데 그쳤고, 동부 지역을 포용할 방법을 찾지는 못했다. 루흐 내부에서는 민족주의적 극우 노선과 온건 노선의 대립과 투쟁이 있었다. 서부 지역 민족주의자들로 주도하는 '우크라이나 민족주의기구 Organization of Ukrainian Nationalists'나 '우크라이나의회-민족방어군UNA-UNSO/Ukrainian National Assembly and the Ukrainian National Self-Defense Force' 같은 극우 그룹들은 즉각적인 우크라이나의 독립을 요구했다. 이러한 노선 투쟁 끝에 루키아넨코는 '우크라이나 공화당Ukrainian Republican Party'을 창당하여 나갔고, 초르노빌이 루흐를 이끌게 되었다(Aslund 2009, p.17).

1989년 3월 전 소련 인민대표회의 선거가 진행되었다. 대표의 2/3는 지역구 단위로 1/3은 직능별로 선출하는 선거에서 1/3 정도의 지역구는 출마자가 없었고, 1/3은 단독 입후보였다. 투표 결과 당선된 대표의 87%는 공산당 출신들이었다(Kuzio 2000, p.96). 이러한 선거 결과는 아직 체제 변혁에 확신을 가지지 못한 많은 엘리트들이 선거에 참여하지 않았고, 일부는 인민대표회의를 새로운 어용적 대표기구로 인식하였기 때문이다.

또한 당선자의 대부분이 공산당 출신인 것은 공산당을 대신할 민족, 민주 그룹이 전국적으로 형성되지 못하였기 때문이다. 1989년 가을 고르바초프는 개혁에 비협조적인 셰르비츠키를 우크라이나당 제1서기에서 해임하고, 이바시코Volodymyr Ivashko를 후임으로 임명했다. 이바시코도 당관료 출신으로서 개혁에는 맞지 않는 인물이었다. 1990년 3월 우크라이나 의회Verhovan Rada 선거가 실시되었다. 이전에는 공산당에서 지정한 후보에 대한 인준 의례에 불과했던 의회 선거가 이번에는 대중의 정치 참여와 민의 표현의 장이 되었다. 선거 결과 루흐와 공화당은 450석 중 108석을 차지하였고, 공산당은 373석을 차지하였다. 그러나 이 중 약 1/3은 소속만 공산당일 뿐, 체제 변화를 선호하는 후보자들이었다. 루흐와 공화당은 연합하여 '민주블럭Democratic Bloc'을 구성했다. 이 선거로써 우크라이나에는 처음으로 개별적 정책 노선을 가진 정당과 정파가 나타나게 되었고, 의회 민주주의가 첫걸음을 떼게 되었다. 그러나 민주블럭이 서부와 중부에 지지 기반을 두고 공산진영은 동부와 남부에 지지 기반을 가짐으로써, 이후 우크라이나 정치의 고질적 병폐로 나타나는 정당 구도의 지역적 분할이 시작되었다. 이 의회는 1991년 말 우크라이나 독립 후에도 해체되지 않고 계속 활동하여 1994년까지 임기를 채웠다.

1990년 7월 고르바초프는 이바시코를 모스크바로 불러들여 소련 공산당 제2서기로 임명하였다. 우크라이나의 지도 체제는 당 제1서기와 의회의장으로 이분화되었다. 당 제1서기에는 후렌코Stanislav Hurenko가 임명되었고, 의회의장에는 공산당의 2인자였으며 이데올로기 문제를 담당했던 크라프추크Leonid Kravchuk가 임명되었다. 후렌코는 구시대적인 당 보수노선을 유지하다가 정치 무대에서 사라졌고, 크라프추크가 새로운 지도자로 부상했다. 1990년 각 공화국에 새로 구성된 의회들은 독립 선언을 채택하기 시작했다. 6월 12일 러시아공화국 의회가 독립을 선언하자, 우크라이나 의회도 크라프추크의 주도로 7월 16일 국가주권 확립을 선언했다. 1990년 하반기 민주화 요구와 독립 열기는 더욱 뜨거워졌다. 9월 30일 루흐가 주도한 대중 집회에 약 20만 명의 인원이 참여하여 우크라이나의 완전 독립을 요구했다. 10월에는 학생들의 단식투쟁으로 마솔Vitaly Masol 총리가 물러나고 후임에 포킨Vitold Fokin이 임명되었다.

중앙에서 시작된 혁명적인 정치적 변화 물결은 사회, 문화 분야에도 큰 변화를 가져왔다. 작가동맹Ukrainian Writers' Union(1986년), 녹색 세계Green World/Zelenii Svit(1987년), 타라스 셰브첸코회(1989년) 등 문화, 환경 단체가 연이어 창립되었다. 종교계에도 큰 변화가 일어 1940년대 후반 정부의 탄압을 받고 지하로 숨어들어 갔던 그리스 가톨릭교회가 1987년부터 정식으로 활동을 시작하였다. 1989년 12월 고르바초프는 교구 재건을 허락하였다. 1930년대 초 금지되었던 독립교회도 1989년 여름부터 활동을 시작하였고, 1년 뒤 교회기구를 출범시켰다. 그러나 여러 교파가 한번에 활동을 재개하면서 러시아 정교회와 그리스 가톨릭교회, 우크라이나 독립교회 사이의 경쟁과 갈등이 시작되었고, 특히 교회 건물과 재산을 놓고 첨예한 갈등을 벌였다. 소련 시대 탄압받은 민족주의자들에 대한 재평가도 이루어져 쿨리시, 코스토마로프, 그루셉스키, 빈니첸코 등에 대한 재조명 작업이 활발하게 전개되었다. 1932-1933년의 대기근, 제2차 세계대전 초기 빈니차, 리비프 등에서의 소련 비밀경찰에 의한 학살 사건, 스탈린 공포 정치의 희생자들에 대한 연구와 재조명 작업도 이루어졌다.

3부

독립 국가 우크라이나

8장
우크라이나의 독립과 크라프추크 정권

8.1. 독립 과정

1991년 전반 고르바초프는 소연방을 유지하기 위해 마지막 힘을 기울였다. 1991년 3월 17일 고르바초프는 전년도 11월에 만든 새 연방안을 국민투표에 붙였다. 새 연방안은 '소비에트 사회주의공화국연방'과 각 공화국의 명칭에서 '사회주의'를 빼고, 각 공화국의 자율권을 강화하는 내용을 담고 있었다. 리투아니아, 라트비아, 에스토니아 발트3국과 몰도바, 그루지야, 아르메니아는 연방안 국민투표 참여를 거부했다. 우크라이나에서 연방안은 70.5%의 찬성으로 통과되었지만, 크라프추크는 우크라이나 주권 선언에 바탕을 둔 새 '독립국가연합Union of Sovereign State on the basis of the Declaration of State Sovereignty of Ukraine'이라는 별도의 항목을 첨가하여 80.2%의 찬성표를 얻어냈다(Aslund, p.22, Wilson 2002, pp.164-165). 아제르바이잔도 연방안 인준을 거부하여 15개 공화국 중 8개 공화국만 연방안에 동의하였다. 1991년 각 공화국을 통과한 연방안은 8월 말 각 공

크라프추크 대통령

화국 대표들에 의해 서명될 예정이었다. 연방 해체를 반대한 보수파들은 8월 19일 모스크바에서 쿠데타을 일으켰고, 고르바초프는 여름휴가를 보내고 있던 크림 반도의 별장에 연금되었다. 쿠데타 세력은 이틀 만에 제압되고 고르바초프는 모스크바로 돌아왔지만, 이 쿠데타 시도로 인해 연방이 살아남을 수 있는 마지막 기회는 사라져 버렸다. 고르바초프는 빠른 속도로 권력을 잃어 갔고, 옐친이 권력의 중심으로 부상했다. 보수파들에 의한 쿠데타 기도에 자극을 받은 우크라이나 의회는 8월 24일 독립을 선언하였다. 찬성 361표에 반대 1표의 압도적인 지지였다. 8월 24일은 우크라이나의 공식 독립기념일로 기념된다. 우크라이나 지도부는 독립을 위한 몇 가지 행정적 조치를 취하기는 하였지만, 발트3국처럼 바로 대외적으로 독립을 선언하고 국가 승인을 구하지는 않았다. 독립에 대한 국민적 합의를 이루기 위해 의회의 독립 선언에 대한 국민투표를 12월 1일 실시하기로 했다. 쿠데타의 여파로 러시아에서 공산당이 불법화되자 우크라이나에서도 8월 30일 공산당의 불법화가 선언되고, 공산당 소유 재산을 국가에 귀속시켰다. 우크라이나 국방부가 설치되어 우크라이나 내의 군 병력을 관할하기 시작했고 국경에 대한 법률도 통과되었다. 12월 1일 국민투표에서 우크라이나 주민들은 84% 투표율에 90.3%의 압도적 찬성으로 독립을 지지하였다. 러시아계 주민이 80%이상을 차지하는 크림주에서도 독립 지지는 54%에 달했다. 독립 승인 투표와 같이 진행된 대통령 선거에서는 크라프추크가 61.6%을 얻어 초대 대통령으로 당선되었다. 초르노빌은 23.3%를 얻었고, 루키아노프는 4.5%의 지지를 획득했다.

공산당 지도자로서 구체제 인사인 크라프추크가 대통령으로 당선된 것은 다른 공화국의 상황과 비교하여 당연한 일로 받아들여질 수도 있다. 발트3국을 제외한 거의 모든 공화국에서 소련 시대에 공화국 공산당 제1서기를 맡았던 지도자들이 신생공화국의 대통령으로 선출되었고, 우즈베키스탄의 카리모프나 카자흐스탄의 나자르바예프는 현재까지도 지도자로 남아 있다. 체제 변화에도 불구하고 지도자들의 교체가 이루어지는 않은 것은 국민들이 공산당 지도자들을 지지했기 때문이 아니라, 이들을 대체할 새로운 정치 세력이 부상하지 않았던 것이 더 큰 이유로 작용했다. 그만큼 소련의 붕괴와 민족공화국들의 독립은 누구도 기대하지 못했던 방식으로 신속하게 이루어졌다고 볼 수 있다. 그러나 크라프추크의 대통령 당선을 단순히 정치적 기득권에 힘입은 것으로만 보기는 어렵다. 우선 그는 공산당 내에서도 2인자에 머물렀고, 권력도 분점한 상태였다. 그러나 독립 과정에서 주도적 역할을 한 우크라이나 의회의 지도자를 맡은 것은 그의 정치적 행운이라 할 수 있다. 그는 아주 능숙하게 공산당 지도자에서 민족 지도자로 변신했다. 또한 그는 순발력을 발휘하여 소연방 해체와 독립 과정에서 주도적 역할을 담당했기 때문에 우크라이나 독립에 대한 공로를 내세울 수 있었다. 반대파를 제거하기보다는 모든 정파를 끌어안고 나아가는 그의 정치적 포용력 덕분에 어떤 정파도 그를 적극 반대하기가 힘들었다. 또한 카리스마가 약한 대신 도그마적인 공산당 지도자의 이미지를 전혀 풍기지 않는 부드러운 개인적 성격과 매너도 독립 우크라이나의 지도자로 나서는 데 큰 도움을 주었다. 그는 대통령에 당선된 직후 소연방 해체의 3인의 주역 중 한 사람이 되었다. 12월 8일 러시아의 옐친, 우크라이나의 크라프추크, 벨라루스의 슈시케비치Stanislav Shushkevich는 벨라루스의 시골 사냥휴양지 벨로베즈스카야 푸시차Belovezhskaia Pushcha에 모여 3국의 독립과 '독립국가연합CIS/Commonwealth of Independents States'의 창설을 선언했다. 12월 21일 발트3국과 그루지야를 제외한 11개 공화국의 지도자들은 카자흐스탄의 알마티에 모여 소연방의 해체를 확인하고 CIS 가입을 선언했다. 12월 25일 고르바초프는 소련 대통령직을 사임했다. 이렇게 해서 1922년 출범한 소비에트 연방은 1991년 12월 역사 속으로 사라지게 되었다. 제1차 세계대전, 볼셰비키혁명, 내전을 거치며 엄청난 인명 피해를 남긴 끝에 구성된 소비에트 연방은 맥없이 해체되고 말았다.

우크라이나의 독립은 매우 큰 역사적 의미를 갖는다. 키예프 루스 이후 진정한 의미의 정치적 독립을 갖지 못한 우크라이나 국민들에게 독립은 너무나 큰 선물이었다. 우크라이나는 제2차 세계대전에서의 소련 승전으로 인한 서부 지역의 국경 확장과 크림 반도의 귀속 등으로 역사적으로 우크라이나인들의 활동 무대였던 지역보다 1/4 이상 더 넓어진 사상 최대의 영토를 가지고 독립하게 되었다. 20세기 들어 여섯 번의 독립 선언이 있었지만, 이전에는 말 그대로 일방적 독립 선언으로만 그쳤고, 짧은 혼란 기간을 거친 후 외국의 가혹한 지배를 다시 받게 된 경우가 대부분이었다. 1991년의 독립으로 우크라이나는 역사상 최초의 근대적 의미의 민족주권국가를 갖게 되었다. 전쟁이나 강대국 간의 거래에 의해 국경이 변경되거나 국가가 소멸되는 일이 거의 없는 20세기 후반에 주어진 독립은 앞으로 영속될 가능성이 매우 크다. 또한 이러한 값진 독립이 유혈 사태나 인명 피해 없이 획득된 것도 가치 있는 일이었다. 그러나 우크라이나의 독립이 자체적 노력이나 투쟁에 의해 쟁취된 것이 아니라, 소연방의 해체라는 외부 요인의 변화에 의해 일어났기 때문에 독립을 어렵게 쟁취한 국가의 국민들이 갖는 민족적 자부심도 형성되지 않았고, 애국심과 사명감으로 무장한 지배 엘리트도 나타나지 않았다. 이러한 결과로 독립 후 민족국가 건설nation-state building 과정에서 부딪치는 외부 세력의 영향과 간섭에 국민들이 단결하여 대항하는 모습을 보이기보다는 국론이 자주 분열되는 양상을 보였다. 우크라이나가 독립 후 20여 년의 기간 동안 겪은 많은 어려움은 어떻게 보면 독립을 타율적으로 쉽게 얻은 결과로 인해 치르는 대가로 볼 수도 있다.

8.2. 국내정치

크라프추크는 국내 정치에서 급진적인 변혁을 꾀하지 않았다. 1991년 8월 공산당의 불법화 선언으로 구지배 세력의 기반은 해체되었지만, 대규모의 인적 청산이나 변화는 없었다. 포킨총리와 내각도 그대로 자리를 유지했고, 많은 수의 공산당 지도자들이 최고회의 의원으로 활동했다. 크라프추크 자신도 민족주의 성향의 공산주의자그룹의 리더 역할을 맡았다. 그는 서부 지역에서 발원한 극우적 민족주의와는 일정한 거리를 둠으로써 동부와 남부 지역의 지지를 유지할 수 있었다. 새 정부는 국가, 국기, 국가 문양 등 국가 상징을 채택했고, 우크라이나어를 국가의 공식 언어로 채택했다. 국기는 1918-1920년 사이 국기로 사용되었던 하늘색과 노란색 두 색으로 구성된 국기가 다시 채택되었고, 국가는 19세기 민족주의 시인 추빈스키의 시에 베르비츠키가 곡을 붙인 것을 사용했다. 외세를 물리치고 우크라이나의 독립을 열망하던 19세기에 만들어진 곡을 독립 우크라이나의 국가로 사용하는 문제에 대해 논란이 있었지만 그대로 채택되었다. 국가의 가사는 우크라이나 국민들이 얼마나 독립을 열망했는지를 잘 표현하고 있고, 독립 우크라이나가 코자크 헤트만 국가의 정통성을 이어 받았음을 나타낸다.

> 우리의 영광과 자유는 아직 죽지 않았다, 동포들이여
> 운명의 신은 다시 한 번 우리에게 미소 지을 것이다.
> 우리의 적들은 아침 햇살에 녹는 이슬처럼 사라지고,

형제들이여 우리는 자유로운 나라를 통치할 것이다.
후렴: 우리는 자유를 얻기 위해 영혼과 육체를 바칠 것이다.
형제들이여 우리가 코자크의 후예임을 보여 주자

군 통수권의 장악을 위해 우크라이나는 소련 해체 이전인 1991년 여름 국방부를 창설하여 군의 지휘권을 확립했다. 우크라이나에 주둔하고 있던 소련군의 전력은 병력 78만 명에, 탱크가 6,500대, 항공기가 1,500대에 이르렀다. 가장 가공할 전력은 179기의 대륙간탄도미사일을 포함한 5천 기의 핵탄두였다(Yekelchuk, pp.195-196). 우크라이나는 핵 전력으로는 세계 3위, 재래 전력으로도 5-6위 안에 들어갈 수 있는 막강한 군사력을 고스란히 소련으로부터 물려받았다. 병사와 지휘관들은 신생 우크라이나에 충성을 선서하고, 우크라이나 지도부의 통수권을 아무 문제없이 받아들였다.

우크라이나는 7개국과 육상 국경을 접하고 있었지만, 국경 확정에도 큰 문제가 없었다. 러시아와의 사이에 아조프해와 케르치해협의 국경 확정과 루마니아와 즈메이니 섬Zmeiny island 영유권 분쟁이 이어져 해상 국경선 확정은 시간을 두고 해결해야 할 문제로 남았다. 좀더 심각한 영토 문제는 크림의 독립 움직임과 러시아 재귀속 압력이었다. 소연방이 분리되자, 러시아 의회는 크림의 영토적 귀속 문제에 대해 강한 불만을 제시하였다. 러시아의 극우주의자들은 크림은 소련의 존속을 전재로 흐루시초프가 러시아연방에서 우크라이나로 관할권을 넘긴 것이므로 두 나라가 독립한 상황에서는 영토관할권을 다시 따져야 하고, 주민들의 투표를 통해 영토 귀속을 결정해야 한다고 주장했다. 러시아 의회의 이러한 움직임에 자극받은 크림 의회는 크림의 독립을 선언했다. 우크라이나 독립 찬반 국민투표 때 주민들의 54%가 찬성표를 던진 것이 불과 1년 전이었다. 우크라이나 정부는 크림의 독립을 당연히 인정하지 않았지만, 1997년 러시아와의 우호협력 조약 체결 때까지 크림 문제는 국내 문제 중 가장 폭발성이 큰 이슈로 남아 있었다. 크림 문제에서 볼 수 있듯이 신생 우크라이나의 국가 건설 과정에서 부딪친 여러 문제는 내부적 문제라기보다는 러시아를 비롯한 외국과 외교 협상을 통해서 해결해야 할 과제였다. 크라프추크 대통령은 내치에서 큰 성과를 보이지는 못했지만 외교에서 신중하고 온건한 정책을 펴서 우크라이나 독립의 토대를 닦아 놓았다고 평가할 수 있다. 그러나 그의 우유부단함과 점진적 문제 해결 방식은 국내 정치에서 여러 문제를 발생시켰다. 신생 국가 출발의 첫 단추가 되는 헌법 제정을 하지 않은 것과 의회를 새로 구성하지 않은 것은 초대 대통령으로서의 의무를 방기한 것이었다. 1978년 채택된 소위 '브레즈네프 헌법'에 근간을 둔 우크라이나 사회주의공화국의 헌법을 그대로 둔 채, 하위 법률이나 대통령령으로 미온적 개혁 조치를 취한 것은 우크라이나의 정치, 행정 개혁을 더디게 만드는 요인이 되었다. 크라프추크 대통령이 상당히 높은 지지율로 당선이 되었고, 의회의 온건 보수 세력의 수장 역할을 하고 있었던 것을 감안하면, 그가 의지만 있었으면 헌법 개정을 하는 것은 어려운 일이 아니었다. 독립 직후 헌법 개정을 미룬 결과, 사회 계층의 이해가 첨예하게 대립하기 시작한 1996년에 훨씬 어려운 과정을 거쳐 헌법이 개정되게 된다. 또한 소련 시절 구성된 최고회의를 해산하고 새로운 의회를 선출하지 않은 것도 정치적 우유부단함의 결과라고 볼 수 있다. 공산당 출신 보수 세력이 다수를 차지하는 최고회의는 국가의 행정, 경제적 개혁을 더디게 만들었고, 크라프추크 대통령 자신도 다수 집권당을 형성할 수 있는 기회를 잃고 말았다. 결국 자신을 지지하는 다수 정파를 만들지 못한 것은 그의 재선을 어렵게 한 결정적 요인이 되었다.

8.3. 외교 정책

신생 우크라이나의 일차적 외교 목표는 세계 각국으로부터 독립을 승인받는 일이었다. 1992년 대부분의 국가들이 우크라이나를 외교적으로 승인하였다. 한국도 1992년 2월 우크라이나를 승인하고 외교관계를 수립함과 동시에 키예프에 대사관을 개설하였다. 구소련 시대부터 러시아, 벨로루스와 함께 유엔의 회원국이었으므로 유엔 가입 절차를 따로 밟을 필요는 없었다. 주요 국제기구에도 차례로 가입하기 시작했다. 우크라이나의 독립에 대한 주요 국가의 태도를 보면 흥미로운 점이 있다. 소연방 해체의 중심 역할을 담당한 러시아의 옐친 대통령은 제국의 짐을 하루빨리 벗고 러시아연방의 안정적 출발을 위해 우크라이나와 다른 공화국의 독립에 협조적이었던 반면, 미국은 우크라이나의 핵무기 문제, 소련의 급격한 붕괴로 인한 혼란을 염려하여 우크라이나의 독립에 호의적이지 않았다. 독립에 대한 논의가 한창 진행 중이던 1991년 8월 1일, 부시 대통령은 키예프를 방문하여 우크라이나는 소연방에 남아 있어야 하며, 고르바초프 정부와 긴밀한 협조를 유지할 것을 우크라이나에 요구했다. 미국은 "〔소련의〕 여러 공화국과 우호적 관계를 유지하되, 중앙의 독재를 지방적 독재가 대체하고, 인종적 혐오에 근거해 파멸적 민족주의를 조장하는 사람을 지원하지는 않을 것이다"라고 선언했다. 소연방의 급격한 와해를 염려한 발언이기는 하였지만, 우크라이나가 서둘러서 독립하는 것을 미국은 원치 않는다는 메시지를 키예프 시민들 면전에 던진 것이나 마찬가지였다. 우크라이나 의회는 부시의 이러한 경고에 아랑곳하지 않고 한 달도 되지 않아 독립 선언을 결의한다. 부시 정권은 유라시아 대륙의 안정적 지정학적 재편을 위해서는 러시아가 하루빨리 안정을 찾는 것이 중요하다고 생각하고, 러시아와 우크라이나를 대립각적인 시각에서 바라보기 시작했다. 즉 우크라이나의 급격한 부상은 러시아와 유라시아 대륙의 안정에 도움이 되지 않는다고 본 것이다. 미국 공화당 정권이 냉전 종식 이후 유라시아 대륙의 지정학적 지평을 넓게 보는 시각이 부족하고, 소련과의 군비 경쟁 승리로 소련의 붕괴를 이끈 레이건 정권의 노선을 답습하여 모스크바만을 진지한 파트너로 상대하는 경향이 있었다. 클린턴 민주당 정권의 대외 정책 담당자 중에는 브레진스키의 영향을 받아 우크라이나와 중앙아시아의 전략적 중요성을 인식하는 사람이 늘어났고, 이에 따라 우크라이나에 대한 시각과 정책도 바뀌기 시작했다. 쿠치마 정권이 출범하던 1994년부터 미국은 우크라이나가 소련의 부활을 막는 중요한 방어막이며 러시아의 영향력이 동유럽으로 다시 확대되는 것을 막는 데 우크라이나의 역할이 중요하다는 것을 깨닫기 시작하였다(Yekelchuk, p.196).

크라프추크 정부는 소련으로부터 물려받은 핵무기를 포함한 막강한 군사력에 대한 국제 사회의 불안감을 완화시킬 목적으로 비동맹국non-bloc state으로 남는 방안을 고려하기도 하였다. 국제 사회에서는 신생 우크라이나의 출범을 핵무기라는 위험한 장난감을 가지고 세상에 나온 어린 아이를 보는 것과 같은 걱정스러운 시선으로 보기도 하였다. 크라프추크 정권은 이러한 우려를 잘 이해하고 핵무기의 조기 해체를 원하는 주요 강대국의 바람을 그대로 수용하였다. 체르노빌 원전 사고로 인해 조성된 핵 에너지와 핵무기에 대한 일반 국민들의 공포심도 핵무기 철폐에 대해 통일된 국론을 조성하는 데 기여를 했다. 우크라이나와 국경을 맞댄 루마니아, 헝가리, 폴란드, 슬로바키아는 우크라이나의 부상이 러시아의 영향력 부활을 막는 데 중요한 역할을 한다고 보고 우크라이나의 독립을 지원했다. 특히 18세기 이후 강성해진 러시아제국과 소련에 의해 반복적으로 큰 피해를 본 폴란드는 우크라이나를 제일 먼저 승인하고, 우크라이나의 가장 가까운 맹방이 되었다. 그러나 서유럽의 대부분 국가들은 우크라이나의 국가 건설 과정에 별다른 지원을 하지 않았다. 크라프추크 정부는 미국과 유럽의 지원을 크게 받지 못한 상태에서 힘겹게 국가 건설 과정을 시작했다.

우크라이나의 독립과 출발 초기 과정을 간접적으로 도운 것은 옐친 정부지만, 양국 간에는 여러 외교적 문제가 있었다. 먼저 앞에 서술한 크림의 독립이나 러시아 재귀속 움직임은 러시아 극우주의자들에게는 중요한 이슈였으나, 러시아 정부가 영토관할권의 변경을 공식으로 내세우지는 않았기 때문에 양국의 외교 문제로 비화되지는 않았다. 우크라이나의 독립 선언 이전인 1991년 1월 21일 크림의 영토귀속 문제에 대한 주민 투표가 실시되어, 크림은 우크라이나에 남고, 흑해함대 기지가 있는 세바스토폴은 소연방 관할의 특별시가 되는 안이 통과되었다. 1992년 2월 크림 의회는 행정구역 상 주州로 남아 있던 크림을 자치공화국으로 승격시키는 안을 통과시켰다. 크림은 러시아연방공화국 소속일 때는 지리적 분리성으로 인해 자치공화국의 지위를 가졌으나 1954년 우크라이나에는 주州로 편입되었다. 6월 우크라이나 정부가 크림 독립 움직임을 통제하기 위한 타협책으로 자치공화국 지위를 인정하자, 크림 의회는 우크라이나 잔류를 선언하였다. 1994년 1월 메시코프Yurii Meshkov는 크림자치공화국의 대통령직을 신설하고 대통령에 취임하였으나, 크림 의회와 계속 갈등을 겪다가 1년 뒤 물러나고 말았다. 크림의 경제가 악화된 상황을 이용해, 1995년 3월 쿠치마 대통령은 크림 의회가 자발적으로 헌법을 폐기하고 대통령직을 없애도록 유도했다. 크림의 행정지도자는 대통령 대신 '행정수반Head of Administration'으로 부르고, 중앙에서 임명하지 않고 크림 의회에서 선출하는 선에서 타협이 이루어졌다. 1997년 우크라이나-러시아 우호협력 조약에서 러시아가 크림의 우크라이나 영토 귀속을 공식으로 인정함으로써 영토관할권 문제는 일단락되었다. 그러나 2008년 남오세티야 독립 문제를 둘러싸고 러시아와 그루지야 사이에 무력분쟁이 발생하면서 크림 독립 문제가 다시 제기될 가능성이 높아졌다.

소연방의 붕괴와 함께 출발한 CIS의 주도권과 신생독립국의 주권 제약을 둘러싸고, 러시아와 우크라이나를 비롯한 신생독립국 간의 갈등이 벌어졌다. 소련 체제 와해로 인한 극심한 혼란을 일단 진정시킨 러시아는 구소련 지역에 대한 영향력을 회복하기 위해 구소련 지역을 '근린 지역Near Abroad'으로 선언하고, 근린 지역을 다시 러시아의 통제하에 두려고 시도했다. 1991년 12월 출범 당시 CIS는 아르메니아, 아제르바이잔, 카자흐스탄, 키르기스스탄, 몰도바, 투르크메니스탄, 타지키스탄, 우즈베키스탄 8개국이 가담하였지만, 1993년까지 구소련 구성 공화국 중 발트3국을 제외한 12개국이 가입하게 되었다. CIS 출범 초기 러시아는 CIS 공동시민권, 공동안보 조약, 의회연맹 등을 통해 CIS를 국가연합체 Confederation로 만들려고 시도했다. 우크라이나는 각 국가의 주권을 제약하는 이러한 구상에 강력히 반대했다. 1993년 1월 위의 조건들이 담기지 않은 느슨한 국가연합 형태의 CIS헌장CIS Charter이 마련되고 각국 의회가 이를 비준하면 정식회원국이 되는 절차가 마련되었다. 그러나 우크라이나 의회는 이러한 느슨한 형태의 CIS안도 거부하여 CIS헌장을 비준하지 않았다. 우크라이나는 CIS의 출범 멤버였으나 정식 회원국이 되지는 않았고, 각종 각료회의에 옵저버 자격으로 참석하는 수준으로 CIS 활동에 참여했다.

우크라이나와 러시아 사이의 가장 첨예한 문제는 흑해함대의 위상이었다. 흑해함대 문제는 크림의 영토적 관할권을 둘러싼 논쟁에도 영향을 미쳤다. 1992년 우크라이나는 먼저 흑해함대의 관할권을 선언하였다. 그러나 흑해함대 기지의 지휘관들은 이를 인정하지 않고 러시아 해군의 지휘를 계속 받을 것을 선언했다. 갈등을 해결하기 위해 양국은 우크라이나에 30%의 함정을 인도하기로 합의하였다. 1992년 6월 크라프추크 대통령과 옐친 대통령은 흑해함대를 50 대 50으로 분리하되, 3년간 공동 관리하는 타협안에 합의했다. 이 기간 동안 함대는 소련기를 사용하고 함대사령관은 러시아제독이 맡았다. 1993년 6월에 러시아가 세바스토폴을 임

흑해 함대

차하는 합의가 이루어졌으나 러시아의회가 이 합의를 인정하지 않아 흑해함대 문제는 완전한 해결을 보지 못하였다. 1997년 양국 우호협력 조약에서 흑해함대 분할이 합의되어, 함정을 50 대 50으로 나누고, 러시아 해군이 우크라이나로부터 함정을 다시 구매하는 형식으로 함대를 분할하여 최종적으로 82(러시아) 대 18(우크라이나) 비율로 함대를 분할하였다. 또한 세바스토폴항을 러시아 해군이 2017년까지 20년간 임대료를 내고 임대하기로 합의하였다. 그러나 2008년 러시아-그루지야 무력충돌 시, 흑해 함대가 우크라이나 정부의 승인을 받지 않고 출동하자 양국 간에 외교 문제가 발생하였고, 가스 분쟁이 발생할 때마다 기지 임대료 문제도 논쟁거리로 떠올랐다. 세바스토폴항의 출입을 통제하는 사리치 만Cape Sarych의 등대관할권 문제도 양국 간의 갈등의 원인이 되고 있다.

크라프추크 정권의 대외 정책 중 가장 중요한 문제는 핵무기 폐기였다. 소연방 해체 당시 소련이 보유하고 있던 핵탄두 중 69.4%(7,133기)는 러시아에, 17%(1,656기)는 우크라이나에, 13%(1,410기)는 카자흐스탄에, 0.6%(74기)는 벨로루스에 남게 되었다. 1991년 12월 21일 소연방 해체와 CIS 출범을 위해 알마티에 모인 각 공화국 지도자들은 모든 전술핵무기를 1992년 7월까지 러시아에 넘기기로 합의하였다. 그러나 우크라이나에는 SS-19(6개의 핵탄두장착) 130기, SS-24(10개의 핵탄두장착) 46기로 구성된 176기의 대륙간탄도미사일ICBM과 1,656기의 핵탄두, 500여 개의 크루즈형 미사일을 장착한 40대의 전략핵폭격기(TU-95 21대, TU-160 19대)를 보유하고 있어, 미국, 러시아 다음가는 세계 3위의 핵 전력을 보유하고 있었다. 우크라이나가 서둘러 핵무기 폐기에 나선 것은 핵 관리 능력에 대한 서방 국가의 불안을 잠재우는 것이 큰 이유였지만, 구소련권에 산재한 핵무기 관리를 빌미로 러시아가 다시 영향력을 강화하거나 우크라이나의 주권을 간섭하는 것을 막기 위한 목적도 있었다(Perepelnitsa 2009a, pp. 11-19). 한마디로 우크라이나 정치인들은 핵무기 보유를 자산으로 생각한 것이 아니라, 국가적 부담으로 여기고 있었다. 미국의 부시 행정부는 구소련 지역 핵무기 통제의 기본 원칙으로서 소련을 승계한 러시아만이 핵무기를 보유하고, 나머지 3개국은 빠른 시간 안에 핵무기를 폐기시키고, 핵확산금지 조약에 가입시켜 비핵국으로 만든다는 안을 추진했다. 미국 의회에서는 1992년 안전보장과 경제 원조를 조건으로 러시아 이외의 구소련권 국가의 핵무기를 폐기하고 핵과학자들의 재취업을 돕는 '넌-루가 프로그램Nunn-Lugar Program'(일명 CTR/Cooperative Reduction Program을 통과시켰다.

독립 초기부터 우크라이나는 핵폐기를 위한 여러 조치와 선언을 내놓았다. 1990년 독립 선언을 채택하며 우크라이나 최고회의는 핵무기를 "받아들이지도, 생산하지도, 획득하지도 않는다"(not to accept, not to produce, not to acquire)는 비핵화 3원칙을 내세웠다. 이어서 1991년 10월에는 핵확산금지 조약NPT/Non-Proliferation Treaty에 가입한다는 것을 선언했고, 1991년 12월과 1992년 4월 이를 재확인했다. 1992년 5월 23일에는 전략무기제한 협정START-I을 미국, 러시아, 우크라이나, 카자흐스탄, 벨로루스 5개국에 적용하는 소위 '리스본의정서Lisbon Protocol to START-I'가 5개국에 의해 서명되었다. 이 의정서에 서명하면서 우크라이나는 START-I의 적용 과정에서 핵보유국의 동등 비례적 핵무기 감축과, 핵 감축에 따른 우크라이나의 안전보장, 러시아와 우크라이나 공동의 핵 폐기 통제시스템의 가동을 요구했다. 1993년 9월 3일 마산드라 협약에서는 우크라이나 내의 핵무기와 핵무기 보관 시설의 통제와 관리에 대한 사항들이 제시되었고, 1993년 10월 25일 미국과 우크라이나 사이에는 전략핵무기 폐기와 대량 살상무기 확산 방지를 위한 원조 협정이 서명되었다. 11월 18일 우크라이나 의회는 START와 리스본협약을 비준하며, 핵무기 운송수단의 36%, 핵탄두 42%를 감축하는 안을 승인하고 앞으로 추가적 핵무기 폐기가 가능하다고 선언했다(Perepelytsia 2009a, pp.21-23). 우크라이나 정부의 기본 목표는 미국, 러시아, 우크라이나의 3자 협정에 의해 우크라이나의 안전을 보장받고, 핵폐기에 대한 적절한 경제 보상을 받는 것이었다. 우크라이나와 러시아 사이의 양자협상이 큰 진전을 보이지 않자, 미국, 러시아, 우크라이나 3자 협상이 이를 대신하게 되었고, 1994년 1월 14일 3자 협정이 체결되었다. 3자 협정의 주요 내용은 우크라이나가 START-I 협정을 이행하고, 핵확산금지 조약에 가입하는 조건으로 우크라이나의 안전을 보장하며, 미국, 러시아, 영국은 우크라이나의 주권과 영토를 보장하고, 무력으로 우크라이나의 영토적 통일성과 정치적 독립성을 위협하거나 경제적 압력을 가하지 않으며, 핵무기와 핵물질의 안전한 해체를 위한 경제적, 기술적 원조를 제공하고, 원자력 발전용 농축 우라늄을 러시아가 제공하며 이에 대한 재정 보상은 미국이 맡는 것으로 되어 있다(Perepelytsia 2009a, p.25). 1994년 5월 10일 우크라이나와 러시아는 3자 협정 실현을 위한 쌍무 협정을 체결하였다. 1994년 11월 16일 우크라이나 의회는 3자 협정을 비준하였고, 12월 5일 3국간에 비준서가 교환되었다. 이날 미국, 러시아, 영국은 우크라이나의 안전보장을 약속하는 메모랜덤에 서명하였다. 프랑스와 중국은 별도로 우크라이나의 안전보장을 선언하였다. 미국과 우크라이나는 핵폐기에 대한 경제적 보상에 대한 협상을 진행하여 약 2억 달러에 달하는 경제 지원 프로그램에 합의했다. 대륙간탄도미사일 1기 해체의 대가를 백만 달러로 계상한 소액의 경제 보상에 대해 우크라이나 국내에서는 반대가 많았으나, 핵폐기에 대한 국제적 압력이 워낙 컸으므로 협상에 나선 즐렌코Anatoliy Zlenko 외무장관과 타라슈크Boris Tarasyuk 차관은 서둘러 협상을 종결할 수밖에 없었다. 1996년 6월 1일 전략핵무기가 러시아에 이전됨으로써 우크라이나의 비핵화는 사실상 실현되었고, 2000년 초 130기의 SS-19 대륙간탄도미사일이 해체됨으로써 핵폐기가 종결되었다.

8.4. 경제

우크라이나 독립 직후 경제는 큰 혼란에 빠졌다. 군수산업과 중공업 위주로 발전되었던 우크라이나 산업은 군수 물자에 대한 수요가 사라지면서 생산이 급격히 줄어들었다. 또한 소련 시대에 각 공화국별로 자립이 가능하도록 산업이 균형적으로 육성되지 않고 지역별로 분업적 생산이 이루어졌기 때문에, 소연방의 붕괴는 원료 공급, 국내 생산품 이동, 외국과의 교역의 마비를 가져왔고 주민들은 극심한 생필품 부족에 시달렸다. 연방은 붕괴되었지만 루블존Rouble Zone은 계속 유지되며 루블이 공통 화폐로 이용되었기 때문에 각 공화국은 경쟁적으로 루블 통화 여신을 남발하여 초인플레이션Hyperinflation이 발생하였다. 러시아는 사회주의 경제를 시장경제 체제로 바꾸는 쇼크 요법인 '500일 플랜'을 시작했지만 우크라이나 정부는 이러한 쇼크 요법을 도입하지 못하고, 대증적인 처방만 남발하며 경제 상황 악화를 가속시켰다. 소련 시대에 임명된 총리와 내각을 계속 유지한 크라프추크 대통령의 우유부단함이 급진적 경제개혁을 하지 못하는 근본적 원인이었지만, 폴란드처럼 급진 경제개혁으로 인한 정권의 교체 등 사회, 정치적 동요를 두려워한 것도 원인으로 들 수 있다. 독립 초기 우크라이나의 경제 정책은 소연방 경제로부터 이탈하여 경제적 독립성을 확보하는 데 주안점을 주었다. 1990년 10월 의회 경제개혁위원회를 이끈 필립추크Volodymyr Pylypchuk가 내놓은 경제개혁안은 시장경제 체제로의 전환보다는 경제독립성 확보를 우선 목표로 하였다. 러시아와 분리된 독립적 경제 기반을 확보하기만 하면 우크라이나의 풍부한 자원, 철강-기계공업, 군수공업, 농업 기반을 바탕으로 빠르게 경제 발전을 이룰 수 있을 것이라는 안이한 전망을 전제로 한 경제개혁안이었다. 독립 초기 시장경제를 이해하는 경제전문가 집단이 없었던 것도 경제 위기에 대해 적절한 대응을 할 수 없었던 원인 중 하나였다. 크라프추크의 경제자문인 예멜랴노프Oleksansdr Yemelianov는 1992년 3월 24일 신정부의 첫 경제개혁 프로그램이라고 할 수 있는 '국가경제 기본계획Fundamentals of National Economic Policy'을 발표했다. 이 개혁안에서는 우크라이나가 루블존에서 벗어나고, 독자 화폐 흐리브냐Hrivna를 유통시키는 안이 들어 있으나, 시장경제 체제로의 이행을 위한 구체적 계획은 들어 있지 않았다(Aslund 2009, p.43). 좀더 급진적 개혁안은 경제부총리로 새로 임명된 라노비Volodymyr Lanovii로부터 나왔다. '경제 정책과 시장개혁안Plan for Economic Policy and Market Reform'이라는 이름이 붙은 이 개혁안은 통화안정, 재정지출 삭감, 조세제도 개혁, 가격자유화, 무역통제 해제, 신속한 민영화 등의 내용을 담고 있었다. 이러한 개혁안을 마련한 덕분에 우크라이나는 1992년 3월 IMF와 세계은행에 가입하게 된다. 그러나 급진적 개혁에 대한 정치적 지원을 받지 못한 라노비는 7월에 해임되고, 포킨 총리도 9월 30일 경질되었다. 포킨 후임에는 드네프로페트롭스크의 '피브덴마시Pivdenmash'(러시아어 Iuzmash) 미사일 공장장 출신으로 드네프로페트롭스크 주지사를 역임한 쿠치마Leonid Kuchma가 임명되었다. 쿠치마는 우크라이나 경제가 "'붕괴 직전에 놓여 있다"고 선언하고 의회로부터 6개월간의 경제에 대한 행정명령권 발동을 위임받아 바로 경제개혁에 착수했다. 인플레이션을 월 2-3% 이내로 억제하고, 임금과 가격 통제, 세제 개혁을 통한 재정 적자 축소, 기업 사유화와 농지 사유화를 추진했다. 경제 개혁을 실질적으로 이끈 것은 재무장관 핀제니크Viktor Pynzenyk였다. 리비프대학의 경제학 교수 출신으로 의회에 진출한 후 재무 관료로 변신한 핀제니크는 이후 부총리, 재무장관 등을 번갈아 역임하며 2009년 티모셴코 내각의 재무장관직을 사임할 때까지 우크라이나 최고의 재무 전문가로 활동했다. 이 시기에 농업은행 부행장 출신의 유셴코Viktor Yushchenko도 국립은행장으로 발탁되어 핀제니크와 함께 경제, 재정 개혁을 수행한다. 경제장관에 임명된 시페크Roman Shpek도 시장경제주의자로서 이 시기에 우크라이나에서는 처음으로 개혁주의자들이 중심이 되어 경제개혁을 추진하게 되었다. 경제개혁안 자체는 급진적이었으나 크라프추크 대통령과 쿠치마 총리의 보수적 성향으로 개혁안의 실행은 더디게 진행되었다. 1993년 5월 국영기업에 대한 지원 삭감에 불만을 품은 광부들의 파업으로 사회적 위기가 고조되자, 크라프추크 대통령은 임기를 1년 앞당겨 1994년 3월 대통령 선거를 실시한다고 발표했다. 쿠치마 총리는 개혁안을 계속 밀고 나가다가 9월 총리직을 사임하고 대선에 뛰어들 준비를 하였다. 쿠치마 후임으로는 도네츠크 광산회사 사장 출신인 즈뱌길스키 Yukhym Zvyagilskii가 임명되었다. 크라프추크의 이러한 인사는 광부들을 만족시키기 위한 것이기도 했지만, 쿠치마 같은 영향력이 강한 총리를 피하고 싶은 동기가 더 컸다. 크라프추크는 즈뱌길스키를 총리 서리에서 제1부총리로 강등시킨 상태에서 내각을 이끌게 했다. 즈뱌길스키는 이전의 개혁을 모두 원점으로 돌려놓았다. 산업 생산에 대한 계획경제를 되살리고, 가격도 인위적으로 조절했다. 국영기업의 손실은 정부의 재정 지원으로 보충해 주었다. 이러한 시스템 속에서 부패한 정부 관료들과 이들과 결탁한 기업가들은 인위적으로 낮게 책정된 정부가격으로 원자재와 물품을 구입하여 국제가격에 외국에 팔아 막대한 이익을 챙기기 시작했고, 경제는 다시 파탄으로 치닫기 시작했다. 1992년 2,730%에 달했던 인플레이션은 1993년 말 10,155%에 달했다. 1993년의 재정 적자는 GDP의 29%에 이르렀다. 루블존의 지속과 통화 팽창, 무분별한 정부 보조 남발이 통화 정책의 붕괴를 가져왔다. 즈뱌길스키는 퇴임 후 공금 횡령으로 기소되자 이스라엘로 도피하였다가 후에 우크라이나로 돌아왔다. 1994년 미국 CIA는 〈위기의 나라 우크라이나Ukraine: A Nation at Risk〉라는 보고서에서 우크라이나가 국가로서 실패할 가능성이 있으며, 5년이나 10년 이내에 우크라이나가 국가로 더 이상 존재하지 않을 수도 있다는 진단을 내릴 정도로 경제 위기는 심각했다.

크라프추크 시대의 경제 정책은 계획경제와 시장경제 사이를 시계추처럼 왔다갔다 하면서 일정한 방향을 잡지 못했다. 대통령 자신이 경제에 대한 확실한 정책이 없었고, 구기득권층이 완만한 시장경제로의 이행 과정을 악용하여 개인적 이익을 챙기는 데 급급하면서 경제 위기는 심화되고 일반 국민들의 생활은 극도로 악화되었다. 경제적 고통이 가중되면서 많은 국민들이 이스라엘, 유럽, 북미로 이주를 하였다. 독립 당시 5천 만 명이 넘었던 인구는 10년 만에 4,800만 명으로 줄어들었다. 그러나 파탄 상태에 가까운 경제 상황 속에서도 사회적 동요는 적었다. 20세기에 수많은 어려움을 겪은 국민들은 경제 위기를 인내로 견뎌 냈다. 국민들이 불만을 표출시하기보다 인내로 고통을 참아 낸 것은 우크라이나가 오래 열망하던 독립이라는 큰 목표가 이루어졌다는 데서 심리적 보상을 찾았기 때문이다. 또한 러시아를 비롯한 대부분 신생공화국이 비슷한 과정을 겪고 있어서 경제 위기를 체제 전환에 따른 당연한 고통으로 여기는 면도 있었다. 그러나 독립 초기 경제 혼란기에 나타난 극심한 도덕적 해이와 부패, 지도층의 책임의식 부재, 경제 범죄에 대한 처벌 부재는 우크라이나의 경제, 사회 분위기에 악영향을 끼쳐서 경제 발전을 가로막아 왔고, 현재까지도 유사한 분위기가 지속되고 있다.

1994년 의회 선거 전에 나타난 정치권의 변화는 사회당의 부상과 공산당의 재등장이다. 1991년 8월 말 공산당이 불법화된 후, 모로즈Oleksand Moroz가 이끄는 사회당은 좌파를 대표하는 정당이 되었다. 개혁 정책에 불만을 품은 좌파 성향의 국민들은 사회당을 지지하여, 등록당원이 6만 명에 이르렀다. 1993년 재건된 공산당은 시모넨코Petro Symonenko를 당수로 내세우고, 개혁 정책의 중단과 소련 체제의 부활을 주장했고 러시아어를 공식 언어로 선언할 것을 주장했다. 1994년 총선 전 공산당은 등록당원이 13만 명에 이를 정도로 세력을 확장했다(Yechelchuk, pp.199-200). 우파 민족주의 정당으로는 '루흐Rukh'가 주도적 역할을 하였으나, 전통적인 서부 지역의 지지 기반을 전국적으로 확대하지는 못했다. 1994년 선거는 선거제도에도 문제가 있었다. 루흐 등 진보정당들은 의석 절반을 정당비례제로 뽑는 것을 원했으나 실현되지 않았다. 450석 전체를 소선거구제 직접 선거로 뽑았는데, 50% 투표율에 50% 이상 득표자만 당선되는 절대다수제를 택하여 큰 혼란을 가져왔다. 절대다수제 때문에 3월 27일 선거와 4월 초 2차 선거를 치르고도 450석 중 338명의 의원만 선출할 수 있었다. 1996년 4월까지 6번의 보충 선거가 있었으나 20명의 의석은 끝내 채우지 못하고 말았다(Aslund 2009, pp.63-65). 선거 결과를 보면 소련 말기 최고회의에 선출된 의원의 17%만 재선이 되어 인적 물갈이에는 성공을 하였다. 좌파 정당은 116석(공산당 84석, 사회당 14석, 농민당 18석)을 차지하였고, 루흐는 20석을 얻는 데 그쳤다. 338석 중 168석은 군소정당 소속 출마자들이 당선되었고, 나머지는 170명은 무소속 후보들이 당선되었다. 좌파 정당들이 선전한 것은 경제개혁 실패와 민족주의 노선에 대한 반발을 잘 활용하였기 때문이다. 무소속으로 출마한 후보들 대부분은 신흥 기업가나 지방 유력가들이었다. 선거제도의 문제점 중 하나는 공직자의 총선 출마를 허용하는 바람에 당선자의 29%가 현직 정부 관료들이었다는 점이다. 정부 관료들이 입법부에 들어와 활동하면서 행정부와 입법부 구분이 모호해지고 말았다. 당선자의 20%는 기업가들이었다. 이들은 자신의 비즈니스 이익 보호를 위해 의원 지위를 이용하였고, 의원 면책특권을 불법 행위에 대한 방패막이로 활용하였다. 정경이 유착된 정치적 풍토는 이후에도 끈질기게 이어져 정치 발전을 가로막는 큰 장애가 되고 있다. 주도적 정당과 야당 세력 없이 수많은 정파와 독립적인 의원들로 의회 구성이 이루어져서 의정은 극심한 혼란을 보였고, 의회 기능을 제대로 발휘하지 못하였다. 시간이 지나면서 의회의 구성은 12개 정파로 정리되었고, 1994년 5월 사회당수 모로즈가 국회의장에 선출되었다.

1996년 6월 대통령 선거에서 크라프추크는 건국의 아버지로서 온건한 방법으로 건국 과정을 이끈 것과 외교적으로는 러시아와 거리를 두고 민족주의적 노선을 걸은 것을 공로로 내세웠다. 쿠치마는 경제 실정을 집중적으로 공격하며, 자신만이 경제를 파탄에서 구해 낼 수 있는 적임자라는 이미지를 부각시켰다. 외교적으로는 고립 정책에서 벗어나 러시아와의 접근 정책을 추구할 것임을 천명했다. 총리직 사임 이후 우크라이나 산업기업인협회장으로 일한 쿠치마는 친비즈니스적 성향을 내세우며, 신흥 재벌과 기업가들의 지지를 얻었다. 국회의장인 모로즈와 경제전문가 라노비도 대통령 선거에 입후보했다. 크라프추크는 동부 지역의 좌파표를 흡수하기 위해 소련 시대의 수상이었던 마솔을 총리로 임명했으나 선거에 큰 영향을 미치지는 못하였다. 1994년 6월 26일 1차 선거 결과는 크라프추크 36%. 쿠치마 31%, 모로즈 14%, 라노비 9.4% 득표로 나왔다. 크라프추크는 서부에서 주로 표를 얻었고, 쿠치마는 동부와 남부 지역에서 대부분의 지지표를 얻어, 이후 우크라이나 정치 지도의 큰 경계선인 동서 분할이 선명하게 나타났다. 7월 10일 결선투표에서 쿠치마는 52%, 크라프추크 45%를 득표하여 쿠치마가 대통령에 당선되었다. 쿠치마는 변화를 바라는 모로즈의 표와 라노비의 표를 대부분 흡수하였다. 결선 투표 제도 때문에 이후로도 우크라이나 대통령 선거에서는 1차 선거의 3, 4위 후보의 표를 누가 흡수하느냐가 선거 승부를 가르는 중요한 요인이 되었다. 크라프추크 대통령의 패배는 의외로 받아들여졌지만, 1차 선거 결과에 고무되어 2차 선거에 대한 특별한 대비를 하지 않은 것이 패인이었다. 1차 선거에서 승리한 현직 대통령이 2차 선거에서 패배할 것으로 예측한 사람은 많지 않았다. 크라프추크는 2차 선거를 자신의 승리로 이끌기 위해 특별한 수단을 동원하지 않았다. 크라프추크는 아무 불만 없이 선거 결과에 승복했고, 그의 참모들도 바로 대통령궁을 떠날 준비를 시작했다. 우크라이나는 CIS 국가 중 드물게 평화적인 정권 교체를 이루었고, 이 과정이 사회적 동요나 정치 보복, 청산 작업 없이 진행된 것은 높이 평가할 일이다. 크라프추크 대통령의 자제와 선거 제도에 대한 존중, 개인적 성품이 이러한 민주적 정치 전통 확립에 중요한 역할을 하였다고 볼 수 있다.

9장
쿠치마 정권 시대

9.1. 쿠치마 정권 1기(1994-1999년)

쿠치마 정권은 산적한 국가적 과제를 안고 출발하였다. 그러나 총리 재직 시 그가 보여 준 경제개혁 노력은 국제사회에 우크라이나의 개혁 가능성에 대한 신뢰를 심어 주었다. 쿠치마는 개혁팀으로 내각을 구성했다. 총리 시절 그를 도왔던 젊고 유능한 경제전문가들이 대거 발탁되었다. 재무장관 핀제니크는 경제개혁담당 부총리에 임명되었고, 유셴코와 시페크는 국립은행장과 경제장관에 그대로 유임되었다. 미튜코프Igor Mityukov는 국제금융 담당 부총리에 기용되었다. 시장경제주의자인 갈친스키Anatoliy Galchinskyi가 대통령 경제 자문을 맡았다. 민영화 사업을 담당하는 국가자산관리위원장은 예하누로프Yuriy Ekhanurov가 맡았다. 그는 후에 유셴코 정권에서 총리와 국방장관을 역임하게 된다. 그러나 크라프추크 대통령이 임기 말에 임명한 마솔 총리는 경질하지 않았다.

9.1.1. 경제 개혁

쿠치마가 해결해야 경제문제는 전방위적으로 산적해 있었다. 우선 초인플레이션을 억제해야 했고, 과도한 정부 지원금, 보조금으로 인한 재정적자를 해소해야 했다. 에너지 수입으로 누적되는 외채 문제도 심각했고, 가격 자유화와 화폐개혁도 실시해야 했다. 새로 구성된 의회는 여전히 보수적이고, 쿠치마는 자신의 개혁을 밀어줄 충분한 정치적 지원 세력도 가지고 있지 못했다. 그러나 쿠치마 대통령은 2-3개월의 정책 입안 시간을 가진 다음 가을부터 경제개혁 프로그램을 과감하게 추진하기 시작했다. 쿠치마 정권의 출발과 때맞춰 외국의 원조프로그램이 시작되었다. 대통령 선거일인 7월 10일 이탈리아에서 열린 G7 정상회담에서는 우크라이나에 40억 달러의 경제 원조를 제공하기로 결정하였다. 8월에는 IMF의 캉드쉬Michel Camdessus 총재가 방문하여 경제 지원책을 논의하였다. 소로스George Soros의 르네상스재단이 마련한 국제경제자문단도 키예프에 들어와 경제개혁 프로그램 입안에 참여했다. 9월 29일 우크라이나 정부는 IMF와 '체제이행 프로그램a Systematic Transformation Facility Program'에 사인했다. 우크라이나 정부는 IMF의 지원을 받는 조건으로 에너지 수입에 대한 보조금 삭감, 가격 자유화, 사유화를 시작하고, 재정 적자폭은 10% 이내로 유지하기로 약속하였다. 곡물, 석탄 등 우크라이나의 자원에 대한 수출관세는 IMF의 반대에도 불구하고 당분간 유지하기로 하였다. IMF는 1994년 3억 5,600만 달러 지원을 시작으로 1999년까지 총 35억 달러의 자금을 지원했다(Aslund 2009, pp.70-72). IMF의 지원 프로그램은 우크라이나에만 한정된 것이 아니고, 체제 전환 중인 동유럽과 CIS국가 전체를 대상으로 한 것이었지만, 이는 소련 붕괴 이후 상황에 대한 서방의 전략적 시각이 바뀐 것을 반영한다. 소련 붕괴 이후 체제 전환이 유혈 사태나 국제적 안보 위협 없이 진행되고는 있었지만, 가속화되는 경제 상황 악화가 사회적 동요로 이어질 수 있다고 판단한 서방 지도자들은 제2차

쿠치마 대통령

세계대전 후의 마셜플랜과 유사한 재건 정책을 마련하였다고 볼 수 있다. 또한 미국에 클린턴 행정부가 들어서면서 우크라이나와 중앙아시아의 전략적 중요성을 인식하고, 우크라이나에 대한 포용, 지원 정책을 시작한 것이 쿠치마 정권의 경제개혁에 큰 도움을 주었다.

10월 11일 쿠치마 대통령은 의회에서 '급진 경제개혁의 길로On the Road of Radical Reform'라는 제목으로 시정연설을 하고, 경제개혁에 대한 의회의 동의를 촉구했다. 10월 19일 의회는 과반수가 조금 넘는 231명의 의원 찬성으로 경제개혁 프로그램을 승인했다. 경제개혁의 첫 효과는 인플레이션 억제 성공에서 나타났다. 이전까지 국립은행의 역할은 정부나 의회의 지시를 받아 돈을 찍어 내는 화폐발행소에 지나지 않았다. 그러나 1993년 월별 인플레이션 91%라는 기록적 초인플이션을 겪은 이후, 1994년 초부터 국립은행장 유센코는 독자적으로 화폐 발행을 억제하기 시작했다. 1994년 7월 월별 인플레이션은 2.1%에 불과할 정도로 인플레이션 억제 정책은 성공을 거두었다. 그러나 의회가 간섭에 나서면서 10월에는 23%로 다시 인플레이션이 높아졌다. 다른 분야의 개혁이 수반되지 않은 상태에서 국립은행 단독의 통화 정책만으로 경제 전반의 안정화stabilization를 이루는 것은 불가능했다. 11월부터 가격자유화가 시작되었다. 물가는 11월 한 달 동안에만 72%나 뛰었지만, 생산이 재개되고 암시장으로만 돌던 물품들이 상점으로 쏟아져 나왔다. 농산물 공급도 원활해졌다. 외환거래 자유화와 단일 환율제도 도입되었다. 이전까지 인위적으로 고정된 환율 덕분에 원자재 수입업자들은 엄청난 이익을 챙긴 반면 정부의 외화부채는 늘어 갔다. 수입도 자유화되면

1991-1999년 주요 경제 지표

	1991	1992	1993	1994	1995	1996	1997	1998	1999	2000
실질 GDP 성장률(%)	-8.7	-9.9	-14.2	-22.9	-12.2	-10.0	-3	-1.9	-0.2	5.9
소비자물가 상승률	290	2,000	10,156	401.0	181.7	39.7	10.1	20.0	19.2	25.8
1인당 GDP (구매력 기준, 달러)	–	5,130	4,513	3,579	3,237	2,995	2,982	2,983	3,046	3,325

서 생필품 공급이 원활해졌다. 과도하게 높게 책정된 기업과 개인 소득에 대한 세율도 현실화되었고, 대신 탈세방지를 통해 세수를 높여 갔다. 사회 부문에 대한 개혁은 더디게 진행되었지만, 공공 부문 지출이 1994년부터 1996년 2년 사이 GDP대비 11%나 감소되었다. 1994년 하반기에 시작된 경제개혁과 안정화 정책은 1996년에 들어서자 결실을 나타내기 시작했다. 1993년 10,100%던 인플레이션은 1994년 401%, 1995년 181%, 1996년 39%로 줄어들었고, 1997년에는 10%까지 떨어졌다. 재정 적자폭도 1994년 GDP대비 8.7%에서 1996년 3.2%로 떨어졌다. 1993년 1만 퍼센트가 넘던 살인적 물가상승율도 1996년 39.7%, 1997년 5.4%로 줄어들었다. 환율도 1996년 안정화되었다. 재무성이 1995년 처음으로 국채발행에 성공한 것도 정부의 재정 정책에 대한 신뢰를 반영한 것이었다 (Aslund 2009, pp.73-75).

■ 화폐 개혁

경제가 안정을 찾자 쿠치마 정권은 독립 후 계속 미뤄 온 화폐개혁을 단행하기로 했다. 1992년 루블을 대체하기 위해 발행된 카르보네츠karvonets는 물품 교환을 위한 쿠폰 정도로 쓰이고 있었다. 화폐개혁을 위해서는 교환액에 제한이 없어야 하고, 현금 교환뿐 아니라, 예금계좌 예치금도 교환이 가능해야 했다. 1991년과 1993년의 화폐개혁이 실패로 끝난 것은 개인의 장롱 속의 돈을 꺼내 몰수하는 것과 같은 최근의 북한의 화폐 개혁과 비슷한 방식의 조치를 취했기 때문이다. 국민들은 화폐 교환으로 자신의 재산이 손실을 입는다는 생각이 들면, 오히려 달러와 같은 국제통화를 저장수단으로 삼게 된다. 1992년 크라프추크 정권의 경제개혁안에 자국 화폐로 흐리브냐Hryvna 도입을 선언한 후, 화폐 인쇄는 캐나다에 의뢰하여 완료된 상태였다. 정부는 화폐개혁을 뒷받침할 목적으로 20억 달러의 안정화 기금을 만들어 놓았다. 이러한 장치를 만들어 놓은 국립은행 부행장 야체뉴크Arseniy Yatsenyuk는 후에 유셴코 정권에서 승승장구하여 경제장관과 외무장관을 거친 후 2010년 35세의 나이로 대권에 도전하게 된다. 1996년 여름 월별 인플레이션이 0%에 근접하자, 독립기념일인 8월 24일을 기해 화폐 교환이 시작되었다. 10만 카르보네츠를 1흐리브냐로 교환하고, 환율은 1달러 대 2흐리브냐로 책정했다. 약 2주간 지속된 화폐개혁 기간 동안 개인들은 무제한으로 돈을 교환할 수 있었고, 화폐개혁은 성공적으로 마무리되었다. 키예프 루스 공후들과 코자크 헤트만들의 얼굴이 새겨진 흐리브냐 화폐는 우크라이나가 재정적 분야에서도 독자적 화폐를 소유한 독립국가가 되었음을 보여 주는 상징이 되었다.

시장경제 체제로의 전환의 핵심은 민영화와 사적 소유권의 확대였다. 독립 이후 민영화 추진을 위한 몇 가지 법률이 통과되었지만, 민영화 작업은 더디게 진행되었다. 소연방 해체 후 모든 기업은 일단 국유화되었다. 1991년 8월 민영화를 담당할 기관으로 국가자산위원회State Property Fund of Ukraine 설립에 대한 결정이 내각회의에서 통과되었으나 위원회의 발족은 지연되었다. 1992년 봄 국영기업 민영화 법률과 중소기업 민영화법이 차례로 의회에서 통과되었다. 민영화에 나설 민간 자본이 형성되지 않은 상태에서 정부가 채택한 방법은 러시아와 같은 민영화 바우처voucher의 발행이었다. 인구의 55%에 해당하는 약 2,850만 명이 민영화 바우처를 받았다. 러시아처럼 민영화 바우처를 타인에게 판매하는 것은 금지되었고, 민영화 입찰에 직접 사용하거나 민영화 입찰에 나서는 펀드Trust에 양도할 수 있었다. 1996년까지 약 600개의 민영화펀드가 조성되었다. 그러나 민영화에 반대하는 저항 세력도 컸다. 우선 좌파 정당의 영향력이 컸던 의회가 반대하고 나섰고, 지방행정기구도 민영화 자금이 자신들에게 돌아오지 않고 중앙으로 집중되는 것에 반대해서 민영화에 적극 나서지 않았다. 각 정부 부처도 자신들이 통제하고 있는 국영기업의 민영화에 반대했다. 정부가 추진하는 민영화 대상 부문은 크게 나눠 중소기업, 대기업, 주택, 토지 네 부문이었다. 예하누로프가 국가자산위원장을 맡으면서 민영화는 체계적으로 이루어지기 시작했다. 처음에는 중소기업의 민영화가 활발히 이루어지고 이어서 대기업 민영화도 속도를 내었다. 1996년 4월까지 약 6,700여 개의 대기업 및 중소기업이 민영화되었다(Harasymiw, pp.354-355). 민영화는 주로 세 가지 방법으로 진행되었다. 우선 경영자나 근로자들이 기업을 인수하는 내부 인수 방법, 두 번째로는 민영화 바우처를 통한 지분 구매, 세 번째는 외부 자본에 의한 민영화였다. 1997년에 민영화 바우처를 통한 민영화는 종결되었고, 이후에는 주로 외부 자본에 의한 기업 인수가 진행되었다. 유럽부흥개발은행EBRD/Europesn Bank for Reconstruction and Development의 추정에 따르면 1993년 민간 기업이 담당한 우크라이나의 국내 생산은 15%에 불과하였으나, 1997년에는 55%로 늘어났다. 국가자산관리위원장 예하누로프는 자칫 탈 많고 비리의 온상이 될 수 있는 민영화 작업을 주도하면서 스캔들이나 풍문에 말리지 않고 공정하게 민영화 과정을 관리했다. 그러나 수적인 통계상으로는 민영화가 활발히 진행된 반면, 민영화된 기업의 구조 조정이나 생산성 향상은 더디게 진행되었다. 민영화된 기업의 경영은 공산주의 시대의 관리자들이 맡았고, 이들은 대부분 시장경제에 맞게 기업을 변형시키는 방법을 모르고 있었다. 기업 경영 개선에는 관심을 두지 않고 정부의 특혜를 계속 기대하거나 기업의 재매각 방법을 찾는 경영자도 많았다.

9.1.2. 서방의 경제 원조

우크라이나의 경제개혁에 큰 역할을 한 것은 서방의 경제원조였다. 서방 국가들은 현금 차관 이외에도 여러 가지 기술적 원조와 개혁 프로그램 마련에 자문을 제공함으로써 시장경제로의 전환을 도왔다. 개혁 초기 적극적 지원에 나선 기관은 IMF였다. IMF는 쿠치마 정권의 경제개혁 가이드라인을 만들고 이에 대한 보상으로 쿠치마 정권 1기(1994-1999년) 동안만 35억 달러를 지원했다. IMF의 지원을 계속 받기 위해 우크라이나 정부는 가이드라인에 맞춰 경제 정책을 시행해야 했기 때문에 IMF지원은 단순한 현금 차관 제공을 넘어 경제개혁을 가속화시키는 채찍과도 같은 역할을 하였다. 세계은행은 우크라이나 사회 부문의 개혁에 집중했다. 1996년부터 1999년까지 28억 달러를 지원하였지만, 우크라이나 자체적으로 사회 개혁에 적극 나서는 기관이 없었기 때문에 경제개혁만큼의 효과를 거두지는 못하였다. 미국은 1994년부터 2000년의 기간 동안 약 20억 달러를 지원하였다. USAIDUnited States Agency for International Development를 통해 주로 집행된 이 원조자금은 민영화 작업의 성공적 진행에 많은 도움을 주었다. 크라프추크 정권에서 핵폐기 대가 원조 이외에는 큰 지원을 하지 않았던 미국은 우크라이나의 전략적 중요성을 새로이 인식하고 우크라이나를 집중적으로 지원하였다. 1995년과 1996년 2년 동안 우크라이나는 미국으로부터 이스라엘, 이집트 다음으로 많은 원조자금을 받는 나라가 되었다. 유럽연합은 1991년부터 1998년까지 약 4억 달러를 지원한 것으로 나타났지만, 우크라이나에 대한 직접 원조 형태보다는 우크라이나에 대한 회원국의 자문 프로그램에 예산을 주로 지원했기 때문에 원조 효과는 크게 나타나지 않았다. 러시아와 투르크메니스탄은 우크라이나의 가스 채무에 대한 채무 조정을 통해 우크라이나의 대외 채무를 줄여 주었다(Aslund 2009, pp.89-90).

경제개혁을 시작한 지 약 1년이 지난 1996년 하반부터 쿠치마 대통령은 개혁의 속도를 늦추기 시작했고, 일부 조치는 원점으로 되돌리기도 했다. 인플레이션 억제 목표치도 월 1-2%에서 4-5%로 슬그머니 높아졌고, 급진적 개혁보다는 점진적 변화가 우크라이나에 더 맞다는 '우크라이나식 경제개혁 모델론'도 등장했다. 1995년 3월 개혁에 전혀 열의가 없는 마술 총리를 경질하고 후임에 정보부장 출신으로 부총리를 맡고 있던 마르추크Yevgen Marchuk를 임명했다. 신임 총리도 경제개혁론자는 아니었다. 쿠치마는 경제팀은 유임시켰지만 정부의 경제개혁 의지가 후퇴한 것을 알아차린 의회 좌파와 보수주의자들은 상황을 역전시키기 위해 노력을 기울였다. 쿠치마의 이러한 정책 변화는 그가 개인적으로 구소련의 전형적인 군산복합체인 미사일공장 책임자 출신으로서 시장경제에 대한 확고한 신념이 없었기 때문이다. 철저한 실용주의자인 쿠치마는 우크라이나가 심각한 경제 위기를 일단 벗어나자 급진개혁에 따른 사회적 반발을 무마하고 정치적 부담에서 벗어나고자 타협의 길을 택한 것이다. 우선 의회에서 경제개혁에 반대의 목소리를 높여 온 공산당, 사회당 등 좌파 정파와 정치적으로 타협하고, 자신의 대통령 선거 자금을 마련해 준 동부의 기업가 집단의 압력에도 굴복하였다. 또한 2기 재선을 위한 재원 마련을 위해 기업가들에 대한 이익 분배를 조종하고 이를 위해 다시 관리경제 체제를 채택하는 모습을 보였다. 이 시기부터 쿠치마는 지역 '경제족벌clan'들과 다시 손을 잡기 시작한다. 가스 수입업자인 바카이Igor Bakai, 철강 재벌 라비노비치Vadym Rabinovich 등이 경제계의 파워브로커로 등장하며 영향력을 넓혀 갔다. 쿠치마와 경제족벌의 연합은 쿠치마 2기 정권이 부패의 길로 들어서는 문을 열어놓았다.

9.1.3. 국내 정치

쿠치마 대통령은 경제개혁 말고도 헌법 개정이라는 큰 정치적 과제도 안고 있었다. 1977년 개정된 소위 '브레즈네프' 소연방 헌법을 근간으로 1978년 소련의 각 연방공화국은 공화국 헌법을 제정했다. 독립 후 우크라이나는 헌법 개정 없이 대통령과 총리직을 신설하여 준대통령제semi-presidentialism에 가까운 정체를 선택하고, 외형적으로나마 입법, 사법, 행정의 3권이 분리된 국가 조직을 갖추었다. 입법부와 행정부는 인적으로 상호 중첩되기도 하면서 나름대로 견제 기능이 발휘되었으나, 사법부의 독립은 당시는 물론 2010년까지도 이루어지지 않고 있다. 쿠치마 대통령은 취임 첫 해인 1994년 11월 헌법 개정 전단계로 국가권력구조의 개편을 위해 헌법적 성격을 가진 '국가 권력 및 지방 자치에 대한 법률안a draft Law on State Power and Local Self-Government'을 의회에 제출하였다. 의회는 이 법안을 대폭 수정하여 1995년 5월 통과시켰다. 1995년 여름 쿠치마 대통령은 의회를 거치지 않고 국민투표를 통해 헌법 개정을 하는 방법을 시도하였으나, 의회는 이를 봉쇄했다. 쿠치마는 이에 굴복하지 않고 의회가 헌법 개정을 막는 경우 국민투표에 부칠 것이라고 의회를 압박해 1996년 6월 28일 의회는 개헌선 300석에서 16표 많은 표 차로 개헌안을 통과시켰다. 새 헌법에 의하면 대통령은 의회의 인준을 받아 총리를 임명하며, 각료 임명권과 주지사 임명권을 갖는다. 대통령은 의회가 통과시킨 법률안을 거부할 수 있으며, 경제 사안에 대해 대통령령을 발할 수 있게 되었다. 우크라이나어가 유일한 국가 공식 언어로 선언되었고, 러시아어는 공식 언어로 인정되지 않았다. 1993년 개정된 러시아 헌법에 비하면 대통령의 권한이 상대적으로 약해 보이기는 하지만, 대통령에 권력이 집중된 새로운 권력구조가 탄생했다. 그러나 신헌법에서 국가의 모든 주요 정책이 의회의 입법을 통해 확정이 되도록 만든 것은 우크라이나의 정책 결정 과정과 집행 절차에 큰 부담을 안겨 주었다. 의회민주주의가 제대로 확립되지 않고, 정파 간의 합종연횡이 끊임없이 일어나며, 의원 개개인의 정치적, 도덕적 수준이 높지 않은 상태에서는 이러한 제도가 대통령과 정부의 활동을 끊임없이 견제하고 방해하는 수단으로 사용되기 시작했다.

1996년 5월 27일 쿠치마는 마르추크 총리를 해임하고 후임에 라자렌코를 임명했다. 드네프로페트롭스크 출신인 그는 가스 거래로 상당한 부를 쌓은 다음 쿠치마에 의해 1995년 9월 에너지 담당 부총리로 임명되었었다. 그는 자신이 소유한 '우크라이나 통합에너지회사UESU/United Energy Systems of Ukraine'와 이테라Itera사에 가스 거래 특권을 주어 물의를 빚었다. 당시 UESU의 2인자는 35세의 율리야 티모셴코Yuliya Tymoshenko였다. 라자렌코는 수상이 된 후에도 사적인 사업 이익을 계속 추구했다. 곡물 수출에 깊이 관여하여 수익을 올렸고, 대기업 민영화에도 불법적으로 관여했다. 그는 엄청난 재력을 바탕으로 정치적 야심도 키워 갔다. 자신의 정당 '그로마다Gromada'(공동체란 뜻)를 창당하여 1998년 총선에 참여할 준비를 하였다. 라자렌코가 자신의 재선 경쟁자가 될 위험성이 크다고 판단한 쿠치마는 1997년 6월 7일 그를 전격 해임하고, 곧이어 그의 불법 행위에 대한 수사를 시작했다. 해외로 도피한 라자렌코는 그해 12월 파나마 여권을 소지하고 스위스에 입국하다가 체포되었으나 보석금을 내고 석방되었다. 1999년 2월 미국을 입국하다가 뉴욕 케네디공항에서 미국 경찰에 체포되어 미국 법원에 돈세탁, 횡령, 사기 혐의로 기소되었다. 캘리포니아에서 진행된 재판에서 유죄 판결을 받았으나, 8,600만 달러의 보석금을 내고 가석방되어 2004년부터 2006년까지는 가택연금 생활을 하였고, 2006년 8월 항소심에서는 9년형을 선고받아 감옥에 수감되었다. 2009년 11월에는 유죄 항목이 축소되고 형량이 8년 1개월로 감형되었다. 우크라이나 검찰청은 라자렌코가 전 국립은행장 게트만의 암살을 지시하였다고 발표하기도 하였다(Wilson 2005, p.40).

쿠치마가 라자렌코의 자질과 부패성을 잘 알면서도 무리하게 총리로 기용한 이유에 대해서는 여러 추측이 있으나, 라자렌코를 이용해 자신의 재선을 위한 선거 자금을 조성해 보려 하다가 그가 정치적 야심을 보이자 그를 축출한 것으로 보는 것이 일반적 추측이다. 1997년 7월 라자렌코의 후임 총리로는 푸스토보이텐코Valery Pustovoitenko가 임명되었다. 쿠치마가 의도적으로 정치적인 영향력이 거의 없는 푸스토보이텐코를 총리로 임명한 것이다, 드네프로페트롭스크 시장 출신인 그는 쿠치마에 충성하였고, 다가오는 의회 선거와 대통령 선거의 성공적 관리가 주요 임무가 되었다.

■ **1998년 총선**

1998년 3월 29일 독립 후 두 번째로 총선이 실시되었다. 450석 전체를 절대다수제에 의해 1인 소선거구에서 선출한 1994년 총선과 달리, 이번 총선에서는 의석의 과반수는 정당 비례대표제로, 나머지 절반은 단순다수제에 의한 직접 선거로 선출되었다. 정당 비례대표에서는 4%를 넘는 정당만이 의석을 배정받게 되었다. 1994년 선거와 또 다른 점은 무소속 입후보자 대신 정당 입후보가 많았다는 점이다. 쿠치마 대통령이 정치, 경제, 외교 정책에서 중도 우파 노선을 걷고 있었기 때문에 좌파 정당들이 야당 진영을 형성했다. 민족주의 우파 쪽에는 루흐Rukh가 있었다. 선거 결과는 1994년과 유사한 면이 많았다. 투표율은 71.2%로 비교적 높았고, 공산당, 사회당-농민당, 진보사회당의 좌파가 173석(38% 비례득표)을 차지했고, 중도 정당은 102석(30.8% 비례득표), 우파의 루흐는 59석(19.4% 비례득표)을 차지했다. 무소속도 116석이나 차지했다. 각 정당별로 보면 공산당이 122석(24.7% 득표), 사회당-농민당이 34석(8.6% 득표), 진보사회당이 16석(4.0% 득표)을 얻었다. 중도 정당으로는 녹색당Greens이 19석(5.4% 득표), 국민민주당People's Democrat이 29석(5,04% 득표), 그로마다Gromada가 23석(4.7% 득표), 통합사회민주당이 17석(4.0% 득표)을 차지했다. 중도 정당은 선거를 앞두고 급조된 것이 많았다(Harasymiw, pp.302-

303). 녹색당은 환경보호 정당으로 출발하였으나 올리가르키Oligarchy들이 인수하여 비즈니스 로비를 위한 정당으로 활용되었다. 우크라이나에서는 정당 자체를 소속의원과 함께 사고파는 일이 종종 일어난다. 총리인 푸스트보이텐코가 만든 국민민주당은 친정부 여당의 역할을 하기로 되어 있었으나, 무소속 후보들을 영입하는 데 실패하였고, 득표율도 저조하였다. 통합사회민주당은 표면적으로는 전 총리 마르추크가 대표를 맡았지만 수르키스Surkis와 메드베드추크Medvedchuk가 이끈 올리가르키 정당이었다. 그로마다는 라자렌코가 만든 정당이었으나, 곧 그의 축출과 함께 정권으로부터 심한 탄압을 받았고, 율리야 티모셴코는 조국당을 만들어 분가해 나갔다(Aslund 2009, pp.117-118). 4% 득표선을 넘지 못한 정당들도 의회에 진출한 정당들과 연합하여 여러 정파를 만들었다. 1999년 봄 우크라이나 정계는 4개의 좌파 정파와 10개의 중도와 우파 정당이 존재하였다(Wilson 2002, pp.186-187). 중도파와 우파 정당 중 네 개의 정파가 친여 진영을 이루었다. 통합사회민주당과, 올리가르키인 볼코프와 바카이가 이끄는 민주회의Democratic Council, 핀추크와 티깁코Sergii Tigipko가 이끄는 노동당과 도네츠크 클랜이 만든 지역당Party of Regions이 친여 정파이다. 지역당은 2006년 총선, 2007년 임시총선에서 최대당으로 부상했고, 2004년 대선, 2010년 대선에서 야누코비치Viktor Yanukovich 후보를 대통령 선거에 내보냈다. 노동당의 티깁코는 2010년 대선에 출마하여 1차 선거에서 3위 득표를 하였다. 쿠치마와 친여 그룹은 새 의회에서 대중적 인기가 높은 모로즈가 국회의장으로 다시 선출되는 것을 막고, 정치력 영향력이 없는 트카첸코Oleksandr Tkachenko를 국회의장으로 선출했다.

■ 1999년 대통령 선거

1999년 가을 대통령 선거에서 쿠치마의 연임을 막을 큰 걸림돌은 없었다. 쿠치마는 1995-1996년의 경제개혁으로 어느 정도 안정화를 이루었고, 외교적으로도 많은 업적이 있었다. 그러나 더딘 개혁 진행으로 개혁의 효과는 바로 나타나지 않았고 체제 전환 과정에서 일반 국민들이 겪는 고통은 컸다. 동유럽 여러 국가에서 급진 개혁을 추진했던 정권이 연임에 성공하지 못하고 좌파에 정권을 내주는 상황이 자주 발생했다. 공산당 등 좌파 정당들은 국민들의 불만을 이용하여 정권 교체를 이룰 수도 있다는 기대를 갖게 되었다. 쿠치마는 자신의 재선을 막는 모든 걸림돌을 제거하기로 했다. 그는 '공산당 정권 장악 위험red threat'을 최대한 부각시키고, 우파 정치인들은 출마를 막거나 제거하는 방법을 취했다. 좌파 계열에서는 공산당 당수인 시모넨코와 사회당 당수인 모로즈가 경쟁적으로 출마했다. 2차 선거에서 시모넨코를 상대하는 것이 전략적으로 가장 유리하다고 판단한 쿠치마는 모로즈의 표를 분산시키기 위해 급진사회당 창당을 후원하고, 당수 비트렌코Natalia Vitrenko의 출마를 부추겼다. 올리가르키들은 쿠치마의 재선을 위해 큰 선거 자금을 지원했다. 동시에 쿠치마는 언론 통제를 강화해 선거를 유리하게 이끌었다. 1999년 10월 31일 1차 선거는 쿠치마의 의도대로 진행되었다. 쿠치마가 36.5%, 시모넨코가 22.2%, 모로즈가 11.3%, 비트렌코가 11%를 얻어서, 좌파 후보들의 표가 분산되고 공산당수 시모넨코가 결선 투표 상대로 올라오게 되었다. 우파진영에서 8.1%를 얻은 전 총리 마르추크는 국가안보위원장을 맡는 조건으로 쿠치마 지지를 선언하게 했다. 1차 선거 투표율은 70.1%에 달했다. 2차 선거까지 쿠치마는 공산당 복귀 위협을 최대한 강조해서 11월 14일 2차 선거 투표율은 74.9%까지 올라갔다. 2차 선거에서는 쿠치마가 56.3%를 득표하여 37.8% 득표에 그친 시모넨코를 가볍게 물리쳤다. 1999년 대선의 가장 큰 비극은 민족진영 후보 초르노빌의 암살이다. 1999년 3월 선거운동에서 돌아오다가 교통사고로 사망하였는데, 정권의 사주에 의한 타살로 의심할 수 있는 정황이 아주 컸다. 1998년 3월 25일 지방 선거 유세를 마치고 돌아오던 초르노빌이 탄 차량은 키예프 외곽에서 대형 트럭과 부딪쳐 초르노빌은 그 자리에서 사망했다. 이와 유사한, 트럭에 의한 교통 사고는 2004년 대선 때 유셴코에게도 일어났다. 초르노빌 후보 암살의 배후가 밝혀지지 않고 넘어가고 아무도 처벌받지 않음으로써 이후 우크라이나 정치판에서는 필요한 경우 정적이나 경쟁자를 물리적으로 제거하면 된다는 독재 국가적 관행이 생기게 되었다. 초르노빌의 사망으로 민족주의 계열 정파는 더 이상 정치적 영향력을 행사하지 못하게 되었다. 정권의 하수인 역할을 하는 법집행기관이 사건을 방조하고 적극적인 수사를 하지 않더라도, 국민들이 이에 대한 적극적인 항의표시를 하지 않은 것은 사회 정의 수립에 큰 악영향을 미쳤다. 한국에서 자유당 말기 김주열의 시신 발견으로 4·19혁명이 촉발된 것과는 너무 대조되는 상황이었다.

바체슬라프 초르노빌

9.1.4. 외교 정책과 정권 1기 평가

쿠치마 대통령은 크라프추크 정권의 고립적인 비동맹non-bloc 외교 정책에서 벗어나 러시아, 미국 양국과 적극적인 협력관계를 맺기 시작했다. 자신의 외교 정책을 '전방위 외교multivector diplomacy'라고 명명하고 쿠치마는 개방적이고 적극적인 외교 정책을 펼치며 러시아와의 관계 정상화는 물론, 미국, 유럽 및 아시아 국가와도 활발한 외교 접촉을 벌였다. 지정학적 중요성과 인구 5천만 명의 거대 시장을 소유한 신흥국이란 점이 우크라이나에 대한 여러 나라의 관심을 촉발시키는 원인이 되었다. 1996년 7월 러시아에서 옐친 대통령이 재선되고 미국의 클린턴 행정부도 우크라이나와의 관계 개선에 적극적이어서 쿠치마가 소위 전방위 외교를 펼치기에 좋은 대외적 환경이 조성되었다.

우크라이나의 핵폐기를 성공적으로 완수한 미국은 우크라이나와 중앙아시아의 전략적 가치를 인정하고 '러시아 우선Russia first' 정책을 '서에서 동으로의 안정의 확대stability expansion from West to East' 정책으로 바꾸고 우크라이나와 전략적 동반자관계strategic partnership를 맺었다. 이러한 미국의 유라시아 정책 변화는 새로 출범한 클린턴 행정부에서 브레진스키와 올브라이트가 주창한 유라시아 중시 정책이 적극 반영된 결과라고 볼 수 있다. 우크라이나의 전략적 가치에 대한 이러한 시각은 "우크라이나가 없으면 러시아는 제국이 되지 못한다. 그러나 우크라이나를 복속시키면 러시아는 자동적으로 제국이 된다"(without Ukraine, Russia ceases to be an empire, but with Ukraine suborned and subordinated, Russia automatically becomes an empire)와 "독립적이고 안정적인 우크라이나의 존재는 러시아를 서방과 생산적인 관계를 유지할 수 있는 탈제국주의적이고, 나아가서는 민주적인 국가로 변형시킨다"(Independent and secure Ukraine transforms Russia into post-imperial, potentially democratic state that can maintain fruitful relations with the West)는 브레진스키의 발언에 잘 나타난다(Brzezinsk, p.63). 우크라이나의 입장에서도 세계 유일의 초강대국으로 등장한 미국이 우크라이나의 안전과 영토적 통일성을 보장하는 가장 믿음직한 버팀목이 되는 것은 당연하다. 쿠치마의 대미 접근은 빠른 속도로 이루어졌다. 1994년 11월 쿠치마 대통령은 미국을 방문했고, 1995년 5월 클린턴 대통령은 우크라이나를 답방했다. 양 정상은 2기 임기 때인 1999년과 2000년 한 차례 더 교환 방문했다. 쿠치마 대통령과 고어 부통령은 미-우크라이나 공동위원회를 설치하여 양국 협력 확대를 주도했다.

쿠치마는 대미 접근을 러시아와의 외교 관계의 지렛대로 사용했다. 러시아의 옐친 정권은 우크라이나의 독립을 완전히 인정하고, 우크라이나를 자신의 영향권 안에 끌어들이려는 강압적 수단을 사용하지는 않았지만, 흑해함대 문제와 함대 기지인 세바스토폴항의 지위 문제는 시급히 처리해야 할 외교 문제로 남아 있었다. 1997년 5월 28일 양국의 총리는 흑해함대 분할에 관한 협정을 체결하였다. 흑해함내는 양국에 반씩 나누어졌지만, 러시아가 우크라이나 함대를 사들이는 형식으로 82 대 18의 비율로 분할되었다. 러시아는 세바스토폴항을 2017년까지 20년간 임차하고 매년 9,800만 달러의 임차료를 지급하기로 하였다. 흑해함대 분할 협정을 대통령이 서명한 국가 간 협정이 아니라 총리가 사인한 정부 간 협정으로 한 것은 극우주의 영향력이 큰 러시아 의회의 비준 반대를 피해가기 위한 전술적 선택이었다. 흑해함대 임차료는 러시아의 가스 공급 채무와 상계되어 실제적으로 경화 지불은 없었다. 1997년 5월 31일 양국 관계를 포괄적으로 규정하는 '우호협력 협정Treaty on Friendship/Cooperation and Partnership'이 체결되었다. 이 협정의 핵심은 양국의 영토적 통합성을 상호 인정하여 국경 문제를 확정 지은 것이다. 이 협정으로 크림의 영토적 귀속 문제에 대한 논란은 종식되었고, 아조프해와 케르치해협의 해상 국경도 확정되었다. 또한 양국 간 자유 무역이 가능하도록 무역 장벽이 상당히 철폐되었다. 양국 의회에서의 비준은 지연되어 1998년 12월 우크라이나 의회가 먼저 이 조약을 비준하였고, 러시아 의회도 뒤를 이어 비준하였다.

'전방위 외교' 정책의 수행으로 유럽연합과의 거리도 가까워졌다. 1993년 우크라이나는 유럽 연합과 '파트너십협력협정PCA/Partnership and Cooperation Agreement'을 맺었고, 1995년에는 의회연맹체인 유럽회의Council of Europe에 가입했다. 1996년 4월 쿠치마 대통령은 유럽회의 연설에서 유럽연합 가입이 우크라이나의 목표임을 공식으로 천명했다. 유럽통합 문제가 유셴코 정권에서 정파 간에 큰 이슈가 되고, 2010년 대통령 선거에도 쟁점이 되었지만, 유럽 통합 선언은 1990년대 중반에 이미 우크라이나 대외 정책의 기본틀로 제시된 것이다. 우크라이나는 1995년 2월 구소련권 국가 중 처음으로 나토와 협력 협정을 맺었다. 1997년에는 나토와 '특별동반자헌장Charter on Distinctive Partnership'을 체결하고, 흑해에서 '해풍Sea bleeze'이라는 공동 군사훈련을 시작했다. 1999년 7월 나토군이 세르비아를 공습했을 때, 우크라이나 국민 여론은 이에 반대했지만, 유고슬라비아 사태 해결을 위해 코소보에 평화유지군을 파견하였다. 우크라이나의 적극적인 유럽 통합 움직임과는 달리 유럽의 반응은 비교적 냉담했다. 유럽 국민들의 '유럽 확대 피곤증'으로 유럽연합의 국경이 동쪽으로 너무 멀리 나가는 것을 원치 않았고, 우크라이나가 영토나 인구에서 대국이라는 것과 구소련권 국가였다는 점도 유럽인들의 심리적 장벽을 허무는 데 걸림돌이 되었다.

CIS를 통해 '근린 지역'에서 영향력을 강화하려는 러시아의 움직임에 맞서서 우크라이나는 흑해 주변 국가들과 GUAM을 조직했다. 1996년 말 그루지야, 우크라이나, 아제르바이잔, 몰도바 4개국은 참여 국가의 첫 글자를 따서 GUAM을 조직했다. 흑해 연안 국가이면서 유라시아 대륙 남쪽 벨트를 형성하고 있는 이 국가들은 러시아의 CIS 장악을 견제하기 위해 GUAM을 조직했지만, 공개적인 러시아 견제 정책을 내세우지는 않고 역내 회원국 간의 통상 확대와 민주주의 발전을 목표로 하고 있다. 이러한 기본 방향은 'GUAM-민주주의와 경제협력을 위한 기구Organization for Democracy and Economic Cooperation'라는 명칭에도 잘 나타난다. 1992년 6월 흑해 주변 10개국 알바니아, 아르메니아, 아제르바이잔, 불가리아, 그루지야, 그리스, 몰도바, 루마니아, 러시아, 터키, 우크라이나에 의해 '흑해경제협력기구BSEC/Organization of the Black Sea Economic Cooperation'가 창설되었으며, 후에 세르비아가 추가로 가입하였다. 이 기구는 역내의 통상, 산업, 에너지 수송, 통신, 과학기술연구, 농업, 환경보호, 관광 증진 등을 위한 공동 노력을 펴고 있다. 우크라이나는 흑해순환도로망Black Sea Highway Circle 및 해상 운송 프로젝트를 경제협력개발기구OECD와 유엔개발기구UNDP와 공동으로 추진하는 안을 제안했다.

쿠치마 대통령은 정권 1기 동안 크라프추크 시대의 고립 및 비동맹 노선에서 벗어나 미국과 유럽, 러시아와의 관계 개선을 적극 추진하며 외교적 실리를 얻어낸 성공적인 균형 외교를 펼쳤다. 무엇보다도 러시아와의 협상을 통해 영토적 통합성을 완전히 인정받은 것은 큰 성과였다. 쿠치마 정권 1기의 외교는 우크라이나가 처한 지정학적 입장을 현명하게 고려한 실용적 외교의 표본이라 할 수 있다. 러시아, 미국, 서방의 이해관계 대립을 잘 이용하여, 한쪽과의 관계 개선을 다른 쪽과의 외교 협상의 지렛대로 삼으면서도, 줄타기 외교라는 인상을 주지 않고 다방향의 관계 개선에 성공했다. 이에 비해 쿠치마 정권 2기와 유셴코 정권의 외교는 친러시아 또는 친서방 한쪽에 일방적으로 기울어져 이러한 외교적 지렛대 활용을 하지 못하고, 관계가 소원해진 쪽으로부터 집중적으로 견제를 받는 결과를 초래하고 말았다.

■쿠치마 정권 1기의 공과

크라프추크가 건국의 아버지였다면, 쿠치마는 신생 우크라이나의 독립 기반을 공고하게 다진 지도자였다고 할 수 있다. 외교적으로는 러시아와의 우호협력 조약으로 크림문제, 흑해함대 문제를 해결하였고, 서방 세계에서의 입지도 크게 강화하였다. 극심한 경제 위기를 극복하여 경제개혁을 어느 정도 성공시켰고, 헌법 개정과 의회 선거를 통해 독립 이후 미루어져 왔던 정치적 과제도 해결하였다. 쿠치마의 정권 1기는 2기보다 내치, 외교에서 훨씬 뛰어난 업적을 남겼다고 볼 수 있다. 그러나 쿠치마 대통령은 독재적 성향을 나타내기 시작하면서 위협적인 경쟁자나 야당이 없는 상태에서 권력 유지에 과도하게 집착했고, 사회, 경제적으로 우크라이나를 좀더 근본적으로 변화시킬 수 있는 기회를 상실하였다. 쿠치마가 2기 임기 중 개혁의 고삐를 늦추고 독재를 강화한 것은, 쿠치마 2기와 비슷한 시기에 권좌에 오른 러시아의 푸틴 대통령이 8년간 긴장을 늦추지 않고 경제 발전과 개혁에 나선 것과 크게 대비된다.

9.2. 쿠치마 정권 2기 (1999-2004년)

9.2.1. 경제 정책과 에너지 부문 개혁

■ 경제 정책

큰 어려움 없이 재선에 성공한 쿠치마는 우크라이나가 당면한 경제 위기를 타개해야 했다. 우크라이나의 경제 위기는 국내적 경제개혁 실패와 국제 경제 위기로 촉발된 내우외환이었다. 1995-1996년의 경제개혁 덕분에 일시적으로 재정이 안정 상태에 들어가자 쿠치마는 개혁의 고삐를 늦추었다. 1996-1997년 라자렌코가 총리로 있는 동안 우크라이나 경제는 다시 부패의 늪에 빠졌고, 올리가르키들이 영향력을 강화하며 개혁은 사실상 중단되었다. 1998년 총선과 1999년 대선을 위해 정치권과 타협하고, 선거 자금 조달을 위해 사업 특권을 배분하면서 경제 구조는 더욱 왜곡되었다. 1997년 하반기 아시아에서 시작된 금융 위기는 1998년 여름 러시아에 직접적인 영향을 미쳤고, 대외 채무 지불 불능 상태에 빠진 러시아는 8월 17일 모라토리엄(채무불이행)을 선언했다. 우크라이나도 바로 러시아 모라토리엄 선언의 영향을 받았다. 1달러당 1.8-2.25흐리브냐 사이를 오가던 환율은 몇 달 사이 5.5흐리브냐까지 떨어졌다. 은행에서는 예금 인출 사태가 벌어졌고, 정부의 외환보유고는 5억 달러 이하로 떨어졌다. 재정과 경제에 대한 급진적 처방이 없으면 경제가 파탄에 빠질 게 분명했다. 상황이 다급해지자 쿠치마가 선택한 길은 국립은행장 유셴코를 총리로 기용하고, 1994년 정권 1기 초기의 개혁 경제팀에게 사태 수습을 맡기는 것이었다. 그러나 유셴코를 총리로 만든 것은 쿠치마가 아니라 올리가르키들이었다. 국제경제 환경 변화에 민감하고, 거시적 경제 움직임과 비즈니스 이익의 상관관계를 잘 알고 있는 올리가르키들은 초인플레이션이 다시 시작되면 자신들의 기업 기반이 바로 붕괴될 수도 있다는 것을 깨달았다. 그래서 약한 총리인 푸스트보이텐코를 연임시킬 생각을 가지고 있던 쿠치마를 강력히 설득하여 유셴코를 총리로 지명하게 했다. 유셴코는 총리직을 맡는 조건으로 경제개혁 프로그램에 대한 전적인 지원과 경제팀 구성에 대한 권한 위임을 요구하여 쿠치마로부터 이를 승인받았다. 1999년 12월 24일 유셴코는 10개 중도파, 우파 정파 연정의 지원을 받아 의회 인준을 통과하였다. 유셴코는 국가자산관리위원장을 맡고 있던 예하누로프를 제1부총리로 임명하여 행정개혁, 사유화, 규제완화 문제를 맡겼다. 부총리를 맡고 있던 티깁코는 경제장관으로 임명하였다. 재무장관에는 핀제니크를 임명하려 하였으나 쿠치마의 반대에 부딪쳐, 미튜코프Igor Mityukov 장관을 유임시켰다. 유셴코 경제팀의 깜짝 카드는 율리야 티모셴코를 에너지 담당 부총리로 임명한 것이었다. 라자렌코가 설립한 '우크라이나 통합에너지회사UESU'를 운영하며, 가스 거래에 깊이 관여하여 부패 연루 의심을 받고 있던 티모셴코 임명은 논란을 불러일으켰다. 그러나 유셴코는 가스 거래와 관련된 모든 흑막을 잘 알고 있는 티모셴코가 에너지 분야의 부패를 제거할 적임자라고 보았다. 에너지 비즈니스와 거리를 두고, 그로마다당에서 분리된 조국당을 창당하여 정치적 야심을 키우고 있던 티모셴코의 입장에서는 자신의 정치적 입지를 키울 수 있는 좋은 기회를 얻은 셈이었다. 후에 오렌지 혁명의 주역이 되는 유셴코와 티모셴코의 정치적 연합은 이렇게 시작되었다. 1999년 하반기 우크라이나 정부는 경제 위기 타개를 위해 독일 경제자문단과 공동으로 '1,000일 계획'이라고 불리는 경제개혁 프로그램을 만들어 놓은 상태였다. 그러나 유셴코는 단시간 안에 급진적 개혁을 성공시키기 위해 이 프로그램을 수정하여 '100일 계획'을 만들었다. 이 계획에는 정부 개혁, 재정 개혁, 사유화 프로그램, 토지 개혁, 부패 척결 등 광범위한 개혁 프로그램이 들어 있었다. 먼저 예하누로프가 담당한 정부 개혁 프로그램에서는 정책 결정과 재가 과정을 단순화하고 각 부처 간의 책임 소재를 분명하게 나누었다. 네 명의 부총리가 네 개의 위원회commission를 맡아 정부

율리야 티모센코

업무를 분장하도록 했다. 대통령 비서실의 권한을 축소하여 내각에 실질적 권한이 집중되도록 하고, 불필요한 정부 기구들을 과감히 폐쇄했다(Aslund 2009, pp.34-35).

재정 부문의 개혁도 빠른 속도로 진행시켰다. 이미 의회에 제출된 2000년 예산을 수정해서 정부 지출을 삭감하였다. 세수 부문에서는 이전까지의 물품 및 서비스로 대납되던 부분을 완전히 없애고, 모든 세금은 현금베이스로 납부되도록 했다. 1999년 세수에서 바터barter나 상계offsets가 차지하던 비중이 34.6%였으나, 2000년에는 19.2%로 줄어들었다(Kasianov, p.157). 바터와 상계에 따른 리베이트가 없어지면서 세수도 크게 늘어났다. 부가가치세 제도도 개선하여 부가가치세 면제 품목을 대폭 줄여 세수를 높였다. 예산 항목도 체계적으로 정리하여 예산법budget code을 만들어 2001년 6월 입법화했다. 조달제도도 개혁하여 경쟁에 입각한 조달제도를 만들고 조달법Law on Procurement을 2000년 2월 입법화했다. 정치적 영향력에 의해 결정되던 기업에 대한 정부보조금을 대폭 삭감하고, 기득권층에 대한 각종 정부 특혜도 270여 가지나 철폐했다. 그러나 재정 지출에서 특히 사회보장 부문의 지출은 정부의 책임을 분명히 다하도록 했다. 만성적인 공무원 임금과 연금의 체불이 2000년 10월부터 완전히 없어졌다. 유센코의 이러한 재정 개혁에 힘입어 GDP 대비 공공 지출은 1997년 44.2%에서 2000년 34.5%로 줄어들었고, GDP 대비 재정 적자도 1997년 5.4%에서 2000년 1.1%로 떨어졌다. 유센코는 농지개혁안도 마련하였으나 의회의 좌파 정당들의 커다란 반대에 부딪쳐 시행이 유보되고 있다. 농촌에서 성장하고, 농업 은행에서 오래 근무하여 농지 문제를 잘 파악하고 있는 유셴코는 농지사유화만이 우크라이나 농업의 생산성을 획기적으로 높일 수 있는 방안이라는 확신을 가지고 있었다. 2000년 당시 농민들의 사유경작지 비율은 15% 정도에 불과했지만, 여기에서 생산되는 농산물은 전체 생산의 62%를 차지했다. 채소, 과일 등의 농산물은 농민들이 텃밭에서 재배한 것이 공급의 상당 부분을 감당했다. 이러한 현상은 중국이나 러시아에서 동일하게 나타난다. 1990년대 초 중국의 개인 텃밭은 전체 농지 면적의 4%에 불과했으나, 여기에서 생산되는 농산물 비율은 25%에 달했다. 농지사유화는 의회 좌파 정당의 반대에 부딪쳐 2008년 말까지 시행이 보류되었다. 이 기간 동안 기업가들은 수천 헥타르의 경작지를 장기 임대하여 2008년 말까지 약 50%의 농지가 대규모 영농법인 손에 들어갔고, 1/4은 개인이나 소규모 영농 법인이 임대 경작하고, 나머지는 아직도 국영농장이나 집단농장의 관리하에 있다. 농지사유화 유예기간은 계속 연장되고 있어 2010년 초까지 농지 개혁은 실질적으로 이루어지지 않고 있다(Aslund 2009, pp.139-140).

민영화와 중소기업 및 개인사업 활성화를 위한 규제철폐도 가속도를 내었다. 쿠치마 1기 정권부터 국가자산관리위원장과 규제 정책위원장을 맡고 있던 예하누로프는 노련하게 맡은 일을 진행했다. 1999년 대통령 선거 이전에 서둘러 진행된 전기사업 민영화 등 여러 민영화 사업은 선거 자금을 마련하기 위한 수단이었고, 그 과정도 투명성이 결여되었다. 2000년 유셴코는 정유회사와 금속회사에 대한 대규모 민영화를 진행하였다. 우크라이나의 대형 정유공장 네 곳이 러시아 정유회사인 TNK, Lukoil, Tafneft, Alliance에 각각 인수되었다. 이 민영화로 사실상 우크라이나 정유 산업은 러시아 회사 손에 들어가게 되었다. 러시아 회사들은 종종 생산 중단이나 담합을 통해 우크라이나 석유값을 조절하고 있어서, 이 민영화 과정에 서방 회사들도 참여시켜 상호 경쟁을 유도시켰어야 했다는 비판이 제기되고 있다. 우크라이나가 70% 이상의 원유를 러시아에 의존하고 있는 상태에서는 원유 공급권을 가지고 있는 러시아 회사들이 정유 사업까지 담당하는 안이 당시로서는 최선이었을 수도 있다. 미콜라예프의 알루미늄회사는 러시아 회사 RUSAL에, 또 다른 알루미늄회사는 SUAL에 팔렸다. 통신 부문 민영화에도 러시아 회사들이 적극 나섰다. 러시아 모바일 통신회사 MTC는 우크라이나의 UMC를 인수하였고, Alfa그룹은 Kiivstar를 인수하였다. 6개의 전기 배전회사는 국제 공개 입찰을 통해 민영화되었다. 두 배전회사는 미국의 AES가 인수하였고, 나머지 네 회사는 슬로바키아 전기회사를 매수인으로 내세운 러시아 회사가 인수하였다(Aslund 2009, p.141). 중소기업과 개인 사업가의 경제 활동을 활성화하기 위한 세제 정비와 규제개혁도 이루어졌다. 우크라이나에서는 중소기업 및 개인사업가에 대해 높은 정액세율이 정해져 있었는데, 1998년부터 10인 이하 사업장에 대해 10%로 세율을 낮추었다. 농산물에 대해서는 1.5%의 고정세율이 정해졌다. 중소기업이나 개인사업가들 입장에서 세금보다 경제 활동에 더 큰 장애가 된 것은 까다로운 인허가licensing 제도와 잦은 감독관청 검사inspection였다. 2000년부터 예하누로프는 인허가 단순화와 검사 철폐를 위한 여러 법안을 통과시켰다. 이러한 노력 덕분에 EBRD의 평가에 의하면 2000년 GDP에서 민간 부문 생산이 차지하는 부문은 60%로 높아졌다.

■ 에너지 부문 개혁

에너지 부문의 개혁을 맡은 티모셴코는 처음에는 의심스러운 눈초리를 많이 받았다. 우선 그녀가 올리가르키들을 상대로 싸워서 개혁을 성공시킬 수 있을지가 의문이었고, 얼마 전까지만 해도 가스 공급에 관여하여 라자렌코와 함께 큰 수익을 올린 그녀가 에너지 개혁을 자신의 사업 확장에 이용하지 않을까 하는 염려도 있었다. 그러나 에너지 부문의 흑막을 누구보다 잘 알고 있었던 티모셴코는 비교적 성공적으로 에너지 부문 개혁을 완수하였다. 우선 2000년 3월 쿠치마에 의해 국영가스회사의 사장으로 임명된 가스 재벌 바카이Igor Bakai를 해임하여 개혁의 가장 큰 걸림돌을 제거하였다. 가스 거래에서 관행화되어 있던 바터와 상계에 의한 결제방식을 철폐하고 세금을 현금으로 납부하도록 했다. 수르키스Grygoriy Surkis가 장악하고 있던 전기배전 분야에도 철저하게 세금을 부과했다. 수르키스는 정부가 생산한 전기 공급권을 가지고 국민들에게서 전기사용료를 받으면서도 국가에 전기료와 세금을 내지 않고 있었다. 티모셴코는 전기료와 세금을 현금으로 받음으로써 1년간 18억 달러를 정부에 환수한 것으로 평가했다. 볼코프Oleksandr Volkov가 큰 수익을 올리고 있던 원유 수입 분야도 세금 면제를 철폐하여 볼코프로 하여금 원유 사업에서 손을 떼게 만들었다. 막대한 정부보조금을 받고 있던 석탄 부문의 개혁은 제대로 손을 쓰지 못한 상태에서 티모셴코는 부총리에서 해임되었다(Wilson 2005, pp.46-47).

유셴코의 과감한 경제개혁은 짧은 시일 안에 눈부신 성과를 거두었지만, 올리가르키와 정치권은 그를 한시적으로 이용하고 축출할 생각을 하고 있었다. 우선 쿠치마 대통령이 진정한 개혁주의자가 아니고, 유셴코의 인기가 상승하는 것에 대해 상당한 부담을 가지고 있었다. 올리가르키들은 1999년의 경제 위기를 타개하기 위한 방편으로 유셴코를 총리로 임명하고, 소기의 성과를 달성하자 그를 더 이상 필요로 하지 않게 되었다. 올리가르키들은 2000년 봄부터 경제개혁에 대한 비판의 소리를 높이기 시작했다. 티모셴코가 주도한 에너지 부문 개혁은 더 큰 반발에 부딪쳤다. 2000년 가을 곤가제 사건이 터지면서 유셴코 축출 운동은 잠시 멈췄으나, 2001년 초 티모셴코와 유셴코는 차례로 해임되었다. 1월 19일 티모셴코가 먼저 해임되고, 2월 초 UESU 재직 당시의 부패혐의로 구속되어 수사를 받았다. 티모셴코는 약 한 달 반 후에 석방되었고, 이후 불구속 상태로 수사가 진행되었다. 4월 19일 의회는 263표의 의결로 총리해임안을 통과시켜 유셴코를 총리 자리에서 끌어내렸다.

유셴코는 1995년 국립은행장으로 인플레이션 억제 성공, 화폐개혁의 성공에 이어 2000년 총리를 맡아 경제개혁을 단기간에 달성한 성공적인 금융, 경제 전문가로 평가할 수 있다. 독립 이후 우크라이나가 배출한 가장 능력 있고 성공적인 전문관료technocrat로 보아도 크게 무리가 없다. 준수한 외모에 부드러운 인간적 매력까지 갖춘 그가 높은 대중적 인기를 바탕으로 정치인의 길로 들어서는 것은 어찌 보면 정해진 수순이었다. 개혁 과정에서 반대 세력과 싸워 가며 여러 장애를 돌파해 간 그의 승부사적 기질이 대통령이 된 후에는 전혀 발휘되지 못한 것은 풀리지 않는 큰 수수께끼이다. 오렌지 혁명에서 채택된 헌법이 대통령의 권한을 제한하고, 티모셴코와의 내분이 대통령으로서의 권한을 발휘하지 못하고 임기 내내 고전한 원인으로 보는 시각이 일반적이지만, 독극물 중독사건 이후 육체, 정신적 건강 면에서 발생한 여러 부작용이 그를 변화시켰다고 볼 수도 있다.

9.2.2. 쿠치마 정권의 추락

쿠치마 정권에서 여러 번 정치적 암살로 의심되는 사건이 있었지만, 거의 모든 사건이 유야무야 배후도 밝혀지지 않고, 아무도 처벌되지 않은 채 미결 사건으로 종결되었다. 그러나 2001년 가을 발생한 곤가제 사건은 쿠치마 정권에 치명적 타격을 안겨 주었다. 2001년 9월 16일 《우크라인스카 프라브다*Ukrainska Pravda*》라는 인터넷 신문의 발행인 곤가제Georgiy Gongadze가 실종되고, 11월 2일 목이 없는 그의 시신이 키예프 외곽에서 발견되었다. 실종 11일 전 그는 올리가르키 볼코프의 비리에 대한 기사를 썼다. 다른 정치적 암살 사건같이 미제 사건으로 남을 것 같던 곤가제 살인 사건은 곤가제에 대한 '처리'를 지시한 쿠치마 대통령의 육성테이프가 공개되면서 큰 파장을 가져왔다. 쿠치마 대통령의 측근 경호원이었던 멜니첸코Mykola Melnychenko가 공개한 녹음테이프에는 쿠치마로 짐작되는 음성의 사람이 곤가제의 납치, 반대파에 대한 형사처벌 등을 지시하는 내용이 들어 있었다. 멜니첸코는 처음에 체코로 출국하였다가 후에 미국으로 정치적 망명을 하였다. 곤가제 사건은 게트만, 초르노빌 사망 사건 등으로 정권의 도덕성에 의심을 품고 있던 일반 국민들의 분노를 촉발시키는 계기가 되었다. 루첸코Yuriy Lutsenko 등의 주도로 '쿠치마 없는 우크라이나Ukraine without Kuchma'가 결성되어 쿠치마 하야 운동이 벌어졌고, 반정부 데모가 일어나기 시작했다. 쿠치마는 정보부장 데르카치Leonid Derkach와 내무장관 크라프첸코Yuriy Kravchenko를 경질하는 선에서 사건을 마무리하려 하였으나 그는 정권 말기까지 이때 입은 타격을 회복하지 못하였다. 멜니첸코가 공개한 테이프에는 쿠치마가 미국이 개발한 스텔스기를 찾아낼 수 있는 콜추가Kolchuga 미사일을 수출금지국인 이라크에 판매하도록 지시하는 내용도 들어 있어 쿠치마는 미국 의회로부터 큰 비난을 받았다. '쿠치마게이트Kuchmagate'로 불리는 곤가제 사건 이후 쿠치마는 국제적으로 고립되어 나토 가입 등 대서방 정책을 추진하지 못하고 러시아에 밀착하게 되었다. 곤가제 사건은 2004년 대선에서 유셴코 독살 음모 사건과 함께 국민들의 분노를 폭발시켜 오렌지 혁명을 촉발시키는 원인 중 하나가 되었다.

쿠치마 집권 시기에는 수많은 정치적 암살이 있었다. 독립 직후 크라프추크 정권 때에는 사회가 훨씬 혼란스럽고 경제가 어려웠지만, 권력자들이 직접 관여한 정치적 암살이나 테러는 적었다. 쿠치마 정권에 들어와서 정치적 테러와 보복이 난무한 것은 법집행기관뿐만 아니라, 권력 최고층의 책임이 컸다. 곤가제 사건 이외에 세간의 이목을 집중시킨 암살은 1998년 전 국립은행장 바딤 게트만Vadim Getman의 암살이다. 유셴코의 멘토이기도 한 게트만은 1998년 4월 22일 아파트 엘리베이터에서 살해당했다. 1999년 대통령 후보 유세에 나선 '루흐'의 지도자 초르노빌의 암살 경위는 앞에 서술한 바 있다. 2004년 9월 유셴코에 대한 독극물 암살 시도가 쿠치마 정권에서 자행된 정치적 테러의 절정이었다. 오렌지 혁명 이후 크라프첸코 전 내무장관 등 고위 관료와 올리가르키들의 의문의 사망은 정권의 치부를 가리기 위한 '입막음' 공작의 일환이었다고 추정된다. 오렌지 혁명 이후 유셴코 정권에서 정치적 암살이 중단된 것은 우크라이나 정치 발전 과정의 중요한 진보로 평가하여야 한다. 올리가르키와 기업가들 사이의 이권 분쟁을 둘러싼 상호 테러는 주로 동부 지역, 특히 그중에서도 도네츠크 지역에서 자주 일어났다. 1995년 10월 프로축구구단 샤흐타르Shakhtar 구단주이고, 도네츠크의 대표적인 올리가르키인 브라긴Akhat Bragin이 축구장에서 폭발물에 의해 암살당했다. 브라긴의 부하였던 아흐메토프는 그를 승계하여 기업인으로 부상하였고, 현재 우크라이나 최대 재벌이 되었다. 1996년에는 1996년 돈바스산업연맹 사무총장이자 도네츠크 부지사인 모모트Oleksandr Momot가 암살당했다. 1996년 11월에는 또 다른 올리가르키인 셰르반Yevgen Scherban 비행장에서 집단 총격을 받아 부인과 함께 현장에서 사망하였다. 정권과 올리가르키들

쿠치마 정권 시기 사망한 언론인들

언론인 이름	사망 일자	소속언론사 및 지역
Vladimir IVANOV	1995.4.19	*The Glory of Sevastopol*, Sevastopol
Viktor FLELIX	1995.6.2	프리랜서, L'viv
Igor GRUSHETSKY	1996.5.10	프리랜서, Cherkassy
Petro SHEVCHENKO	1997.3.13	*Kiivskiye Vedomosti*, Kiev
Boris DEREVYANKO	1997.8.11	*Vechemaya Odessa*, Odessa
Grogoriy GONGADZE	2000.9.16	*Ukrainska Pravda*, Kiev
Yuliy MAZUR	2000.11.30	*Yug*, Odessa
Oleg BREUS	2001.6.24	*XXI Vek*, Luhansk
Igor ALEKSANDROV	2001.7.7	*Tor*, Slavyansk
Georgiy, CHECHYK	2004.3.3	*Yuta*, Poltava

자료: www.cpj.org Committee to Protect Journalists

의 비리를 파헤치던 기자와 언론인들도 정치적 테러의 희생양이 되었다. 1992년부터 2009년 사이 10명의 우크라이나 언론인이 살해되었는데, 이들 모두가 쿠치마 집권기인 1995년부터 2004년 사이에 살해되었다. 공식적으로 사고사, 교통사고사, 자살 사건 등으로 분류된 사건들 중에도 암살이나 테러를 사고로 위장한 것이 많다.

쿠치마 집권 시기는 많은 외교적, 경제적 성과에도 불과하고, 반대파에 대한 탄압과 야당 인사와 언론인, 기업인 암살로 정권의 도덕성이 땅에 떨어지고, 우크라이나 국가 건설 과정에서 수치스러운 족적을 남긴 시기로 역사에 기록될 가능성이 크다. 국가 지도자의 도덕성 상실과 법집행기관의 하수인 역할, 올리가르키들과 조직범죄집단의 수단방법을 가리지 않는 잔혹성이 이러한 결과를 가져왔지만, 국민적 무저항 또한 이런 사건이 반복되게 만드는 환경을 조성하였다.

■ 쿠치마 정권 말기

유셴코 후임으로는 키나흐Kinakh가 총리에 임명되었다. 전국기업인회장 출신인 키나흐가 별다른 개혁 프로그램을 가지지 못하고 유셴코의 정책을 계속 이어갔다. 그러나 개혁의 강도는 훨씬 떨어졌다. 정부에서 축출된 유셴코와 티모셴코는 야당을 조직했다. 곤가제 사건으로 국민의 지지를 잃은 쿠치마 정권에 대한 비판 세력은 유셴코 주변으로 결집했다. 2000년 9월 친서방 외교 정책으로 의회에 의해 해임된 타라슈크 Boris Tarasyuk 외무장관도 유셴코와 손을 잡았다. 포로셴코Petro Poroshenko, 체르보넨코Yevgen Chervonenko, 즈바냐David Zvaniia, 마르티넨코Mykola Martynenko 같은 기업가들이 유셴코을 재정적으로 후원하였다. 유셴코는 쿠치마에 반대하는 모든 정치인을 포용하려 노력했다. 2001년 유셴코는 '우리우크라이나Our Ukraine'라는 정파bloc를 출범시켰다. '우리우크라이나' 블록에는 7, 8개의 정파가 가담했다. 유셴코 진영은 2002년 총선과 2004년 대선 준비를 시작했다. 티모셴코는 우리우크라이나 블록에 가담하지 하지 않고 독자적으로 행동했다. 그녀가 만든 '조국당'은 드네프로페트롭스크에서 출발한 '그로마다'에서 분리되어 나왔지만, 우파 민족주의 정파를 포용해 서부에서도 인기가 높았다. 2001년 3월 티모셴코는 '조국당'을 '구국전선Front for National Salvation'으로 개칭했다가 후에 다시 자신의 이름을 따서 '티모셴코당Byut-Bloc of Yuliya Tymoshenko'으로 개칭했다.

2002년 3월 31일 독립 후 세 번째 총선이 치러졌다. 선거 방식은 1998년과 같았다. 친쿠치마 정파는 득표율을 높이기 위해 '통합우크라이나United Ukraine'라는 단일 블록으로 선거에 참가했다. 선거 결과는 공산당과 사회당의 좌파가 87석, 친여 정당인 통합우크라이나와 통합사회민주당이 148석, 우파 야당인 우리우크라이나와 티모셴코당이 134석을 차지하고, 기타 소수당과 무소속 의원이 80석을 차지했다. 정당별로 보면 공산당이 65석(20% 득표), 사회당이 22석(6.9% 득표), 통합우크라이나 블럭이 121석(11.8% 득표), 통합사회민주당이 27석(6.3% 득표), 우리우크라이나가 112석(23.6% 득표), 티모셴코당이 22석(7.3% 득표)을 차지했다. 투표율은 69.3%로 비교적 높았고, 의회진출 정당 수는 8개에서 6개로 줄어들었다. 우파와 좌파 세력이 각각 1/3, 1/4 정도의 의석을 차지하고, 쿠치마 계열 2개 정당은 1/3의 의석을 얻는 데 그쳤다. 정당 지지율에서는 친여 정당 지지가 28.2%에 불과했다. 그나마 어용 야당을 다수 조직해 선거에 내보냄으로써 약 13.5%의 투표를 분산시킨 것이 쿠치마 진영의 성공적 전략이었다. 그러나 새로운 의회의 큰 문제는 당선자의 2/3가 재벌 기업가라는 점이었다. 1990년대 하반기부터 2000년대 초까지 민족민주진영 정치인들이 사라지고 이들의 자리를 기업인들이 채우기 시작한 것이다. 기업가 정치인들은 금권 정치에 능했고, 자신의 비즈니스 이익에 따라 정파나 진영을 자주 바꾸었다. 리트빈Volodymyr Lytvyn에게 대통령 행정실장 자리를 물려준 메드베드추크Viktor Medvedchuk는 이러한 기업인 의원들의 약점을 이용하여 의원들을 포섭하기 시작했다. 2004년 초의 의회 구성을 보면 야당 세력은 줄이든 반면 친여 의원들이 과반수를 넘어섰다. 먼저 무소속 의원들이 대거 여당으로 영입되며 무소속의원 수가 80명에서 20명으로 줄어들었다. 다음으로 선거를 위해 통합된 통합우크라이나 블록을 해체하여 8개의 정당을 구성했다. 친여 정당의 의원 수는 148명에서 229명으로 늘어났다. 지역당이 67명, 노동당Labor Ukraine 42명, 민주이니셔티브Democratic Initiatives 18명, 국민파워People's Power 22명, 농민당Agrarian Party 14명, 국민민주당People's Democratic Party 16명, 국민선택People's Choice 14명, 사회민주당이 36명을 보유했다. 반면 야당 세력은 우

2002년과 2004년 의회 구성

	당명	2002년 3월 총선		2004년 1월 현황
		정당 지지율	의석 수	의석 수(증감)
야당 정파	야당 전체	57.7%	221석	200석(-21석)
	우리우크라이나당	23.6%	112석	102석(-10석)
	티모센코당	7.3%	22석	19석(-3석)
	공산당	20.0%	65석	59석(-6석)
	사회당	6.9%	22석	20석(-2석)
친정부 정파	친정부 정당 전체	18.0%	148석	229석(+81석)
	통합 우크라이나당		121석	67석
	지역당			42석
	노동당			18석
	민주 이니셔티브			22석
	국민의 힘			14석
	농민당			16석
	국민민주당			14석
	통합사회민주당	6.3%	27석	36석(+9석)
기타정당과 무소속		21.8%	80석	20석(-60석)
전체			449석	449석

(Aslund 2009, p. 157)

리우크라이나당이 112석에서 102석으로, 공산당이 65석에서 59석으로, 티모셴코당은 22석에서 19석으로, 사회당이 22석에서 20석으로 의원 수가 줄어들었다. 3대 올리가르키 그룹인 아호메토프(지역당), 핀추크(노동당), 수르키스와 메드베드추크(사회민주당)는 각각 40여 명의 의원을 보유했고, 나머지 6개 올리가르키 그룹이 14-20명의 의원을 보유했다(Wilson 2005, pp.66-69. Aslund 2009, pp.157-159).

새 의회에서는 국회의장으로 플류시Ivan Plyushch를 선출했다. 정치권의 관심사는 키나흐 후임으로 누가 총리가 되느냐 하는 문제였다. 쿠치마 2기 임기 후반에 총리를 맡는 사람이 그의 후계자가 될 가능성이 컸기 때문이다. 여당 그룹은 도네츠크 주지사인 야누코비치와 노동당 당수인 전 경제장관 티깁코를 놓고 경합을 벌였다. 프리바트 그룹Privat Group의 기업인이었던 티깁코는 40대 초반의 나이에 경제장관, 부총리를 역임한 경제통이었고, 부드러운 서구적 매너의 소유자로 대중적 인기도 있었다. 올리가르키 중에서는 핀추크가 티깁코를 후원했다. 야누코비치는 1997년부터 2002년까지 도네츠크 지사를 지냈다. 거의 고아와 같은 청소년 시절을 보내고, 감옥 생활을 한 전과까지 있는 그는 후에 후견인을 만나 공장관리자로 경력을 쌓았고, 주지사 자리에까지 오른 성공 신화를 가지고 있었다. 블루칼라적인 그의 경력은 소련 시대 노동자 출신들의 지지를 받았다. 야누코비치는 우크라이나 제1의 재벌 아호메토프와 '도네츠크 클랜'의 지지를 받았다. 2002년 11월 21일 쿠치마는 야누코비치를 총리로 임명했다. 티깁코는 임기가 남은 국립은행장 스텔마흐Volodymyr Stelmakh를 설득하여 물러나게 하고 국립은행장을 맡았다. 야누코비치 내각의 경제 정책은 아자로프Mykola Azarov가 주도했다. 제1부총리와 재무장관을 겸직한 아자로프는 우선 조세 제도를 정비했다. 개인소득세는 40%까지 누진제로 되어 있던 것을 13% 단일 세율로 개정했다. 법인세도 30%에서 25%로 낮추었다. 부가세도 세수 누출 부문을 정리하여 개편하였다.

그러나 수출품에 부과되는 20%의 부가세는 사후에 환급되도록 되었으나, 환급이 제대로 이루어지지 않아 수출 관세와 같은 역할을 하였다. 대신 20여 개 자유무역지대를 통과하는 수입품은 부가세 면제를 받게 되어 부가세 탈세의 통로로 이용되었다. 연금제도도 개혁하였으나 후속 입법이 따르지 못하여 실행되지는 못하였다. 법무장관 라브리노비치Oleksandr Lavrynovych는 여러 법령을 정리했다. 민사소송법과 형사소송법이 제정되었고, 상사중재법도 만들어졌다. 사유재산권 정착에 핵심이 되는 민법과 상법이 2003년 1월 16일 동시에 통과되었으나, 두 법이 중복되거나 상충되는 면이 많아 큰 혼란을 야기했다. 공무원들이나 법관들이 민법이나 상법을 편의에 따라 선택하여 적용하는 사례가 많았다. 야누코비치 내각은 경제 성장을 돕기 위해 자유주의적 시장경제 제도를 계속 밀고 나갔다. 2000년 유셴코에 의한 개혁 이후 안정화된 토대를 찾은 경제는 국제 경제 활황 국면의 도움을 받아 지속적인 성장세를 보였다. 그러나 올리가르키 내각인 야누코비치 정부에서는 여러 정경 유착의 폐해와 정치적 영향력에 의한 이권 배분이 급속히 늘어났다. 대표적인 예가 크리보로즈스탈의 민영화였다.

2001-2009년 주요 경제 지표

	2001	2002	2003	2004	2005	2006	2007	2008	2009
실질 GDP 성장률(%)	9.2	5.2	9.6	12.1	2.7	7.3	7.9	2.1	-15.1
산업생산 증가율(%)	14.2	7.0	15.8	12.5	3.1	6.2	10.2	-3.9	-21.9
물가상승률(%)	6.1	-0.6	8.2	12.3	10.3	11.6	16.6	22.3	12.3
1인당 GDP (구매력 기준, 달러)	3,743	4,037	4,555	5,282	5,626	6,271	7,002	7,342	6,461
실업률(%)	3.8	3.7	3.6	3.5	3.2	2.8	2.4	2.1	3.7
환율	5.37	5.33	5.33	5.32	5.12	5.05	5.05	5.27	7.79

전체적인 거시 지표에 의하면 우크라이나 경제가 쿠치마 집권 시기에 크게 성장한 것으로 나타나지만, 90년대에 경제 기반이 너무 침식되어 2004년까지도 구소련 시대 산업 생산 수준을 회복하지 못한 것으로 나타났다. 2006년 초 우크라이나의 GDP는 구소련 붕괴 당시의 60% 수준에 머문 것으로 추정되었다. 2006년부터 우크라이나가 매년 10%의 경제 성장을 하면 2010년 구소련 수준을 회복하고, 매년 평균 5%씩 성장하면 2015년에 가서야 소련 시대의 경제수준을 회복한다는 암울한 전망이 언론에 나오기도 했다. 1989년부터 1999년까지 10년 사이 우크라이나 GDP는 61%나 축소되었다. 체제 전환으로 유사한 경제 혼란을 겪은 러시아는 같은 기간 동안 GDP가 41% 축소되었고, 급진적 경제개혁에 성공한 폴란드는 22%의 성장률을 기록했다(Aslund 2009, p.125). 지하경제가 경제 활동의 40-50%를 차지하기 때문에 실제적인 경제 위축은 이보다 작을 것으로 예상되지만, 우크라이나의 경제 위축의 폭은 주변국에 비해 매우 컸다. 구소련 말기 러시아공화국보다 1인당 GDP가 높았던 우크라이나는 2000년 당시 러시아에 비해 1인당 GDP가 1/3에 지나지 않았다. 폴란드에 비교하면 1인당 GDP는 1/7에 불과하였다. 구소련 말기 우크라이나의 GDP는 폴란드보다 높았던 사실을 감안하면 우크라이나의 경제 추락의 정도를 실감할 수 있다. 1990-1999년 사이 우크라이나의 실질 임금은 3.8배 감소하였고, 실질 연금액은 4배 감소한 것으로 나타났다. 2000년 우크라이나 주민 중 극빈계층에 속한 인구의 비율은 키예프가 11.5%, 루간스크는 33.5%, 미콜라예프는 44.9%에 달하는 것으로 나타났다. 2000년

2000년 신생독립국 근로자 평균 임금

국가	근로자 평균 임금 (미 달러)
카자흐스탄	120
러시아	113
벨로루스	90
우크라이나	59
아제르바이잔	56
아르메니아	42
몰도바	41
키르기스스탄	29
타지키스탄	9.5

기준으로 우크라이나 전체적으로 보아 근로자 1/3이 최저생활비 이하의 임금을 받고 있었다. 1990년대 후반과 2000년대의 경제 성장은 이렇게 국가 출범 초기 급격히 추락한 경제가 어느 정도 반등에 성공한 결과이지, 경제가 고도 성장한 것으로 보기는 어렵다. 2000년 당시 구소련에서 독립한 국가의 일반 국민들이 평균 임금 수준이 어느 정도였는지는 도표에 나와 있다(Kovpak 2007, pp.126-127).

■ 올리가르키의 부상

쿠치마 집권 시기의 경제 상황의 큰 특징은 올리가르키의 부상이다. 급격한 경제 체제의 변화나 산업화가 진행되면, 산업의 변화를 주도하는 재벌 그룹들이 등장하게 된다. 19세기 후반과 20세기 초 미국의 카네기의 유에스스틸U.S.Steel과 록펠러의 스탠더드오일Standard Oil이 부상한 것이나 한국과 일본의 재벌이 경제 성장의 주도적 역할을 한 것과 유사한 현상이다. 올리가르키들은 정치권과 연합하거나, 정치에 직접 참여하며 영향력을 행사하여 개발 이익을 독점하기 시작하였다. 제품이나 기업의 경쟁력보다 정권과의 유착을 통해 비정상적으로 성장하다 보니 탈세, 관리들과 사법기관의 매수, 자산 해외 도피, 물리적 보복과 암살을 포함한 상호 견제 등 온갖 편법, 불법 수단을 동원하게 되고, 이러한 불법적, 초법적 관행은 국가 건설 과정에서 민주적 기관institutions들이 정착하거나, 제기능을 발휘하는 것을 크게 방해하며 사회 발전에 역기능을 한다. 쿠치마 정권 시절에 부상한 올리가르키들은 2010년 현재까지도 우크라이나 정치, 경제에 막강한 영향력을 행사하고 있다. 1994년 쿠치마 정권이 시작되기 전 올리가르키 양상은 비교적 단순했다. 광산 경영책임자 출신으로 크라프추크 정권 말기에 수상을 역임한 즈뱌길스키는 석탄과 철강 거래를 독과점하며 큰 수익을 올렸고, 라비노비치Vadim Rabinovich는 언론과 철강 거래를 주도했다. 바카이는 가스 거래를 독점했다. 이 올리가르키들은 정권 교체와 함께 해외로 도피하거나 영향력을 상실했고, 새로운 올리가르키들이 등장했다. 쿠치마 정권 초기 최대의 영향력을 가진 올리가르키는 라자렌코였다. 총리 지위를 최대한 이용하여 비즈니스 확장과 수익 추구에 열을 올린 그는 UESU를 통한 가스 거래로 큰 수익을 올렸다. 비공식 추산에 의하면 1996-1997년경 100억-110억 달러의 가스 판매 매출을 올렸고, 이 액수는 당시 우크라이나 GDP의 20-25%에 이르는 금액이었다(Wilson 2005, p.20). 1998년 해외 도피 전까지 그는 우크라이나 최고의 자산가로 평가받았다. 수르키스Grygoriy Surkis와 메드베드추크Viktor Medvedchuk는 전기 공급으로 재력을 확장했다. 특히 메드베드추크는 국회부의장과 대통령 행정실장을 역임하며 쿠치마 정권의 막강한 정재계 실력자가 되었다. 그는 수르키스와 함께 키예프 클랜을 대표하는 올리가르키로 볼 수 있다. 볼코프Oleksandr Volkov는 대통령 자문 역할을 하며 원유 수입으로 돈을 벌었다. 쿠치마 정권 1기의 최대의 이권은 가스 수입권이었고, 원자재와 자원의 수입과 교역이 올리가르키들의 주된 수입원이었다. 라자렌코가 해외로 도피하고, 국영회사인 나프토가스Naftogaz가 설립되면서 가스 거래 대신에 철강 생산과 수출로 부를 쌓은 새로운 올리가르키들이 등장한다. 이전까지의 올리가르키들이 원자재 중계나 교역을 통한 브로커 역할로 수익을 올린 데 반해, 새로운 올리가르키들은 생산기반을 갖춘 회사나 기업 그룹을 설립하여 운영하기 시작했다. 1990년대 말 철강 산업으로 가장 영향력 있는 올리가르키로 부상한 것은 아흐메토프Rinat Akhmetov이다. 타타르계인 그는 '시스템자본운영SCM/System Capital Management'이라는 기업 그룹을 운영하며 철강, 기계, 금융 등에서 큰 부를 축적했다. 소위 '도네츠크 클랜'의 리더인 그는 2004년과 2010년 대통령 선거에서 야누코비치를 대통령 후보로 지원하였고, 2010년 그를 대통령에 당선시킴으로써 막강한 영향력을 갖게 되었다. 2006년 말의 한 언론사가 선정한 영향력 있는 인사 순위에서는 유셴코 대통령, 야누코비치 총리, 티모셴코를 모두 누르고 1위에 오른 적도 있었다. 아흐메토프 다음 2위의 부자로 꼽히는 핀추크Victor Pinchuk는 쿠치마 대통령 딸과 결혼하여 영향력을 넓혔다. 강철관 제조회사인 인터파이프Interpipe가 주력 기업이고, 여러 개의 방송사와 은행의 지배 지분을 소유했다. 1995년에 설립된 '돈바스산업연맹Industrial Union of Donbas'은 아흐메토프의 경쟁 그룹이다. 가이두크Vitaly Gaiduk와 타루타Sergiy Taruta가 이끌고 있는 이 그룹은 주요 선거에서 아흐메토프가 지원하는 정당이나 정치인의 경쟁자를 지원해 왔다. 우크라이나, 폴란드, 헝가리에 철강 공장을 소유하고 있고, 가이두크는 유셴코 정권에서 국가안보위원장을 맡았다. 2008년 말 경제위기로 경영이 어려워진 이 그룹은 2010년 1월 러시아 기업가인 카투닌Aleksandr Katunin에게 지분의 50% 이상을 양도했다(Kyiv Post, 2010.1.15). 콜로모이스키Kolomoisky가 이끌고 있는 프리바트그룹Privat Group도 금융, 철강, 석유 회사를 소유하고 있다. 프리바트그룹의 주 경쟁 상대는 핀추크이다. 아흐메토프와 돈바스산업연맹은 도네츠크가 거점이고, 핀추크와 프리바트그룹은 드네프로페트롭스크에서 탄생했다. 2008년 말 세계 경제 위기 전까지 아흐메트프의 공개된 재산은 150억 달러를 넘었고, 핀추크의 재산은 70억 달러 정도인 것으로 나타났다(Korrespondent, 2007.5.26). 이외에도 식품과 방송 재별인 포로셴코Petr Poroshenko는 친유셴코 기업인이고, 유셴코 정권에서 국가안보위원장과 외무장관을 맡았다. 올리가르키들은 정경 유착에 의한 이익 추구로 비판을 받았지만, 기업 경영에서는 국영기업보다 효율적인 기법을 적용해 생산성을 높였다. 우선 올리가르키들은 변화하는 경제 상황에 민감하게 반응하여 새로운 환경에 적응하기 위한 변화를 하였다. 또한 원자재나 철강 수출이 국제경기 변화에 영향을 많이 받으므로 대외적인 경제 환경 변화에도 주의를 기울였다. 회계나 경영 기법에서도 서구 자본주의적 기법을 도입하여 기업 경영 효율을 높였다. 쿠치마는 올리가르키 관리에서도 '분할 지배' 방법을 써서 올리가르키 간의 상호 견제를 유도하고, 한 그룹이 너무 커지는 것을 막았다.

쿠치마 통치의 주요 수단은 법집행기관이었다. 우크라이나의 주요 법집행기관은 경찰(내무부), 검찰, 정보부, 국세청이다. 내무부에 소속된 경찰은 30만 명의 인원을 가지고 있는데, 여러 정치적 암살 사건에도 직간접으로 개입하고 부패도 심해 국민들로부터 전혀 존경을 받지 못한다. 쿠치마 정권에서는 크라프첸코Yuriy Kravchenko 내무장관이 경찰을 통한 정치 사찰을 담당하다가 오렌지 혁명 후 타살로 의심되는 정황에서 사망했다. 정보부는 2만 8천 명의 인원을 가지고 있고, 데르카치Leonid Derkach가 정보부를 이끌었다. 검찰은 헌법에 보장된 막강한 권한을 가지고 범죄 기소뿐만 아니라, 사법 판결에도 영향을 미칠 수 있었다. 아자로프Azarov가 이끈 국세청은 세무조사원이 7만 명에 이를 정도로 거대한 조직을 보유했다(Aslund, pp.114-115). 쿠치마 정권에서 사회, 경제 정의가 제대로 확립되지 못하고, 올리가르키들이 큰 영향력을 행사할 수 있었던 것은 법집행기관들이 국가의 질서를 바로잡고 사회 정의를 구현하는 기관으로 제 역할을 하지 못하고 정권의 권력의 하수기관으로 전락했기 때문이다. 공무원 수는 필요 이상으로 많고, 턱없이 낮게 책정된 공무원들의 급여는 공무원들이 부정한 방법으로 돈을 벌 수밖에 없는 환경을 조성하고, 부정행위 자체에 대한 도덕적 부담도 느끼지 못하게 만들었다. 군과 국방부는 상대적으로 사회적 영향력이 약했다. 군 자체의 무기 수출과 군 재산 매각 등으로 부패가 심했지만 정치에 관여하는 일은 거의 없었다.

■ 가스 거래

쿠치마 정권 시대에 가장 큰 경제 흑막은 가스 거래와 관련된 부패였다. 우크라이나는 독립 이후 국내 수요의 약 70%에 해당하는 양의 가스를 러시아와 투르크메니스탄으로부터 수입하여 썼다. 우크라이나의 연간 가스 소비량은 90년대 후반에는 1,100억 세제곱미터에 달했고, 2000년대 들어서는 800억 세제곱미터 내외였다. 1995년을 기준으로 보면 우크라이나는 세계 6위의 가스 소비국이었다(권경복, p.49). 2008년 경제 위기 이후에는 10-20% 정도 사용량이 줄어들었다. 우크라이나의 가스 소비량이 많은 것은 단위 GDP 생산당 에너지 사용량이 세계에서 가장 높을 정도로 에너지 낭비적인 산업구조를 가지고 있었기 때문이다. 에너지 효율이 높은 이탈리아에 비하면 1달러 GDP를 생산하는 데 소비되는 에너지 양은 28배나 높다. 우크라이나는 유럽으로 수출되는 러시아 및 중앙아시아산 가스의 주요 통로이다. 유럽은 전체 가스 소비량의 약 40%를 러시아를 통해 수입하고, 이 중 약 80%가 우크라이나를 통과하여 유럽에 운송된다. 가스 수입 대금과 통과료 수입이 천문학적이어서 가스 거래는 정권 및 주요 실력자의 큰 수입원이 되었다. 가스 거래를 둘러싼 흑막이 외부에 공개될 때마다 수시로 거래 회사가 바뀌어서 가스 거래 메커니즘을 정확히 파악하는 것이 불가능할 정도이다. 1992년부터 1995년 사이에는 러시아 가스프롬과 유사한 명칭을 가진 국영회사인 '우크라가스프롬Ukrgazprom'이 가스 거래를 담당하였다. 이 기간 동안 러시아에서는 국제 가격보다 훨씬 싼 가격으로 가스와 원유를 우크라이나에 제공하였지만, 약 60억 달러의 미납 채무가 발생한 것으로 알려졌다. 1994년에는 바카이Igor Bakai가 소유한 '레스푸블리카Respublika'라는 민영회사가 투르크메니스탄과 구상무역barter를 통하여 가스 거래를 하였는데, 1995년 쿠치마는 이 회사 대신 이테라Itera와 '우크라이나에너지통합회사UESU'가 거래를 담당하게 만들었다. UESU는 라자렌코가 실질적 소유주였고, 율리야 티모셴코가 사장 역할을 하고 있었다. 이테라는 산업용 가스를 독점적으로 공급한 것으로 알려졌다. 서방 연구기관의 조사에 따르면 1998년 UESU의 매출액은 연간 100억 달러, 영업이익은 40억 달러에 달했다(권경복, p.52). 라자렌코가 우크라이나를 떠난 이후로는 이테라가 1998년까지 우크라이나 가스 공급을 독점하였다. 민영회사가 가스 공급을 담당하는 동안 러시아 가스프롬에 대한 채무는 제대로 변제되지 않았고, 우크라이나의 정부 예산으로 채무가 수시로 변제되었다. 가스 판매에서 발생한 수익은 정치인들이나 기업인들에게 돌아가고, 누적된 가스 수입대금은 정부가 대신 갚아 주는 방식이 관행이 되었다. 이러한 부정한 방식을 통해 가스 거래를 담당한 회사나 기업인은 연 10억 달러 이상의 수익을 챙긴 것으로 추정된다(Aslund 2009, pp.105-107). 1998년 쿠치마 대통령은 이테라 대신 국영기업인 나프토가스Naftogaz를 설립하여 가스 거래를 직접 관할하기 시작했다. 이러한 변화는 1999년 대통령 선거 자금 조달을 위한 포석으로 풀이되었다. 나프토가스는 2010년 현재까지 우크라이나 국내 수요 가스를 수입하고 있다. 2003년 유럽으로 전달되는 가스 중계료 관리를 위해 Eural Trans Gas가 설립되었고, 이 회사는 1994년 '러시아-우크라이나에너지회사RosukrEnergo'로 대체되었다. 2006년 초까지 회사의 존재조차 잘 알려지지 않았던 이 회사 지분은 러시아 가스프롬이 50%을 소유하고 하고, 나머지 지분 50%는 우크라이나 비즈니스맨들이 소유하고 있는 것으로 밝혀졌다. 2006년 4월 러시아 이즈베스티아 신문은 우크라이나의 지분은 피르타시Dmytrii Firtash가 45%, 푸르신Ivan Fursin이 5%를 소유하고 있다고 밝혔다. 그러나 이 두 사람을 실제 지분 소유주로 보는 사람은 없다. 쿠치마 정권 말기에 세워졌기 때문에, 쿠치마 진영 정치자금과 관련이 있을 것으로 추측도 가능하고, 티모셴코는 러시아 범죄조직인 모길레비치Semeyon Mogilevich파와 관련이 있다고 주장하기도 했다. 2009년 푸틴 총리는 유셴코 측근들과 이 회사와의 연관 가능성을 암시하는 말을 흘리는 말을 하기도 했다. 이 회사는 2006년부터 2009년까지 유럽으로 수출되는 러시아와 중앙아시아 가스의 독점 중계권을 보유하고, 엄청난 중계료 수익을 챙겼다. 2008년 10월 24일 티모셴코 총리는 이 회사의 중계권을 없애고, 가스프롬이 우크라이나의 나프토가스에 가스를 직접 공급하는 계약을 체결하게 했다. 2009년 1월 우크라이나와 러시아 가스 분쟁 시, 양사 간에 직접 가스 공급 합의가 다시 한 번 이루어졌다. 2009년 3월 4일에는 우크라이나 정보부가 63억 세제곱미터의 가스 횡령

협의를 내세워 나프토가스 본사를 압수 수색한 일도 있다. 여러 홀딩 회사와 관리자가 있는 이 회사의 수익의 향방은 정확하게 밝혀지지 않았지만, 우크라이나와 러시아의 정치권과 밀접히 관련이 있는 것으로 추측되고 있다.

9.2.3. 외교 정책

쿠치마는 정권 2기에도 1기에서 성공적으로 이루어진 전방위multivector 외교를 계속해서 추진하려 했다. 그러나 국내 정치 스캔들로 인해 서방에서의 국제적 신뢰도가 급격히 떨어지면서 유럽 통합이나 나토 가입 노력은 큰 결실을 맺지 못했다. 2000년 가을 곤가제 사건과 무기 판매 스캔들로 그는 미국으로부터 신뢰를 크게 잃게 된다. 콜추가 미사일을 비롯한 1억 달러의 무기를 이라크에 비밀리에 판매하려는 시도가 드러나자 미국 의회는 우크라이나에 대한 무역 제한 조치까지 고려하였다. 2002년 체코의 나토 정상회담에 초청도 없이 참가하여 우크라이나의 나토 가입 의사를 천명하고, 2003년에는 국내의 반대에도 불구하고, 이라크에 파병국 중 네 번째로 많은 병력을 파견하였지만 한 번 실추된 그의 신뢰를 회복하기에는 역부족이었다. 서방 방문 자체가 어려워진 쿠치마는 전방위 정책을 버리고 러시아에 밀착하기 시작했다. 2000년 러시아 지도자가 된 푸틴은 우크라이나의 독립을 존중한 옐친의 외교 기조를 근본적으로 바꾸었다. 그는 구소련 지역을 러시아의 '영향권역sphere of influence'으로 설정하고 우크라이나와 중앙아시아에 대한 영향력 회복에 적극 나섰다. 푸틴은 테러와의 전쟁을 명분으로 중앙아시아까지 진출한 미국의 군사력을 견제하는 한편, 우크라이나에 대한 영향력을 회복하기 위해 여러 방법을 동원했다. 푸틴 정권은 초기에 경제적 수단을 이용하여 외교적 목표를 달성하는 정책을 폈다. 우크라이나에 제공되는 원유와 가스 채무의 변제를 요구했고, 이를 지렛대로 우크라이나 정유 시설에 대한 소유권을 확대했다. 러시아 자본의 유입으로 우크라이나의 정유, 원자재, 통신 등 기간산업이 러시아 기업인들의 소유가 되었지만 대규모 자본 유입으로 연 10% 가까운 경제 성장에 기여하기도 하였다. 쿠치마는 유럽 통합 대신 러시아가 주도하는 러시아, 우크라이나, 벨로루스, 카자흐스탄 4국의 공동경제구역 구상에 적극 참여했다. 또한 러시아와 안토노프 수송기 생산 등 항공, 군수산업 분야의 협력에 대한 논의도 시작하였다. 그러나 2004년 대선에 야누코비치에 대한 푸틴의 지원 전략이 대실패로 끝남으로써 러시아는 대우크라이나 정책에 큰 타격을 입게 되었고, 양국 관계는 급격히 악화되기 시작하였다.

9.2.4. 쿠치마 정권 2기 평가

1994년부터 2004년까지 지속된 쿠치마 정권은 우크라이나 국가 건설 과정에서 매우 중요한 시기였다. 임기 1기에 비교적 성공적으로 경제개혁을 이루고, 외교에서 우크라이나의 전략적 가치를 최대한 활용하여 큰 성과를 올린 쿠치마는 실패한 정치인으로 임기 2기를 마친다. 정권 유지와 연장에 집착한 쿠치마는 2000년 유셴코 총리의 개혁 정책을 조기에 종결시키고, 잠재적 경쟁자에 대한 탄압에 들어갔다. 정권에 대한 가시적 위협이 없는 상황에서도 정치인뿐 아니라 언론인들을 제거하는 정치 테러를 자행하여 우크라이나 정치 전통에 큰 오점을 남겼다. 독립 초기 민족주의에 바탕을 둔 민주주의를 지향하던 정치 문화는 쿠치마 2기 정권에서 올리가르키 정치로 대치되었다. 아직까지 올리가르키들이 정치를 좌지우지하는 우크라이나의 정치 문화는, 옐친 정권 때 유사한 길을 걷다가 푸틴이 등장하면서 올리가르키의 영향력을 제거하고 국가 통제 자본주의로 전환한 러시아와 크게 대비가 된다. 쿠치마의 가장 큰 실정은 정치적 영향력을 계속 유지하는 방향으로 후계구도를 짜고, 부정선거로 목적을 이루려다가 오렌지 혁명으로 표현된 국민적 저항을 불러일으킨 것이다. 현재까지 우크라이나의 암울한 요소로 남아 있는 올리가르키의 영향력, 법집행기관과 공무원의 부패, 사회 정의의 추락, 금권 정치 등 여러 부정적 요소는 쿠치마 정권 시기에 뿌리를 내린 것이 많다.

10장
오렌지 혁명과 유셴코 정권

10.1. 2004년 대통령 선거 준비

2004년 11월 발생한 오렌지 혁명은 독립 우크라이나 시대의 가장 중요한 정치적 사건일 뿐 아니라, 20세기 이후의 현대사에서도 가장 큰 사건으로 역사에 남을 것이다. 부정으로 얼룩진 대통령 선거에 대한 민중적 항의로 시작된 혁명은 대통령 선거 결과를 뒤집고 유셴코 정권을 탄생시켰다.

2004년 말로 쿠치마의 대통령 2기 임기가 끝나면서 정권 연장에 대한 여러 방안이 모색되었다. 우크라이나 헌법은 대통령의 3선을 제한하고 있으므로 이를 우회하기 위한 방법도 모색되었다. 카자흐스탄이나 우즈베키스탄처럼 대통령의 연임제한을 3선 이상으로 늘리는 것은 국민들이 받아들이지 않을 것이 분명했다. 그러나 쿠치마는 연임에 대한 헌법 조항의 자의적 해석을 통해 대통령 선거에 한 번 더 출마하는 방법을 시도하였다. 즉 쿠치마가 이미 대통령으로 재임하고 있던 1996년에 3선을 제한한 헌법이 통과되었으므로 그 이후부터 2선 제한을 적용하면 쿠치마는 한 번 더 대통령에 출마할 수 있다는 논리를 개발하여 헌법재판소에 헌법적 해석을 신청하였다. 친대통령 법관들로 구성된 헌법재판소는 2003년 12월 이러한 해석을 인정하여 쿠치마의 3선 출마가 합헌이라고 선언했다. 그러나 이 결정은 누가 보아도 쿠치마의 정권 연장을 가능하게 하기 위해 억지로 만들어 낸 헌법 해석이었다. 국가 출범 초기 헌법 개정이 되지 않아 일반 법률로 권력 기관에 대한 주요 사항을 결정하던 상황에서 만들어진 1991년의 대통령 선거법에도 거의 같은 문안의 2선 임기 제한 조항이 있었고 1996년 헌법은 이 조항을 승계하여 그대로 반영한 것으로 보아야 하기 때문이다. 우즈베키스탄에서는 실제로 대통령 연임제한 조항에 대한 이러한 해석을 통해 2007년 카리모프 대통령이 3선에 성공하였다. 쿠치마 대통령의 경우 임기 말에 가까워 오면서 지지율이 5%를 밑돌고 있었기 때문에 대선에서 승리하려면 대규모 부정을 저질러야 할 상황이었다. 3선 개헌이나 무제한 연임 대신 생각할 수 있는 헌법 개정은 2원집정부제에 가까운 정부 형태를 취하여, 실권을 총리에게 몰아주고 쿠치마가 총리로 남는 방법이었다. 이러한 구도의 헌법 개정을 주도한 것은 대통령 행정실장인 메드베드추크Medvedchuk였다. 그는 총리와 내각이 실질적 권력을 장악하는 헌법개정안을 4월 8일 의회에 제출하였으나 개헌선인 300표에서 여섯 표 모자란 294표 찬성을 얻는 데 그쳐 헌법 개정은 좌절되고 말았다. 쿠치마가 정권을 놓지 않고 권좌에 남아 있는 것은 불가능하다는 것은 명확해졌다. 어떠한 형태로든 쿠치마가 집권 연장을 꾀할 경우 엄청난 국민적 저항에 부딪칠 것은 당연했다. 집권 연장이 불가능한 상황에서 쿠치마가 차선으로 생각한 것은 정권 이양을 하되 지배 세력의 기득권을 계속 유지하는 방법을 찾는 것이었다. 1999년 말 러시아의 옐친 대통령이 정치적 권력에 대한 미련을 일절 남기지 않고 은퇴한 것과 달리 쿠치마는 대통령직을 물러난 뒤에도 대리청정을 하는 길을 모색했다. 옐친의 과감한 정치적 결단이 푸틴이라는 후임자의 국정 장악과 푸틴 정권의 정치적 안정에 결정적으로 기여한 반면, 쿠치마의 권력욕은 2004년 우크라이나 대통령 선거를 엉망으로 만들어 놓아 오렌지 혁명을 유발했을 뿐 아니라, 오렌지 혁명의 패배 세력에게는 정권 교체의 정당성에 대한 항의와 불만을 가중시켜 이후 우크라이나 정국이 극도의 혼란에 빠지는 결과를 초래하게 만들었다. 결국 오렌지 혁명은 야누코비치와 유센코 사이의 국민의 선택의 문제가 아니라 쿠치마의 권력욕과 현명하지 못한 후계 구도 설정에서부터 그 씨앗이 싹튼 것이라 볼 수 있다. 쿠치마는 후계자를 물색하는 과정에서 국민적 지지와 대통령 당선 가능성보다는 기존 올리가르키 세력의 이해관계를 우선적으로 고려했고, 자신이 막후에서 조종할 만한 후보를 찾는 데 주력했다. 이러한 고려 끝에 선택한 후보는 도네츠크 주지사인 야누코비치였다. 우크라이나의 대통령 선거에 초미의 관심을 가지고 있던 러시아에서는 외형적으로는 쿠치마정권이 선택하는 후보자를 무조건 지지한다는 입장을 보였지만, 단순히 친러시아적 정치 성향을 떠나서 야누코비치를 크레믈이 쉽게 조종할 수 있는 후보로 보았다. 쿠치마가 지명한 후보자에 대항할 야당 후보는 유센코라는 점에 대해서는 이견이 없었다. 유센코의 능력은 국립은행장, 총리로서 보여 준 그의 개혁 성과로 입증이 되었고, 대중적 인기도 매우 높았다. 그는 야당 세력을 결집하여 2002년 의회 선거에 참여하여 의회 내 최대 파벌을 이끌고 있었다. 쿠치마 정권 타도를 공개적으로 선언한 율리야 티모센코도 유센코와의 연합 전선을 떠나 독자적으로 대권에 도전한다는 의사를 나타낸 적이 없었다.

2003년 쿠치마 진영에서는 야누코비치의 대선 승리 가능성에 대한 의문을 표하면서 누구를 후보로 내세울 것인가에 대한 논의가 있었다. 티깁코를 후보로 내세우자는 의견도 많았지만, 도네츠크 클랜의 영향력에 밀려 결국 야누코비치를 후보로 내세우기로 했다. 야누코비치는 후보로서 여러 결점이 있고, 당시 지지율도 15-20%에 머물렀지만, 여러 수단을 동원해 그를 일단 당선시키면 큰 문제가 없을 것이라고 보았다. 2004년 말의 오렌지 혁명 같은 대규모 항의와 집회는 상상도 하지 못하였다. 2004년 대선에서 패배한 후, 쿠치마 진영에서는 티깁코를 내세웠으면 승리했을 것이라는 뒤늦은 후회가 나왔다. 여당 쪽에서 보면 티깁코가 경력 면에서 유셴코에 필적할 만한 유일한 후보였다. 쿠치마 임기 말 그를 총리로 지명했더라면 전국적인 인물로 부상해, 그는 유셴코와 싸워 볼 수 있는 후보가 되었을 것이다. 다만 그의 대중적 인기는 유셴코보다 떨어졌다. 만약 티깁코가 여당 후보로 나섰다면 2004년 대통령 선거가 아주 치열한 접전이 되었을 가능성이 컸다.

2004년 여름이 되면서 유셴코의 승리 가능성은 점점 높아졌다. 야누코비치는 여러 결점으로 인해 학생들이나 지식층 사이에서 전혀 인기가 없었고, 그가 집회에 나서면 야유를 받는 일도 빈번히 일어났다. 여론 주도층 중에는 연말의 대통령 선거에서 유셴코가 승리할 것이 분명하지만, 야누코비치 그룹은 이 승리를 비합법적 수단으로 빼어 올 것이고, 이에 국민들이 거리로 뛰쳐나올 것이라는 시나리오를 예상하고 있는 사람들이 많이 있었다. 그루지야의 장미혁명에 빗대어 우크라이나의 가로를 장식하고 있는 밤나무를 상징으로 해서 '밤나무혁명chestnut revolution'이 일어날 것이라는 말이 공공연히 돌았다(Wilson 2005, pp.72-73, Aslund 2009, p.176).

혁명의 기운이 감도는 가운데, 젊은층이 주도하는 전위적 반정부 그룹이 활발하게 활동하기 시작했다. 대표적인 정치적 청년 조직은 '포라Pora'였다. 이반 프란코의 애국시 "Ne Pora"(Now is Not the Time)에서 이름을 따온 이 그룹에는 사실상 두 개의 독립적 조직이 존재했다. 먼저 '블랙포라Black Pora'라고 불리는 그룹은 2001년 반정부 데모에 나섰던 '쿠치마 없는 우크라이나Ukraine without Kuchma'를 계승한 것이었다. 스비스토비치Mykhailo Svystovych가 리더로 나서기는 했지만, 일정한 지도자나 조직 없이 수시로 형태를 바꾸며 점조직 식으로 활동하여 정부 요원의 침투를 어렵게 만들었다. '블랙포라'는 반정부와 부패 척결을 내세우기는 했지만, 공개적으로 유셴코 지지를 선언하지는 않았다. '블랙포라'가 전국적으로 조직을 확산한 것에 비해, '옐로포라'는 키예프를 중심으로 활동하였고, 유셴코 진영과 밀접히 연계하여 활동하였다. 2004년 8월 19일 두 조직은 통합회의를 가졌는데, 약 2만 명의 회원을 확보한 것으로 추정되었다. 오렌지 혁명 기간 두 조직은 역할을 분담하여 시위를 이끌었고, 오렌지 혁명이 유혈 사태 없이 진행되는 데 큰 기여를 하였다. 2004년 선거에서 중요한 역할을 한 자생적 NGO로는 '즈나유Znaiu'('I know'의 뜻)를 꼽을 수 있다. 이 조직은 유권자들의 선거 참여를 독려하는 여러 활동을 펼쳤는데, 28세의 포테힌Dmytro Potekhin이 리더로 활동했다. 이 조직은 미국-우크라이나 재단US-Ukraine Foundation에서 백만 달러를 지원받았고, 프리덤하우스Freedom House로부터도 5만 달러를 지원받은 것으로 확인되었다(Wilson 2005, pp.73-75).

집권 세력은 공정한 선거를 통해 승리할 수 없다는 것을 깨닫게 되면서 여러 수단을 강구하기 시작했다. 야누코비치 진영은 법집행기관과 행정부를 장악하고 있어서 관권 부정선거를 수행할 수 있는 소위 '행정적 수단admistrative resources'을 소유하고 있었다. 공정 선거를 감독해야 할 중앙선거관리위원회Central Election Commission/CEC도 야누코비치 진영 사람들로 구성되어 있었고, 내무부, 경찰, 검찰 등의 법집행기관을 완전히 장악하고 있었다. 정보부는 조금 사정이 달랐다. 구KGB에서 변신한 정보부는 정치 사찰을 많이 하였지만, 군정보부장 출신인 스메시코Igor Smeshko가 정보부장으로 취임하면서 대대적 개혁을 하였다. 이 개혁 과정에서 주요 직위에 오른 소위 개혁파 정보부원들은 유셴코 진영에 호의적인 태도를 가지고 있었다. 세무당국은 유셴코 진영을 후원하는 기업들을 세무 사찰과 보복 과세로 압박했다. 주요 언론도 대부분 장악하고 있었다. 메드베드추크는 3대 텔레비전 방송사인 '1+1', 'Inter', 'UT-1'을 장악하고 있었다. 새로 인가를 받은 포로셴코의 '채널5'만 친유셴코 방송이었다. 방송들은 소위 '템니키temnyky'라고 불리는 방송지침을 매일 시달받고, 이에 따라 뉴스를 편성해서 내보내고 있었다. 재력이 강한 올리가르키들도 야누코비치를 지원했다. 도네츠크에 기반을 둔 철강, 금융 재벌인 우크라이나 제1의 재력가 아흐메토프를 비롯하여 핀추크가 야누코비치를 재정적으로 후원했다. 프리바트그룹Privat Group은 중립적 입장을 유지했고, 아흐메토프와 경쟁 관계에 있는 '돈바스산업연맹Industrial Union of Donbas'은 유보적 자세를 보이다가 오렌지 혁명이 발발하자 이를 암묵적으로 지원했다. 아스룬드는 선거 자금 6억 달러 중 절반이 친야누코비치 올리가르키에게서 나왔고, 나머지는 가스프롬을 비롯한 러시아에서 지원한 것으로 보고 있다(Aslund 2009, pp.181, 183). 야누코비치 진영의 기본적인 선거운동 전략은 유셴코를 극우민족주의자와 미국의 하수인으로 몰아세우고, 선거를 동부와 서부의 대립 구조로 몰고 가는 것이었다.

유셴코는 2004년 7월 4일 공식으로 선거운동을 시작했다. 7월 2일 티모셴코와 공동 선거운동 협약을 체결하고 이를 '국민의 힘Power of the People'이라고 명명했다. 이 공동 선거운동 협약은 미국의 정·부통령 러닝메이트 공동 선거운동과 유사한 것으로 볼 수 있다. 이는 유셴코가 대통령에 당선되는 경우 티모셴코가 권력 2인자인 총리가 된다는 의미로 받아들여졌다. 대통령 선거에서 행해진 대규모 부정의 전조는 2004년 4월의 트랜스카르파티아 도시 무카체보 시장 선거에서 나타났다. 후에 유셴코 정권의 비상기획부 장관과 대통령 행정실장이 되는 빅토르 발로가Viktor Baloga 후보는 유셴코 진영의 공식 지지를 받고 출마하여 57%의 득표를 하였으나, 이 지역의 정치적 보스인 메드베드추크의 개입으로 득표수의 1/3이 무효표로 선언되면서 당선이 번복되었다. 이 사건은 유셴코 진영뿐만 아니라, 서방 정부와 언론들에 대통령 선거에서의 부정 가능성에 대해 큰 경각심을 불러일으켰다. 유셴코는 TV 출현과 뉴스 노출이 제한되자, 각 지방을 돌며 민중집회를 통한 유세에 나섰다. 그러나 선거운동 방해는 끊이지 않았다. 8월 12일 헤르손에서 트럭이 유셴코가 탄 차량과 충돌할 뻔한 사고가 있었다. 8월 20일에는 키예프의 시장에서 사제 폭탄이 터져 사상자가 생기면서 '포라Pora'의 운동원들이 폭탄 소지 혐의로 경찰에 연행되었다. 유셴코의 생명을 거의 앗아갈 뻔한 독극물 사건은 9월 5일 저녁에 일어났다. 야당 후보를 제거하기 위한 테러가 있을 것이라는 첩보는 의회에서의 헌법 개정 실패 후 여러 경로로 나돌았다(Wilson 2005, pp.81-82). 1999년 선거에서도 루흐Rukh 지도자로 대통령 선거에 나선 초르노빌Vyachelav Chonovil 후보가 선거 유세를 마치고 돌아오다가 키예프 근교에서 트럭 충돌 사고로 사망한 일이 있었다. 대부분의 사람들은 이것을 사전에 계획된 암살로 보고 있다. 우크라이나에서는 정치인이나 기자, 비즈니스맨의 목숨을 노릴 때 교통사고를 가장한 암살을 많이 시도한다. 9월 5일 정보부SBU 부장 스메시코Igor Smeshko, 정보부 차장 사트슈크Volodymyr Satsyuk, 유셴코의 재정지원자인 그루지야계 비즈니스맨 즈바냐David Zhvaniia가 참석한 가운데 키예프 교외의 사트슈크 소유 별장에서 선거 문제를 논의하기 위한 저녁식사 모임이 있었다. 야당 후보인 유셴코가 정보부 수뇌부와 만난 것은 나름대로 대선에서 정보부가 중립적 역할을 해 주기를 바라는 협상을 하기 위한 것으로 짐작된다. 이날 모임은 유셴코의 친구이자 재정후원자인 즈바냐가 주선을 해서 유셴코는 경호원 없이 단독으로 별장으로 들어갔다. 저녁 식사 후 유셴코는 심한 식중독 현상을 보였다. 며칠간 국내에서 치료를 받았으나 상태가 계속 악화되자 9월 9일 오스트리아로 후송되어 치료를 받았다. 의사들은 유셴코가 화학전에 쓰이는 특수 다이옥신에 중독되었다고 발표했다. 유셴코 몸에서 측정된 다이옥신 수치는 살아 있는 사람에게서 나온 것으로는 두 번째로 높은 수치였다. 유셴코는 1주일 후 일단 퇴원하였으나, 10월에 다시 오스트

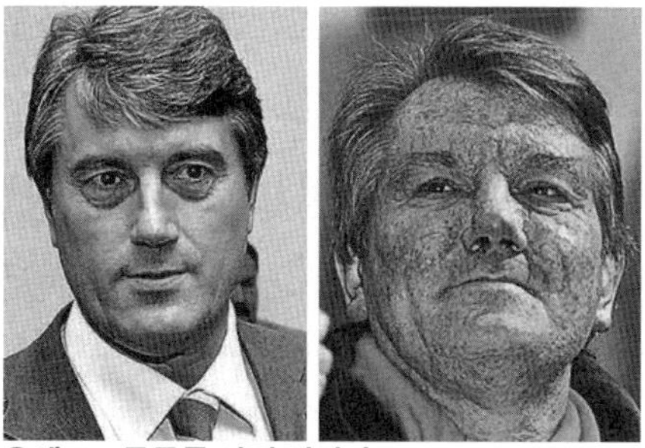

유셴코 – 독극물 사건 전과 후

리아로 가서 10일간 치료를 받았다. 심하게 변형된 유셴코의 모습이 언론에 보도되자 이 사건은 전 세계 언론의 관심을 끌었다. 이 사건의 진상은 아직까지 제대로 밝혀지지 않고 있다. 야누코비치 진영의 음모라는 설부터 우크라이나와 러시아 정보기관의 합작설, 심지어는 자작극이라는 소문까지 나돌았다. 사건 후 사트슈크 정보부 차장과 요리사는 러시아로 망명해 버렸다. 유셴코가 대통령이 된 뒤에도 이 사건의 진상을 밝히지 못하여 의문은 증폭되었다. 2009년 초 유셴코 대통령은 즈바냐를 의심하는 발언을 하기도 하였다. 이 사건은 독살 음모에 참가한 사람이 진상을 밝히지 않는 한 다른 정치인 테러 사건처럼 미제 사건으로 남을 가능성이 크다. 독극물 암살 기도 사건은 유셴코 지지 세력을 결집시키는 효과를 가져왔다. 또한 부동층의 유권자들도 유셴코 지지로 돌아서기 시작했다. 9월 18일 키예프 중심의 유럽광장 집회는 대규모 인파가 모여서 쿠치마 정권의 부패를 성토하고 대선 승리의 결의를 다졌다. 유셴코는 이날 연설에서 게트만, 초르노빌, 곤가제의 죽음을 언급하며 정권이 정의로운 사람들을 제거해도 "우크라이나에는 정의로운 사람들이 계속 나타날 것"이라고 선언하고 평화적 정권 교체를 약속했다(Aslund 2009, p.186).

야누코비치 진영에서도 추락하는 지지도를 만회하기 위해 여러 수단을 강구했다. 먼저 서민들의 표를 끌어모을 목적으로 엄청난 재정 부담을 고려하지 않고, 연금을 단 번에 두 배로 인상할 것이라고 발표했다. 9월

24일에는 이바노-프란코 주 유세에서 야누코비치 후보에게 위험한 물체가 던져져 쓰러진 것으로 보도되었으나, 현장을 잡은 '채널5' 화면에는 달걀 1개를 맞고 극적인 자세를 연출하며 길에 쓰러지는 장면이 방송되었다. 이 사건은 유셴코 독극물 사건에 대응해 동부 유권자들을 결집시키기 위해 연출된 것으로 추정되었다. 9월 27일에는 소위 '러시아카드Russian Card'로 불리는 정책들을 내놓았다. 러시아어를 공식 언어로 인정하고, 러시아-우크라이나 이중 국적을 허용하며, 러시아에서는 우크라이나인들의 90일 무비자, 무거주등록 체류를 허용하며, 나토 가입을 유보한다는 것이 주요 내용이었다. 이러한 적극적 캠페인으로 연금 인상안이 발표된 8월 말부터 9월 사이 야누코비치의 지지도는 일시 상승하기도 하였다. 유셴코의 지지도를 끌어내리기 위한 흑색선전도 집요하게 전개되었다. 유셴코를 극우민족주의자로 몰아세움으로써 '반유대주의'와 연관시켜 국제 유대인 사회를 자극시키는 효과를 노렸다. 또한 매국적 친미주의자로 낙인찍어 그를 '부시첸코'로 묘사하기도 하였다(Wilson 2005, pp.95-96). 유셴코 부인이 우크라이나계 2세로 미국에서 태어나서 자라고, 국가안보회의NSC에 일시 근무한 것을 문제 삼아 그의 부인을 미국의 '첩자'라고 흑색선전을 펼쳤다. 그러나 냉전 시대적 사고를 재생하여 선거 전략으로 삼은 것은 시대착오적 발상이었다. '부시첸코' 선전은 미국 정치권을 자극하여 이후 미국이 야누코비치에게 완전히 등을 돌리게 만드는 큰 전략적 실책이었다. 그러나 이런 수준 낮은 선거 전술과 흑색선전이 지식계층 유권자들에게 염증을 불러일으켰고, 유권자들의 판단력을 무시하는 술책으로 받아들여져 지식층에서 일반 시민들 사이에서 야누코비치의 지지율을 떨어뜨리는 결과를 가져왔다.

대통령 선거가 가까워 오면서 쿠치마 대통령은 어려운 입장에 처했다. 모든 행정력을 동원하여 야누코비치를 도왔지만, 야누코비치의 승리 가능성에 확신을 가질 수가 없었다. 유셴코 독살 음모 이후 우크라이나 대선에 대한 국제적 관심도 크게 높아져서, 이제 대선은 국내 문제의 범위를 넘어서 국제적 이슈가 되었다. 선거가 가까워 올수록 쿠치마는 야누코비치에 모든 것을 걸지 않고 유셴코 진영과의 타협의 여지를 확보하려고 노력했다. 만약 선거 결과에 대한 불복 사태로 비상 상황이 발생하는 경우, 이를 근거로 대통령 집권을 연장할 수 있다는 꿈도 꾸게 되었다. 쿠치마 대통령이 끝까지 이런 모호한 태도를 보인 것이 사태를 악화시키는 결과를 가져오게 되었고, 선거 이후의 혼란 조성의 큰 원인이 된다. 쿠치마 대통령은 상황에 대한 명확한 인식이나 여러 가능한 상황에 대한 대응 프로그램을 가지고 있지 못했기 때문에 선거와 오렌지 혁명 기간 내내 정치적 결단을 내리지 못하고, 사후적reactive으로만 대응하는 나약한 모습을 보였다.

우크라이나 대통령 선거를 둘러싼 러시아와 서방의 각축은 치열했다. 우크라이나의 전략적 가치를 잘 알고 있는 양 진영에서는 친러시아와 친서방 외교 정책을 분명히 내세운 양 후보의 승부에 따라 앞으로 유라시아 대륙의 지정학적 구도가 크게 달라질 수 있다는 것을 너무도 잘 알고 있었다. 한마디로 우크라이나는 탈냉전Post Cold War 시대 싸움에서 놓칠 수 없는 중요한 패가 되었다. 러시아가 선거 전략에 직접 관여하고, 푸틴이 야누코비치 지지를 공개적으로 내세우는 등 적극적 간섭 정책을 펼친 데 반해, 서방 진영에서는 선거의 공정성 확보를 위한 지원에 주력했다.

러시아의 선거 전략은 경제 지원과 선거에의 적극적 간섭이었다. 러시아 전략의 근본적인 맹점은 후보자의 득표 가능성이나 대중적 인기를 크게 고려하지 않고, 정권이 선택한 후보는 늘 승리한다는 전제를 한 것이었다. 러시아에서 잘 작동하는 소위 '통제된 민주주의directed democracy'(러시아어로 uplavliaemaia demokratiia)가 우크라이나에도 작용할 것으로 믿었다. 야누코비치 후보에 대해서 일부 '실로비키siloviki'들은 우려를 나타냈지만 큰 영향을 미치지 못하였다. 이들은 야누코비치가 당선되는 경우 막강한 힘을 얻게 될 '도네츠크 클랜clan'이 러시아의 비즈니스 이익과 충돌할 수 있다고 보았다(Petrov, pp.147-148). 그러나 푸틴 대통령은 러시아 정치인들이나 기업가들이 개별적으로 우크라이나 대선에 관여하는 것을 금지시키고, 모든 전략 수립과 시행은 크레믈을 통하도록 지시하였다. 푸틴은 여러 번 우크라이나를 방문하여 공개적으로 야누코비치 지지를 표명하였다. 2004년 7월 26일에는 얄타에서 푸틴, 쿠치마, 야누코비치 3자 회동이 이루어졌고, 1차 선거 3일 전인 10월 28일에도 야누코비치와 나란히 서서 군사 퍼레이드를 관람하며 지지를 유도하였다. 우크라이나 내에서 가장 인기 있는 외국 지도자로 꼽히는 푸틴은 자신의 영향력을 이용하여 야누코비치를 도우려 하였으나, 이것이 우크라이나 국민들의 자존심을 자극한다는 사실은 인식하지 못했다. 선거가 임박하면서 대선 실패에 대한 여러 징조가 나타났으나, 러시아 내에서는 적극 나서서 이를 경고하고, 선거 전략 수정을 요구하는 사람이 없었다. 재앙이 다가오는 것을 알면서도 가능한 후에 책임질 일을 떠맡지 않는 러시아 엘리트들의 정치 문화도 이러한 상황에 일조를 하였다. 러시아는 정교회도 동원하여 야누코비치 지지를 유도하였다. 러시아 총주교 알렉세이와 우크라이나의 러시아 정교회 주교 볼로디미르는 야누코비치를 공식으로 축복하고, 사제들도 야누코비치를 치켜세우고 유셴코에 대한 비방을 공공연히 했다. 러시아 정부는 러시아 내에 거주하는 150만 명의 우크라이나 유권자 선거 참여를 독려하기 위해 400개 투표소 설치하려 시도하였으나 유셴코 진영의 항의를 받은 중앙선관위의 결정으로 41개 투표소만이 설치되었다.

야누코비치 진영의 선거 전략 수립과 수행에 중요한 역할을 한 것은 소위 '정치기술자Political technologists'라로 불리는 러시아 선거자문단이었다. 마르코프Sergei Markov, 파블롭스키Gleb Pavlovsky, 니코노프Vyacheslav Nikonov 등 러시아 선거 전문가들은 모스크바의 지시를 받으며 선거 전략을 만들어 냈고, '러시아클럽Russian Club'을 결성하여 공개적 지원도 하였다. 이들의 가장 큰 실책은 우크라이나의 정치 상황을 러시아와 동일하게 본 것이다. 이것은 크레믈의 시각을 그대로 반영한 것이었다. 이들은 상황을 너무 안일하게 보고, 후보자의 대중적 지지보다는 여론 조작과 행정적 수단으로 선거를 쉽게 이길 수 있을 것으로 오판하였다. 이들은 야누코비치가 러시아의 지원을 받고 있다는 것을 공공연하게 내세우고, 러시아가 우크라이나 대선에 깊이 관여하고 있다는 것을 숨기려 하지 않았다. 이러한 태도는 우크라이나 국민들의 자존심을 자극하였다. 러시아 선거 자문단의 조악한 선거 전략은 야누코비치를 모스크바의 조종을 받는 정치인으로 보고 있던 국민들의 시각을 강화하고, 친서방, 친러시아 중간에 있던 중도적 유권자들이 야누코비치에게 등을 돌리게 하는 역할을 하였다. 선거자문단의 잘못된 전략과 자문이 야누코비치의 패배를 가져온 원인인 것은 부정할 수가 없다(Wilson 2005, pp.88-89).

오렌지 혁명 직후, 러시아는 우크라이나의 정권 교체는 서방에서 치밀하게 짠 각본에 의해 이루어진 일이라는 주장을 폈지만, 구체적 근거를 대기가 어려웠던 것은 서방 국가 정부나 지도자가 유셴코 후보에 대한 노골적 지원 발언이나 태도를 보인 적이 없기 때문이다. 유럽이나 미국 등 서방국가에서는 선거가 공정하게 진행되면 유셴코가 승리한다는 확신을 하고 있었으므로, 출구 조사와 선거인단 파견을 통한 선거 결과 왜곡의 방지에 주력했다. 최근 들어 민간 기관에 의한 출구 조사는 후진국에서 개표 조작을 막는 중요한 수단으로 등장했다. 출구 조사의 중심적 역할을 담당한 것은 '민주이니셔티브재단the Democratic Initiatives Foundation'이었다. 또한 사회정치연구소SOCIS/Center for Social and Political Research(KIIS/Kiev International Institute of Sociology), 사회조사Social Monitoring, 라줌코프센터the Razumkov Center 등도 별도의 출구 조사를 실시하였다. 서방의 NGO는 통합적 조직을 구성하여 조직적인 출구 조사를 실시했다. 조지 소로스가 자금을 대는 국제르네상스재단International Renassance Foundation은 130만 달러를 NGO에 지원한 것으로 보도되었다(Sushko, p.135). 우크라이나의 선거 제도 개선을 위해 국제기구나 국가 단위의 원조도 몇 년간 지속되었다. 유럽위원회European Commission의 국가표준프로그램National Indicative Program(2004-2006년)은 천만 유로의 지원금을 시민사회, 언론, 민주주의 발전프로그램을 지원했다. 미국 국제개발기금USAID도 약 150만 달러의 자금을 선거제도 개선을 위해 지원했다(Sushko, p.135). 이러한 공식적 원조자금은 선관위 등 공식 정부기관에 지원되는 것이므로 특정 후보의 선거 자금으로 쓰이기는 어렵다. 3차에 걸친 대통령 선거 투표에 참가한 외국인 선거참가인단은 사상 최대였다. 1차 선거에는 약 2,500명, 12월 26일 재선거에는 1만 3,600여 명의 참관인단이 선거를 감시하였는데, 이는 각국 선거 사상 최대 규모의 참관인단이었다. OSCE가 선거참관인단 파견과 활동을 주도하였고, 유럽의회연합PACE도 대규모 참관인단을 파견하였다. 또한 개별 국가별로도 참관인단이 조직되었다. 이러한 국제적 관심 때문에 재선거에서는 선거 부정을 저지르는 것이 거의 불가능하였다.

10월 31일 대통령 1차 선거의 공식 결과는 일주일 뒤에나 발표되었는데 유셴코가 39.9%의 표를 얻어 39.3%의 표를 얻은 야누코비치를 근소한 차이로 누른 것으로 나타났다. 사회당 당수 모로즈는 5.8%, 공산당 당수 시모넨코는 5.0%의 표를 얻었고, 투표율은 75%로 아주 높았다. 출구조사 결과는 유셴코 44-45%, 야누코비치 37-38% 득표로 나타났기 때문에 1차 선거부터 대규모 부정이 있었던 것이 분명했다. 공식 선거 결과 발표를 늦춘 것도 투표 집계를 조작하여 야누코비치 진영이 원하는 지지율 배분 상황을 만들기 위한 것이었던 것으로 보인다. 유셴코는 서부와 중부 17개 주에서 평균 78%를 득표하였고, 야누코비치는 동부와 남부 10개 주에서 평균 71%를 득표하여, 동서 대립의 양상이 재현되었다(Aslund 2009, p.189). 1994년 쿠치마가 당선될 당시와 상황이 다른 것은 유셴코가 캐스팅보트Casting vote 역할을 하는 중부 지역에서 승리한 것이다.

1차 선거 전후의 중요한 상황 변화는 10월 28일 5개 주요 주요 TV방송의 40여 명의 방송기자들이 부정 선거에 항의하여 더 이상 정부의 방송지침인 소위 '템니키temnyky'를 따르지 않고 공정한 방송을 할 것을 선언하면서 언론에 대한 정부 통제가 더 이상 효과를 발휘하지 못하게 된 것이다. 정보부에서도 이탈자가 많아 야누코비치 진영의 선거 부정에 대한 구체적 정보와 전화 도청 자료가 유셴코 진영에 전달되기 시작했다. 11월 15일에는 선거법이 정한 바에 따라 우크라이나 사상 처음으로 후보자 간의 TV 공개 토론이 진행되었다. 유셴코는 1차 선거 부정에 대해 집중적으로 공격했고, 크리보리즈스탈Krivorizhstal철강공장의 민영화 등 부정한 이권 분배와 부패 문제도 비난했다. 야누코비치는 유셴코 총리 재직 시절에 진행된 정유회사 민영화를 공격했다. 이날 토론에서 유셴코는 우크라이나어를 사용한 데 반해, 야누코비치는 러시아어를 사용해서 그의 친러시아 이미지가 더욱 강화되었다. 1차 선거 결과가 우려스럽게 나타나자, 11월 12-13월 푸틴은 크림 반도로 내려와 쿠치마와 야누코비치를 만나 선거 대책을 논의하고 돌아갔다. 11월 21일 역사적인 2차 선거가 치러졌다. 선거 다음 날 중앙선관위가 발표한 잠정 결과에서는 야누코비치가 49.5%, 유셴코가 46.6% 득표한 것으로 보였다. 그러나 출구 조사 결과는 유셴코가 53%, 야누코비치가 44%로 나타나 큰 차이를 나타냈다. 투표율은 5.8%나 증가하여 80.8%나 되었다. 주로 동부, 남부 지역에서 투표율이 10% 가까이 증가하여 투표율을 끌어올렸고, 도네츠크주의 투표율은 무려 96.7%에 이르렀다(Aslund 2009, p.191). 이러한 비정상적인 투표율 증가는 후에 투표 조작에 의한 것으로 밝혀졌다. 후에 여러 경로로 밝혀진 부정 선거의 양상은 매우 다양했고 광범위한 행정수단이 동원되었다. '우크라이나 유권자위원회Committee of Voters of Ukraine'의 발표에 따르면 약 8만 5천 명의 정부 관리가 부정 선거에 가담하였고, 약 280만 표가 조작된 것으로 나타났다. 가장 기본적인 부정 양상은 부재자 투표, 재택 투표의 조작이었다. 우크라이나는 선거법상 일정 상황의 경우 재택 투표를 허용하는데, 유권자의 기표 없이 대부분의 표가 조작되어 집계되었다. 선거인 명부가 부정확한 것을 이용하여 사망자나 존재하지 않는 유권자(소위 'dead souls': 고골의 작품 〈죽은 혼〉에서 따온 말)의 대리 투표가 많았다. 소위 '선거관광단electoral tourism'이라고 불리는 전문 대리투표단이 버스나 기차로 여러 지역을 이동하며 반복적으로 투표하였다. 외국에서 인쇄된 것으로 보이는 위조 투표지도 대량으로 나돌았다. 그러나 인쇄 과정의 실수로 원 투표지와의 차이가 육안으로 구별될 정도였다(Wilson 2005, pp.104-122). 유셴코 지지자들을 무력화시키는 방법도 병행되었다. 유셴코 지지가 높은 서부 지역에서는 투표인 명부의 사소한 불일치 사항을 이유로 유셴코 지지자들이 투표를 하지 못하게 막는 경우가 많았다. 그러한 가장 대담한 선거 부정은 투표 집계 컴퓨터의 조작이었다. 컴퓨터 집계 조작팀은 '조랴니팀Zoryany team'이라고 불렸다. 중앙선거관리위원회 건물에서 수백 미터 떨어진 조랴니(우크라이나어로 Stars의 뜻)극장에 진을 차린 집계조작팀은 중앙선관위로 들어가는 광케이블에 접속하여 각 지역에서 올라오는 집계를 마음대로 조작할 수 있었다. 이를 위해서는 중앙선거관리위원장이 보관하고 있는 비밀코드를 알아야 하는데, 중앙선관위원장인 키발로프Sergiy Kivalov가 이 비밀코드를 유출한 것으로 의심을 받고 있다. 투표 결과 집계가 실시간으로 발표되지 않고 일정한 인터벌을 두고 발표된 것도 중간 조작의 시간을 벌기 위해서였다. 조랴니팀은 클류예프Klyuev 형제가 지휘하였다. 형인 세르기Sergiy는 야누코비치의 선거자금 담당이었고, 동생인 안드리Andriy는 후에 야누코비치 총리 시절 부총리를 맡았다. 선거 부정의 핵심은 투표율을 인위적으로 조작하고 부풀려진 표를 전부 야누코비치에게로 몰아주는 것이었다. 야누코비치의 거점인 도네츠크주의 투표율은 78.1%(1차 선거)에서 97.7%(2차 선거)로 극적으로 증가하였다. 야누코비치와 유셴코의 지지율은 각각 96.2%와 2%였다. 이 지역에서는 유센코 진영의 선거참관인 대부분이 투표장에 들어가는 것이 물리적으로 봉쇄되었다. 역시 야누코비치 지지 지역인 도네츠크와 이웃한 루간스크주의 투표율도 전체적으로 15-20%로 증가하였고, 일부 지역에서는 40% 이상 증가하였다. 야누코비치는 이 2개 주에서만 1차 선거 때보다 백만 표 이상을 더 득표한 것으로 나왔는데, 이것이 두 후보 간의 실질적인 득표 차이를 가져왔다. 투표 집계 조작을 위한 야누코비치 선거참모들 사이의 전화 통화는 대부분 정보부에 의해 녹음되어 후에 공개되었다(Wilson 2005, pp.105-106). 정보부 직원의 상당수는 이미 유센코 진영으로 기울어 선거 조작에 대한 여러 정보를 구체적 증거와 함께 유센코 선거 진영에 전달했다. 공식 선거 결과 발표 전인 11월 22일 푸틴 러시아 대통령은 야누코비치 승리를 축하했고, 25일에는 공식 축하 서한을 보냈다. 중앙아시아 국가들도 러시아의 뒤를 이어 야누코비치를 대통령 당선자로 인정하였지만, 미국을 비롯한 대부분의 유럽 및 서방 국가들은 선거 결과에 강한 의문을 나타냈다. 11월 23일 백악관은 선거 부정에 대한 유감을 나타내고 재선거가 필요하다고 밝혔다. 11월 24일 콜린 파월 미국 무장관은 성명을 내고 선거 부정에 대한 비판과 함께 재선거를 실시할 것을 촉구했다. 유럽의 지도자들과 언론들도 부정으로 얼룩진 선거를 강력하게 비판했다.

10.2. 오렌지 혁명

■ 오렌지 혁명의 진행 과정

대규모 선거 부정이 자행되고 야누코비치 당선 발표가 있을 것을 미리 예상한 키예프 시민들은 투표가 종료된 시점인 11월 21일 저녁 8시 시내 중심부인 흐레샤티크 거리로 몰려들기 시작했다. 약 3만 명이 운집하였고, 거리에 텐트가 가설되기 시작하였다. 선관위의 선거 결과 발표가 난 직후

오렌지 혁명

인 22일 유셴코가 참가한 공식 항의 집회에는 약 20만 명이 운집하였다. 23일 선관위가 야누코비치 당선을 공식 발표하자 이에 대항해 유셴코는 '마이단'(우크라이나어로 '광장')이라고 불리는 독립광장에서 상징적인 대통령 선서식을 하였다. 계속 불어난 시위대는 마이단과 흐레샤티크 거리를 완전히 점거하고, 추위에도 불구하고 거리에 약 2,500개의 텐트를 세워 장기적인 시위 준비를 하였다. 25일부터는 시위대가 마이단 인근에 위치한 공공건물들을 포위하기 시작하였으나 점거 시도는 하지 않았다. 26일에는 경찰학교 재학생들이 오렌지색 복장을 하고 대열을 맞춰 시위대에 합류하는 장면이 TV로 방송되었다. 토요일인 27일에는 시위 인파가 절정을 이루어 50만 명에서 100만 명까지 추산되는 인파가 마이단과 흐레샤티크 거리에 모여들었다. 시위는 철저하게 평화적으로 진행되었다. 시위대는 음주 금지, 폭력 금지, 경찰과 충돌 금지를 3대 원칙으로 내세우고, 시위대를 가장한 폭력선동자 감시에 나섰다. 우크라이나에서는 시위가 있을 경우 위장 시위자가 먼저 나서서 경찰이나 관공서 건물을 공격하고 이를 빌미로 강경 진압에 들어가는 경우가 많았다. 티모셴코는 평화시위의 상징으로 시위 진압 경찰에 장미를 나누어 주기도 하였다. 마이단

진압 경찰에게 장미를 건네주는 티모셴코

에 설치된 임시 무대에는 티모셴코, 루첸코, 진첸코Oleksandr Zinchenko, 토멘코Mykola Tomenko 등 정치인들이 차례로 올라와 부정 선거 규탄 연설을 하고, 연설 중간에는 유럽송 콘테스트 우승자인 루슬라나를 비롯한 많은 가수들이 나와 콘서트를 이끌었다. 복싱 세계챔피언인 클리츠코Klitsko 형제도 연단에 올라왔다. 연단에 올라온 사람 중에는 전직 정보부 장군들도 있었다. 그들은 유혈 진압을 결코 좌시하지 않을 것이라고 선언하였다.

정부 측에서는 예상하지 못한 대규모 시위 발생에 당황했다. 정부의 일차적 실수는 시위 발생 가능성을 예상한 대응 시나리오를 만들어 놓지 않은 것이었다. 야누코비치와 메드베드추크는 쿠치마 대통령에게 강경 대응을 요구하였다. 그러나 경찰 병력이 마이단 초기 봉쇄에 실패하면서 그 이후로 몰려드는 인파로 거리 통제가 불가능한 상황이 되었다. 수요일부터 외국 기자들이 현장에 도착하면서 강경 진압은 더욱 어려워졌다. 경찰 병력은 시위대가 점거한 거리의 외곽을 둘러싸 봉쇄하고 정부 건물을 방어하는 데 주력했다. 1990년 루마니아 사태처럼 광부들을 동원해 시위대들끼리의 충돌을 유도한 후 질서 회복을 명목으로 경찰력을 투입하는 방안도 검토되었지만 실행되지는 않았다. 친정부 시위대를 동원하는 방법도 검토되었으나 대규모 친정부 시위대를 결집시키는 것은 불가능하였다. 그때까지 친정부시위대는 돈을 받고 나온 경우가 대부분이었기 때문이다.

시위대의 수가 크게 늘어나자 야누코비치 진영은 심하게 동요하였다. 11월 28일 티깁코는 선거대책본부장을 사임하고 핀추크와 함께 노동당을 탈당하였다. 티깁코는 이때 정치에서 손을 뗀 후 비즈니스에만 전념하다가, 2009년 말 대통령 선거에 뛰어든다. 야누코비치 진영과 조기에 결별한 것은 타기프코가 선거 부정 책임을 지는 것을 막아주었고, 2010년 대선에서는 참신하고 '새로운 인물new face'로 자신을 부각시키는 데 도움을 주었다. 11월 28일 도네츠크의 야누코비치 지지자들이 키예프로 동원되어 의회 옆에 텐트촌을 건설하였으나 오렌지 혁명 시위대와 수와 사기에서 크게 대비되었다. 같은 날 야누코비치 진영은 돈바스 지역의 세베로도네츠크Severodonetsk에서 동부 지역 주지사 회의를 열었다. 하리코프 주지사 쿠시나료프Yevgen Kushnaryov가 주도하는 형태를 취했으나 그는 야누코비치 진영의 전략대로 움직였다. 이 회의에는 모스크바 시장 루시코프도 참여하는 해프닝이 벌어졌다. 동부 지역 주지사들은 연방안에 대한 주민투표를 실시할 것을 결의하고, 1월 8일 동부 분리와 연방안에 대한 주민투표를 실시하기로 하였다. 한국의 언론을 비롯한 외국 언론들은 우크라이나가 동서로 분열될 것처럼 호들갑을 떨었으나 이것은 찻잔 속 태풍에 불과했다. 1918년 러시아 내전 중 볼셰비키는 동부 지역에 '도네츠크-크리보이로크 공화국Donetsk-Krivoy Rog Republic'을 선포했었고, 1994년에도 도네츠크에서는 연방안과 러시아어 공용어 인정에 대한 주민투표가 실시된 적이 있었다. 영토통합성 해체의 가장 큰 위협은 오히려 1994년의 크림 분리독립 주민투표였다. 분리독립안을 내세운 진정한 의도는 오렌지 혁명 세력의 대통령 선거 결과 번복에 대응한 협상 카드를 만들기 위해서였다. 쿠치마는 기다렸다는 듯이 양측 모두 요구사항을 철회하고 원점에서 다시 모든 논의를 시작할 것을 촉구했다. 시사 주간지 《제르칼로 티즈니*Dzerkalo tyzhni*》는 이 회합이 쿠치마와 러시아의 지시를 받은 것으로 보도하였다(Wilson 2005, p.145). 11월 28일 쿠치마는 4개항의 중재안을 국가안보위원회 결의 형식으로 발표하였다. 4개항의 내용은 협상을 통한 사태 해결, 무력 사용 자제, 유셴코는 정부 청사를 포위한 시위대 해산, 모든 지방 및 외국 당국자에 의한 '불법적' 결의를 거부하는 것이었다. 이것은 분리독립안 철회뿐 아니라 유셴코를 대선 승리자로 인정한 모든 결정과 선언을 거부하라는 의미와 마찬가지였다.

서방 언론에서는 유혈 사태 발생 가능성을 점치는 기사가 서서히 나오기 시작했다. 그러나 시위가 워낙 평화적으로 진행되었고, 국제 사회의 이목이 집중되어 있는 상황에서 유혈 진압 가능성은 낮았다. 가장 중요한 것은 우크라이나 정치인들이 무대 뒤에서의 권모술수나 보복, 폭력 행사에는 능해도 공개적으로 시민과 싸울 용기를 가지고 있지는 못하다는 점이었다. 정부 측에서는 기온이 더 떨어지면 시위대 수가 줄어들 것으로 기대하며 특단의 조치를 내놓지 못하고 있었다. 날씨에 정권의 운명을 맡기는 것은 한국에서 학생 데모가 한창일 때 최상의 데모 방지 대책으로 하루하루 비가 오기를 바랐던 것과 비슷한 상황이었다. 오렌지 혁명에서 가장 긴장이 고조된 시점은 11월 28일 밤과 29일 새벽 사이였다. 28일 밤 경찰청장 겸 내무차관인 포프코프Sergiy Popkov 명령으로 약 1만 명 정도의 지방 경찰 병력이 실탄으로 무장을 하고 키예프로 이동하기 시작했다. 바로 진압에 돌입하기보다는 시외곽에 대기하며 만약의 사태에 대비하기 위해서였던 것으로 보인다. 대규모 경찰 병력이 이동하자, 유셴코 진영과 정보부, 정보부와 내무부 사이의 긴박한 협상이 전화로 벌어졌다. 스메시코Igor Smeshko 정보부장이 중재에 나서서 시위대가 정부 건물에 진입하지 않겠다는 유셴코 측의 약속을 빌로콘Mykola Bilokon 내무장관에게 전달하자 29일 새벽 2시경 사태는 진정되었다. 스메시코 정보부장이 오렌지 혁명 내내 중립적 입장을 취하고 사태의 평화적 해결을 위해 노력한 것이 오렌지 혁명이 인명 피해 없이 종결되는 데 큰 역할을 하였다. 스메시코 정보부장이 정치적으로 발탁된 인물이 아니고 프로페셔널 정보맨으로서 쿠치마 대통령의 심복 역할을 하지 않은 것이 다행이었다. 그러나 대세가 유셴코 진영 쪽으로 기우는 데 결정적 역할을 한 것은 쿠치마 대통령이었다. 쿠치마는 이 단계에서 자신이 빠져나갈 방안을 생각하기 시작했다. 쿠치마는 야누코비치를 무리하게 권좌에 앉히는 것을 포기하고, 오렌지 혁명 세력과 타협하여 퇴진 후의 자신의 안전을 도모하는 쪽으로 행동하기 시작했다.

거리에서 시위가 진행되고 있는 동안 유셴코 진영은 법률적 조치를 취하기 시작했다. 유셴코는 투개표 과정에 대한 심리를 대법원에 정식으로 요청하였고, 대법원은 이를 받아들여 심리에 들어갔다. 친정부 인사들로 구성된 중앙선관위 위원 15인 중 6인이 선거결과에 대한 서명을 철회하여 선거의 공정성을 인정하지 않았다. 유셴코는 12월 26일 재선거를 치를 것을 요구하였다. 야누코비치는 도네츠크와 루간스크 2개 주에 한정하여 재선거 받아들일 수 있고, 자신의 당선을 인정하면 유셴코를 총리로 임명할 의향이 있음을 표현하였다. 그러나 사태가 두 후보자의 협상이나 타협에 의해 해결될 수는 없었다.

쿠치마는 무력 진압을 포기하고 상황을 중재하는 쪽으로 최종 결정을 내렸다. 그는 국제적 연석회의round table를 소집하였다. 연석회의에는 양 후보를 포함하여 폴란드 대통령 크바시니에프스키Aleksander Kwaśniewski, 리투아니아 대통령 아담쿠스Valdas Adamkus, EU의 국제문제담당 집행위원 솔라나Javier Solana, 러시아에서는 하원의장 그리즐로프Boris Gryzlov가 참가하였다. EU는 처음에 공식으로 참여하기를 주저했으나 11월 25일 EU회의에서 우크라이나 사태로 러시아와 유럽국가들 사이의 논쟁이 촉발되고, 폴란드 대통령의 적극적인 촉구로 중재 참여 결정을 하였다. 미국은 연석회의에 참여하지 않았다. 선거 내내 미국의 기본 정책은 정부 차원의 개입은 하지 않는 것이었다. 11월 26일, 12월 1일, 12월 6일 열린 세 차례 연석회의에서 재선거를 실시하는 쪽으로 가닥을 잡았다. 야누코비치는 연석회의 참여를 거부했으나 쿠치마의 강권으로 중재 테이블에 앉게 되었다. 쿠치마는 1차 선거부터 다시 치르는 안을 내세웠다. 쿠치마는 사태의 신속한 해결보다는 비상사태를 빌미로 집권을 연장하는 꿈을 버리지 않고 있었다. 폴란드 대통령은 2차 선거만 다시 치르는 안을 내놓았다. 러시아는 야누코비치 편을 들어 2개 주만 재선거를 실시하는 안을 찬성했다. 그러나 중재회의는 최종적 합의안을 바로 만들어 내지는 못하였다. 의회는 11월 27일 회의를 소집하여 선거관리위원회를 비난하고 양 진영에 평화로운 사태 해결 방안 모색을 촉구했다. 12월 1일 의회는 총리 해임안을 통과시켰다. 연석회의에서 폴란드 대통령의 주도로 2차 선거를 다시 실시하는 안에 최종 합의하기 위해 이견을 줄이는 동안, 대법원이 재선거 결정을 내림으로써 최종 돌파구가 마련되었다. 12월 3일 대법원은 2차 선거 무효를 선언하고, 12월 26일 2차 선거 재선거를 결정하였다. 당시의 사법 기관의 상황을 보면, 헌법재판소는 쿠치마가 장악하고 지방 법원도 친정부 성향 판사들이 대부분 자리를 차지하고 있었지만 대법원은 비교적 독립성을 유지하고 있었다. 대법원은 2001년 티모셴코 석방 결정으로 정부와 한 차례 충돌한 적도 있었다. 이 일로 인해 2002년 대법원장 보이코Vitalii Boiko가 경질되었다(Wilson 2005, p.147). 대법원은 2차 선거가 광범위한 선거법 위반 사례로 인해 "투표자의 의사의 결과가 신뢰성 있게 표현되는 가능성이 봉쇄"되었기 때문에 2차 선거는 무효라고 선언하였다. 쿠치마와 야누코비치는 선거 결과에 대한 판결만 예상했다가 12월 26일 재선거 판결까지 내려진 것에 당혹했다. 쿠치마는 의회와 중재 회의에서 최종 중재안이 합의되는 방향으로 노력을 기울였으나 대법원 결정이 최종 해결안으로 확정이 되어 버린 것이다. 대규모 시위 사태

중에 대법원의 결정을 일부만 받아들이고, 재선거 일정을 거부한다는 것은 불가능한 상황이었다. 결과적으로 보면 대법원 결정이 법적 심판을 넘어서 얽힌 실타래를 한번에 푸는 정치적 해결책을 제시한 셈이 되었다. 대법원이 비교적 독립성을 유지하고 있었다고는 해도 순수하게 법리적 관점에서 독자적 판단을 내렸다기보다는 대규모 시위와 국제 여론에 영향을 받은 것으로 볼 수 있다.

대법원의 판결에 이어 12월 8일 의회는 헌법 개정안, 선거법, 지방정부안, 중앙선관위원장 교체 등 포괄적 조치를 취했다. 의회 내에서는 리트빈 의장이 주도적 역할을 하였다. 유셴코와 티모셴코는 재선거에는 동의했지만 즉각적인 헌법 개정에는 반대하였다. 메드베드추크과 리트빈 의장이 주도해서 졸속으로 헌법 개정안을 만들었다. 새 헌법안은 2004년 초 의회를 통과하지 못한 헌법안과 유사했다. 대통령의 권한이 대폭 축소되고, 대신 총리와 의회의 권한을 강화하는 것이 골자였다. 총리는 의회에서의 연정에 의해 선출되고, 총리가 내각 구성권을 갖게 되어 있었다. 대통령은 외무장관과 국방장관, 안보회의의장, 정보부장, 검찰총장 임명권을 가지고, 주지사는 대통령이 임명하되 내각의 지시를 받게 되어 있는 모순적 체계를 담고 있다. 대통령제도 아니고 의원내각제도 아닌 어중간한 형태의 헌법안은 굳이 성격을 따지자면 2원집정부제에 가까운 성격을 가지고 있었다. 새 헌법은 2006년 1월 1일부터 발효하게 되어 있었다. 선거법은 모든 의원을 정당비례대표제로 선출하되 총선에서 3% 이상 득표한 정당만이 의회에 진출하게 개정되었다. 국회의원 선거는 현행 임기가 끝나는 2006년 3월에 실시하기로 하였다. 오렌지 혁명 중에 유셴코 진영에 가담한 사회당은 헌법 개정에 찬성했고, 티모셴코는 헌법개정안에 끝까지 반대하였다. 12월 8일 의회 투표에서 450명 의원 중 402명 찬성으로 헌법개정안은 확정되었다. 우리우크라이나당 소속 의원 101명 중 78명만 찬성, 나머지는 기권하였다(Wilson 2005, p.150). 대통령 선거의 공정성이 문제가 되어 촉발된 오렌지 혁명은 공정한 재선거로 대통령을 다시 뽑는 것으로 끝나는 것이 당연한 일이다. 헌법 개정과 선거법 개정은 대통령 부정 선거와는 별개의 문제였다. 그러나 오렌지 혁명을 기회주의적으로 이용한 몇몇 정치인 때문에 졸속의 헌법개정안이 마련되었고, 새 헌법 구조는 이후 우크라이나 정치를 거의 기능 불가능으로 만드는 근본 원인이 되었다. 또한 새 선거법도 의회 진출 정당수를 줄인다는 명분으로 전원 비례대표제를 선택하여 대의민주주의가 후퇴하였고, 비례대표 자리를 사고파는 금권 정치가 계속 이어지게 되었다. 평상시 같으면 오랜 기간 논란 끝에 국민의 여론이 반영되어 결정되었을 헌법개정안과 선거법이 졸속으로 통과된 것은 불행한 일이었다. 유셴코 진영에서는 대통령 재선거에 모든 것을 걸고, 헌법 개정에 쉽게 동의함으로써 정권 교체 이후 국정 운영에 아주 불리한 여건을 만들어 놓고 말았다. 대신 지역당으로서는 스스로 의도하지도 않은 가운데 총리 자리를 발판으로 오렌지 혁명에서의 패배를 만회할 수 있는 권력구조를 마련한 셈이 되었다. 대통령 재선거의 확정과 의회의 헌법개정안을 포함한 포괄 입법으로 12월 8일 오렌지 혁명은 끝난 셈이 되었다. 12월 26일 실시된 재선거의 투표율은 77%였다. 유셴코가 52%, 야누코비치가 44%를 득표함으로써 2차 선거 출구 조사와 거의 같은 결과로 유셴코가 승리했다. 유셴코는 서부와 중부 지역에서 완승했을 뿐 아니라 크림에서 15%, 드네프로페트롭스크에서 32%, 오데사에서 27%, 헤르손에서 43%를 득표함으로써 야누코비치의 텃밭에서도 비교적 선전을 하였다. 대신 야누코비치는 동부와 남부 지역에서도 지지표가 많이 줄어들었다.

■ 오렌지 혁명에 대한 평가

오렌지 혁명은 현대사뿐 아니라 우크라이나 역사 전체에서 매우 중요한 사건이다. 수많은 외세 침략과 간섭으로 운명론적이고, 순종적이 되어 인내로 고난을 참아 온 우크라이나 국민성으로 보아, 국민들의 정치적 의사를 왜곡하고 무시하는 상황에 대해 탄압을 두려워하지 않고 의사 표현을 하여 정의를 되살린 것은 역사적으로 거의 처음 있는 일이었다. 소련의 붕괴와 함께 민주적 정치 문화가 자리를 잡은 영향도 있지만, 독립을 획득한 우크라이나 국민들의 주인 의식과 자신감도 큰 역할을 하였다고 볼 수 있다. 러시아의 경우 소련의 붕괴로 국민들이 자괴감과 무력감에 휩싸인 것에 반해 우크라이나 국민들은 오히려 새로운 국가 건설에 나선다는 희망에 차서 정치적 발전과 개혁을 당당하게 외치며 거리로 쏟아져 나온 것으로도 볼 수 있다. 소련 시대에 집단화나 대기근, 제2차 세계대전, 체로노빌 사고 등 모든 고난을 인내하며 수동적으로 받아들였던 우크라이나 주민들의 정치적 의식이 성장하여 독립 15년 만에 평화적 시위에 의한 선거 혁명을 성공시켰다. 러시아 지도부는 이러한 조용한 변화를 인식하지 못하고 소련 시대의 우크라이나 국민성을 전제하고 선거에 적극 간섭하였다가 큰 낭패를 본 것이다. 1991년 독립 이후, 파탄에 가까운 경제 상황 속에서도 큰 사회적 동요와 분열 없이 선거로 인한 정권 교체를 이루고, 다시 오렌지 혁명으로 선거 정의를 확보한 우크라이나 국민들의 성숙성과 저력은 높이 평가할 만하다. 또한 키예프에서만 50만 명 이상의 시위자가 거리로 나오고 2주 가까이 지속된 오렌지 혁명 과정에서 단 한 명의 사상자도 나오지 않고 시위가 마무리된 것은 가볍게 평가할 일이 아니다. 2011년 초 이집트 등 북아프리카 지역에서 일어난 정권 교체 시위가 많은 사상자를 낸 것과 비교하면 오렌지 혁명의 평화로운 종결은 높은 평가를 받아야 한다. 그러나 오렌지 혁명 당시의 기대와 희망이 낙담으로 바뀌는 데는 긴 시간이 걸리지 않았다. 국민들이 바랐던 성숙하고 정의로운 사회는 오지 않고 정치적 무질서와 싸움은 계속되었다. 서구의 역사가 말해 주듯이 민주주의 전통이라는 것이 단 몇 년 사이에 자리를 잡는 것은 불가능하다. 단 한 번의 시민혁명으로 유럽 여러 나라에서 수세기에 걸쳐 단계적으로 자리 잡은 민주주의 전통이 우크라이나에 확립되리라고 기대하는 것은 비현실적이다. 우크라이나에 앞으로 성숙된 민주주의가 도입되려면 오렌지 혁명과 같은 과정이 몇 번 더 필요할 수도 있다. 그러나 국민의 힘으로 부정으로 얼룩진 선거를 뒤집고 사회 정의를 이루어 냈다는 경험과 자신감은 매우 소중한 자산이고, 앞으로 국민의 의사를 무시하고 일부 정치인이나 정권이 행정력이나 여론 조작을 통해 선거 결과를 인위적으로 조작하는 일을 꿈도 꿀 수 없게 된 것만 해도 커다란 민주주의적 정치 발전으로 평가할 수 있다. 러시아에서는 옐친 이후 두 번의 권력 승계 과정이 현직 지도자에 의해 결정된 것에 반해, 우크라이나에서는 정권 내부에서 만든 후계구도를 국민들이 받아들이지 않는다는 것을 분명히 보여 주었다. 우크라이나에서는 대통령 선출에서 후보자의 대중적 지지도가 가장 중요한 요인이라는 민주주의 가장 기본적인 원칙이 작동하기 시작하였고, 이것은 2010년 대통령 선거에서도 그대로 적용되었다. 성숙된 민주 국가가 되기까지 아직 많은 과제가 남아 있기는 하지만 우크라이나가 독립과 함께 시작된 민주주의 여정 15년 만에 이 정도의 정치 발전을 이룬 것은 높이 평가할 만한 일이다. 오렌지 혁명은 정치학에서 말하는 고전적 의미의 혁명으로 보기는 어렵다. 우선 의사 표현 방법과 결과 도출 과정이 모두 처음부터 끝까지 평화적으로 이루어졌고, 헌법 질서가 훼손되지 않고 존중되었으며, 중재와 타협에 의해서 사태가 해결된 것은 통상적 혁명 과정과 다른 점이다. 이러한 의미에서 정치학자 맥폴은 고전적 의미의 혁명이 아닌 '선거혁명Eletoral breakthrough' 또는 '민주혁명Democratic breakthrough'으로 정의하였다(McFaul, pp.165-166).

오렌지 혁명이 우크라이나의 정치 문화를 결정적으로 한 단계 상향시키는 사건이 되지 못하고 미완의 혁명이 된 것은 크게 아쉬운 일이다. 탈취당한 대통령 선거를 시민 혁명People's Power으로 되찾았지만, 헌법 개정을 졸속으로 서두른 것은 큰 실수였다. 국민들은 이것이 이후 우크라이나 정치를 거의 마비시키는 상황으로 이끌고, 오렌지 혁명의 성과를 결정적으로 퇴색시키는 역할을 할 것이라고는 예상하지 못했다. 오렌지 혁명 후 의회를 바로 해산하고 선거를 치러 새로운 의회를 구성하지 못한 것도 잘못된 일이었다. 또한 선거 부정에 관련된 사람들이 법의 심판을 받지 않고, 유셴코 독살 음모를 비롯하여 미해결로 남은 여러 정치 테러 사건의 전모를 밝히지 못하고 책임자를 처벌하지 않은 것은 도덕적이고 정의로운 사회를 건설하는 데 큰 장애가 되었다. 혁명 당시의 '도둑들을 감옥으로bandits to prison'라는 구호를 실현하겠다던 유셴코의 약속은 전혀 이행되지 않았다. '입막음'을 위해 정권 내부의 사주에 의한 암살은 몇 건 있었지만, 쿠치마 정권의 어느 누구도 부정 선거나 부패, 민영화 문제에 대한 책임을 지고 형사소추를 당하지 않은 것은 국가 법질서의 중대한 허점을 드러낸 것이다. 재선거 합의 과정에서 쿠치마 대통령을 포함하여 선거에 관련된 사람에 대한 일체의 정치 보복이나 형사소추를 하지 않기로 합의하였다는 설이 끊임없이 나돈 것도 이상한 일이 아니다.

오렌지 혁명의 국제적인 영향도 컸다. 2005년 3월 키르기스스탄 튤립 혁명이 일어나 정권이 교체되었다. 그러나 키르기스스탄의 경우는 순수한 시민혁명이라기보다, 지역적 파벌 대립이 정권 교체에 더 큰 영향을 준 것으로 볼 수 있다. 일부 국가에서는 오렌지 혁명을 중앙 통제 강화의 근거로 이용했다. 2005년 우즈베키스탄 안디잔 소요 사태를 정부가 초기부터 강경 진압한 것은 이것이 정권 교체 요구로 이어질 것이라는 불안 때문이었다. 오렌지 혁명 이후 러시아는 사회 통제가 강화되었다. NGO 활동을 통제하고, 외국 단체에 의한 선거감시를 불법화했다. 또한 정부 인사에 대한 비판도 불법화했다(Aslund 2009, p.199).

오렌지 혁명의 진행 과정과 평화로운 해결은 우크라이나 국민성과 러시아 국민성을 대비한 비유를 상기시킨다. 우크라이나 사람들은 싸움을 하면 벼랑 끝까지 가되, 벼랑 앞에서 극적으로 타협하고 되돌아서는 반면, 러시아 사람들은 벼랑 앞에서 멈추지 않고 계속 달려간다는 것이다.

오렌지 혁명은 자칫 대형 유혈 사태로 번질 수 있었던 선거 부정 항의 시위가 정권 교체라는 목적을 평화적으로 달성한 사건으로 기록될 것이다.

■ 혁명 에필로그

2004년 12월 26일 재선거에서 유셴코가 승리함으로써 오렌지 혁명은 일단 막을 내렸지만, 쿠치마 정권은 오렌지 혁명의 여파로 큰 내홍을 겪었다. 야누코비치는 재선거 결과에 순순히 승복하지 않고 선거 부정 사례를 무더기로 법원에 제소했다. 이처럼 엄청난 양의 선거 소송 자료를 법원에 제출한 것은 선거 결과를 뒤집기 위한 것이 아니라, 쿠치마 정권의 비리 관련 인적, 물적 자료를 처리하고, 국유재산 헐값 불하를 완료할 시간을 벌기 위한 목적이었다. 전년 12월 3일 의회가 야누코비치 해임을 의결했지만, 쿠치마는 2005년 1월 5일 그를 해임하고 후임에 재무장관 아자로프를 임명했다. 그의 임무는 이권 분배를 마지막 순간까지 마무리하고, 쿠치마의 퇴임 후의 생활 보장 수단을 마련하는 것이었다. 쿠치마는 정부 재산인 별장을 개인 명의로 이전시켰고, 퇴직 연금이 아닌 대통령 월급을 지급받을 수 있게 되었다. 그는 마지막까지 대통령 권한을 행사하고, 여유 있게 해외 휴양 여행을 떠났다. 대부분의 정치인들은 의원 면책특권 덕분에 형사처벌을 염려하거나 해외로 도주할 필요할 없었다. 그러나 정권 내부에서는 그간의 비리를 감추고, 정권의 치부를 청소하기 위한 잔혹한 뒷정리가 진행되었다. 정권의 비밀을 간직한 주요 인사들이 계속해서 암살되거나, 해외로 망명했다. 특히 곤가제 암살 사건과 멜니첸코 테이프에 드러난 사실들에 대한 은폐에 가장 큰 노력이 기울여졌다. 곤가제 사건의 총책임자인 내무장관 크라브첸코Yuriy Kravechenko는 사건에 대한 증언이 예정된 전날 자신의 별장에서 권총 자살한 것으로 발표되었지만 암살로 볼 근거가 충분히 있었다. 선거 자금 운영을 담당했던 키르파Georgiy Kirpa는 의문의 권총 자살을 한 것으로 발표되었고, 메드베드추크 측근인 은행가 랴흐Yuriy Lyakh는 칼에 찔려 암살되었다. 'Inter채널'의 소유자인 플루즈니코프Igor Pluzhnykov도 의문사를 당했다. 올리가르키 중 일부는 바로 충성 라인을 바꾸거나 해외로 망명했다. 석유 재벌 바카이는 러시아로 망명했고, 볼코프는 티모셴코 진영에 가담했다. 또한 정권 마지막 순간의 이권 분배도 활발히 이루어졌다. 쿠치마 정권의 실력자들은 불법적 방법에 의한 부가세 환급, 국유 부동산의 매각, 공공 건설 자금 전용 등 여러 방법을 통해 국가 재산을 빼돌렸다. 2005년 3월 신임 재무장관 핀제니크는 약 32억 달러의 국고가 비어 있는 것을 발견했다고 밝혔다(Wilson 2005, p.158). 가장 큰 의혹을 산 것은 가스 중계회사인 '러시아우크라이나에너지회사Rosukrenergo'의 역할이다. 2003년 12월부터 러시아의 가스프롬Gazprom은 의문의 중계회사를 설립하여 유럽에 공급되는 투르크메니스탄산 가스의 중계료를 받게 했다. 처음에는 'Eural TransGas'가 이 역할을 담당했는데, 후에 러시아우크라이나에너지회사를 설립하여 엄청난 중계수수료 수입을 관리했다. 유셴코 정권에 들어서도 계속 존속한 이 회사는 가스프롬이 지분의 50%를 소유하고, 나머지 50%는 우크라이나 비즈니스맨들이 소유권을 가진 것으로 드러났다. 중계수수료 수입이 상당 부분이 2004년 대선 자금으로 지원된 것으로 추론된다.

10.3. 유셴코 정권

2005년 초부터 2010년 초까지 5년간 지속된 유셴코 정권은 티모셴코와 예하누로프가 총리를 맡았던 오렌지 세력 정부 시기(2005년 1월-2006년 7월)와 지역당과 권력을 분점한 동거 정권 시기(2006년 7월-2007년 12월), 티모셴코가 다시 총리를 맡은 시기(2007년 12월-2010년 2월)의 3기로 나눌 수 있다.

10.3.1. 티모셴코 총리 및 예하누로프 총리 시기(2005년 1월-2006년 7월)

■정치

유셴코 정권은 국내외의 큰 기대와 관심 속에 출발했다. 우리우크라이나당, 티모셴코당, 사회당, 키나흐그룹의 연정으로 새 정부가 출범하였다. 그러나 야당 시절부터 여러 정파의 연합체였던 유셴코 진영은 출발부터 불안한 모습을 보였다. 치열한 투쟁과 희생 끝에 달성한 정권 교체에 따르는 당연한 현상이지만, 혁명 세력 간에 정부 요직을 차지하기 위한 싸움이 치열하게 벌어졌다. 우선 권력 2인자인 총리 자리에 대한 경합이 시작되었다. 2004년 7월의 유셴코와 티모셴코 간의 '국민의 힘Power of the People' 협약에 의해 티모셴코가 총리가 되는 것이 당연했지만 유셴코 진영에서는 이를 무조건 수용하지는 않았다. 유셴코 진영에서 총리직에 도전장을 낸 것은 포로셴코였다. 그는 유셴코 선거운동에 가장 큰 재정적 지원을 하였고, 이로 인해 쿠치마 정권에 의해 불이익을 받아 재산상의 손실을 입은 상태였다. 그러나 이러한 사업 이해관계는 그의 총리 도전에 가장 큰 장애가 되었다. 티모셴코는 유셴코와의 '국민의 권력' 협약문을 언론에 흘림으로써 자신이 총리가 되는 것을 기정사실화했다. 협약문 1항에는 '우리우크라이나당' 의원들이 티모셴코 총리 인준에 협조한다는 것이 명문화되어 있었다. 대통령 취임 다음 날인 1월 24일 유셴코 대통령은 티모셴코 총리 임명을 발표했다. 2월 4일 티모셴코는 의회에서 재적 의원 450명 중 373명의 지지를 받아 총리 인준을 받았다. 이는 총리 인준 사상 가장 높은 찬성률이었다. 공산당 소속 의원들이 반대표를 던졌고, 우리우크라이나당 의원들 중 일부는 기권을 했다. 곧 이어 구성된 내각은 집권 연정을 구성한 4개 정파 인물들에게 배분되었다. 대통령 임명 대상인 외무장관에는 타라슈크Boris Tarasyuk, 국방장관에는 그리첸코Anatolii Grytsenko가 임명되었다. 내무장관 자리는 '포라'를 이끈 오렌지 혁명 공신 루첸코Yuriy Lutsenko에게 돌아갔고, 재무장관에는 부총리, 경제장관, 재무장관 등을 거친 백전노장 핀제니크가 다시 기용되었다. 포로셴코는 권력 핵심기구인 국가안보위원장을 맡았고, 티모셴코당의 2인자인 투르치노프Oleksandr Turchynov가 정보부장에 임명되었다. 오렌지 연정에 참여한 전 총리 키나흐는 제1부총리를 맡았다. 민영화를 관장하는 국가자산관리위원장에는 사회당 소속인 세메뉴크Valentina Semenyuk가 기용되었다. 티모셴코 측근인 시불스키Mykola Syvulskii가 감사원장에 임명되었고. 유셴코 측근 리바추크Oleg Rybachuk는 유럽통합 담당 부총리를 맡았다. 혁명 공신 토멘코Mykola Tomenko는 복지 및 미디어 담당 부총리에, 베스메르트니Roman Bezsmertnii는 행정개혁 담당 부총리에 임명되었다. 의회 내 각 정파의 의원 수도 변화가 생겼다. 오렌지 혁명 진영의 의원 수가 늘어나기는 했지만 여당 의원 수는 139석에 불과했다. 야당이 된 지역당과 사회민주당, 공산당은 144석을 유지했다. 나머지 의원들은 일정 정파에 가담하지 않고 상황에 따라 각 정파와 손을 잡았다. 리트빈 의장은 쿠치마 정권에서 대통령 행정실장을 지냈고 독자적 정파도 가지고 있지 못했지만, 오렌지 혁명 기간 의회 내 중재자deal maker로서 역할을 수행한 덕에 국회의장직을 그대로 유지할 수 있었다. 의회의 정당 구성을 보면 여당 진영은 우리우크라이나당이 100석, 티모셴코당이 19석, 사회당이 20석을 보유했다. 야당 진영은 지역당 56석(66석에서 10석 감소), 메드베드추크-수르키스 그룹 29석(11석 감소), 공산당 59석이었다. 최대당인 우리우크라이나당은 8개 정파가 연합한 상태라서 내부 투쟁이 치열했다. 주지사는 지방 유력가가 아닌 집권 진영 사람들을 임명해서 내려보냈다. 이것은 중앙 통제를 강화하기 위한 목적도 있지만 오렌지 혁명에서 드러난 지방 세력의 분리 독립 선동을 뿌리뽑기 위한 포석이기도 했다.

■ **경제**

유셴코 정권이 출범하면서 가장 먼저 손을 댄 경제 문제는 '재민영화Reprivatization'였다. 쿠치마 정권에서 이권 분배 형식으로 측근 올리가르키들에게 헐값에 팔아넘긴 주요 국유 산업과 자산을 회수하고, 이를 다시 공개 입찰에 붙여 공정하게 민영화하여 제값을 받는다는 것이 '재민영화'의 목표였다. 2월 10일 유셴코 대통령은 공식적으로 "법률에 위반하여" 민영화된 국가기업을 회수할 것이라고 선언했다. 티모셴코는 지난 5년간 민영화된 3천 개 기업의 민영화 절차를 전부 조사할 것이라고 선언했다. 그러나 엄청난 행정력 투입을 요구하는 이러한 구상은 대중적 인기를 의식한 '포퓰리즘populism'적인 선언에 불과했다. 유셴코 대통령은 약 30개 기업의 재민영화를 시사했다. 의회에서는 재민영화를 위해 필요한 법률안들이 통과되었다. 불법적으로 헐값에 팔린 국유 자산의 회수와 재민영화는 유셴코의 선거 공약이었고, 오렌지 혁명 당시의 시위 구호인 "도둑들을 감옥으로bandits to prison"를 실행하는 첫 단추가 되었다. 오렌지 혁명에서 유셴코를 지원한 기업가들은 당연히 경제적 혜택을 기대하고 있었지만, 쿠치마 진영 올리가르키들의 기업을 빼앗아 온다거나, 재계 구도 자체를 근본적으로 바꿀 의도는 없었다. 가장 큰 관심을 끈 재민영화 케이스는 2004년 6월 쿠치마 대통령 사위 핀추크와 아흐메토프가 인수한 우크라이나 최대 철강회사 크리보리즈스탈Kryvorizhstal이었다. 30억 달러 이상이 가치가 있다고 여겨지는 이 기업을 두 사람은 8억 달러에 인수했다. 크리보리즈스탈은 다시 국제 공개 입찰에 부쳐져서 인도 철강그룹인 미탈Mittal이 48억 달러에 인수했다. 크리보리즈스탈 다음으로 큰 민영화 기업은 니코폴 알루미늄회사Nikopol Ferroalloy Plant였다. 이 기업의 민영화 당시 핀추크와 콜로모이스키Igor Kolomoisky가 소유한 프리바트그룹Privat Group이 경합하였는데, 핀추크가 결국 차지하게 되었다. 핀추크가 공장 재민영화에 순순히 응하지 않아 공장을 물리적으로 접수하기 위해 약 2천 명의 경찰 병력이 출동하고, 공장 노동자들은 이를 저지하는 상황이 발생하였는데, 핀추크와 콜로모이스키 간의 직접 조정을 통하여 지분이 정리되고 공개 입찰에 붙여지지는 않았다(Aslund 2009, p,206). 2000년 이후 쿠치마 정권의 비호를 받은 기업인들과 여러 조직에 의한 불법적이거나 폭력적 기업 사냥corporate raiding에 대한 조사도 시작되었다. 3월 초 검찰청은 불법적 기업 사냥과 관련하여 약 2천 명에 대한 조사가 시작되었다고 밝혔다. 그러나 국유재산 불법 취득이나 탈세 등 구정권에서의 부정행위로 인해 형사소추를 당하거나 감옥에 간 기업인은 한 명도 없었다. 처음의 대단한 기세와는 달리 경제 사범에 대한 징벌이 용두사미식으로 끝나면서 국민들에게 큰 실망감을 안겨 주었다. 시간이 가면서 국민들은 정권이 바뀌어도 정치인, 기업가들의 부정부패는 근본적으로 뿌리 뽑을 수 없다는 인식을 갖게 되었다. 소리만 요란했던 재사유화 캠페인이 실물경제에 가져온 부작용은 컸다. 정부와 민간의 계약이 정치 상황에 따라 언제라도 뒤집힐 수 있다는 인식이 생기면서 민간 기업들이 신규 투자를 꺼렸고 외국 기업들도 투자를 관망하게 되었다. 2005년의 외국인 직접 투자FDI/Foreign Direct Investment는 78억 달러에 불과했는데, 이 중 48억 달러는 크리보리즈스탈 재매각 대금이었다.

세제와 관세제도의 개선으로 재정 수입이 5% 가까이 늘고, 재정 적자 규모도 GDP의 2.3%로 절반 정도 줄어들었지만, 티모셴코 총리의 '인기영합polulism' 정책은 곧 경제에 부정적 영향을 미치기 시작했다. 야누코비치가 두 배로 인상한 연금은 재정에 상당한 부담을 주었지만 이는 그대로 두고, 이번에는 공무원 임금을 일률적으로 60% 인상했다. 시장에도 직접 개입을 하여 석유 가격을 통제하기 시작했다. 국제 원유가가 급격히 오르는 상황이었는데도 불구하고, 대부분 정유공장이 러시아 재벌 소유이고, 이들이 담합을 통해 가격을 올린다는 이유로 석유 가격을 통제하자, 주유소가 문을 닫기 시작했다. 시중의 육류 가격도 총리가 직접 관리한다고 선언했다. 경제 활동이 위축되면서 2004년 12%에 달했던 경제성장률도 뒷걸음질 치기 시작했다. 경제 실정 여파로 2005년 경제성장률은 2.4%에 머무르고 말았다. 5월에는 유셴코 대통령이 직접 나서서 경제 상황을 개선하려 하였지만, 티모셴코는 자신의 정책을 바꾸려 하지 않았다. 5월 19일 경제 관련 공개회의에서 티모셴코 총리가 유셴코 대통령을 비판하고 나서자, 대통령은 총리의 사임을 공식으로 요구했다. 대통령 행정실과 내각의 대립은 격화되었고, 오렌지 세력은 급격히 분열되어 갔다. 9월 3일 대통령 행정실장 진첸코가 국가안보위원장 포로셴코의 비리를 폭로하며 사임하자, 9월 8일 대통령은 티모셴코 총리와 포로셴코 위원장을 동시에 해임했다.

2006년 3월 총선에서 자신의 정치 기반을 최대한 키우려는 티모셴코의 정치적 야심과 이를 제대로 통제하지 못한 유셴코의 우유부단함이 오렌지 세력의 분열을 가져왔고, 오렌지 혁명으로 획득한 국민의 절대적 신임을 잃게 되었다. 첫 1년의 실정이 나머지 4년간의 유셴코 정권의 실패의 단초를 제공했다. 지역당은 오렌지 세력의 분열로 다시 재도약의 계기를 잡아 2006년 3월 총선에서 승기를 잡는 데 성공한다. 티모셴코의 후임으로 예하누로프가 총리에 임명되었다. 그는 유셴코 밑에서 국립은행 부행장을 지내고, 유셴코가 총리였을 때는 국가자산관리위원장을 맡아 공기업 민영화를 큰 잡음 없이 성공적으로 진행시킨 전형적인 전문관료 출신이다. 예하누로프는 9월 20일의 의회 투표에서 450석 과반수에 두 표 모자라는 223표밖에 지지표를 얻지 못해 의회 인준을 받지 못했다. 9월 22일 2차 인준 투표에서는 지역당의 도움으로 289표를 얻어 총리에 취임하였다. 새 정부는 티모셴코 진영 각료들만 교체하는 선에서 소폭의 개각을 했다. 경제장관에 31세의 야체뉴크가 기용되어 이후 화려한 정치 경력을 밟게 된다. 국가안보위원장은 키나흐가 맡았다. 예하누로프 정부의 가장 중요한 과제는 재민영화 과정을 순조롭게 마무리하고, 기업 소유권 보장과 투자 촉진을 통해 경제를 하루빨리 정상화하는 것이었다. 예하누로프 내각이 경제 활성화에 힘을 쏟기 시작한 지 3개월이 지난 2006년 벽두 러시아와 가스가 분쟁으로 인한 가스 공급 중단 사태가 발생했다. 러시아는 2005년 천 세제곱미터당 50달러이던 가스 가격을 2006년부터 230달러로 올린다고 발표하고, 우크라이나가 이를 거부하자 러시아는 1월 1일부터 가스 공급을 중단하였다. 사전 경고 없이 가스가 중단되자 우크라이나 경유 가스관을 통해 가스를 공급받던 유럽 국가들은 큰 충격에 빠졌다. 유럽 국가들의 강력한 항의를 받고 러시아는 이틀 뒤 가스 공급을 재개하였다. 1월 4일 러시아의 가스프롬과 우크라이나의 나프토가스Naftogaz는 가스 공급에 대한 합의에 도달하였다. 2006년 전반기 동안 가스 가격은 95달러로 결정되었다. 그러나 이 협상으로 흑막에 싸였던 가스 중계 회사 '러시아우크라이나에너지회사Rosukrenergo'가 언론에 알려지면서 많은 논란이 일어났다. 이 회사는 우크라이나를 통해 유럽으로 공급되는 가스의 중계료를 독점 관리하며 엄청난 수익을 올리고 있었다. 또한 나프토가스와 합작으로 Ukrgaz-Energo를 운영해 수익이 높은 산업용 가스 공급도 독점했다. 이 회사의 지분을 러시아 가스프롬과 Centragas라는 정체불명 회사가 지분을 반씩 소유하고 있는 것으로 알려지면서 파문이 일었다. 러시아는 국제 에너지 값 상승을 이유로 가스값 인상을 통보하였지만, 근본적인 목적은 2006년 3월 총선을 겨냥한 '우크라이나 흔들기destabilization'였다. 러시아는 집권 후 친서방 정책을 추진하는 유셴코 정권에 대한 가장 큰 압력수단으로 가스값 인상이라는 무기를 쓰기 시작했다. 가스 공급가는 2007년 130달러, 2008년 179.5달러, 2009년 200-230달러(평균 208달러)로 계속 상승하였고, 2010년에는 305달러까지 올랐다.

티모셴코 총리 해임 후 우크라이나 국내 정치는 유셴코의 우리우크라이나당, 야누코비치의 지역당, 티모셴코당Byut의 3개 정파가 2006년 3월 총선 승리를 위해 치열하게 경쟁하는 상황에 돌입하였다. 2006년 3월 26일 국회의원 총선은 비교적 평온하게 치러졌다. 사전 여론 조사에서는 오렌지 세력의 분열 덕분에 지역당이 제1당이 되고, 우리우크라이나당과 티모셴코당이 2위와 3위를 차지할 것으로 예상되었지만, 선거 결과는 예상과는 많이 다르게 나왔다. 가장 큰 이변은 티모셴코당이 우리우크라이나당을 큰 차이로 누르고 2위로 올라선 것이었다. 투표율은 67.1%로 2004년 대통령 선거 투표율을 밑돌았지만 1998년 총선(69.6%)과 2002년 총선(65.2%)와 비교하면 크게 저조한 것은 아니었다. 새 선거법에 의해 3% 이상 득표한 정당이 득표비례로 의석 수를 차지하는 선거에서 5개 정당이 3% 의회진입선을 넘어섰다. 지역당은 32.1%를 얻어 186석의 의석을 차지했고, 티모셴코당Byut은 129석(22.3% 득표), 우리우크라이나당은 81석(14.0% 득표)을 차지하였다. 사회당과 공산당은 각각 33석(5.7% 득표)과 21석(3.7% 득표)을 얻었다. 지역당은 야누코비치가 대통령 3차 재선거에서 득표한 34%에 거의 육박하는 지지표를 받았고, 오렌지 세력은 우리우크라이당, 티모셴코당, 사회당을 합치면 42%을 획득해 전체적인 득표 구도에는 큰 차이를 보이지 않았다. 그러나 의회 진출 정당이 12개당에서 5개당으로 줄어들면서 생긴 공백을 지역당과 티모셴코당이 대거 차지하면서 의회 내 정당 구조가 근본적으로 바뀌게 되었다. 오렌지 혁명 직후 지역당 의석 수가 50석, 티모셴코당 의석 수가 19석에 불과했던 상황과 비교하면 지각 변동에 가까운 변화가 일어난 셈이었다. 우리우크라이나당은 대통령이 소속된 집권당임에도 불구하고, 소극적인 선거운동과 유셴코의 실책으로 오히려 의석 수를 잃고 1위 정당에서 3위 정당으로 밀려나고 말았다. 우리우크라이나당의 패인은 유셴코 대통령이 당의 리더로서 직접 선거운동을 진두지휘하지 않고, 3당 위에 존재하는 상왕적 입장을 유지한 것이었다. 선거운동은 대중적 인기와 인지도가 낮은 베스메르트니가 당대표 역할을 맡아 수행하였다. 유셴코는 오렌지 혁명의 영웅으로 당시까지 상당한 정치적 인기를 유지했는데, 이를 득표 활동에 연결시키지 않는 큰 실수를 범했다. 유셴코는 오렌지 혁명의 승리의 도취에서 깨어나지 못하고 있었다고 볼 수 있다. 티모셴코는 총리 재직 시의 인기영합 정책의 효과를 분명히 봤고, 오렌지 혁명 당시의 기대가 이루어

지지 않은 데 대한 국민들의 실망감을 자신의 표로 연결시키는 수완을 발휘했다. 전국을 누비며 유권자들과 직접 접촉하는 선거운동 전략도 승리에 큰 역할을 했다. 유권자 중 특히 젊은층의 지지는 대단했다. 오렌지 혁명 이후 기대에 미치지 못하는 경제적 성과나 정치 개혁, 오렌지 세력 내의 내분은 티모셴코의 독단과 실정에서 비롯된 것이 분명한데도 불구하고, 오히려 책임을 벗어 버리고 실망한 유권자들을 자신의 지지 세력으로 끌어모은 정치적 수단은 대단하다고 평가할 수밖에 없다. 총선 반 년 전에 총리에서 해임되어 경제 침체와 가스 분쟁에 대한 책임을 지지 않고, 정치적 희생양의 이미지를 갖게 된 것이 선거에 큰 도움이 되었다고도 볼 수 있다. 오렌지 혁명 때 개정된 헌법에 의해 총리의 권한이 크게 확대되었지만, 이에 대한 반대급부로 정치, 경제 실정에 대한 책임 또한 커졌기 때문에 총리직은 정치인들의 추락을 부추기는 자리가 되었다. 지역당은 오렌지 혁명에서 패배감을 크게 맛본 동부와 남부의 전통적 지지층의 단결로 표를 잃지 않았고, 오렌지 세력의 분열과 새로운 선거법 덕분에 거대당으로 부상하였다. 유셴코 정권하에서 비즈니스 이익을 지켜야 하는 절박한 상황에 처한 '도네츠크 클랜clan'의 적극적 재정적 지원도 지역당의 승리에 크게 기여하였다.

2006년 총선은 우크라이나 국내 정치에 새로운 지형을 만들어 놓았다. 총선에서 조성된 3당 견제 구조는 유셴코 정권 말기까지 계속 지속되어 의회 내 정파 간의 치열한 견제와 대립을 조장하였을 뿐만 아니라, 대통령과 내각의 행정도 필요할 때마다 견제할 수 있는 상황을 만들어 놓았다. 또한 3당의 절묘한 견제 구조는 연정 구성에서 제4당이 캐스팅보트 역할을 하거나, 연정 구성의 마지막 고리 역할을 하게 만들었다. 즉 제1당과 제2당이 제휴하지 않는 상황에서는 제4당이 제1당과 연합하거나 (2006년 8월의 지역당 주도 연정의 경우), 제2당과 제3당이 제4당을 끌어들여야 연정이 성립하는 상황이 조성된 것이다. 2006년 3월 총선 이후 우크라이나이나 정치판은 유셴코, 야누코비치, 티모셴코의 3두 체제로 정착되었다고 볼 수 있다. 대통령의 권한이 약화되고, 총리와 의회의 권한이 커진 상태에서 형성된 3두 체제로 인해 한 사람의 독주가 불가능해지고, 절묘한 균형과 견제가 가능하게 되었지만, 국가 행정 기능을 거의 마비시키는 부작용도 가져왔다. 정쟁이 계속되는 상황에서는 비슷한 세력을 가진 3개 정파가 대립하는 것이 정치적으로 가장 불안정한 상황을 초래한다. 한 정파가 정국의 우위를 차지하면 나머지 두 정파가 손을 잡고 이를 끌어내리는 상황이 반복되기 때문이다(허승철 2008, p. 313). 실제로 이러한 상황이 유셴코 정권 내내 지속되면서 우크라이나 국내 정치는 성생의 소용돌이에서 빠져나오지 못했다.

유셴코 대통령으로서는 오렌지 혁명 당시 바로 총선을 실시하지 않은 대가를 톡톡히 치른 셈이 되었다. 의회 연정에 의해 총리가 선출되고 정부가 구성되는 신헌법하에서는 대통령이 1당을 장악하고 있어야 안정적 국정 운영이 가능하다. 오히려 러시아에서는 우크라이나의 새로운 헌법 체제가 통합적 국정 운영에 이상적인 제도라고 볼 수 있다. 오렌지 세력이 분열되어 대통령의 1당 장악이 어려운 상황에서는 2당의 자리라도 확보하여야 오렌지 세력을 주도적으로 이끌어 갈 수 있는데, 우리우크라이나당이 3당으로 처짐으로써 유셴코 대통령의 국정 장악력은 결정적으로 약화되고 말았다. 총선 후 연정 구성에 대한 일반적 예측은 티모셴코당, 우리우크라이나당, 사회당의 연합으로 의회 과반수 225석을 넘어서는 243석을 확보하여 오렌지 연정이 다시 탄생할 것이라는 것이었다. 그러나 불과 반 년 전 격렬한 대립 끝에 집권 연정에서 이탈해 나온 티모셴코당과 우리우크라이나당 사이에는 앙금이 남아 있었다. 그러나 양 정파의 제휴를 가로막은 좀더 큰 문제는 총리 자리를 놓고 티모셴코와 포로셴코 사이의 싸움이 재연된 것이었다. 그러나 연정 내의 1당을 이끄는 티모셴코가 총리가 되는 것을 막을 명분은 별로 없었다. 총리직 인선에 대한 논란이 정리되자 다음으로 누가 국회의장 자리를 차지할 것인가를 놓고 첨예한 갈등이 시작되었다. 포로셴코는 총리직 대신 국회의장직을 노리고 있었고, 유셴코 대통령도 그를 국회의장으로 임명할 생각을 가지고 있었다. 그러나 사회당 당수 모로즈는 연정에 참여하는 조건으로 국회의장직을 강력히 요구하였다. 유셴코 정권 출범 시부터 오렌지 연정에 참여한 모로즈는 처음부터 국회의장직을 요구했으나, 오렌지 혁명 과정에서 중재자로서 확고한 역할을 한 리트빈을 물러나게 할 수는 없었다. 그러나 총선에서 4당을 차지한 모로즈가 정당 기반이 없는 리트빈 의장을 물러나게 하고 국회의 수장이 되겠다고 나서는 것은 어찌 보면 당연한 일이었다. 국회의장 자리를 놓고 포로셴코와 모로즈가 싸우고 대통령이 아무런 정치적 결단도 내리지 않는 상황에서 시간은 계속 흘러갔다. 헌법에 의하면 의회가 개원된 지 30일 내에 연정이 구성되지 않으면 대통령은 의회를 해산할 수 있지만, 대통령과 새 의회는 개원을 미뤄 가며 이 헌법 조항을 피해 가고 있었다. 5월이 되자 총리인 예하누로프는 제1당인 지역당과 제3당인 우리우크라이나당의 제휴, 즉 소위 '대연정Grand Coalition'을 주장하고, 대통령의 재가를 받아 지역당과의 연정 협상에 들어갔다. 협상의 기본 내용은 예하누로프가 총리직을 계속 수행하고, 24명의 각료 자리를 반반씩 나누는 것이었다. 지역당은 국회의장 자리를 차지하는 선에서 만족해야 했다. 지역당의 입장에서는 야당으로 남는 것보다 정권에 참여하는 것이 유리했다. 야당으로 남을 경우 많은 의원들이 이탈할 가능성이 컸다. 우리우크라이나당에는 정치적 야심이 크고 상대하기 껄끄러운 티모셴코를 다시 총리로 받아들이기보다는, 지역당을 연정 파트너로 선호하는 의원들이 많았다. 또한 국회의장 자리를 지역당에 내주더라도 대통령과 총리직를 동시에 차지하고 있는 한 실질적 권력 장악에 큰 문제가 없었다. 오히려 의회에서 제1당인 지역당의 견제와 반대를 받으며 국정을 운영하기보다는 지역당을 끌어들여 건설적인 협력관계를 유지할 수도 있었다. 이 연정이 성립되는 경우 오렌지 혁명 때 대립한 두 정파가 '적과의 동침'을 하는 상황이 벌어지므로, 양측의 지지 계층에 큰 충격을 줄 수도 있지만, 한편으로 보면 우크라이나의 현실 정치 상황을 가장 잘 반영한 연정이 구성되는 셈이었다. 그러나 상황 파악과 국면 전환에 뛰어난 티모셴코가 6월 20일 유셴코 대통령을 직접 만나 오렌지 연정 복귀를 강력히 설득하는 바람에 유셴코는 대연정안을 포기하게 되었다. 7월 6일 지역당과 사회당은 모로즈를 기습적으로 국회의장으로 선출하고, 지역당-사회당-공산당 연정의 출범을 선언했다. 유셴코와 티모셴코는 예상치 못한 사태 발생에 경악을 했지만 사태를 되돌릴 수는 없었다. 유셴코 대통령은 정치적 결단을 내리지 못하고 우왕좌왕하다가 최악의 상황을 맞게 된 셈이었다. 전술적으로 보면 국회의장이라는 정치적 영향력이 적은 자리를 측근에게 주려고 집착하다가 정부 자체를 빼앗긴 소탐대실의 상황이 벌어진 것이다. 유셴코 대통령은 헌법이 정한 기일을 넘겨 새 의회가 연정을 구성하지 못한 것을 근거로 의회 해산을 선언할 수도 있었지만, 자신의 정파 내에서의 내분으로 연정 구성이 지연된 상황에서 의회를 해산하기에는 정치적 부담이 너무 컸다. 대신 그는 8월 3일 각 정파를 소집하여 '대연정'에 준하는 〈국가통합선언Universal of National Unity〉에 서명하게 했다. '우니베르살'은 제정러시아 붕괴 직후 탄생한 중앙 라다에서 자주 활용한 선언적 정치 행위이다. 그러나 이것은 말 그대로 선언적 문서에 지나지 않아 법적 구속력은 전혀 없고, 정치적 구속력도 약했다. 한마디로 헌법이나 법률에 전혀 근거하지 않은 선언적 문서에 불과했다. 〈국가통합선언〉에는 국가의 통합성 유지, 유럽통합 노선 추구, 러시아가 제안한 공동경제 지역Common Ecocomic Space은 자유무역지대 역할에 국한하여 받아들인다는 내용과 2008년 1월 농지사유화에 대한 유예기간을 끝내고 농지사유화를 시작하고, 2006년 말까지 WTO에 가입한다는 내용이 들어 있었다. 나토 가입에 대해서는 "나토와 상호 유익한 협조를 취하고, 필요한 경우 국민투표를 거쳐 나토 가입을 결정"한다는 내용도 포함되었다(Aslund 2009, p.216). 경제적 노선에 대해서는 지역당, 티모셴코당, 우리우크라이나당의 정강 정책에 큰 차이가 없었다. 세 당 모두 시장경제 체제, 사유재산제, 민영화 추진 등 중도 우파적인 경제 정책을 취했다. 국회에 등원한 5개 정파 중 유일하게 티모셴코당만 〈국가통합선언〉에 서명을 거부하고 야당으로 남기로 하였다. 5개 정파 중 유일하게 연정에 참여하지 않는다는 것은 상당한 정치적 부담이 되었지만, 소위 '국가통합' 연정이 내홍을 거듭하면서 티모셴코의 연정 참여 거부는 앞을 제대로 내다본 현명한 결단이었던 것으로 드러났다. 새 연정에서 총리는 야누코비치가 맡게 되었다. 야누코비치의 총리 인준은 450명 재적 의원 중 271명의 찬성으로 통과되었다. 지역당, 사회당, 공산당 의원들이 찬성표를 던졌고, 우리우크라이나당 의원들은 30명만 찬성함으로써 야누코비치 내각 출범에 유보의 뜻을 표했다. 새 내각에서 지역당은 경제 분야를 맡았다. 우리우크라이나당은 외교, 국방, 사회, 복지, 문화 분야 각료 자리를 차지했다. 외무장관과 국방장관은 그대로 유임되었고, 내무, 법무, 교육, 문화, 가족, 보건장관은 대통령이 임명했다. 경제 분야는 아자로프가 1부총리겸 재무장관, 클류예프Andriy Klyuev가 부총리, 보이코Yuriy Boiko가 연료에너지 장관을 맡았다. 경제장관은 통상외교 전문가인 외교관리 출신의 마쿠카Volodymyr Makukha가 맡았다. 사회당 당수 모로즈가 국회의장으로 다시 취임했고, 국회부의장은 공산당의 마르트뉴크가 맡았다. 외형적으로 보면 지역당과 우리우크라이나당이 주축이 되어 정부를 구성했으므로 대연정 구상이 조금 다른 형태로 실현된 것 같았지만, 실제 내용과 힘의 균형에서는 완전히 다른 연정이었다. 대연정 구상에서는 우리우크라이나당이 총리까지 맡아 정부를 이끌고, 지역당은 여기에 따라오는 구도였는데, 새 연정에서는 이 입장이 반대로 바뀌고 말았다. 또한 지역당이 주도권을 잡고 연정을 구성하였기 때문에 유셴코 대통령의 정책에 협조할 생각이 전혀 없었던 것이 후에 드러났다. 정치 역할 분담으로 보면 유셴코 대통령은 외교, 국방 정책을 주도하고, 야누코비치 총리는 내정과 경제를 담당하기로 되어 있었지만 야누코비치가 내정을 넘어 외교 문제에도 목소리를 내기 시작하면서 연정은 곧 와해를 맞게 된다. 지역당은 총선에서 압도적 차이로 제1당의 위치를 차지했을 뿐만 아니라, 연정까지 구성하여 연이은 승리를 거둔 셈이 되었다. 유셴코 대통령은 총선에서의 패배에 이어 연정을 내어 줌으로써 국정 장악이 거의 불가능한 상태에 이르게 되었다. 러시아의 입장에서는 오렌지 혁명에서의 완전한 패배와 이로 인해 거의 상실된 우크라이나 국내 정치에 대한 영향력을 다시 회복하는 극적 효과를 얻게 되었다. 연초의 가스 공급 차단이라는 압력 수단이 효과를 내어 친러시아적 정서가 살아난 것으로 잘못 판단한 러시아는 오렌지 혁명 직전처럼 우크라이나 정치에 대한 공개적인 간섭을 다시 시작하고, 우크라이나에 대해 '당근과 채찍' 정책 중 계속 '채찍' 정책만을 쓰는 우를 범하게 된다.

오렌지 혁명 이후 이상하게도 유셴코 대통령은 경제 관료와 총리로 재직할 때 보여 준 결단력과 타이밍 선택의 능력을 전혀 발휘하지 못하였다. 2004년 12월 졸속 헌법 개정 동의, 총선 패배, 연정 구성 실패 등 계속해서 정치적 실패를 거듭하였을 뿐 아니라, 모든 상황에 선제적proactive 주도권을 잡지 못하고 사후 대응reactive으로 일관했다. 오렌지 혁명 이후 실정과 내분으로 국민적 지지가 약화되는 상태에서 자신의 정당마저도 핵분열하는 상황을 맞게 되었다. 같은 시기에 러시아에서 통합러시아당이 집권당으로서 의회에서 영향력을 크게 강화시켜 나가는 것과 반대의 상황이 벌어진 것이다. 유셴코 대통령은 내각도 잃고, 국회에도 지원 세력이 없는 가운데 국가안보위원회와 대통령 행정실을 활용한 제한된 통치만이 가능하게 되었다. 주도적 국정 운영이 불가능해지면서 유셴코는 의회의 결정 사항에 대해 대통령 비토권을 사용하는 일이 점점 늘어갔다.

10.3.2. 야누코비치 총리 시기(2006년 7월-2007년 12월)

야누코비치 내각이 출범하면서 경제 분야에서는 과거로 회기하는 모습을 보였다. '도네츠크 클랜clan'은 다시 영향력을 회복하였고, 정치적 고려에 의한 이권 배분이나 국영 기업 민영화 시도가 다시 시작되었다. 그러나 오렌지 혁명 당시 적이었던 대통령과 총리로 구성된 정권에 결정적 균열과 대립을 가져온 것은 대외 정책이었다. 특히 나토 가입 문제는 도저히 합일점을 찾을 수 없는 사안이었다. 8월 크림 반도에서 나토의 연례 해상 보급 훈련인 '해풍Sea Bleeze' 훈련이 시작되자 지역당은 지역 주민들을 조직하여 보급선 입항항인 페오도시야항에서 격렬한 시위를 벌였다. 이 훈련은 쿠치마 정권 때부터 진행되던 것이었고, 야누코비치가 총리를 맡고 있던 1년 전에도 아무 문제없이 진행이 되었었다. 그러나 지역당 내각은 나토 문제를 빌미 삼아 대통령과 갈등을 일으키겠다는 의도를 분명히 했다. 9월 14일 브뤼셀의 나토 본부를 방문한 야누코비치는 우크라이나 국민은 나토 가입을 원하지 않는다는 선언을 했다. 야누코비치의 발언 모습은 대부분의 러시아 TV로 생중계가 되어서, 이미 야누코비치와 러시아 사이에 사전 조율이 있었음을 강하게 시사했다. 외교 문제에 대한 야누코비치의 직접적 간섭은 대통령이 외교, 국방을 맡고, 총리가 경제 문제를 맡는다는 연정의 기본 역할 분담 원칙을 깰 뿐만 아니라 야누코비치가 직접 서명한 〈국가통합선언〉을 정면으로 위배하는 것이었다. 이제 양측의 결별은 시간 문제였다. 처음부터 연정에 협조할 의사가 없었던 지역당과 공동 국정 운영을 시도한 것은 유셴코의 큰 실책이었음이 정부 출범 두 달도 되지 않아 드러났다. 유셴코 대통령은 유화적인 리바추크를 해임하고, 비상기획부 장관을 맡고 있던 발로가를 대통령 행정실장에 임명했다. 발로가는 1년 반 전 서부의 무카체보 시장 선거에서 압도적 승리를 하고도 선거 조작으로 시장에 당선되지 못하였던 인물이다. 유셴코는 발로가를 자카르파티아 주지사로 임명하였다가 비상기획부 장관으로 발탁하여 키예프로 불러들였다. 발로가는 유센코 정권 내에서 지역당에 대항해 싸울 수 있는 거의 유일한 책사였다. 또한 정권 출범 이후 계속 끌려 다니기만 하는 유센코의 약점을 보완해 과감하게 대결적인 정책을 펼 수 있는 자질도 갖춘 사람이었다. 내각 내에서 대통령 측 장관과 지역당 출신 장관 사이에 갈등이 끊이지 않고, 외교 문제에 대한 간섭이 심해지자, 우리우크라이나당 소속 의원들은 연정 탈퇴를 의결하였다. 10월 19일 유센코 대통령은 우리우크라이나당 몫인 6명의 각료를 정부에서 빼냄으로써 지역당과의 연정에서 탈퇴했다. 지역당은 기다리고 있었다는 듯이 이 자리를 자신들의 몫으로 만들었다. 이제 내각은 완전히 야누코비치가 이끌어 가게 되었다. 유센코 대통령이 자기 정파의 장관을 전원 물러나게 한 것은 큰 실책이었다. 야누코비치가 내각과 의회를 통해 계속 외교, 국방 문제에 관여하는 것을 막기 위해서는 내각 내에 자신에게 충성하는 장관들을 계속 남겨 두었어야 했다. 외교와 내정 역할 분담 원칙을 야누코비치가 먼저 깨고 외교에 계속 공공연히 관여하면 대통령은 자신의 장관들을 통해 내정에 영향력을 행사할 수 있어야 했다. 내각에 남아 있는 자신의 장관들은 트로이의 목마처럼 전술적으로 유용하게 써 먹을 수 있는 아군이었으나 대통령은 이제 내각에 대한 이러한 지렛대마저 상실하게 되었다. 후에 지역당은 헌법상에 대통령 임명권이 보장된 외무장관과 국방장관도 의회 의결을 통해 해임시킴으로써 내각에 대한 대통령의 영향력을 완전히 제거했다. 12월 21일 지역당은 야당인 티모셴코당과 연합하여 대통령의 행정권을 크게 제약시키는 '내각법'을 통과시켰다. 유센코 대통령은 이 법을 거부하였으나, 의회에서는 2/3 이상의 찬성으로 대통령 거부권을 무력화시켜 이 법을 통과시켜 버렸다. 내각법은 대통령의 권한을 축소하는 대신 의회와 내각의 권한을 강화하는 내용을 담고 있고, 우리우크라이나당 이외 모든 당 의원들이 찬성표를 던졌다. 대통령은 내각을 통해 행정을 수행할 수 없게 되자, 국가안보위원회와 대통령 행정실을 활용해 통치행위를 했다. 이제 우크라이나는 야누코비치 내각과 대통령이 관장하는 국가안보위원회와 행정실이라는 두 개의 정부가 서로 대립하며 국정을 수행하는 양상을 보였다. 유센코 정권 출범 2년 만에 대통령의 통치행위는 의회와 내각이 막고 나서고, 의회의 법률안은 대통령이 거부하는 국정 파행 상태가 벌어진 것이다. 2007년 1월에는 반러시아적 외교 노선을 취한다는 이유로 타라슈크 외무장관을 국회 의결로 해임시키고 아울러 루첸코 내무장관도 해임시키는 일이 벌어졌다. 타라슈크 장관이 사퇴를 거부하자 아자로프 재무장관은 외무부의 운영 예산 지원을 중단시키는 압력 수단을 행하였고, 2월 초 타라슈크 장관은 결국 사임하고 말았다. 외무장관을 국회에서 해임시킨 것은 대통령이 보유하고 있던 최소한의 각료 임명권까지 무시하는 행위였다. 유셴코 대통령은 타라슈크 외무장관 후임으로 여러 인물을 고려하다가 의회 인준이 무난한 32세의 전 경제장관 야체뉴크를 임명했다. 야체뉴크는 외교 업무 경험이 전혀 없었다. 그러나 31살에 경제장관에 임명되고, 32세에 외무장관을 역임한 다음, 2년 뒤 국회의장에까지 선출됨으로써 우크라이나 정계에 새롭게 떠오르는 별이 되었다. 이러한 화려한 경력을 바탕으로 피선거 연령인 35세를 갓 넘어선 나이로 그는 2010년 대통령 선거에 출마한다.

국정 운영에 주도권을 잡았다고 판단한 지역당은 의회에서 개헌 가능선이자 대통령 법안 거부 제동선인 2/3 다수 확보를 선언하고 티모셴코당과 우리우크라이나당 소속 의원들을 대상으로 '의원 빼내기'를 시작했다. 의원들이 전원 비료대표제로 선출되는 우크라이나 의회 제도에서는 의원들이 이권이나 금품 회유에 의해 정파를 바꾸는 일이 빈번했다. 100만 달러에서 200만 달러 정도의 정치 헌금을 내면 비례대표로 의원이 되는 것이 가능하다는 것이 공공연한 사실로 알려진 상황에서는 금품 회유를 통한 '의원 빼내기'는 어려운 일이 아니었다. 당적을 바꾸지 않은 의원들조차도 주요 의결 사항 투표에서 지역당과 손을 잡는 일이 자주 일어났다. 법안 의결 시 개별 투표에 대한 회유 금액도 있다는 설이 나돌았다. 지역당의 2/3의석 확보 작전에 가장 큰 피해를 본 것은 티모셴코당이었다. 야누코비치 내각 출범 이후 야당으로 남아 있던 티모셴코당 소속 의원들은 자신들의 비즈니스 이익을 지키기가 점점 어려워져서 회유에 넘어가기가 쉬웠다. 2007년 3월 지역당은 공산당과 사회당의 지원까지 합쳐 의회에서 265석 정도를 점유하게 되었다. 지역당의 전체 450석 중 2/3인 300석을 확보하는 것은 시간문제인 것처럼 보였다. 유셴코 대통령과 티모셴코는 중대한 결단을 하지 않으면 모든 것을 지역당에 내어 줄 수도 있는 위기에 처하게 되었다. 3월 말 오렌지 혁명 이후부터 유셴코와 연정을 펴고 있던 키나흐가 12명의 의원과 함께 지역당으로 당적을 옮기면서 경제장관에 임명되었다. 더 이상 지역당의 '의원 빼내기'를 방관할 수 없다고 판단한 유셴코 대통령은 4월 2일 의회 해산을 선언했다. 의회 해산의 근거는 의원들의 당적 변경에 의해 각 정당의 의석 수가 달라지는 것은 정당득표율에 의해 비례대표제로 의석 수를 분배하는 헌법에 위배된다는 것이었다. 또한 의회가 헌법에 규정된 대통령과 의회, 정부의 권한을 일반 법률인 내각법으로 변경했다는 것도 이유가 되었다. '의원 빼내기'로 급격히 당의 세력이 줄고 있던 티모셴코는 계속 대통령의 의회 해산을 강력히 주장해 왔었다. 그러나 대통령의 권한을 약화시키기 위해 지역당과 손을 잡고 내각법을 통과시킨 그녀로서는 앞뒤가 모순되는 행동이었지만 날로 커 가는 지역당 세력을 어떻게든 막아야 하는 절박한 상황이었다. 그러나 의회 해산에 대한 헌법적 근거를 마련하여 우유부단한 대통령을 결정적으로 움직이게 만든 것은 발로가 대통령 행정실장이었다.

지역당은 즉시 헌법재판소에 헌법 소원을 제기했다. 의원이 당적을 변경하는 것이 금지되어 있기는 하지만, 이를 근거로 대통령이 의회를 해산하고 새로 의회 선거를 실시할 수 있는지에 대해서는 명확한 규정이 없었다. 여론 조사에서는 대통령의 의회 해산에 찬성하는 국민들이 더 많은 것으로 나타났고, 대통령 취임 이후 계속 내리막을 걷던 유센토 대통령 지지율도 상승하기 시작했다. 오렌지 혁명의 진원지 마이단 광장과 의회 앞에는 다시 시위대들이 나타났다. 그러나 대부분의 시위대는 양측에 의해 동원된 시위대였다. 지역당의 청색 깃발과 우리우크라이나당의 오렌지 깃발, 티모셴코당의 흰색 깃발이 마이단을 뒤덮으면서 외국 언론에서는 다시 시민 혁명이 발발할 수도 있다는 보도가 나왔지만, TV에 나타나는 시각효과가 큰 깃발의 물결에 현혹된 잘못된 판단이었다. 필자를 비롯하여 당시 시위대 행태를 가까이서 관찰한 사람들은 시위에 나선 사람들이 금품을 받고 동원된 사람들이라는 것을 바로 알아차릴 수 있었다. 시위대 대부분은 일당 5-10달러를 받고 동원된 나이 든 은퇴자들이거나 젊은 실업자들이었다. 국민들은 정치인들의 싸움에 피곤해하는 기색이 역력했고, 오렌지 혁명 당시의 정치적 열의는 2년 반 만에 정치적 무관심으로 바뀌었다. 민중을 동원한 거리 시위와 별도로 권력 기구 내에서는 치열한 음모와 공작이 전개되었다. 가장 센세이션을 일으킨 사건은 헌법 소원 심리의 주심을 맡은 헌법재판관에 대한 매수 시도였다. 정보부는 심리 담당 주심 스타니크Syuzanna Stanik 헌법재판관이 지역당으로부터 1,400만 달러에 달하는 부동산과 현금을 받았다고 폭로했다. 원래 이 사건은 초기부터 인지되어 대통령이 검찰에 수사 지시를 내렸는데, 검찰이 적극적으로 수사에 나서지 않자 정보부가 매수 사실을 언론에 폭로한 것이다. 이 사건을 계기로 유셴코 대통령은 메드베디코Oleksandr Medvedko 검찰총장을 사임시키고, 전 검찰총장 피스쿤Sviatoslav Piskun을 검찰총장으로 임명했다. 그러나 신임 검찰총장이 지역당의 재정 후원자인 아흐메토프에 매수당한 정황이 포착되자 바로 피수쿤을 해임하고 메드베디코를 복귀시키는 해프닝이 벌어졌다. 검찰총장 교체 과정에서 법집행기관 간의 물리적 충돌이 나타났다. 피수쿤이 사임을 거부하자 내무부 특수 부대 소속 경찰 병력이 물리적으로 검찰총장실을 점거하였는데, 이 과정에서 검찰

청사를 경비하는 경찰 병력과 주먹이 오가는 상황이 TV에 그대로 중계되었다. 우크라이나는 경찰이 내무부 소속이고, 내무차관이 경찰청장을 맡게 되어 있다. 야누코비치가 임명한 내무부 장관 추시코Vasylii Tsushko는 경찰 병력이 총리에 충성할 것이라고 선언했다. 그러자 국방장관은 군 병력은 대통령의 통수를 받는다고 선언하고 나왔다. 물리적 충돌 가능성에 대한 염려가 증폭되고 있는 가운데 대통령에 충성하는 지방경찰 병력이 키예프로 들어오는 것을 내무부 장관이 지휘하는 키예프 경찰 병력이 막아서는 상황이 발생했다. 긴장이 고조되자 유센코 대통령과 야누코비치 총리는 물리적 충돌을 막고, 사태를 해결하기 위해 직접 협상을 시작했다. 5월 27일 밤 두 지도자는 9월 30일 총선거를 실시한다는 데 합의하고, 의회 해산 사태를 둘러싼 갈등을 마무리 지었다. 우크라이나 정치인들은 벼랑끝까지 갔다가 물리적 충돌 직전에 타협하는 정치적 전통을 다시 한 번 보여 주었다.

9월 30일 총선은 큰 잡음 없이 실시되었다. 투표율은 2006년 3월 총선보다 5% 떨어진 62%였다. 선거 결과는 절묘하게 나왔다. 선거 전 연정 구성을 사전에 합의한 우리우크라이나당과 티모셴코당이 총 228석을 얻어서 다시 연정을 구성할 수 있게 된 것이다. 지역당은 득표율에서는 34.4%을 얻어 지난 총선보다 2.3%를 더 얻었지만 의석 수는 186석에서 175석으로 줄어들게 되었다. 티모셴코당은 지난 총선의 득표율 22.3%보다 8.3%를 더 얻어 의석 수도 129석에서 156석으로 늘어나게 되었다. 우리우크라이나당은 14.2%를 얻었지만 의석 수는 81석에서 72석으로 줄어들었다. 공산당은 5.4% 득표로 27석을 유지했고, 리트빈당은 4%를 얻어 20석의 의석을 확보함으로써 처음으로 의회에 진출하였다. 가장 큰 변화는 지난 10여 년간 좌파 정파의 한 축을 담당한 사회당이 의회 진입선 3%에 조금 못 미치는 2.9%를 득표하여 의회에 들어오지 못한 것이다. 우리우크라이당은 대중적 인기가 높은 혁신 정파인 루첸코의 국민방어당

People's Self-Defense과 연합을 하고도 14% 득표에 그쳐 영향력이 계속 쇠퇴해 가는 모습을 보였다. 티모셴코당의 선전은 티모셴코의 적극적인 선거운동에 힘입은 바도 크지만, 유셴코와 야누코비치의 정쟁에 지친 유권자들이 제3의 세력으로 티모셴코당을 지지한 결과라고 볼 수 있다. 모로즈의 사회당이 정치 무대 뒷면으로 사라진 것을 2006년 연정 구성에서 대통령 측과의 약속을 깨고 지역당과 손잡은 것에 대한 국민들의 심판으로 보는 시각이 많다. 우크라이나의 정치 지도는 좌파 정당의 확연한 쇠퇴와 중도-우파 3개 정파의 대등한 견제 구도로 모습을 바꾸었다. 연정 논의에서 티모셴코는 리트빈당을 끌여들여 지역당을 고립시키는 안을 선호했으나, 리트빈이 연정 참여 대가로 국회의장직을 요구해서 무산되었다. 리트빈당은 20석밖에 얻지 못해, 지난 선거에서 사회당이 캐스팅보트 역할을 한 것과 같은 영향력을 행사하지는 못했다. 총선 투표 양상에도 변화가 일어났다. 2004년 오렌지 혁명과 2006년 총선에서 극명하게 나타났던 지역별 대립 구조가 다소 약화되는 모습을 보였다. 대신 유권자의 사회 계층별 분화 현상이 나타났다. 정당별로 보면 농지 사유화를 계속 주장해 온 우크우크라이나당이 농촌 지역에서 지지가 높았고, 감세를 내

2006년 3월 총선과 2007년 9월 총선 결과

	2006년 3월 총선 (투표율 67.1%)		2007년 9월 임시 총선 (투표율 62.0%)		의석 변화 (2007-2006)
	정당 지지율	의석 수	정당 지지율	의석 수	
지역당	32.1%	186	34.4%	175	-11
티모셴코당	22.3%	129	30.7%	156	+27
우리우크라이나당	14.0%	81	14.2%	72	-9
공산당	3.7%	21	5.4%	27	+6
사회당	5.7%	33	2.9%	0	-33
리트빈당		0	4%	20	+20
전체		450		450	

세운 지역당은 오히려 도시의 상공인 계통의 표를 끌어모았다. 포퓰리즘을 구사한 티모셴코당은 도시 중하층민의 지지를 받은 것으로 나타나 경제적 이슈가 유권자의 가장 큰 관심인 것으로 드러났다. 재벌 그룹과 정파 간의 짝짓기도 활발하게 이루어졌다. 아흐메토프계파는 지역당 내에 약 90석의 의원을 보유하고 있어 영향력이 더욱 커졌다. 프리바트그룹은 티모셴코를 떠나 유셴코 지지로 돌아섰고, 돈바스산업연맹은 반대로 유셴코에서 티모셴코로 지지 진영을 바꾸었다. 4위 재벌인 제바고Kosntantin Zhevago도 티모셴코당을 후원했다(Aslund 2009, p.221). 의원 전원이 비례대표제로 선출되는 선거제도에서는 기업가가 선거 자금을 후원하는 대신 자신의 사람들을 의회에 다수 진출시킬 수 있으므로 선거제를 바꾸지 않는 한 금권 선거 영향은 벗어날 수가 없는 상황이다.

2007년 5월의 의회 해산 결정은 유셴코가 임기 중 내린 거의 유일한 과감한 결정이고, 소위 '국면 전환'의 시도였다. 이 결정으로 야누코비치 정부를 퇴진시키고 다시 오렌지 연정을 되찾았으나, 오렌지 연정 내부에서의 해묵은 내분과 정쟁으로 국정은 다시 혼란에 빠지고 말았다. 야누코비치는 졸속 헌법 개정으로 인한 선거제도의 변화와 오렌지 진영의 분열 덕에 정치적 재기에 성공했으나, 총선에서의 승리와 연정 성공 등 연이은 성공에 도취되어 우크라이나의 정치 상황을 무시한 의회 장악을 시도하였다. 금권을 이용해 의회 쿠테타에 가까운 정치 지형 변화를 시도하며, 유셴코 대통령과 티모셴코를 코너로 몰아세웠고 결국 오렌지 진영이 다시 연합하자 연정을 빼앗기고 말았다. 오렌지 혁명 이후의 우크라이나에서는 한 정파가 지배적 위치를 차지하는 것을 국민들이 허용하지 않고, 여러 정파 간의 세력 균형으로 권력이 한쪽에 쏠리는 것을 막는 양상이 지속되었다.

러시아의 입장에서는 야누코비치의 부활로 오렌지 혁명에서 입은 정치적 손실을 만회하였으나, 우크라이나 정치 문화에 대한 섬세한 이해가 부족하여 어렵게 얻은 고지를 오렌지 진영에 다시 내주고 말았다. 당근 정책 없이 가스값 인상을 무기로 한 일방적 압박 정책은 일시적 효과는 있었어도 국민들의 마음을 러시아로 향하게 하지는 못하였다. 가스값 인상으로 가장 큰 피해를 입는 것은 지배층이 아니라 유권자인 일반 서민이라는 것을 간과한 것이다. 국민들이 야누코비치에게 기대했던 가스가 인하 기대가 무산되고, 난방비, 전기료, 교통비 등 공공요금이 줄줄이 인상되자 서민들은 친러시아 내각이 들어서도 러시아가 우크라이나에 대해해 주는 것이 무엇인가에 대한 회의를 갖기 시작했다. 러시아는 우크라이나의 정치 지형이 친서방 오렌지 세력과 친러시아 세력 사이에 절묘한 균형을 이루고 있다는 사실을 간과하였고, 한번 승기를 잡으면 그대로 끝까지 상황이 지속될 것이라고 믿는 러시아식 사고 방식이 우크라이나에는 적용되지 않는다는 것을 다시 한 번 깨달아야 했다.

10.3.3. 티모셴코 총리 시기(2007년 12월-2009년 말)

2007년 12월 17일 티모셴코는 의회에서 과반수에 한 표 많은 226표로 총리 인준을 받았다. 연정 합의에 의해 새 내각은 티모셴코당과 우리우크라이나당-국민방어당Our Ukranine-People;s Self Defense연합이 12명씩 나누어 지명하게 되었다. 티모셴코당은 경제 분야를 맡고, 대통령 측은 외교, 국방, 사회 분야 장관들을 맡기로 합의가 되어 2006년 7월 지역당과의 연정 때와 비슷한 역할 분담을 하게 되었다. 대통령이 직접 임명권을 가지고 있는 외무장관에는 유럽통합론자인 오그리즈코Volodymyr Ogryzko 외무차관이 승진 임명되었고, 국방장관에는 예하누로프 전 총리가 임명되었다. 국방 업무 경험이 전혀 없고 총리까지 역임한 예하누로프를 국방장관에 임명한 것은 의외로 받아들여졌는데, 국정 개혁 경험이 많은 그에게 국방 분야 개혁을 맡긴다는 것이 표면적 논리였다. 그러나 대통령의 의도는 경제 전문가인 그를 내각에 포진시켜 티모셴코 진영의 독단적 경제 정책을 막는 역할을 맡긴 것이라는 게 세간의 관측이었다. 내무장관은 루첸코가 다시 맡았고, 재무장관에는 재무 전문가인 핀제니크가 다시 기용되었다. 경제장관은 교수 출신의 다닐리신이 맡았다. 제1부총리에는 티모셴코당 2인자인 투르치노프가 기용되었고, 유럽통합 담당 부총리는 티모셴코 측근인 네미랴Grygorii Nemyria가 맡았다. 대통령 측 부총리 자리는 바슈누크Ivan Vashyunuk에게 돌아갔다. 야체뉴크는 국회의장을 맡음으로써 4년 사이에 경제장관, 외무장관, 국회의장을 맡는 화려한 경력 이동을 했다. 야체뉴크가 지역당의 동의가 필요한 외무장관, 국회의장을 큰 어려움 없이 맡은 것은 행정 능력도 고려되었지만 정치색이 없고, 자신의 정파가 없어 지역당으로서는 큰 위협을 느끼지 않는 정치 신인이었기 때문이다. 새 연정의 내각 구성은 이미 능력이 검증된 인사들을 주로 발탁하였고, 비교적 균형이 잘 잡힌 인사였다. 새 정부의 의외의 인사는 국가안보위원장에 보가티레바Raisa Bogatyreva를 발탁한 것이었다. 지역당 3위 서열이었던 그녀는 지역당 내의 권력 싸움에서 밀리자 유셴코 진영으로 이동하였고, 보가티레바의 이동에는 아흐메토프의 영향력이 작용한 것으로 보도되었다. 지역당 내에서 야누코비치와 파벌싸움을 벌이고 있는 아흐메토프가 유셴코-티모셴코 연정 측에 손을 내밀어 비즈니스 이익을 지키고 다가오는 대선에서 선택의 폭을 넓히려는 포석이었다.

다시 정부에 복귀한 티모셴코는 1기 정부 때의 실정을 반복하지 않으려고 노력했다. 세관 통제를 강화하여 관세 수입을 늘리고, 재정 지출을 통제해 건전 재정을 이루려 노력했다. 그러나 의회에서 충분한 의석을 확보하고 정부도 장악한 티모셴코는 2010년 대통령 선거를 의식해 다시 '인기영합populism' 정책을 펴기 시작했다. 2008년 봄 그녀는 90년대 초 인플레이션과 화폐 개혁으로 명목 가치를 상실한 예금을 보상한다고 발표하고, 예금 증서를 소지한 사람들에게 1인당 200달러씩 보상해 주었다. 유셴코 대통령은 인플레이션 유발을 이유로 이 정책을 강력히 반대했지만, 티모셴코는 자신의 정책을 그대로 밀고 나갔다. 예금 상환에 필요한 자금 마련을 위해 약 400개의 기업을 민영화 대상으로 선택해 국제 입찰에 붙였다. 가장 규모가 큰 기업은 국영전화회사인 우크르텔레콤Ukrtelekom의 지분 매각과 오데사 화학콤비나트의 입찰이었다. 두 기업 모두 입찰 대금이 수십억 달러에 달하는 대규모 민영화였다. 티모셴코는 민영화에 비협조적인 국가자산공사의 세메뉴크 위원장과 화폐금융 정책을 담당한 스텔마흐 국립은행장을 해임하려 했다. 두 직위 모두 법률로 임기가 보장된 자리이기 때문에 해임의 근거가 없었다. 유셴코 대통령은 티모셴코의 재정 정책에 제동을 걸고, 국립은행의 독립성을 보장하려고 노력했다. 티모셴코의 주요 기업 민영화 시도에 대해서는 헐값 매각이라는 이유로 제동을 걸었다. 두 사람 사이의 견제와 대립은 경제 정책에 대한 입장 차이가 아니라, 2010년 대선을 의식한 정치적 싸움의 성격이 더 컸다. 두 정파의 연정은 사실상 붕괴되고 대통령과 정부, 의회는 다시 대립에 들어갔다. 티모셴코당은 사안에 따라 지역당과 다시 정책 연합을 했다. 대통령은 의회에서 올라오는 대부분의 법안에 거부권을 행사하고, 국가안보위원회의와 주지사에 대한 직접 통제로 국정을 이끌어 갔다. 2008년 8월 러시아와 그루지야의 무력 충돌은 우크라이나 국내 정치에도 큰 파장을 가져왔다. 러시아의 과도한 무력 행위에 대해 의회에 비난 결의안이 상정되자, 지역당은 물론 티모셴코당도 이를 보이콧한 것이다. 티모셴코는 대선을 의식하여 러시아에 유화적인 태도를 보이기 시작했다. 2008년 10월 2일 티모셴코는 모스크바를 방문하여 푸틴과 회담을 갖고 가스프롬과도 가스 공급가 협상을 벌였다. 가스 협상은 큰 파장 없이 마무리되어 앞으로 10년간 유럽에 공급되는 가격의 80%선에서 우크라이나가 가스를 구매하는 것으로 발표되었다. 또한 2009년부터는 유럽 가스 공급 중계를 담당하며 막대한 수익을 챙겨 온 '러시아우크라이나가스회사RosukrEnergo'를 제거하고 러시아의 가스프롬과 우크라이나의 국영 가스

회사인 나프토가스Naftogaz가 직접 거래를 하기로 했다. 러시아우크라이나가스회사의 거대한 중계료는 양국 정치권의 정치자금원 역할을 한다고 의심받아 왔었기 때문에 중계회사의 제거로 인해 유셴코 진영이 재정적 타격을 받을 것으로 추정되었다. 티모셴코는 러시아에 20억 달러의 현금 차관 제공도 요구하였다. 가스 공급가와 경제 사안이 언론 보도를 장식했지만, 티모셴코와 러시아 지도부 사이에 2010년 초 대통령 선거에 관한 논의가 당연히 있었을 것으로 관측되었다. 티모셴코는 급격한 친서방 정책을 수정하고 나토 조기 가입을 유보하는 선에서 대선에서의 러시아의 협조를 얻거나, 아니면 최소한 방해 공작은 피해 보려고 노력한 것으로 보인다. 티모셴코가 러시아 지도부와 밀착하는 모습을 보이자 유셴코 대통령은 자신과의 협의 없이 가스 공급가 협상을 마무리 짓고, 일방적으로 현금 차관을 요구한 것을 빌미로 티모셴코를 반역죄로 고소할 수도 있다고 위협했다.

■ 2008년 세계 경제 위기와 우크라이나 경제의 취약성

2008년 10월 미국발 금융 위기가 전 세계로 확산되자 우크라이나는 가장 먼저 직접적 타격을 받는 국가가 되었다. 경제 위기가 시작되자 우크라이나 경제의 취약성은 적나라하게 노출되었다. 경제 위기의 영향은 매우 심각해서 달러 대비 흐리브냐 가치는 60%나 하락하였고, 주가 지수도 74%나 곤두박질쳤다. 2009년 경제 성장률은 -15%를 기록하여 10년 만에 처음으로 실질소득이 감소하였다. 국제적 경제 위기가 시작되자 대부분의 국가가 어려움을 겪었지만 우크라이나 경제가 유독 큰 타격을 입게 된 직접적 이유로는 다음과 같은 상황을 꼽을 수 있다. 첫째, 우크라이나 수출의 40%를 차지하는 철강 가격이 8월부터 급격히 하락하면서 무역수지가 급격히 악화되었고, 러시아 가스 채무가 크게 증가하면서 경상 수지도 큰 적자를 보였다. 이러한 상황에서 외국직접투자FDI/Foreign Direct Investment가 증가하면 경상수지 적자를 줄일 수 있지만, 주요 투자국인 서유럽국가들도 자국 경제 위기로 직접 투자를 늘리지 않고, 오히려 투자금을 회수하는 상황이 벌어졌다. 2008년 GDP의 4.2%였던 경상수지 적자는 주요 수출품인 철강 가격의 폭락과 외환 유입 중지로 2008년 말 7.2%에 달하게 되었다. 둘째로, 국내 경기 부양을 위해 과도하게 단기 외화 차입을 하였기 때문에 국제적 재정 위기로 인해 외화 차입이 어려워지면서 우크라이나 경제는 바로 위기 상황에 빠지게 되었다. 2008년 만기가 도래하는 단기 외채가 400억 달러나 달해서 만기 연장이나 신규 차입이 불가능한 경우 바로 외환 위기가 올 수 있는 상황이었다. 국제 경제 위기로 신규 차입이 불가능해지자 우크라이나도 한국의 IMF 위기 상황과 유사한 사태를 맞게 되었다. 셋째로, 우크라이나 금융권의 부실과 과도 대출도 경제 위기의 직접적 원인이 되었다. 우크라이나의 은행들은 신중한 신용 조사 없이 대출을 남발하였고, 재벌 기업이 직접 은행을 소유한 경우가 많아서 은행이 재벌의 사용 금고처럼 사용되는 일도 비일비재했다. 경제 위기가 시작되자 부실 채권이 눈덩이처럼 불어났고, 지불 불능 상태에 빠진 은행들이 늘어났다. 넷째로, 정부의 부실한 재정 및 외환 관리 정책도 위기에 한몫했다. 대통령의 지휘를 받는 국립은행과 총리가 관할하는 내각 경제 부처가 각기 다른 재정 정책을 내놓았고, 인위적인 흐리브냐 환율 방어를 위해 외환 정책도 파행적으로 운행되었다.

2008년 10월 하순 경제 위기가 시작되자 은행에서는 예금 인출 사태가 일어나고, 흐리브냐 가치가 폭락하면서 환율이 급격히 상승했다. 정부는 외환 보유고를 풀어 환율 폭등을 막아 보려 했지만, 흐리브냐 가치는 계속 하락했다. 경제 위기 전 1달러 당 5.2-5.3흐리브냐였던 환율은 1달러당 8.9흐리브냐까지 떨어졌다. 국제적 금융 경색으로 800억 달러에 달하는 외채의 연장도 어려워지면서 우크라이나 정부는 결국 IMF에 긴급 구제금융을 신청하기에 이르렀다. 10월 14일부터 시작된 긴급 구제금융 협상은 10월 25일 의회가 긴급 구제금융 지원 법안을 통과시키면서 국내적 절차가 마무리되었고, 다음 날인 26일 IMF는 2년에 걸쳐 165억 달러를 지급하기로 결정하였다. 우크라이나가 IMF의 지원을 받는 국가가 되자, 국제 언론에서는 우크라이나가 세계에서 가장 심각한 경제 위기를 맞은 것으로 보도하기 시작했다. 그러나 우크라이나의 경제가 극단적인 상황에 처한 것은 아니었다. IMF 구제금융 신청 당시 외환 보유고는 200억 달러 이상이었고, 공공 부문 부채도 GDP의 10% 선에 머물렀다. IMF에서 미리 준비하고 있었던 것처럼 바로 긴급 지원에 나선 것은 2008년 여름 이후 어느 정도 경제 위기 상황을 예견하고 있었기 때문이었다. 큰 시각에서 보면 대통령 선거를 1년 남짓 남겨 놓은 시점에서 우크라이나 경제가 큰 혼란에 빠지면 친러시아 정권이 들어설 수도 있다는 우려 때문에 서방 세계와 국제금융 기구가 신속하게 지원에 나선 것으로 볼 수 있다. IMF의 지원 조건도 10여 년 전 한국 금융 위기 때와는 비교가 되지 않을 정도로 유연하였다. 재정 적자를 줄이기 위한 정부 부문 지출 감축, 금융권의 구조 조정, 연금 및 주택 보조금 삭감, 일부 품목에 대한 부가세 인상을 통한 세수 확대가 주요 조건이었다. 1차 지원금 40억 달러 지원 이후, 매번 지원 조건이 지켜지지 않았는데도 3차까지 계속적으로 지원이 이루어진 것도 경제적 기준보다는 정치적 고려가 많이 작용된 간접적 증거로 볼 수 있다.

경제 위기는 우크라이나 국내 정치 상황에도 변화를 가져왔다. 유셴코 대통령은 경제 위기 상황을 초래한 근본적 원인이 티모셴코의 '인기 영합' 정책을 위한 방만한 재정 운영에 있다고 몰아세우며 10월 8일 총리와 내각의 자진 사임과 의회 해산을 통한 조기 총선을 요구했다. 그러나 세계적 경제 침체의 영향을 받은 경제 위기 발생을 이유로 1년여 만에 다시 총선을 실시한다는 주장은 명분이 약했고, 무엇보다도 유셴코의 지지도가 5%까지 떨어진 상황에서는 어떠한 이니셔티브도 취할 수가 없었다. 결국 유셴코는 우크라이나가 IMF에 긴급 구제금융을 요청하는 상황에 다다르자 국회 해산령을 유보했다. 지역당은 경제 위기로 유셴코와 티모셴코의 지지도가 떨어지는 상황의 반사이익을 챙긴다는 생각으로 어떠한 대안적 정책을 취하지 않았다. 지역당과 야누코비치의 이러한 태도는 2010년 초 대통령 선거까지 이어졌다. 경제 위기로 가장 큰 난관에 빠진 것은 티모셴코였다. 정부의 경제 정책을 총괄하고 있던 입장에서 책임론을 회피할 수 없었다. 30%가 넘던 티모셴코의 지지도는 20% 이하로 급락했다. 세계 경제가 불황의 늪에 빠져 있는 상황에서 대통령 선거까지 1년여 기간 동안 경제를 회복시킬 뾰족한 방법도 없었다. 티모셴코는 지지도 하락을 감수하며 계속 정부를 이끌어 갈 것인지, 총리직을 사임하고 야당으로 돌아가서 대통령 선거를 준비할 것인지 결정을 해야 했다. 티모셴코는 전자를 택했다. 티모셴코의 판단은 지지율 하락을 감수하면서라도 정부를 장악하고 있는 상태에서 선거를 치르는 것이 유리하다고 본 것이다. 그러나 대통령 선거전까지 큰 악재가 하나만 터져도 티모셴코의 대권 쟁취 가능성은 사라질 가능성이 컸다.

2009년 초부터 티모셴코는 위기 상황을 어렵게 관리해 가면서 정치적으로도 여러 방법을 모색하기 시작한다. 2009년 초 러시아의 가스 공급이 6일간 중단되는 사태가 다시 발생했다. 이번은 가스 공급가 문제가 아니라 가스 대금 미납 문제였다. 우크라이나 국영가스 회사인 나프토가스는 가스 공급가가 4년 사이 50달러에서 235달러로 5배 가까이 인상된 상황에서도 국내 가스 판매가를 올릴 수가 없었다. 특히 민간 난방용 가스 가격은 정치적 고려 때문에 인상을 할 수 없었다. 2009년 초 나프토가스가 가스프롬에 진 누적 채무는 56억 달러에 달했다. 계약상 가스 수입대금을 제때에 지불하지 않는 경우 체불금에 대한 페널티가 크게 붙기 때문에 채무는 눈덩이처럼 불어날 상황이었다. 러시아 지도부는 두 가지를 고려하는 듯했다. 첫째는 우크라이나가 IMF의 신속한 재정 지원으로 경제 위기 상황을 넘기는 조짐이 보이자, 우크라이나 경제에 압박을 가해 민심이 정권 교체를 요구하는 쪽으로 유도하는 전략이다. 둘째는 가스 채무 규모를 크게 누적시킨 다음 이를 탕감해 주는 조건으로 유럽으로 통과하는 가스 공급망을 관리하는 회사에 대한 지배 지분을 얻는 전략이다. 우크라이나 가스 공급망에 대한 공동 관리는 2006년 가스 위기 후 러시아가 계속 주장해 오던 사안이었지만, 우크라이나는 이를 경제주권 상실의 문제로 보고 일고의 고려를 하지 않았다. 러시아가 가스 공급가의 인상을 무기로 압박을 가하면, 우크라이나는 통과료 인상이라는 대항 무기를 사용해야 하므로 가스 공급망을 러시아에 넘기거나 공동 관리를 한다는 것은 상상도 할 수 없는 일이었다. 1년 전 벨로루스를 통과하는 공급망을 경제적 압박을 통해 획득한 러시아는 우크라이나 가스 공급망에 눈독을 들이는 것은 당연했다. 그러나 러시아의 이러한 '채찍' 정책은 실책에 가까웠다. 오히려 우크라이나가 경제 위기에 처했을 때, 차관 지원이나 가스 채무 유예 등의 '당근' 정책을 써서 야누코비치의 지지율을 한 단계 높일 수 있는 기회를 놓치고 말았다. 우크라이나 국민들은 오렌지 혁명 이후의 친서방 정책으로 생활이 크게 나아졌다고 느끼지도 못하였지만, 이와 동시에 계속되는 러시아의 '채찍' 정책으로 친러시아 후보를 대통령으로 뽑으면 구체적으로 어떠한 혜택이 돌아올 것인지를 상상해 볼 수 있는 기회 또한 갖지 못했다.

2009년 전반 경제 상황은 예상대로 급격히 악화되기 시작했다. 은행들이 예금 지급을 유예하기 시작했고, 주택 모기지가 중단되자 거의 모든 민간 건설이 중단되기 시작했다. 자동차나 전자제품에 대한 할부 금융도 모두 중단되면서 내수 경기가 얼어붙기 시작했다. 철강 이외에 원유나 가스, 광물 등 자원 수출에 의한 외화 수입원이 없고, 국제적 경쟁력을 갖춘 공산품 생산 기반이 전혀 없는 우크라이나는 외화 차입에 의존한 내수 부양 경제 정책의 후유증을 톡톡히 치르기 시작했다. 2008년 1-3분기 동안 6% 이상을 유지하던 경제성장률을 4분기에 -8%로 떨어지고, 2009년 1

분기와 2분기 성장률은 -20.3%와 -17.8%를 기록할 정도로 경제는 추락했다. 2009년 1, 2분기 산업 생산은 전년 동기 대비 30% 이상 감소했다. 2008년 81억 달러에 달한 외국인 직접 투자도 2009년 1분기 7억 달러에 그치고 말았다.

경제 위기가 진행되면서 티모셴코의 지지율은 16-18% 정도를 유지했고, 유셴코 지지율도 5%를 넘어서지 못했지만, 이것이 야누코비치의 급격한 지지율 상승으로 이어지지는 않았다. 국민들의 고통은 컸지만, 이것이 심각한 사회 불안으로 연결되거나, 즉각적 정권 교체 요구로 이어지지는 않았다. 1997년 IMF 지원이 정권 교체의 직접적 원인이 되었던 한국의 상황과는 대비가 되는 현상이었다. 우크라이나는 90년대 초 경제가 극심한 혼란에 빠지고, 민생이 엉망이 되었을 때도 사회적 소요가 일어나지 않았다. 우크라이나 국민들은 경제적 어려움이 오면 이를 숙명적으로 받아들이고 인내하는 경향이 강하다. 20세기에만 제1차 세계대전과 혁명 후 내전, 30년대 초의 대기근, 제2차 세계대전 때의 엄청난 인적, 물적 피해, 소련 붕괴 후의 극심한 경제 혼란에 비하면 물가가 뛰거나 실업률이 높아지는 정도의 경제 위기는 감내할 만한 것으로 여기는 경향이 있었다. 유셴코 대통령이 IMF 지원을 받는 조건으로 의회 해산을 유보하는 사이, 지역당과 티모셴코당은 물밑 교섭을 시작했다. 5월 초부터 언론을 통해 애드벌룬 띄우기 식으로 정계 개편안이 나오기 시작했다. 언론에 나온 개편안의 핵심은 두 당이 손을 잡고 개헌을 주도해서 대통령 선출을 의회 간선제로 전환하는 것이었다. 또한 총선 득표율 1, 2위 정당만 의회에 진입해서 지역당과 티모셴코당의 장기 집권을 꾀하는 의도도 노출되었다. 새로운 정계 개편안이 실현되면 야누코비치가 대통령을 맡고, 티모셴코가 실세 총리를 맡는 식으로 권력 분배가 이루어질 것으로 예상되었다. 그러나 문제는 두 사람 모두 실질적 통치자가 되기를 원했기 때문에 대통령의 권한과 총리 권한을 어떻게 나눌 것인가 하는 점을 놓고 협상이 더 진전되지 않을 것이 분명했다. 헌법 개정 논의는 여론 조사 결과 85% 이상의 국민이 반대하는 것으로 나타났고, 언론의 반발도 심했다. 유셴코 대통령은 두 당의 야합으로 민주주의가 위기에 처했다며 시민들이 거리로 나올 것을 요구했다. 결국 두 당은 협상 실패의 책임을 상대에 전가하며 협상을 중단했다. 이러한 헌법 개정안이 노출되면서 2008년 연말부터 진행된 것으로 짐작된 러시아와 티모셴코, 야누코비치 사이의 정치 협상안이 모습을 드러낸 것으로 보는 시각도 많았다. 실제로 헌법 개정 협상 사실이 공개된 다음 날 러시아의 메드베데프 대통령과 푸틴 총리는 우크라이나가 가스 수입 채무를 제때에 해결하지 않으면 가스 공급 중단 사태가 일어날 수 있음을 공개적으로 경고해서, 헌법 개정 논의가 러시아와의 사전 조율이나 인정 속에 시도되었다는 추측이 가능하게 했다. 일과성 해프닝에 지나지 않았지만 국민들의 의사에 반하는 이러한 헌법 개정 시도는 정치 현실을 너무 무시한 것이었다. 독립 후부터 직선제로 대통령을 뽑아 온 국민들이 간선제 대통령 선거에 찬성할 리가 만무했다. 오렌지 혁명 이후 계속된 정쟁에 지친 국민들이 정치에 냉소적이거나 무관심한 태도를 보인 것은 사실이지만, 정파 이익만을 생각한 헌법 개정안을 국민들이 그대로 받아들일 것이라고 생각한 것은 큰 오판이었다. 만일 두 정치인이 이 헌법개정안을 끝까지 관철시키려고 시도했다면, 대통령 선거 이전에 정치적으로 매장되는 결과를 초래했을 것이 분명하다. 티모셴코와 야누코비치가 권력 분점을 시도한 좀더 근본적 이유는 어느 한쪽도 대선 승리에 대한 확신이 없었기 때문이다. 티모셴코는 경제 위기에 대한 책임에서 벗어나기가 어려웠고, 야누코비치도 국민들이 자신을 현 정권의 대안으로 생각해 주지 않는 상황에서 '승자 독식'의 정치 대결보다는 좀더 안전한 권력 분점으로 일단 안전선을 확보하고 그 이후 다시 권력 쟁취를 위한 싸움에 들어가겠다는 생각이었다. 헌법 개정안 합의가 실패하자 양당은 9월 조기 대통령 선거 요구도 슬그머니 철회하였다. 대통령 선거 시기는 유셴코 대통령의 임기 계산에 어느 헌법을 적용할 것인가에 따라 달라진다. 현행 헌법은 유셴코 대통령 취임 전인 2005년 12월에 의회에서 통과되었지만, 부칙에 의해 2006년 1월부터 발효되었다. 구헌법을 적용하여 대통령 선거 시기를 셈하면 9월, 신헌법에 따르면 대통령 임기 종료 달의 세 번째 일요일인 2010년 1월 17일이 대통령 1차 선거일이 된다. 간선제 헌법 개정을 포기하고 대통령 선거를 준비해야 하는 지역당과 티모셴코당 모두 충분한 선거운동 기간 확보를 위해 2010년 1월 선거를 선호하게 되었다.

10.3.4. 유셴코 정권의 외교 정책

대외적으로 선언된 유셴코 정권의 외교 정책의 기본 목표는 다음과 같이 정리할 수 있다(Velelovsky, pp.91-92).

- 유럽과 대서양의 집단 안보 체제와의 협력 강화를 통해 우크라이나 주변의 안전한 국제 환경 조성.
- 국외 거주 우크라이나인들의 보호와 권익 증진.
- 외국 투자 유치, 수출 확대, WTO 등을 통한 우크라이나 경제의 원활한 세계 경제 체제 통합.
- 유럽 통합 및 나토 가입을 통한 유럽, 북대서양 집단 안보 체제 가담.
- 국가 및 지역 안보 보장을 위한 실용적 원칙과 개방 및 상호 협력에 기반한 러시아연방과의 동반자 관계 발전.
- 지역 체제 참여의 우선 분야 개발. 특히 트랜스드네스트르 분쟁 동결의 해결, 흑해 지역 국가와의 양자 및 다자 관계 강화, 주변국과의 국경 확정 등의 지역 정책에 새로운 접근법 모색.
- 미국을 비롯한 주변국과의 전략적 동반자 관계 발전.
- 평화 유지 및 대량살상무기 해체, 국제 테러, 국제 조직 범죄, 돈세탁, 인적 및 마약 유통 방지를 목표로 한 안보 협조 체제에의 적극 참여.

유셴코 정권의 외교 정책의 핵심은 유럽 통합과 나토 가입, WTO 가입을 통한 국제 경제 체제 편입이었다. 유셴코 대통령은 정권 초기 유럽 통합, 나토 가입 등 오렌지 혁명에서 공약한 친서방 정책을 밀고 나갔다. 대통령 취임식 다음 날인 2005년 1월 24일 유셴코는 러시아를 방문했다. 푸틴 대통령을 만나 전통적인 우호관계를 유지한다는 선언을 하고 오렌지 혁명에 의해 큰 외교적 좌절을 맛본 푸틴과 러시아 국민을 안심시키기 위해 노력했다. 3월 1일에는 선거에서 약속한 대로 이라크 파병 우크라이나 군의 철수를 결정했다. 그는 3월 스트라스부르크의 유럽의회를 방문한 것을 시발로 여러 서유럽, 동유럽 국가들을 차례로 방문했다. 서방 세계에서 유셴코 대통령의 개인적 인기는 대단하였고, 우크라이나에 대한 평가도 현격히 달라졌다. 발트3국을 제외하고 구소련권 중 유럽적 질서를 가장 먼저 받아들일 수 있는 나라로 우크라이나를 인식하기 시작했다. 구소련에서 독립한 국가 중에는 그루지야가 2004년 3월 '장미혁명' 이후 친서방 정책을 추진하며 나토 가입 노력에 나섰지만 지정학적 위치나 국가 크기에서 우크라이나와 전략적 중요성을 비교하기가 어렵다. 유셴코 대통령은 야누코비치 내각이 들어서기 전까지는 일관되게 유럽 통합과 나토 가입을 외교의 기본 목표로 삼았다. 티모셴코 총리와 내정과 경제 문제에서는 이견과 대립이 있었지만 외교 정책에서는 반대를 받지 않았다. 지역당도 오렌지 혁명의 열기가 채 가라앉지 않은 상황에서 친러시아 정책을 공개적으로 내세울 수는 없었다. 우크라이나의 유럽 통합과 나토 가입 목표는 오렌지 혁명 이후 유셴코가 새롭게 내세운 정책이 아니었다. 이미 쿠치마 정권 시절부터 이 두 목표는 외교 정책의 기본이 되었고, 의회에서 이에 관한 법률안과 결의안도 통과된 상태였다. 러시아에서는 유셴코 정권의 친서방 정책을 용인할 수 없었고, 특히 우크라이나의 나토 가입 시도는 러시아의 안보 측면에서 도저히 받아들일 수 없는 정책이었지만 우크라이나 정책 결정 과정에 영향력을 행사할 수단이 별로 없었다.

2006년 초 벽두의 가스 공급 중단 사태는 러시아가 공개적으로 사용한 가장 강한 압력 수단이었다.

2006년 3월 총선에서 지역당 주도의 연정이 구성되면서 친서방 정책을 둘러싼 갈등은 심화되었다. 러시아는 오렌지 혁명 이후 잃어버린 외교적 지렛대leverage를 다시 찾게 되었다. 오렌지 혁명으로 표면화된 동부와 서부의 대립은 외교 정책을 둘러싸고 더욱 골이 깊어졌다. 원래 〈국가통합선언〉의 기본 합의 사항은 대통령이 외교, 국방 정책을 관할하고, 총리는 경제 정책을 관할한다는 것이었다. 그러나 야누코비치 총리는 외교 분야에 깊이 간섭하기 시작했다. 2006년 5월 매년 수행되어 오던 나토와 우크라이나 해군의 통상 해상 보급 훈련인 '해풍Sea Bleeze' 훈련이 크림 주민들의 격렬한 반대로 취소가 되는 일이 벌어졌다. 2006년 가을 야누코비치 총리는 유럽 연합의 본부가 있는 브뤼셀을 방문하여 우크라이나는 나토 가입 준비가 되어 있지 않다고 발언하며 나토 가입 정책에 제동을 걸었다. 유셴코 정권의 나토 가입 추진은 국론 통일을 이루지 못한 상태에서 진행되어 많은 논란을 일으켰다. 2007년 여론 조사에서도 약 65%의 국민이 현 시점에서의 나토 가입을 반대하는 것으로 나타났다. 이는 소련 시절 제1의 적이었던 나토에 우크라이나가 가입한다는 것을 심리적으로 받아들이지 못하는 중장년층이 많기 때문이다. 나토 가입에 유보적인 여론이 줄어들지 않자, 유셴코 정권은 나토 가입에 대한 국민 홍보를 적극 펼친 후, 국민투표를 거쳐 가입 여부를 결정한다는 것으로 입장을 정리했다. 나토 가입을 추진하는 유셴코 대통령의 논리는 핵폐기와 감군 정책 등으로 자체적 방어 능력이 없는 우크라이나 입장에서는 집단안보 체제에 가입하는 것이 안전 보장을 위한 가장 확실한 방법이며, 경제적으로도 국방력 재건을 위해 한정된 국가 재원을 투자할 여력이 없다는 것이다(허승철 2009, pp.239-240). 미국은 우크라이나의 나토 가입을 적극 지원했다. 나토군 편제에 맞춘 국방 개혁은 흐루첸코 국방장관이 주도했다. 부시 대통령은 2008년 4월 말 우크라이나를 방문하여 우크라이나의 나토 가입 지원 입장을 다시 한 번 밝혔다. 미국의 계획은 부시 정권 임기 안에 우크라이나와 그루지야를 나토의 준회원에 해당하는 '행동계획멤버MAP/Membership of Action Plan'로 만드는 것이었다. 5월 루마니아 부쿠레슈티에서 열린 나토정상회담에서 이 문제가 논의되었으나 독일과 프랑스의 반대로 무산되고, 차후 나토 외무장관 회의에서 다시 논의하기로 하였다. 12월의 나토 외무장관 회의에서도 큰 진전은 없었다. 2009년 1월 라이스 미국 국무장관은 우크라이나와 그루지야를 연속으로 방문하여 〈전략적 동반자 헌장Charter on Strategic Partners〉에 서명하였다. 이 헌장은 우크라이나군의 훈련과 장비를 강화하여 나토 가입 여건을 조성한다는 내용을 담고 있다. 부시 정권이 오바마 정권으로 바뀌면서 우크라이나의 나토 가입은 모멘텀을 잃게 되었다. 오바마 정권은 우크라이나의 나토 가입에 훨씬 신중한 입장을 내세웠다. 2009년 월에는 유셴코 대통령, 티모셴코 총리, 야체뉴크 국회의장 명의로 나토 가입 희망 서한을 나토정상회담에 보냈다가 야당의 거센 반발을 샀다. 친서방 정치인 3인의 이러한 행동은 의회에서의 논란을 피하는 것이 목적이었지만, 외국과의 조약 체결에 대한 논의와 비준 권한이 있는 의회가 이러한 조치에 반발하는 것은 당연한 일이다.

유럽 통합 과정도 더디게 진행되었다. 대부분의 우크라이나 국민은 유럽 통합을 바라고 있지만, 유럽 국민들의 '유럽 연합 확대 피곤증'이 큰 걸림돌로 작용하고 있다. 유셴코 정권에서의 정치적 혼란과 줄어들지 않는 부패 등으로 유럽 국가들은 우크라이나의 유럽 연합 가입 움직임에 냉담한 태도를 보이고 있다. 우크라이나가 국토와 인구 면에서 대국이라는 점도 가입을 쉽게 결정할 수 없게 하는 요인으로 작용하고 있다. 그러나 우크라이나의 나토 및 유럽 연합 가입의 가장 중요한 변수는 유라시아의 지정학이다. 우크라이나와 약 1,600킬로미터의 육상 경계선을 접하고 있는 러시아의 입장에서는 우크라이나의 나토 가입은 안보면에서 국가적 재앙으로 받아들여진다. 우크라이나가 유럽 연합에 가입하게 되면 러시아는 전통적인 유럽 러시아 지역European Russia의 핵심 지역을 잃게 되고, 발트3국과 동유럽까지 유럽 연합이 확대되어 옴으로써 전통적인 완충지대buffer zone를 상실한 러시아 입장에서는 우크라이나마저 잃을 수 없다는 입장이다. 우크라이나 입장에서는 옐친 대통령 시절에 유럽 연합과 나토 가입을 추진하였더라면 좀더 쉽게 목표를 이룰 수 있었을지 모른다. 불행하게도 유셴코 정권이 유럽 통합 정책을 추진한 시점은 러시아가 국력을 회복하고 다시 국제 문제에 적극적 목소리를 내면서 소련 시절의 영향력을 회복하려고 나선 시점과 일치한다. 우크라이나의 유럽 연합과 나토 가입은 러시아의 입장이 크게 바뀌지 않는 한 단기간에 실현되기는 어려운 과제가 되어 버렸다.

유셴코 대통령은 1932-1993년 발생한 '대기근Golodomor/Great Famine'을 인종학살Genocide로 국제적으로 인정받기 위해 노력했다. 스탈린의 농업 집단화 정책이 빚은 참극의 하나인 우크라이나 대기근으로 수백만 명의 농민들이 희생된 것으로 알려져 있다. 우크라이나 정부는 희생자 수가 천만 명에 이른다고 주장하고, 대기근을 나치의 유대인 학살이나, 터키에 의한 아르메니아인 학살 같은 대량학살Genocide로 인정받으려고 노력하였다. 러시아는 당시 러시아 남부와 카자흐스탄에서도 기근이 발생한 사실을 들며 우크라이나의 대기근이 인위적으로 만들어진 참극이 아니라고 주장하고 있다. 러시아의 반대로 유엔 총회에서 '대량학살' 인정을 받지는 못하였고, 대신 유네스코 결의안 등을 통해 국제적 인정을 받는 데는 성공을 했다. 유엔 결의가 불가능하다고 판단한 우크라이나 정부는 각국의 개별 인정을 받는 것으로 전략을 바꾸었다. 2010년 말까지 미국, 캐나다, 아르헨티나, 폴란드 등 15개국 의회가 대기근을 '대량학살'로 규정하는 결의안을 통과시켰다. 대기근 문제는 우크라이나와 러시아 사이의 스탈린 시대의 평가에 대한 주요한 논란거리의 하나로 떠올랐다(허승철 2009, p.240).

경제적인 면에서의 유셴코 정권의 외교적 성취는 WTO 가입이다. 우크라이나는 2008년 2월 세계무역기구WTO 가입에 성공하여 152번째 WTO회원국이 되었다. 원래 러시아는 우크라이나가 러시아와 같이 WTO에 가입하도록 마지막 양자 협상 대상국인 키르기스스탄에 압력을 넣어 가입 과정을 지연시키려 하였으나, 2007년 11월 모든 양자 협상이 마무리됨으로써 우크라이나는 러시아보다 먼저 WTO에 가입하게 되었다. WTO 가입으로 대외 통상 환경이 개선되고 유럽과의 무역이 확대되면 연 1.7%의 경제성장률 증가 효과가 있을 것으로 전망되고 있다. 2008년 4월에는 유럽부흥은행EBRD 연차 총회가 키예프에서 열려, 사회간접자본, 에너지 산업, 중소기업 육성 분야에 지원 확대가 결정되었다.

2008년 8월의 러시아와 그루지야 사이에 발생한 무력분쟁은 우크라이나와 러시아의 관계를 크게 악화시켰다. 원래 그루지야 영토였으나 UN에 의해 '분쟁동결 지역Frozen conflicts'으로 선언된 남오세티야의 무력도발 응징을 위해 그루지야가 남오세티야를 공격하자 러시아군은 전격전을 전개해 그루지야 수도 인근까지 진격하였다. 세바스토폴에 주둔 중인 흑해함대가 무력 분쟁에 참가하자, 유셴코 대통령은 우크라이나 정부의 허가 없이 흑해 함대가 주변국의 무력분쟁에 개입하기 위해 출동한 것을 비난하였다. 러시아는 우크라이나가 그루지야를 지원하고, 그루지야군이 우크라이나에서 공급받은 무기를 전쟁에 사용하고 있다고 비난하였다. 8월 말 의회에서 러시아의 과도한 군사 작전을 비난하는 결의안을 통과시키려고 하자, 지역당은 물론 티모셴코 진영도 이를 반대하였다. 티모셴코는 이때부터 다음 대선을 의식하여 러시아를 자극하지 않는 자세를 보이기 시작한다. 2009년 초 가스값 인상을 둘러싸고 다시 한 번 가스 공급이 중단되는 사태가 발생했다. 2009년 가스 공급가로 러시아는 250

달러, 우크라이나는 201달러를 제시하여 협상이 결렬되었고, 러시아는 450달러의 가격을 요구하며 가스 공급을 중단하였다. 6일간의 가스 공급 중단 사태 이후 양측은 가스 공급가에 합의하였는데, 원칙적으로 앞으로 10년간 유럽에 공급되는 가격의 80%선에서 가격을 결정하기로 되었다.

2009년 1월 미국의 오바마 정권이 출발하며 미국의 정책 방향에 촉각이 모아졌다. 미국은 미사일방어 체제MD/Missile Defense System 문제로 악화된 러시아와의 관계를 개선하기 위해 러시아와의 관계를 '재정립reset' 한다고 발표했다. 오바마 대통령의 러시아 방문을 앞두고, 미국이 이란의 핵개발 억제를 위해 러시아의 협조를 받는 대신 우크라이나에서의 러시아의 영향력 확대를 용인할 것이라는 우려가 제기되었다. 그러나 6월 7-9일 러시아를 방문한 오바마는 뉴이코노믹스쿨New Economic School에서의 연설에서 "국가 주권은 국제 질서의 기초cornerstone"라고 선언하고 "모든 국가는 자신들의 지도자를 선택하고, 안전한 국경을 가지며, 독자적인 외교 정책을 추진할 권리를 갖는다"고 말했다. 또한 이러한 원칙은 "우크라이나와 그루지야를 포함한 모든 나라에 적용되어야 한다"라고 하여 러시아가 우크라이나와 그루지야에 정치적 압박을 가하는 것을 반대한다는 입장을 분명히 밝혔다(Kyiv Post, 2009.7.10). 그러나 그는 러시아에 이어 우크라이나를 바로 방문하지 않고 귀국함으로써 우크라이나에 대한 미국의 적극적 지원을 표현하지도 않았다. 러시아와의 관계 재정립을 내세운 오바마 행정부의 입장에서는 러시아를 자극하는 행동을 하지 않는 것이 당연했다. 7월 21-22일 우크라이나를 방문한 조지프 바이든 미국 부통령은 우크라이나 정치인들의 정쟁에 대한 우려를 표현하고, 나토 가입 문제는에 관해서는 우크라이나의 의사를 존중할 것이라는 원칙적 발언을 했다. 또한 IMF 지원을 잘 활용하여 경제 위기를 벗어나기를 기대하며, 에너지 분야 개혁을 통해 러시아에의 의존도를 낮출 것을 촉구했다. 바이든 부통령은 2010년 대선 주자로 나선 야누코비치, 티모셴코, 야체뉴크, 리트빈을 차례로 면담하였다(Kyiv Post, 2009.7.24). 바이든 부통령은 미국이 부시 행정부 때처럼 국내의 나토 가입 등 모든 외교 정책을 일방적으로 지원하지는 않는다는 메시지를 전달하고 돌아갔다. 미국은 일단 반 년 남은 우크라이나의 대선을 지켜보며, 대선 결과에 따라 새로운 대우크라이나 정책을 마련한다는 입장을 취한 셈이다. 우크라이나에 대한 미국의 자세가 관망세로 돌아선 것은 미국 정계와 정부 내에서도 우크라이나의 끊임없는 정쟁으로 '우크라이나 피곤증'이 조성되었기 때문이다. 8월이 되자 이번에는 러시아가 우크라이나에 대한 포문을 열었다. 러시아-그루지야 무력 분쟁 1주년을 맞아 8월 11일 러시아 메드베데프 대통령은 14개항에 달하는 우크라이나 비판 성명을 내었다. 우크라이나 외교 정책을 비롯하여 국내 문제에 이르기까지 러시아의 모든 불만을 담은 이 성명은 2010년 대선에 영향을 끼칠 목적으로 나온 것이 분명했다. 메드베데프는 우크라이나의 그루지야 지원, 나토 가입 노력, 흑해함대 문제 등에 대해 비판했을 뿐 아니라, 대기근 문제를 비롯한 우크라이나의 '역사 다시 쓰기' 노력도 비판했다. 또한 새로 임명한 주우크라이나 대사를 당분간 파견하지 않음으로써 대사 소환에 해당하는 외교 관계 경색을 선언했다. 유셴코 대통령은 이틀 뒤 이에 대한 성명을 내고 현재 우크라이나와 러시아 사이에 문제가 있는 것은 사실이지만, 러시아는 아무런 책임이 없는 것처럼 행동하는 것은 이해할 수 없다고 반박했다. 양국 사이의 큰 현안이 없는 가운데 러시아 국가 지도자로부터 나온 이러한 성명은 외교적으로 상당히 의외의 일로 받아들여졌다. 러시아의 입장에서는 대선까지 현 정권과 양국 관계 회복을 위한 어떠한 조치도 취하지 않을 것임을 선언하고, 아울러 대선 후보자들이 개별적으로 러시아에 접근하도록 만드는 상황을 조성하려고 한 것으로 볼 수 있다.

유셴코 정권의 친서방 외교 정책의 발목을 잡은 것은 국내정치와 러시아의 견제이다. 국민들에 대한 설득이나 국론 통일 없이 추진된 나토 가입 등이 격렬한 정치적 논쟁을 일으킨 것은 당연한 일로 볼 수 있다. 러시아는 서방과의 대립 정책을 추구하면서 구소련 지역에 대한 영향력 회복을 적극 추진하였으므로 유럽 통합을 우선 목표로 한 우크라이나를 강력히 견제하고 나서게 되었다(허승철 2009, p.242). 유셴코 정권의 친서방 일변도의 대외 정책은 근본적으로 우크라이나가 처한 지정학적 상황을 무시한 이상적인 정책이었고, 실리 추구 면에서 보면 유럽 통합이라는 목표는 성취하지 못하고 대신 러시아의 강력한 견제를 야기함으로써 득보다 실이 큰 결과를 낳고 말았다.

10.3.5. 유셴코 정권 평가

오렌지 혁명으로 등장한 유셴코 정권의 5년은 좌절과 시행착오로 점철된 기간이었다. 유능한 경제관료 출신이고, 민주적 성향의 지도자인 유셴코가 목표한 바를 제대로 이루지 못하고 물러난 것은 아쉬운 일이다. 차라리 유셴코가 서유럽 의회민주주의 국가의 지도자였더라면 자신의 뜻을 펴기가 쉬웠을 것이고, 우크라이나의 민주주의가 더 진전된 상황에서 대통령에 올랐더라면 국가에 더 큰 봉사를 할 수 있었을 것이라는 상상도 하게 만든다. 그가 재임기간 동안 정쟁에서 벗어나지 못하고, 국정 수행을 제대로 하지 못한 것은 대통령 개인적 잘못이나 능력 부족보다는 정치권의 내분을 조장하는 권력 구조에 기인한 바가 크다. 두 번의 총선과 연정구성에서 결정적인 정치적 실수를 한 그는 통치 능력을 회복하기 어려울 정도의 정치적 타격을 받았다.

유셴코 정권에서 이루어진 정치적 발전을 꼽는다면 그가 탈권위주의적인 지도자 상을 확립하여 앞으로 권위적이고 강압적인 지도자는 국민들이 더 이상 받아들이지 않게 되었다는 점을 들 수 있다. 또한 언론 자유가 확립되고 비교적 자유로운 시민 사회가 형성되었고, 자유선거 전통도 확립되었다. 또한 정치적 다원성이 확립되어 우크라이나가 중앙통제적인 권위주의 사회로 회귀할 가능성이 희박해졌다고 볼 수 있다. 그는 또한 우크라이나어의 발전과 확산, 민족문화의 발전에 많은 노력을 기울였고, 역사와 민속 전통을 살려 우크라이나의 정체성을 확립하는 데도 많은 업적을 남겼다. 그러나 그가 남긴 정치적 유산에는 부정적인 면도 많다. 독립 이후 우크라이나의 발전을 막는 고질적 병폐인 부패를 거의 줄이지 못하였고, 사회 정의 수립에도 실패했다. 자신의 독살 음모 사건을 해결하지 못한 것을 비롯해 부패한 정치인이나 기업인들을 법의 정의 앞에 세우지 못했다. 유셴코가 개인적으로 온화하고 타협적인 매너의 소유자라 하더라도 시대적 필요에 의해 중요한 계기에서는 강한 지도력을 발휘했어야 했다. 사회 정의 확립에 실패한 결과로 국가의 사법, 입법기관뿐 아니라, 경찰, 세무 등 하위 행정기관에 대한 국민의 신뢰가 아주 낮아졌고, 국가기관에 대한 낮은 공신력은 국가 운영의 효율성을 크게 저하시키는 결과를 가져왔다. 그루지야의 사카슈빌리 대통령이 시행한 것과 같은 과감한 정부 개혁과 부패 청산 작업을 시도하지 못한 것이 아쉬움으로 남는다. 외교적인 면에서는 WTO 가입 이외에 유럽 연합이나 나토 가입 등 주요 외교 목표를 제대로 달성하지 못하고, 러시아의 견제에 대한 적절한 대응 수단을 찾지 못해 많은 어려움을 겪었다. 후일 긴 역사적 관점에서 보면 유셴코 집권 기간은 수많은 내홍과 시행착오에도 불구하고, 우크라이나의 민주사회 발전 과정이 중단 없이 진행된 시기로 평가받을 것이다.

1991년 독립 선언에서 2010년 유셴코 정권 말까지 우크라이나는 여러 장애를 뛰어넘고 국가 건설 과정의 여정을 걸어왔다. 이전에 민족국가를 운영해 본 경험 없이 타율적으로 갑자기 독립을 얻은 신생 우크라이나는 민주적 정치 체제 확립, 경제 체제 전환, 강대국 사이에서의 실리 외교, 언어를 비롯한 민족문화 발전 등 많은 국가적 과제를 동시에 해결해야만 했다. 우선 독립을 확고히 하고 역사상 가장 넓게 소유한 영토의 국경선을 확정하고, 국가 행정 체제를 수립함으로써 주권 국가로서의 기초를 마련하는 데는 일단 성공을 했다. 이러한 국가 건설의 초기 과정이 아무런 내부적 충돌이나 유혈사태 없이 이루어진 것은 높이 평가할 만한 일이다. 끊이지 않는 정쟁 속에서도 실력 대결이나 충돌보다는 타협에 의해 중요한 고비와 위기를 넘겨 온 것도 우크라이나 정치 문화의 장점으로 볼 수 있다. 쿠치마 대통령이 연임한 것을 빼고는 선거 때마다 국민의 선택에 의해 지도가가 바뀐 것도 구소련에서 독립한 다른 국가에서는 유례를 찾아볼 수 없는 일이다. 미국의 프리덤하우스Freedom House로부터 2007년 이후 구소련권 국가 중에서 유일하게 '자유국가Free Nation'로 평가받아 온 우크라이나는 민주적 정치 문화 확립에서도 값진 성공을 거두었다고 볼 수 있다. 앞으로도 서구적 가치와 민주적 정치 문화는 계속 확산될 것이고, 사회가 권위주의적 과거로 근본적으로 회귀할 가능성은 희박하다. 서구 문화를 접해 본 인구가 계속 늘어나고, 고등교육의 확대로 민주적 가치와 원칙에 대한 존중이 높아질 것이 분명하다. 그러나 소련 시대보다 국민들의 생활이 크게 향상되지 않고, 분배 정의가 실현되지 않은 것은 앞으로 해결해야 할 숙제로 남아 있다. 앞으로 부패 척결을 통해 사회 정의를 확립하고, 시민들의 의식을 발전시키고 성숙시키는 일이 우크라이나가 선진국으로 진입하기 위한 선결 과제가 될 것이다.

10.4. 2010년 대통령 선거

2009년 여름 들어 경제 추락 속도가 줄어들고 경제가 L자형 정체기에 들어섰다는 분석이 나오기 시작했다. 유셴코, 야누코비치, 티모셴코 3두 정치인이 뚜렷한 승기를 잡지 못하고 고전하는 동안 정치권에는 새로운 후보가 나타나 주목을 받기 시작했다. 2008년 12월 지역당, 티모셴코당 양당에 의해 국회의장직에서 해임된 야체뉴크의 인기가 빠른 속도로 올라가기 시작한 것이다. 2009년 5월에야 대통령 피선거 연령인 35세에 도달한 야체뉴크는 세 정치인의 이전투구식 정쟁에 지친 유권자들에게 새로운 대안으로 떠오르기 시작했다. 30대에 경제장관, 외무장관, 국회의장을 거치고, 부패에 물들지 않은 수재형 정치인으로서 기존 정치 세력에 의해 박해를 받고 국회를 떠난 정쟁 희생자의 이미지도 가지고 있었다. 야체뉴크의 지지도는 계속 상승하여 2009년 여름 티모셴코와의 지지도 차이가 2-3% 이내로 줄어들었다. 우크라이나 대통령 선거는 1차 선거 1, 2위 득표자만 결선 투표에 나가게 되어 있어서 야체뉴크의 인기가 계속 올라가면 대권 경쟁이 야누코비치 대 야체뉴크의 대결로 바뀔수 있다는 전망이 나오기 시작했다. 실제로 야누코비치 진영에서는 결선 상대로 야체뉴크를 선호한다는 소문도 돌았다. 올리가르키 중 우크라이나 재산 서열 2위인 핀추크와 10위권인 피르타시, 유루셰프가 야체뉴크의 재정 후원자로 나서기 시작했다. 야체뉴크의 정치적 성장을 계속 후원한 유셴코가 대통령 재선을 포기하고 야체뉴크를 지원하면 대선 승리까지도 점쳐볼 수 있는 상황이 되었다.

러시아는 2004년 오렌지 혁명 당시의 실책을 교훈 삼아 우크라이나 대선 과정에 직접 개입하는 모습을 보이지 않으려고 노력했다. 선거 결과를 예측할 수 없는 상황에서 2004년처럼 어느 한 후보에 모든 것을 걸어 운신의 폭을 좁힐 필요가 없었다. 야누코비치에 대한 공개적 지원 의사도 표현하지 않았고, 오히려 티모셴코가 대통령이 되어도 양국 관계를 통제할 자신이 있는 것이 아닌가 하는 추측도 나돌았다. 푸틴은 티모셴코와의 회동 때마다 우호적인 모습을 보였고, 티모셴코는 이를 최대한 선거 홍보에 활용했다. 그러나 2009년 8월 9일 러시아와 그루지야 전쟁 발발 1주년을 맞아 러시아의 메드베데프 대통령은 자신의 홈페이지를 통해 유셴코 정권을 강력히 비난하고 나섰다. 그루지야와의 전쟁 당시 우크라이나가 그루지야를 지원했다는 빌미로 공격에 나섰지만, 우크라이나 대권 주자 모두가 러시아를 자극하지 않으려고 애쓰는 상황에서 일방적 공격 형식으로 나온 것이라 많은 사람들이 당혹했다. 메드베데프 대통령의 외교적 공세는 우크라이나의 대외 정책을 빌미로 한 것이었지만 실제적 목표는 대선 향방을 두고 우크라이나 국민들에게 대해 일정한 메시지를 전하기 위한 것이 분명했다. 즉 오렌지 세력이 재집권하고 친서방 정책과 나토 가입을 추구하는 경우, 러시아로서는 이를 좌시하지 않고 우크라이나 제재에 나서겠다는 의사를 표현한 것으로 보는 것이 정확하다.

2009년 가을 들어서면서 경제 상황도 침체 속에 더 악화되지는 않고, 정세도 크게 달라지지는 않았다. 그러나 야체뉴크의 지지도가 시간이 갈수록 떨어지기 시작했다. 야체뉴크의 지지율 하락은 잘못된 선거 전략에서 비롯됐다. 야체뉴크의 재정 후원자로 나선 핀추크과 피르타시는 러시아의 소위 '선거 기술자Political technologists'들에게 야체뉴크 선거 홍보를 맡겼는데 그들이 선택한 전략은 야체뉴크를 푸틴 스타일의 강력한 이미지의 정치인으로 나타내는 것이었다. 대통령 후보자 중 가장 먼저 대형 거리 홍보판을 이용하여 후보자 홍보에 나선 야체뉴크 선거 캠프는 그를 군지도자와 같은 이미지로 나타내기 시작했다. 물론 많은 국민들이 오랜 정쟁에 지치고, 사회가 안정되기를 바라고는 있지만 권위주의적 지도자의 출현을 바라고 있는 것은 아니었다. 35세의 나이에 앳된, 수재형의 얼굴을 가지고 있는 야체뉴크를 군지도자와 같은 이미지로 변신시키는 것은 처음부터 잘못된 전략이었다. 국민들이 야체뉴크를 대안적 정치인으로 선호한 것은 그의 깨끗한 이미지와 경제전문가로서 경제 상황을 개선시킬 수 있을 것이라는 기대감 때문이었다. 그의 외교 전략도 많은 혼란을 야기했다. 유럽 통합 노선 대신 '대유럽연합Grand Europe'이라는 새로운 개념을 내세웠다. 기존의 유럽연합에 CIS권이 느슨하게 집단적으로 가담하는 유라시아 대륙 전체의 연합체를 우크라이나 주도로 만들겠다는, 현실과 동떨어진 외교 전략에 많은 사람들이 실망했고, 그의 지지 기반인 서부 지역 지지표를 잃어버리는 결과를 가져왔다. 그러나 야체뉴크에 결정적 타격을 가한 것은 그이 유대인 혈통 논란이었다. 본인의 분명한 부인에도 불구하고 혈통 논란은 계속되었고, 이는 그의 지지율을 추락시키는 결정적인 원인이 되었다. 야체뉴크의 급격한 부상에 가장 큰 위기감을 느낀 티모셴코 진영이 집요하게 이 문제를 이슈화한 것이 효과를 본 것이다. 10월이 되면서 야체뉴크의 지지율은 6-7%대로 떨어져 야누코비치-티모셴코 2강 구도에서 완전히 밀려나고 말았다. 가을이 되면서 새롭게 부상하기 시작한 후보는 티깁코이다. 그는 2004년 대선 당시, 야누코비치 대신 유셴코에 대항할 후보로 많이 거론되었으나 쿠치마 후계자로 지목되지 못하였고, 야누코비치 선거본부장을 맡았으나 2차 선거 일주일 만에 야누코비치와 결별하고 나와 금융 사업에 전념했다. 국립은행장과 경제장관을 역임하여 유셴코와 비슷한 테그노그래트 경력을 쌓았고, 오렌지 혁명 후 5년간 정치에 일절 관여하지 않는 전략을 취해 국민들은 과거 야누코비치와의 관계를 문제 삼지 않고 그를 오히려 '새로운 후보new face'로 받아들였다. 그는 막강한 선거 자금을 바탕으로 효과적인 선거운동을 전개해 12월에는 야누코비치, 티모셴코 다음의 3위의 지지를 확보하는 후보가 되었다. 그는 인터넷과 휴대폰 문자서비스 등을 이용한 현대적 선거운동도 효과적으로 펼쳤다. 유셴코, 티모셴코, 야누코비치 3인의 정쟁에 지친 국민들은 티깁코와 야체뉴크를 이들을 대신할 수 있는 새 세대의 정치인으로 보았고, 진보 성향의 지식층들과 대학생들이 이 두 후보의 지지군을 이루었다. 그러나 두 사람이 결선 투표에 올라가지 못함으로써 두 후보를 지지한 사람들은, 결선에서

야체뉴크

는 좋으나 싫으나 티모셴코와 야누코비치 중 한 사람을 선택해야 하는 상황에 직면하게 되었다. 결선에서의 이들의 선택은 긍정적인 면에 바탕을 둔 적극적 지지보다 누가 결점이 적고, 비호감도가 낮은가가 기준이 되는 소위 '약한 악당lesser evil'의 선택 상황으로 전개될 가능성이 커졌다(허승철 2010, pp.298-300).

2009년 11월 신종 플루가 급격히 확산되면서 선거 정국의 변수로 작용했다. 국제적인 신종 플루 확산 추세에도 불구하고 10월 말까지 이상하리만치 발병 건수가 없다가 11월 되면서 서부 지역부터 굉장히 빠른 속도로 신종 플루가 확산되었다. 12월 중순에는 약 150만 명이 감염되고, 500명 가까이 신종 플루 관련 질병으로 사망한 것으로 나타났다. 또한 변종 플루가 빠르게 확산되고 있다는 소문도 나돌았다. 정치인들이 신종 플루 확산을 정치적 무기로 삼는다는 비판이 강하게 나왔다. 신종 플루가 크게 확산되면 그 책임이 정부를 이끌고 있는 티모셴코에게 돌아가고, 질병으로 국가적 비상사태가 오면 이를 근거로 대통령 선거까지 연기할 수 있기 때문이다. 처음에 수세에 몰렸던 티모셴코는 특유의 순발력을 발휘하여 모든 학교에 3주간 휴교령을 내리고, 10명 이상의 대중 집회를 금지하였다. 또한 신종 플루 치료약이 도착하였을 때 공항에까지 나가 이를 인수하는 모습을 TV에 보이기까지 하였다. 대통령 선거를 두 달 앞둔 시점에서 집회 금지가 내려진 것은 야당 측에 크게 불리하게 작용하였다. 또 12월 들어 신종 플루가 진정되면서 티모셴코는 오히려 과감하고 적극적 대처로 신종 플루 확산을 막은 공로자로 인식되며 전화위복의 상황을 만들었다. 그러나 신종 플루의 위기 상황도 결정적으로 선거 상황을 뒤집지는 못하였다. 2009년 12월 말 후보별 지지도를 보면 야누코비치가 28-33%, 티모셴코가 18-22%, 티깁코 7-8%, 유셴코 5-6%, 야체뉴크 5% 내외, 리트빈 2% 내외였다. 1차 선거에서 어느 후보도 40% 이상의 득표가 어려운 상황이 되면서, 결선 투표까지 갈 것이 분명해 보였다. 중위권 후보들과 어떻게 연합을 하느냐에 따라 대선의 향방이 크게 좌우될 수 있는 상황이 되었다. 지지율에서 야누코비치에 비해 10% 가까운 열세를 보이고 있던 티모셴코는 부동표를 최대한 흡수하여야 하고, 지지 기반인 젊은 유권자들을 결선 투표에 최대한 참여시켜야 하는 입장이 되었다.

우크라이나 대선에 대해 주요 국가는 신중한 태도를 보였다. 러시아는 특정 후보에 대한 공개적 지지 표시를 유보한 것은 물론, 가스 채무로 우크라이나를 압박하지 않았다. 2009년 연말 나프토가스가 변제해야 12월 가스 수입 비용을 지급 시한을 4일 연기해 주면서 '크리스마스 선물'이라는 표현도 썼다. 또 경기 침체로 우크라이나가 원래 계약했던 가스 수입량을 1/3 정도 축소하게 되면서 위약금을 지불해야 할 상황이었지만 위약금을 면제해 주었다. 미국은 횡령, 돈세탁 등 여러 죄목으로 미국 감옥에 수감되어 있는 전 총리 라자렌코에 대한 수사 확대를 중지하고, 법원에서도 감형을 선고했다. 미국 수사 당국의 이러한 조치는 라자렌코에 대한 수사가 진전되면 가스 사업 파트너였던 티모셴코에게 벌어질지도 모르는 불리한 상황을 고려한 것으로 볼 수 있다. IMF는 4차 지원금인 20억 달러의 지급을 연기하여 대선에 중립적 태도를 보였다. 재정 위기를 타개하기 위해 티모셴코는 4차 지원금 조기 수령을 원했으나 IMF는 지원 조건을 지키지 않았다는 이유로 이를 거절했다. 대신 우크라이나 외환보유고를 활용하여 러시아의 가스 채무 9억 달러를 변제할 수 있도록 임시 조치를 취했다. 3차까지의 지원금이 지원조건에 대한 까다로운 평가 없이 지원된 것에 비하면 강경한 조치로 볼 수 있다. 선거 직전 20억 달러를 지원하면 티모셴코에게 유리한 상황이 전개될 것을 염려하여 4차 지원금은 대선 이후에 지원한다는 입장을 취한 것이다. 유럽 연합과 개별 국가들도 우크라이나 선거에 대해 특별한 입장 표명을 하지 않았다. 2004년 대선 때와 같은 조직적 부정이 저질러지는 것이 불가능하다고 보았기 때문에 국제 신거 참관단 수도 크게 줄었다.

정계와 재계가 동거 상태에 있다시피한 우크라이나에서는 올리가르키들의 지원이 선거에 큰 영향을 미치고, 역으로 그들의 동향이 선거 방향을 알려주는 풍향계가 되기도 한다. 2009년 하반기까지는 올리가르키들이 티모셴코 쪽으로 모이는 양상을 보였으나, 시간이 지나도 티모셴코가 야누코비치와의 지지율 차이를 좁히지 못하자, 올리가르키들의 지지도 양분되었다. 우선 야누코비치를 지원하는 입장이 확고한 기업가로는 아흐메토프, 피르타시, 콜레스니코프Boris Kolesnikov, 클류예프Andriy Klyuev 등이 있었다. 티모셴코를 지지하는 기업가로는 4위 재벌인 제바고Zhevago, 돈바스산업연맹의 타투라Tatura와 가이두크Gayduk, 자동차 재벌 바사제Tariel Vasadze 등을 꼽을 수 있었다. 2위 재벌인 핀추크와 하리코프 재벌 야로슬랍스키Oleksandr Yaroslavsky는 신중한 입장을 취하였다. 선거의 결과에 따라 기업의 운명이 좌우될 것으로 보고, 한쪽 후보의 당선을 막으려는 재벌도 있었다. 티모셴코에 의해 가스중계 사업권을 빼앗긴 러시아우크라이나에너지회사RosukrEnergo의 피르타시와 프리바트그룹의 콜로모이스키는 티모셴코의 낙선을 바라는 태도를 취했다.

18명의 후보가 출마한 2010년 1월 17일 대통령 1차 선거는 2강(야누코비치, 티모셴코), 3중(유셴코, 티깁코, 야체뉴크), 3약(리트빈, 시모넨코, 그리첸코) 구도를 보였다. 2004년 대선과 비교하여, 친러시아, 친서방 정책, 러시아어 공식 언어 인정 문제 등은 큰 선거 이슈가 되지 못하고, 경제 문제가 가장 중요한 선거 쟁점이 되었다. 야누코비치와 티모셴코 사이에는 경제 위기에 대한 책임론이 주논쟁거리가 되었고, 티깁코와 야체뉴크 같은 신진 후보들은 기존 3두 정치인들에 대한 실망감에 호소하여 세대 교체론을 내세웠다. 야누코비치와 티모셴코가 2차 결선에 올라가는 것이 확실해졌고, 두 후보 모두 과반수 득표가 어려운 상황에서는 연정 구성에서와 마찬가지로 1차 선거 3, 4위 후보와의 연합이 승부를 가를 수도 있는 상황이 되었다.

1월 17일 1차 선거는 비교적 평온하게 치러졌다. 투표율은 66.76%로 2004년 대선 1차 선거보다 8% 정도 낮아졌다. 투표율이 하락한 것은 2004년에 비해 정치적 무관심이 커지고, 부동층이 많은 탓도 있지만, 2차 선거에 야누코비치와 티모셴코가 올라가는 것이 거의 확실시되는 상황이었으므로 1차 선거 승부에 대한 유권자들의 관심이 적었기 때문이다. 1차 선거 결과는 야누코비치 35.32%, 티모셴코 25.05%, 티깁코 13.05%, 야체뉴크 6.96%, 유셴코 5.45%, 시모넨코 3.54%, 리트빈 2.35%, 탸그니보크Oleg Tyagnibok 1.43%, 그리첸코 1.20%로 나왔다. 1차 선거 결과에는 대략 12월 말의 각 후보자의 지지도가 그대로 반영되었다. 최대의 이변이라면 티깁코의 선전이었다. 2009년 하반기 야체뉴크의 인기가 12-13%에서 5-6%로 급강하하는 동안 티깁코가 대안적 지도자로 떠오른 것이 선거에 그대로 반영되었다. 현직 대통령 유셴코가 5%대의 지지율에 머무른 것도 눈여겨봐야 할 대목이다. 지난 5년간의 혼란은 그의 개인적 책임보다는 헌법제도의 문제점, 3두 정치인 간의 치열한 정쟁과 상호 견제가 좀더 큰 원인으로 작용했지만, 야누코비치와 티모셴코가 현 정권에 대한 대안으로 떠오르는 상황에서는 유셴코는 모든 정치적 책임을 떠맡는 희생양이 될 수밖에 없었다.

2007년 9월 총선과 비교해 보면 야누코비치는 약 1% 정도 지지율이 오른 반면, 티모셴코는 약 6%의 지지율을 상실하였다. 투표수로는 약 100만 표를 잃은 것이다. 경제 위기에 대한 책임이 티모셴코의 지지율 감소의 가장 큰 원인으로 작용한 것은 분명했다. 투표 결과를 지역적으로 분석해 보면, 티모셴코의 지지율이 부진한 원인은 오렌지 세력 지지 지역이었던 중부 지역의 투표율이 낮았고, 서부 지역에서도 고전을 했기 때문이다. 선거에 임박해 러시아와 밀착하는 모습을 보인 것은 양날의 칼로 작용했다. 티모셴코는 러시아가 의도한 대로 서부 지역 표는 상실하였지만, 대신 헤르손, 미콜라예프 같은 남부 지역에서는 선전하였다. 그러나 중부, 서부 지역에서의 부진의 좀더 큰 원인은 야체뉴크나 티깁코 같은 대안적 후보가 나왔기 때문이다. 특히 티모셴코 지지층이었던 젊은 유권자들이 이 두 후보에게로 돌아선 것도 불리하게 작용했다. 야누코비치는 자신의 지지율을 높이기 위한 적극적 선거운동을 하지 않고, 티모셴코 책임론을 부각시켜 반사이익을 얻는 소극적 전략을 폈는데, 선거 결과에서 지지율에 큰 변화가 없는 것으로 나타났다. 1차 선거 결과로 보면, 예상대로 3, 4위 후보가 누구와 연합하는가가 2차 선거의 결과를 좌우할 수 있는 상황이 되었다. 티깁코는 선거 4일 만에 야누코비치, 티모셴코 어느 후보와도 연합하지 않는다고 밝혔다. 야체뉴크도 기성 정치 세력 물갈이가 자신이 출마한 목적이므로 양 후보 어느 쪽과도 손을 잡을 생각이 없다고 밝혔다. 티깁코 지지표를 빼고 보면 친서방 오렌지 진영 후보들(티모셴코, 유셴코, 야체뉴크, 리트빈, 그리첸코)의 표와 친러시아 진영 후보(야누코비치, 시모넨코)의 표가 대략 40% 대 40%로 대등하게 분산된 것으로 볼 수 있다. 그러나 문제는 친서방 오렌지 진영의 표가 여러 후보에게 분산된 반면, 친러시아 진영은 야누코비치에게 표가 집중되어 결선 투표에서 유리한 입장에 서게 되었다.

2010년 1월 대통령 1차 선거 후보자별 득표율

후보자	득표율
1. 야누코비치	35.34%
2. 티모셴코	25.04%
3. 티깁코	13.05%
4. 야체뉴크	6.96%
5. 유셴코	5.45%
6. 시모넨코	3.54%
7. 리트빈	2.35%
8. 탸그니보크	1.43%
9. 그리첸코	1.20%
10. 보고슬롭스카	0.43%
11. 모로즈	0.38%
12. 코스텐코	0.22%
13. 수프린	0.19%
14. 프로티브시흐	0.16%
15. 파바트	0.14%
16. 라튜시냐크	0.12%
17. 브로드스키	0.06%
18. 랴보콘	0.03%

1차 선거 후 티모셴코가 티깁코, 야체뉴크의 지지를 확보하는 데 실패함으로써, 2차 선거는 그녀에게 힘든 싸움이 되었다. 1차 선거 후 2월 7일까지 3주 동안 대세를 뒤바꿀 준비된 카드를 보이지 못

하거나 국면 전환을 일으킬 만한 정치적 사건이 없다면, 야누코비치가 승리할 것이라는 전망이 우세했다. 티모셴코는 2차 선거가 부정으로 치러질 가능성이 높고, 그러면 제2의 오렌지 혁명이 일어날 것이라는 위협 이외에 별다른 정치적 카드를 보이지 못했다. 두 후보 간의 정책 토론과 마지막 대국민 유세가 될 수 있는 2월 1일 대선 후보 TV토론에 야누코비치는 출현하지 않아서 100분의 토론은 티모셴코가 단독으로 끌고 나갔다. 연설과 토론에 능하지 못하고, 말실수가 잦은 편인 야누코비치는 자칫 TV토론에서 실수라도 하면 1차 선거의 우위를 단번에 날려 버릴 수도 있기 때문에 극도의 조심성을 보인 것이다. 2월 7일 조용한 분위기 속에 치러진 2차 선거에서 야누코비치가 48.95%, 티모셴코가 45.47%를 획득하여 야누코비치가 약 88만 표 차로 승리했다. 티모셴코는 2차 선거 결과에 불복하여 2월 14일 고등행정법원에 소송을 제기하였고, 2월 17일 행정법원은 이를 받아들여 심리에 착수했으나, 2월 20일 티모셴코의 소송을 기각함으로써 야누코비치가 2010년 대선의 최종 승자가 되었다. 각국 정부가 대선이 비교적 공정하게 치러졌다고 평가한 것과 출구 조사와 투표 집계 사이에 큰 차이가 나지 않은 것도 부정 선거 시비를 잠재우는 데 중요한 역할을 했다(허승철 2010, pp.313-314). 2010년 2월 25일 야누코비치 당선자는 마이단 광장의 국민들 앞에서 성대한 취임식을 갖는 대신, 의회에서 조용히 취임식을 갖고 대통령 직무를 시작하였다. 2010년의 '국민의 선택'이 현명한 것이었는지에 대한 평가는 후일의 역사가들의 몫이다.

야누코비치 대통령

10.5. 우크라이나의 과제

제1차 세계대전부터 2010년까지 약 1세기는 극심한 고난과 예기치 않은 축복이 우크라이나에 함께한 시기였다. 제1차 세계대전, 제정러시아의 붕괴, 볼셰비키 혁명, 내전, 집단화, 대기근, 대숙청, 제2차 세계대전 등 20세기 전반 우크라이나 국민은 세계사에 유례가 없는 고난과 질곡의 역사를 통과해 왔다. 그러나 이후 반세기의 소련 시대를 지나 1991년 키예프 루스 이후 열망해 왔던 독립국가를 얻은 것은 역사의 큰 축복이었다. 우크라이나인들이 거주하는 지역을 거의 포함한 역사상 가장 넓은 영토를 가지고 출발한 독립 우크라이나는 지난 20년간 국가 건설nation-state building 과업을 힘겹게 진행해 왔다. 소련 제2의 연방공화국이었고, 광대한 토지와 인구, 자원을 가지고 출발한 우크라이나는 하드파워 면에서는 독립국가로 출발할 수 있는 충분한 기반을 가지고 있지만, 소프트 파워와 사회적 자본 면에서는 빈약한 자산을 안고 출발한 신생독립국이었다. 민족국가 경영 경험이 전무 하다시피 하고, 애국심으로 무장한 훈련된 엘리트가 부족한 상태에서 국가 건설을 해 나가는 것은 쉬운 일이 아니었다. 역사가 남겨 준 부정적 유산과 부채라고 할 수 있는 뿌리 깊은 지역 대립, 국가적 단합을 거부하는 분열적 정치적 전통은 독립 후에도 국가 발전의 걸림돌로 작용해 왔다. 전략적 요충에 자리 잡은 지정학적 환경으로 인한 강대국의 과도한 간섭과 이를 이용하여 국내적 정치 목적을 달성하려는 정치 지도자들의 외세의존성도 코자크 시대와 크게 달라지지 않았다. 그러나 발전과 변화의 속도가 더디다고 해서 독립 후의 모든 과정이 부정적 평가를 받을 필요는 없다. 신생국과 슬라브 지역에서 유례를 찾아볼 수 없는 평화적 정권 교체의 전통과 정치 세력 간의 균형적 공존 상태의 확립은 높이 평가받을 만한 정치 문화의 한 부분이다. 특히 오렌지 혁명 때 보여 준, 집권층의 불의에 대한 항거 정신과 성숙한 시민 의식은 앞으로 우크라이나가 위기에 봉착할 때 언제든지 다시 발현될 수 있는 민족적, 사회적 자산이 되었다.

독립을 스스로 쟁취했건, 주변 정세의 변화로 손쉽게 얻었건 신생독립국가의 국민은 그 독립을 유지해 나가기 위해 짊어져야 하는 의무와 과제가 있다. 역사적으로 사실상 처음 갖게 된 자주독립국가를 소중히 여기고, 개인이나 정파, 지역의 이익보다 국가적 이익과 번영을 먼저 생각하는 애국심 없이는 끊임없는 외부의 도전을 이겨 내고 독립과 주권을 지켜 내는 것이 불가능하다. 가지고 있는 자산을 잘 활용하여 경제적 자생력을 갖추고, 국가 주권과 민족정체성을 지키겠다는 국민들의 단합된 의지로 무장한 다음, 변동하는 유라시아 국제정치의 현실에 현명하게 대응할 수 있는 외교적 능력을 갖추는 것이 21세기의 우크라이나의 과제가 될 것이다. 기성세대는 자신들의 행동과 선택에 따라 후손들의 운명이 크게 달라질 수 있다는 점을 깨닫고 자기희생의 정신을 발휘해야 하고, 자라나는 세대에게 진정한 독립국가에서 살아가는 국민으로서 담당해야 할 책무와 애국심을 가르치는 것도 중요하다. 슬라브의 어머니인 키예프 루스의 영광과 코자크 시대의 자유정신과 민주 전통, 독립 후 어려운 시기에 보여 준 국민적 인내, 오렌지 혁명의 시민적 성숙성과 저력을 자랑스러운 역사적 기억으로 갖고, 독일의 사상가 헤르더가 예언한 대로 '새로운 그리스' 같은 정의롭고 부강한 문명국을 만들어 나가는 것이 우크라이나 국민들의 역사적 과제일 것이다.

부록 우크라이나 역사 및 사건 연표

1. 고대-소련 시대

기원전 9-7세기	키메리아 문명
기원전 7-3세기	스키타이 문명
기원전 7-6세기	우크라이나 남부 지역 그리스 식민지 발생
기원후 4-7세기	동슬라브족 분화
기원후 8-9세기	정교회 문명 도입 시작
882-912년	올레크 공후 시대
912-945년	이고르 공후 시대
945-964년	올가 여제 시대
964-972년	스뱌토슬라프 시대
980-1015년	블라디미르 대공 시대
988년	정교회 국교로 공인
1019-1054년	야로슬라프 현제 시대
1037년	소피아 사원 건립
1113년	네스토르 연대기 〈지나간 시대의 이야기〉 저술
1113-1125년	블라디미르 모노마흐 대공 시대
1187년	〈원초 연대기〉에 키예프와 페레야슬라프 지역 명칭으로 '우크라이나' 최초로 언급
1199년	므스티슬라보비치 볼리니아와 갈리치아 통합
1237-1240년	몽골군 키예프 루스 침공
1362년	리투아니아군 킵차크한국 격파, 키예프 해방
1385년	리투아니아-폴란드 왕조 연합(크레보 조약)
1387년	갈리치아 폴란드에 병합
1449년	크림한국 설립
1480년	킵차크한국 키예프 루스 지배 종료
1529년	1차 리투아니아 법전
1554-1556년	자포로지아 시치 건립

1566년	2차 리투아니아 법전
1569년	루블린 연합
1572년	폴란드국왕 시기즈문드 Ⅱ세 아우구스트 코자크 등록 시작
1580년	오스트로크에서 최초의 우크라이나어 성경 인쇄
1591-1593년	코신스키 주도 코자크-농민 반란
1594-1596년	날리바이코 주도 코자크-농민 반란
1596년	브레스트 연합
1616년	사가이다치니의 농민 해방 전쟁
1621년	코자크 대 폴란드군 호틴 전투
1648-1676년	헤트만 국가 시대
1648년	흐멜니츠키 봉기
1649년	흐멜니츠키, 폴란드와 즈보리스키 강화 조약
1651년	흐멜니츠키의 베레스테치코 전투 패배, 빌라 체르크바 강화 조약
1654년 1월 8일	페레야슬라프 협약
1657년	흐멜니츠키 사망
1657-1659년	헤트만 비곱스키
1659-1663년	헤트만 유리 흐멜니츠키
1663-1668년	좌안 헤트만 브류호베츠키
1663-1665년	우안 헤트만 테테리
1665년	좌안 자치 박탈
1665-1676년	우안 헤트만 도로셴코
1667년	안드루소보 조약
1668-1672년	좌안 헤트만 므노고그리슈니이
1672-1687년	좌안 헤트만 사모일로비치
1676-1681년	우안 헤트만 흐멜니츠키
1677-1681년	모스크바-터키 전쟁, 바흐치사라이 강화 조약
1687-1708년	헤트만 마제파
1709년 6월	폴타바 전투
1708-1722년	헤트만 스코로파드스키
1722년	1차 헤트만 제도 철폐
1722-1724년	임시 헤트만 폴루보토크
1727-1734년	헤트만 아포스톨

1734년			2차 헤트만 제도 철폐
1750-1764년			헤트만 로주몹스키
1768년			우안 식민화 시작
1772년			1차 폴란드 분할
1775년			자포로지아 시치 철폐
1783년			크림 반도 러시아 복속
1787-1791년			러시아-터키 전쟁
1793년			폴란드 2차 분할
1794년			오데사시 설립
1795년			폴란드 3차 분할
1798년			코틀랴렙스키 《에네이다》 출판
1802년			체르니키프주, 폴타바주 설치
1805년			하리코프대학 설립
1812년	6월		나폴레옹 러시아 침공
1814년	3월	9일	타라스 셰브첸코 탄생
1830-1831년			폴란드 독립 운동
1834년			성 블라디미르 키예프 대학 설립
1840년			셰브첸코 《유랑시인》 출간
1646-1847년			키릴-메포디 형제단 활동
1853-1856년			크림 전쟁
1861년	2월		러시아 농노해방 선언
1861년	3월	10일	타라스 셰브첸코 사망
1861-1862년			페테르부르크에서 우크라이나어 잡지 《오스노바》 발간
1863년			발루예프 포고, 우크라이나 서적 판매 금지 및 우크라이나어 교육 금지
1863년			추빈스키 시 〈우크라이나는 아직 죽지 않았다〉 발표
1867년			오스트리아-헝가리제국 탄생
1868년			리비프에서 계몽회 결성
1874년			'브나로드' 운동 본격 시작
1876년			엠스 칙령 발표, 모든 우크라이나 서적 출판 금지
1876-1879년			'땅과 자유' 활동
1890년			러시아-우크라이나 급진당 창당
1891년			우크라이나인 캐나다 최초 이민

1900년			우크라이나혁명당 하리코프에서 창당
1902년			우크라이나인민당 창당
1904년			우크라이나민주당 창당
1905년	1월		상트페테르부르크 '피의 일요일'
			사회민주당계 'Spilka' 창당
1906년	4월		두마 1차회기 시작
1907년	2월		두마 2차회기 시작
1911년			스톨리핀 수상 키예프 오페라하우스에서 암살
1914년	7월		제1차 세계대전 발발
1917년	3월	4일	우크라이나 중앙 라다 설립
	4월	5일	전 우크라이나 국민의회 개최
	6월	10일	1차 우니베르살 발표, 우크라이나 자치 선언
	6월	15일	빈니첸코 중앙 라다 서기장 취임
	7월	3일	2차 우니베르살 발표
	10월	23일	우크라이나 과학아카데미 설립
	10월	25일	러시아 임시 정부 전복, 볼셰비키 정권 장악
	11월	7일	3차 우니베르살, 우크라이나 국민공화국 선포
	12월	4일	전 우크라이나 노동자, 병사, 농민대회 개최
	12월	12일	하리코프에서 볼셰비키 주도 우크라이나 공화국 선포
1918년	1월		루마니아군 베사라비아 점령
	1월	11일	4차 우니베르살 발표, 우크라이나의 완전 독립 선언
	3월	1일	우크라이나 국가 문양, 화폐, 시민권에 대한 법안 통과
	3월	3일	브레스트에서 러시아 강화 조약 체결
	4월	29일	중앙 라다 우크라이나공화국 출범 선포, 그루셉스키 대통령 취임
	4월	29일	스코로파드스키 전 우크라이나 헤트만 취임
	10월	18일	리비프에서 우크라이나 국민회의 출범
	12월	13일	서부우크라이나 공화국 선포
	12월	13일	빈니첸코 우크라이나 공화국 집정정부 수반 취임
	12월	14일	스코로파드스키 헤트만 정부 해체
1919년	1월		볼셰키비 병력 우크라이나 좌안 점령
	2월	11일	페틀류라 집정정부 수반 취임
	3월	6일	볼셰비키 우크라이나 사회주의공화국 선포

	6월		데니킨 백군 우크라이나 진입
	6월	25일	연합국 갈리치아 폴란드 편입 결정
	8월	30일	데니킨 백군 키예프 점령
	8월		우크라이나 공산당(보로트비스트) 창당
	12월	7일	볼셰비키군 우크라이나 3차 진군
	12월	16일	볼셰비키군 키예프 진입
1920년	4월	15일	폴란드-우크라이나 혼성군 우크라이나 진군
	5월	18일	전 우크라이나 정교회 회의 독립교회 선언
1921년	6월	12일	볼셰비키군 키예프 재진입
	10월	18일	러시아연방공화국 소속 크림자치공화국 선포
1922년	12월	30일	1차 우크라이나 소비에트 회의, 소연방 수립
1928-1932년			제1차 5개년 계획
1929년			농업집단화 시작
1932-1933년			대기근
1933-1937년			제2차 5개년 계획
1937년			스탈린 헌법 제정
1938년	10월	18일	트랜스카르파티아 자치 획득
1939년	8월	23일	독소불가침 조약
	9월	1일	제2차 세계대전 발발
1940년	6월		북부 부코비나와 베사라비아 소련 병합
1941년	7-9월		키예프 공방전
1942년	10월		우크라이나 저항군UPA 조직
1944년	10월		소비에트군 트랜스카르파티아 탈환
1945년	2월		얄타회담
	5월	6일	샌프란시스코 강화회의 시작
	5월	9일	나치 독일 항복
1946-1947년			우크라이나 기근 발생
1949년			흐루시초프 후임으로 멜니코프 우크라이나 공산당 제1서기 취임
1953년	3월	5일	스탈린 사망
1954년	2월	19일	우크라이나공화국에 크림 양도
1956년	2월		20차 공산당회의에서 흐루시초프 스탈린 비판 연설
1963년	2월		포드고르니 후임으로 셸레스트 우크라이나 공산당 제1서기

			취임
1972년	2월		셸레스트 제1서기 해임, 후임 셰르비츠키 취임
1976년	10월		우크라이나 헬싱키그룹 결성
1985년	4월		페레스트로이카 시작
1986년	4월	26일	체르노빌 원전 사고
1989년	9월		루흐 결성

2. 독립 우크라이나 시대

1990년	3월	18일	최고회의 선거
	6월	4일	이바시코 최고회의 의장 취임
	7월	16일	최고회의 국가주권 선언
	7월	23일	크라프추크 최고회의 의장 취임
	10월	2-17일	대학생 단식 투쟁으로 마솔 총리 사임, 후임에 포킨 임명
1991년	3월	17일	소연방 유지에 대한 국민투표
	8월	1일	부시 미국 대통령 최고회의에서 독립 움직임에 대한 경고 연설
	8월	19-21일	모스크바 좌파 쿠테타 실패
	8월	24일	우크라이나 독립 선언
	8월	30일	우크라이나 공산당 불법화
	12월	1일	독립안에 대한 국민투표와 대통령 선거, 크라프추크 대통령 당선
	12월	8일	러시아, 우크라이나, 벨로루스 3국 지도자 소연방 해체 선언
	12월	21일	11개 공화국 지도자 CIS창설 선언(알마티)
1992년	1월	2일	러시아 가격자유화 시행으로 우크라이나도 가격자유화 시작
	3월		라노비 경제장관 경제개혁프로그램 제출
	9월	3일	우크라이나 IMF 가입
	9월	30일	크라프추크 대통령 포킨 수상 해임
	10월	13일	쿠치마 총리 임명
	11월	18일	쿠치마 총리 경제개혁 6개월 특별 권한 부여받음
1993년	1월	26일	유센코 국립은행장 취임
	6월		돈바스 광부 10일간 파업
	6월	24일	러시아, 우크라이나 무역자유 협정 체결

	8월	31일	쿠치마 총리 사임
	9월		루블존 해체
	9월	22일	즈뱌길스키 총리 임명
	9월	24일	크라프추크 대통령과 의회 초기 총선 및 대통령 선거 합의
1994년	1월	14일	미국, 러시아, 우크라이나 대통령 우크라이나 비핵화 3자 협정 서명
	2월	3일	우크라이나 의회 START-I 비준
	3월	27일	총선 1차 선거
	4월	10일	총선 2차 선거
	5월	20일	모로즈 국회의장 취임
	6월	16일	크라프추크 대통령 마솔 총리 임명
	6월	26일	대통령 1차 선거
	7월	10일	대통령 2차 선거, 쿠치마 당선
	10월	11일	쿠치마 대통령 급진 경제 개혁안 의회 연설
	10월	26일	IMF 지원금 결정
	11월		의회 자유환율제 및 가격자유화 의결
	11월	22일	의회 핵확산금지 조약NPT 비준
	11월	20-23일	쿠치마 대통령 미국 방문
1995년	3월	1일	마솔 총리 사임, 마르추크 총리 임명
	5월	11-12일	클린턴 미국 대통령 우크라이나 방문
	9월	1일	우크라이나 최초 인공위성 Sich-I 발사
	9월	26일	스트라스부르크 유럽의회 우크라이나 가입 허용
1996년	5월	27일	쿠치마 대통령 마르추크 총리 해임 후임에 라자렌코 임명
	6월	28일	헌법개정안 의회 통과
	6월		우크라이나 핵폐기 완료
	9월	2-16일	우크라이나 신 화폐 흐리브냐 통용
1997년	4월	2일	의회 세법 개정안 부결, 핀제니크 부총리 사임
	5월	14-15일	쿠치마 대통령 미국 방문
	5월	28일	우크라이나와 러시아 흑해함대 분할 합의
	5월	30-31일	옐친 러시아 대통령 우크라이나 방문
	5월	31일	쿠치마 대통령과 옐친 대통령 친선협력 조약 서명
	6월	19일	쿠치마 대통령 라자렌코 총리 해임
	7월	9일	쿠치마 대통령 나토-우크라이나 특별 협력관계 헌장 서명

	7월	16일	의회 푸스트보이텐코 총리 인준
	10월	10일	우크라이나, 그루지야, 아제르바이잔, 몰도바 GUAM 결성
1998년	3월	29일	총선
	4월	22일	전 국립은행장 바딤 게트만 암살
	7월	7일	트카첸코 국회의장 취임
	8월	17일	러시아 모라토리엄 선언, 흐리브냐 평가 절하
	9월	14일	IMF 3년 재정지원 결정
	11월		쿠치마 대통령 IMF 지원 거부
	11월	26일	대기근 희생자 추모 기념일에 대한 대통령령
	12월	23일	의회 크림자치공화국 헌법 인준
1999년	2월	17일	의회 라자렌코 면책권 박탈
	3월	25일	초르노빌 후보 사망
	3월	28일	Zenit 로케트 해상 발사 성공
	4월	1일	우크라이나-러시아 친선협력 조약 비준안 교환 및 발효
	5월	14일	동유럽 9개국 정상회담 리비프 개최
	7월		의회 코소보 평화유지군 700명 파병안 의결
	10월	31일	대통령 1차 선거
	11월	14일	대통령 2차 선거, 쿠치마 연임 성공
	11월	30일	쿠치마 대통령 3대 대통령 취임
	12월	14일	의회 푸스트보이텐코 총리 인준 부결
	12월	22일	의회 유셴코 총리 인준
2000년	2월	1일	이반 플류시 국회의장 취임
	4월	6일	의회 경제개혁프로그램 채택
	5월	16일	'국민주도'안에 대한 국민투표 실시
	6월	5일	클린턴 대통령 우크라이나 방문
	9월	16일	곤가제 기자 실종(11월 2일 시신 발견)
	11월	28일	모로즈 국회의장 쿠치마 대통령 육성 녹음 공개
	12월	15일	체르노빌 원전 폐쇄
2001년	1월	12일	쿠치마 대통령과 푸틴 대통령 드네프로페트롭스크 회담
	1월	19일	쿠치마 대통령 티모셴코 부총리 해임
	2월	13일	티모셴코 구속
	3월	26일	크라프첸코 내무장관, 데르카치 정보부장 해임
	4월	26일	의회 유셴코 총리 불신임안 가결

	5월	29일	의회 키나흐 총리 인준
	6월	23-27일	교황 바오로 II세 우크라이나 방문
	12월	5-14일	독립 후 처음으로 인구센서스 실시
2002년	3월	31일	총선
	5월	28일	리트빈 국회의장 취임
	6월	2-4일	UN사무총장 코피 아난 우크라이나 방문
	6월	9일	쿠치마 대통령과 푸틴 대통령 상트페테르부르그 경제협력 회담
	7월	27일	리비프 에어쇼 참사
	9월	16일	대규모 반정부 시위 발생
	11월	16일	키나흐 총리 해임
	11월	21일	야누코비치 총리 임명
	12월	17일	티깁코 국립은행장 취임
2003년	1월	18-22일	쿠치마 대통령 중동 방문
	5월		개인소득세 및 법인세 개정
	10월		러시아와 아조프해 Tuzla섬 영유권 분쟁
	10월	8일	'우크라이나-EU' 정상회담 얄타 개최
	12월	30일	헌법재판소 쿠치마 대통령 3선 출마 합헌 선언
2004년	6월		크리보리즈스탈 민영화(아흐메토프, 핀추크 공동 인수)
	7월	26일	푸틴 대통령, 쿠치마 대통령, 야누코비치 총리 얄타 회동
	9월	5일	유센코 후보 독극물 암살 시도 사건
	10월	26-29일	푸틴 대통령 우크라이나 방문, 야누코비치 지지 선거 활동
	10월	31일	대통령 1차 선거
	11월	12-13일	푸틴, 쿠치마 회동
	11월	15일	유센코 후보, 야누코비치 후보 TV 토론
	11월	21일	대통령 2차 선거
	11월	22일	중앙선관위원회 야누코비치 대통령 당선 선언
	11월	21일	오렌지 혁명(-12월 26일)
	11월	28일	동부 지역 주지사들 연방안에 대한 국민투표 결정
	12월	1일	의회 야누코비치 불신임안 의결
	12월	2일	푸틴, 쿠치마 모스크바 회동
	12월	3일	대법원 2차 선거 무효 판결
	12월	8일	의회 헌법개정안 통과
	12월	26일	대통령 재선거 실시, 유센코 당선

	12월	31일	야누코비치 총리 사임
2005년	1월	23일	유센코 대통령 취임
	1월	24일	유센코 러시아 방문, 티모센코 총리 임명
	1월	27일	유센코 대통령 스트라스부르크 유럽 의회 연설
	2월	4일	의회 티모센코 총리 인준
	3월	1일	우크라이나 이라크 파병 병력 철수 선언
	3월	9일	푸틴 러시아 대통령 우크라이나 방문
	4월	4-6일	유센코 대통령 미국 방문, 상하원 합동 연설
	5월	18-21일	유로비전 송콘테스트 키예프 개최
	7월	19-24일	유센코 대통령 일본 방문
	9월	8일	티모센코 총리와 포로센코 국가안보위원장 해임, 예하누로프 총리 임명
	9월	15-17일	유센코 대통령 미국 방문
	10월	22일	예하누로프 총리 의회 인준
	12월	1일	EU, 우크라이나의 시장경제 지위 인정
2006년	1월	1일	오렌지 혁명 때 합의된 헌법개정안 발효
	1월	1-4일	러시아 가스 공급 중단
	2월	17일	미국 우크라이나의 시장경제 지위 인정
	3월	8일	미국 의회 우크라이나에 대한 잭슨-베닉안 철회
	3월	26일	총선
	4월	26일	체르노빌 원전 사고 20주년
	5월	23일	GUAM 정상회담 키예프 개최, 'GUAM 민주화와 경제협력기구'로 개칭
	6월	22일	우리우크라이나당, Byut, 사회당 연정 합의
	7월	6일	지역당, 공산당, 사회당 연정 성립, 모로즈 국회의장 선출
	8월	3일	지역당, 우리우크라이나당, 사회당 〈국가통합선언〉 서명
	8월	4일	야누코비치 총리 취임
	8월	24일	우크라이나 독립 15주년
	8월	25일	바체슬라프 초르노빌 동상 제막식
	8월	27일	이반 프란코 탄생 150주년
	10월	4일	우크우크라이나당 연정 탈퇴 선언
	10월	19일	유센코 대통령 계열 장관 4명 사임
	11월	28일	의회 1932-33년 대기근 인종학살 인정 의결

	12월	1일	의회 타라슈크 외무장관과 루첸코 내무장관 해임 의결
	12월	18-19일	우크라이나 유셴코 대통령 한국 국빈 방문
2007년	1월	30일	의회 타라슈크 외무장관 사임
	3월	21일	야체뉴크 외무장관 취임
	4월	2일	유셴코 대통령 의회 해산령
	5월	27일	유셴코 대통령, 야누코비치 총리, 모로즈 국회의장 9월 총선 합의
	9월	30일	임시 총선 실시
	12월	18일	티모셴코 총리 임명
2008년	2월		우크라이나 WTO 가입 승인
	4월	1-2일	부시 대통령 우크라이나 방문
	4월	3-4일	루마니아 부카레스트 나토 정상회담, 우크라이나와 그루지야에 멤버행동계 계획MAP 부여 유보
	5월	16일	WTO회원국 지위 발효
	8월	8-12일	러시아-그루지야 무력 분쟁
	9월	2일	지역당과 티모셴코당 대통령 권한 축소를 내용으로 하는 내각법 통과시킴
	9월	3일	우리우크라이나당 티모셴코당과의 연정 탈퇴 선언
	10월	9일	유셴코 대통령 의회 해산 대통령 명령권 발표 후 철회
	10월	26일	IMF 165억 달러 지원 결정
2009년	5월		지역당과 티모셴코당 합의 헌법개정안 공개 및 철회
	7월	22일	미국 조지프 바이든 부통령 우크라이나 방문
	10월		포로셴코 외무장관 임명
	11월		신종 플루 확산으로 학교 3주 휴교령
	12월	23일	IMF 4차 지원금(20억 달러) 지급 유보 결정
2010년	1월	17일	5대 대통령 1차 선거
	2월	7일	5대 대통령 2차 선거 야누코비치 후보 대통령 당선
	2월	25일	야누코비치 대통령 취임

참고문헌

권경복, 《아름다움이 나라를 바꾼다 — 오렌지 혁명 전사 티모셴코》, 서해문집, 2011.
권재일, 《체코슬로바키아사》, 대한교과서, 2005.
김용구, 《세계외교사》, 서울대학교출판부, 2004.
김학준, 《러시아사》 개정판, 대한교과서, 2005.
성진근, 《기회의 땅 우크라이나》, 농민신문사, 2008.
이정희, 《동유럽사》, 대한교과서, 2005.
정병권, 《폴란드사》, 대한교과서, 1997.
한정숙, 《유랑시인》, 한길사, 2005.
허승철, 〈우크라이나인의 러시아어·우크라이나어 이중언어 상황〉, 《인문논총》 42집, 고려대학교문과대학, 1997, 215-232쪽.
허승철·이항재·이득재, 《러시아 문화의 이해》, 대한교과서, 1998.
허승철, 《나의 사랑 우크라이나》, 뿌쉬킨하우스, 2008.
허승철 외, 《우크라이나의 이해》, 시네스트, 2009.
허승철, 〈우크라이나의 이중언어 상황과 언어의 정치학〉, 《러시아어문학 연구논집》 30집, 2009, 329-339쪽.
허승철, 〈2010년 우크라이나 대통령 선거 분석〉, 《러시아어문학 연구논집》 34집, 2010, 281-319쪽.
홍석우, 《우크라이나 — 코자크와 오렌지 혁명의 나라》, 한국외국어대학교출판부, 2007.

Aleseev, Iurii, *Istoriia Ukrainy*, Kiev: KUS, 2005.
Aslund, A. et McFaul, M. ed., *Revolution in Orange: the Origins of Ukraine's Democratic Breakthrough*, Washington, D.C.: Carnegie Endowment for International Peace, 2006.
Aslund, A., *How Ukraine Became a Market Economy and Democracy, Peterson Institute for International Economics*, Washington D.C., 2009.

Beauplan, S. & Vasseur, G. translated by Pernal. A. & Essar, D. *A Description of Ukraine*, Cambridge: Harvard University Research Institute, 1993.

Boiko, *Oleksandr Istoriia Urainy*, Kyiv: Akademvydav, 2008.

Bon, O. & Ivaniuk. O., *Istoriia Ukrainy*, Kyiv: Vyshcha shkola, 2008.

Brzezinsk, Zbigniew, *The Grand Chessboard: American Primacy and Its Geostrategic Imperatives*, New York: Basic Books, 1998.

Conquest, Robert., *Harvest of Sorrow: Soviet Collectivization and the Terror-Famine*, New York: Oxford University Press, 1986.

Dyczok, Marta, *Ukraine: Movement without Change, Change without Movement*, Amsterdam: Harwood academic publishers, 2000.

Harasymiw, Bohdan, *Post-communist Ukraine*, Edmonton, Toronto: Canadian Institute of Ukrainian Studies Press, 2002.

Hrushevskii, *Mykhailo Illiustrirovana Istorii Ukrainy*, S. Petersburg, 1913.

Hur, Seung Chul, *Language Shift and Bilingualim in the Soviet Union: Language Aspects of Ethnic Relations*, Doctoral Dissertation, Brown University, 1988.

Hur, S. C. et Perepelytia, G. ed., *Geopolitical Transformations in Eurasia: Views from Kiev and Seoul*, Kyiv: DEMID, 2009.

Gunchak, Taras, *Ukraina: XX stolittia*, Kyiv: Dnipro, 2005.

Kasianov, Georgii, *Ukraina 1991-2007: Narisi Novitnoi Istorii*, Kuiv: Kiiv-Nash, 2008.

Kostiuk, Hryhory, *Stalinist Rule in the Ukraine: A Study of the Decade of Mass Terror 1929-1939*, New York: Praeger, 1960.

Kovpak, Liudmila. V., *Haiblizhcha Istoriia: Ukraina 1945-2000* rr., Kyiv: Nash chas, 2007.

Kovpak, Liudmila. V., *Haiblizhcha Istoriia: Ukraina 1991-2007* rr., Kyiv: Nash chas, 2008.

Krawchenko, Bohdan ed., *Ukraine after Shelest*, Edmonton: University of Alberta, 1983.

Kuzio, Taras, *Ukraine under Kuchma*, New York: St. Martin's Press, 1997.

Kuzio, Taras ed., *Contemporary Ukraine: Dynamics of Post-Soviet Transformation*, New York: Sharpe, 1998.

Kuzio, Taras, *Ukraine: Perestroika to Independence*, second edition, New York: St. Martin's Press, 2000.

Lewytzkii, Borys, *Politics and Society in Soviet Ukraine 1953-1980*, Edmonton: Canadina Institute of Ukrainian Studies, University Alberta, 1984.

Luchkii, G., *Literary Politics in the Soviet Ukraine, 1917-1934*, Duke University Press, 1990.

Magocsi, Paul, *A History of Ukraine*, Seattle: University of Washington Press, 1997.

Mcfaul. M., "The Orange Revolution in a Comparative Perspective", *Revolution in Orange: the Origins of Ukraine's Democratic Breakthrough*, Washington, D.C.: Carnegie Endowment for International Peace, 2006, pp. 145-164.

McFaul, M., ed., *Revolution in Orange: the Origins of Ukraine's Democratic Breakthrough*, Washington, D.C.: Carnegie Endowment for International Peace, 2006.

Mytsyk, Iu. A., Bazhan, O. G., Vlasov, V. S., *Istoriia Ukrainy*, Kyiv: Vydavnychii dim "Kyevo-Mogilianska akademiia", 2008.

Nahaylo, Bohdan, *The Ukrainian Resurgence*, London: Hurst & Company, 1999.

Naimark, Norman, *Stalin's Genocides: Human Rights and Crimes against Humanity.*

Perepelytsia, G. ed., *Foreign Policy of Ukraine: Annual Strategic Review 2006*, Kyiv: Stylos Publishing House, 2007, pp. 89-100.

Perepelytsia, G. ed., *Foreign Policy of Ukraine: Annual Strategic Review 2008*, Kiev: Stylos Publishing House, 2009.

Petrov. N. et Ryabov. A., "Russia's Role in the Orange Revolution", *Revolution in Orange: the Origins of Ukraine's Democratic Breakthrough*, Washington, D.C.: Carnegie Endowment for International Peace, 2006. pp. 145-164.

Pipes, Richard, *The Formation of the Soviet Union; Communism and Nationalism 1917-1923*, Cambridge: Harvard University Press, 1954, 1980.

Pogrebynskii. M. et Tolpygo. A. ed., *Ukraina bez Kuchmy*, Kyiv: Optima, 2007.

Smolia, V.A. ed., *Istoriia Ukrainy: XX-pochatku XXI stolittia*, Kyiv: Znannia, 2004.

Solchanyk, Roman, *Ukraine and Russia: the Post-Soviet Transition*, Boulder: Roman & Littlefield Publishers, 2001.

Subtelny, Orest, *Ukraine: a History*, Toronto: University of Toronto Press, 1994.

Sushko, O., et. Prystayko. O., "Western Influence", Aslund, A., et McFaul, M., ed., *Revolution in Orange: the Origins of Ukraine's Democratic Breakthrough*, Washington, D.C.: Carnegie Endowment for International Peace, 2006, pp. 125-144.

Szporluk, Roman, Russia, *Ukraine and the Breakup of the Soviet Union*, Stanford: Hoover Institution Press, 2000.

Tantiura, V. I. al., *Politichna Istoriia Ukrainy*, Kyiv: Akademvydav, 2008.

Velelovsky, A., "Identification of the National Interests of Ukraine", Perepelytsia, H., ed., *Foreign Policy of Ukraine: Annual Strategic Review 2006*, Kyiv: Stylos Publishing House, 2007, pp. 89-100

Verstiuk, V. F. ed., *Ukrainkska Tsentralna Rada: Dokumnety I Materialy*, Kyiv: Naukova dumka, 1997.

Wilson, Andrew, *The Ukrainians: Unexpected Nation*, New Haven: Yale University Press, 2002.

Wilson, Andrew, *Ukraine's Orange Revolution*, New Haven: Yale University Press, 2005.

Yekelchyk, Sergiy, *Ukraine: Birth of a Modern Nation*, New York: Oxford University Press, 2007.

인명 찾아보기

우크라이나 현대사
1914-2010

초판발행 2011년 9월 1일
초판 1쇄 2011년 9월 1일
지은이 허승철
펴낸곳 고려대학교출판부
www.kupress.com
kupress@korea.ac.kr
136-701 서울특별시 성북구 안암동
02-3290-4230, 4232
Fax 923-6311
찍은곳 (주)동화인쇄공사

ISBN 978-89-7641-757-2 94920
ISBN 978-89-7641-359-8 (세트)

값 17,000원

* 잘못 만들어진 책은 바꿔드립니다.